档案文献·甲

国民政府抗战时期厂企内迁档案选辑（中）

中国第二历史档案馆 ● 编

国民政府抗战时期档案选辑编委会名单

主任委员： 马振犊

委　　员： 王俊明　文俊雄　孙秋浦　任　荣
　　　　　　刘　冰　刘鼎铭　杨　斌　杨智友
　　　　　　郭必强　胡震亚　张开森　曹必宏
　　　　　　戚如高　蒋　耘　虞亚梅　戴　雄

本辑编委会名单

主　　编： 曹必宏
副 主 编： 胡震亚　蒋　梅
编　　辑： 蒋　梅　刘楠楠　胡震亚　杨　斌
　　　　　　魏振民　张士杰　张有高　郭必强

重庆出版集团 重庆出版社

国民政府对内迁厂企的扶持

一、政策与措施

1. 工矿调整处技术人员调整办法(1938年3月12日)

技术人员调整办法

(廿七年三月十二日奉准施工)

一、本处为促进各国防工业之生产能力与技术,并使因战事失业技术人员献其所长,以充实抗战力量,特规定技术人员调整办法。

二、技术人员之调整工作,拟分三步完成之。第一步人员之征集,第二步工作之分配,第三步成绩之考核。

三、人员之征集

(1)本处征集技术人员,暂以100名为限,分为甲乙两级,甲级定60名,乙级定40名。

(2)凡具有下列资格之一而有证明者,属于甲级技术人员:

(一)国内外大学或专门学校毕业,于国防工业(暂定为冶矿、机械、电气、化学、土木、纺织六种)具有专长,并有三年以上之服务经验者。

(二)曾任有关国防之厂矿主要技师或同等职位者。

(三)关于国防工业中之某项技术有特殊经验或研究经审查合格者。

(3)凡具有下列资格之一而有证明者,属于乙级技术人员:

(一)国内大学或专门学校采冶、机械、电气、化学、土木或者纺织系毕业者。

(二)曾在关系国防工业之有名厂矿学习满师,并曾从事其所学之技能在五年以上而有特殊成绩者。

(4)凡合于上述两条资格之一之技术人员,均可携同证明文件,前来本处应征,由本处审查决定。

四、工作之分配

(1)经本处审定合格之人员取得相当保证后,得由本处适当分配派往有关国防之国营、民营厂矿服务。

（2）经派往各厂矿工作之人员，对于各厂矿所订之服务规程，均须绝对服从。

（3）已经派有工作之技术人员，除经本处核准者外，自服务之日起，6个月内不得随意辞去职务。

五、成绩之考核

（1）已经派有工作之技术人员，每月须造具工作报告及对所从事工作之改进意见，呈报本处。

（2）受本处派遣技术人员前往协助之厂矿，每月亦须将该员在厂之工作情形及其成绩寄交本处。

（3）对于服务成绩优良之技术人员，各该厂矿得予以各种奖励，或径自聘用，但须送处备查。

（4）服务成绩经本处认为欠佳者，得随时停止其工作。

六、技术人员之待遇

（1）应征人员概不支薪，唯发给生活费，甲级每月60元，乙级每月40元，以6个月为期，工作期内或期满后均得由厂矿聘用，由厂矿支薪。

（2）如6个月满期，不被厂矿聘用，本处得调往其他厂矿工作，照给生活费，仍以6个月为限，每员仅得调用一次。

（3）所有技术人员，在本处支领生活费期限内，不得向各厂方要索其他补助费用。

七、本办法俟呈奉核准后施行

[行政院档案]

2. 工矿调整处购备材料工具借给各工厂办法节略[①]（1938年3月16日）

为使各厂矿能在后方充分生产，以增厚抗战力量起见，务须先使各项必

[①] 此件为1938年3月16日工矿处致经济部工业司公函之附件。

须材料工具有充分之供给。是以本处拟定购储材料工具计划,凡仅一厂独需者,概由各该厂自行储备,其为各厂共同需用者,则由本处统筹荟购。暂以一年为期,所拟购储材料工具之种类与数量如下:

(一)材料类,如钢、铁、铜、铅、锡、锌、铝及电料等,估计料款约需260万元。(二)工具类,如绞刀、锉刀、麻花钻、螺丝、公螺、丝板及钢皮尺等,估计料款约16万元。(三)零件,如螺丝、锅钉、皮带、砂皮以及其他重要零件,估计料款约40万元。三类合计共需款约320万元,由本处营运资金项下拨付,托由中央信托局代为收购,按五、三、二之比例,分存于重庆、昆明与衡阳三处。然后按临近各厂矿之实际需要作价借给,定期偿还。嗣后即以该项资金数目作为本处材料周转金,循环应用,庶厂矿所需之材料工具永无匮乏之虞。

详见拟购材料总计表[略]

[经济部所属单位档案]

3. 迁川工厂用地评价委员会拟订评价施行办法与标准致李宏锟公函(1938年7月6日)

迁川工厂用地评价委员会公函　二十七年　字第1号

案据本会委员关颂声函称:启者:迁川工厂评价事项交颂声依照本会评价施行办法及评价标准,拟算地价。乃由本会交予颂声评价图样说明等,甚为简略,具不完全致无从评定。兹特送呈建议,即请转致工矿调整处及建设厅驻渝办事处,请予复核转咨前途用利进行。

一、各工厂迁川购地,除依照迁川工厂委员会之条例遵行外,须聘专门工程人员测量该地形,并将详细图样交予本会,该图须照左列各条而行。

甲、测量地形须包括房屋、道路、树木及各种不动物件,在图上各物均应说明清楚。

乙、图样缩尺以而二百分之一至一千分之一为度,等高线以半公尺至二公尺为度。

丙、全部地产面积须详细算出,并须分别标注水田亩数及旱田亩数,如系二个以上之地主应分别计算之。

丁、该地四至水陆交通共计多少路程,须填注精确,如在五百市尺以外即作罢。

二、该地有无电力设备、坟墓确数及是否迁移,树木若干及有无生产之植物,均须列表说明。

三、应将该拟购用地之担保数目书面过会。

四、其他或特殊情形。

综上所述,均为评价时最重要之依据,本会收受该项图样说明后,再往该地复堪核照,然后再由颂声依据估价。特此建议,未悉是否有当,请予核决此上。等情。据此。查核所拟办法,确属实际需要。凡迁川工厂购地,拟交本会评价者,务照所列各款办理,以便估价。除分函外,相应函达贵处,请烦查照转知各工厂为荷。此致

军事委员会工矿调整委员会厂矿迁移

监督委员会重庆办事处主任委员李宏锟

中华民国二十七年七月六日

迁川工厂用地评价委员会评价施行办法

一、本会根据四川省政府命令及所颁布协助各工厂购地之条例,办理评价事项,举凡各工厂购地之评价事项统由本会依法处理之。

二、各工厂购地除呈报四川建设厅驻渝办事处依法征取外,须将该地段之图说表例等,陈送本会,依据标准地价附单所拟定之原则评定地价。

其余标准地价附单由本会另行规定之。

三、厂址经勘定后即由该管官厅通知业主及当地保甲,该管田地不得转让他人,并告知一经本会评定价目后,即行过契,由建设厅办事处定期照章发价。

业主如请求为调查所未详尽者,得由本会复议作为最后之决定。

四、各处地段一经本会确定价目后,原业主如有异议,本会得根据刘主席致邓秘书长电所定办法,通知工矿调整处转知购买该地之工厂先行使用。

迁川工厂用地评价标准

征购之地价均照租石数目计算,由每石四十元起照下列各限制而加以评

定,每得一分者,每石加增国币二元,依次推加而定每石之确价。

(一)公路交通

1. 靠近公路在一百市尺以内者加二十分。

2. 距公路一百市尺以外二百市尺以内,有支路可达公路者,加十六分。

3. 距公路二百市尺以外三百市尺以内,有支路可达公路者,加十二分。

4. 距公路一百市尺以外二百市尺以内,无支路可达公路者,加八分。

5. 距公路二百市尺以外三百市尺以内者,且无支路可达公路,加六分。

6. 距公路三百市尺以外至五百市尺以内者,加四分。

(二)水路交通

1. 紧靠江岸,在一百市尺以内(以洪水线为标准),加二十分。

2. 距江岸一百市尺以外二百市尺以内而有支路或水路达江岸者,加十六分。

3. 距江岸二百市尺以外三百市尺以内有支路或水路达江岸者,加十二分。

4. 距江岸一百市尺以外二百市尺以内无支路或水路达江岸者,加八分。

5. 距江岸二百市尺以外三百市尺以内无支路或水路达江岸者,加六分。

6. 距江岸三百市尺以外五百市尺以内者,加四分。

(三)山土河土

视山土河土旱田水田面积之比例,由工程师估定之最多者十五分。

(四)电灯电力线

1. 电灯电力线已经到达者,加二十分。

2. 电灯线到达者而电力线未到达者,加十五分。

3. 电灯电力线尚未达到而电厂公布在一年内接通者,加十分。

(五)地形

1. 全部平坦者,加十四分。

2. 坡度每百市尺长不出五市尺坡度者,加十分。

3. 坡度每百市尺长不出十市尺坡度者,加八分。

4. 坡度每百市尺长不出二十市尺坡度者,加四分。

5. 坡度每百市尺长在二十市尺以上者,加二分。

6. 有坡度之地而有适当上下设备者,加四分。

(六)坟墓

1. 每百方地平均在五穴以内者,加四分。

2. 每百方地平均在十穴以内者,加二分。

右述办法系指坟墓不予迁移者,如须迁移者,须照建厅颁布买地迁坟办法而行之。

(七)树木(以十年以外树木为标准)

1. 有普通树木每百方地平均有树十株至十五株者,加十分。(如每百方地内所植树木在十五株以上,须另行估价)

2. 竹林占地在五六平方地以外者,另行估计之。

3. 有果树成林而有生产者,另行估价。

(八)水源

1. 常年有丰富泉水来源不断者,加五分。

2. 或自来水到达者,加五分。

如二者兼而有之,只以加五分论。

附则:

一、如工厂所指用之地设在市区范围以内者及有特殊情形者,均为特等地,由本会另行评定之。

二、该地段内无论有何项建筑物,均须另行估价,但破坏不堪不能应用者不在此例。

三、搬家、青苗等费,按照铁路征地办法而行之。

[经济部工矿调整处档案]

4. 经济部工矿调整处核定厂矿请求协助借款原则(1938年9月10日)

经济部工矿调整处核定厂矿请求协助借款原则

(二十七年九月七日奉经济部核准)

(一)工矿之范围甚广,为应付非常时期之备需要,本处协助借款之厂矿暂以下列为限：

(子)燃料(丑)金属原料及机械(寅)酸碱及其他化合品(卯)水泥(辰)酒精及其他溶剂(巳)交通及电力器材(午)棉毛织品(未)糖(申)纸(酉)皮革(戌)橡胶(亥)其他必须协助之事业。

(二)本处核定前项性质各厂矿借款之请求，应以下列各条件为标准：

(甲)与军事有关；(乙)为民生所必需；(丙)可增加出口或少入口；(丁)可增加内地生产及制造能力；(戊)所拟计划能于相当时期内完成者(第一期暂定为民国二十八年底以前完成，如有必要，得由本处随时更改)。

(三)本处协助借款规定为以下三种：

(甲)迁移借款；(乙)建筑及增加设备借款；(丙)营运资金借款。

(四)"迁移借款"，其用途为协助邻近战区厂矿迁移至安全地点所需机器运费及技术工人旅费，各厂矿请求时须将(甲)拟迁运之机器名称，吨数及价值；(乙)运输办法及估计每吨运费；(丙)技术工人名额及估计每人旅费。详细说明，以备审核。

(五)"建筑及增加设备款"其用途为协助复工及增设厂矿建筑厂房及添购机器设备，各厂矿请求时应将：(甲)建筑图样；(乙)施工说明；(丙)拟购机器清单内载名称价值及制造家；(丁)预算表等项附送备核，建筑应以简单合用而经济为合格，机器以必需者为限，并将向国外购买者，减至最低限度，以期节省外汇。

前项建筑及增加设备所需价款，借款人应自筹20%，本处借与80%，如有借与全额之必要，应由借款人增加其他担保品，等于借款20%。

(六)"营运资金借款"其用途为协助迁移及增设厂矿购买原料，发付薪资及一般管理费用，各厂矿请求时，应拟具计划，将(甲)出品之种类及产量，(乙)所需工料之数额，(丙)估计成本与售价之比较，(丁)出品销路之地点与速度，详为叙述送处备核，购料需求迅速，薪资费用各求节省，以免成本过高，前项借款得以出品及其他财产为担保，借款数额不得超过担保品价值80%。

(七)各厂矿请求借款时，除各按四、五、六等条分别附具说明书外，并应附具下列各项表格:(甲)协助借款声请书(本处印就);(乙)资产负债表;(丙)损益对照表;(丁)负债项下如有其他借款,应附合同抄本;(戊)担保品名称及价值清单;(己)其他有关之统计图表。

(八)本处于收到各厂矿请求书并附各项说明书表册后,即着手审查,必要时,派员前往视查,再行核定。

(九)经本处审定后之各项借款,应照本处规定借款契约所载条件及手续办理之。

[资源委员会档案]

5. 工矿调整处内迁厂矿复工办法(1938年10月4日)

工矿调整处内迁厂矿复工办法

(廿七年十月四日奉部令施行)

第一条 本处对于内迁厂矿之复工,依本办法督促之。

第二条 凡内迁各厂矿有左列情事之一者,须遵本办法规定之期限复工。

一、所迁物资已全部运到者。

二、所迁物资运到部分,已能从事修理或制造工作者。

三、重要生产工具能就地制造者。

四、机件到达业经勘定矿区,或已商定加入他矿区者。

第三条 复工方式分左列三种。

(一)临时复工;(二)正式复工;(三)合并复工。

第四条 凡内定迁厂矿运到之机件,已具有单独复工能力者,应先租借民房,祠庙,或利用公地搭篷,或就所有土窑矿洞加以整理,临时复工,其限期自主要机件运到之日起算,须依下列各款实行。

甲、机器、翻砂、铁工业	1个月
乙、电器及无线电业	1个月
丙、陶瓷、玻璃业	2个月
丁、轻、化学工业	2个月

戊、印刷、文化业	1个月
己、织、染工业	2个月
庚、加入旧有各矿业	3个月
辛、新勘各矿业	4个月
壬、其他	1个月

前项各项所列限期，均包括修理房屋、布置矿场及修配装置机器、电力接火等所需时间。

其已临时复工者，并应速筹正式复工。

第五条 内迁各厂矿应于主要机件全部运到之日起算，遵照下列限期正式复工，其机件有遗失者，亦应于期限内添配之。

甲、机器、翻砂、铁工业		2个月
乙、电器及无线电业	动力电器	4个月
	无线电业	2个月
丙、陶瓷、玻璃业		3个月
丁、化学工业	重工业	7个月
	轻工业	3个月
戊、印刷、文化业		2个月
己、织、染工业		3个月
庚、纺纱工业		6个月
辛、冶炼工业		6个月
壬、各新矿业		6个月
癸、其他		2个月

前项限期包括建筑厂房、运道、开凿井洞、购运原料及请求协助、计划复工等时间。

第六条 内迁厂矿无单独复工能力，或扩大营业与其他厂矿协议合并生产者，须自第一批迁移物资运到之日起一个月内，呈请本处核准。

前项呈请，须备载合并厂矿之名称、地址及资本、设备、生产种类、运营计划等，并附具合作契约。

合并复工之限期,依照本办法第四条、第五条之规定。

第七条　第二条(三)款之厂矿,应于报道后一个月内,将复工详细计划呈处核准,其复工日期由处另行核定之。

第八条　各厂矿迁移机件早已到达一部或者全部,于本办法公布施行之日已逾上述规定,复工限期或距复工限期已迫者,得依照其运达日期之久暂,分别呈准本处酌情展期。

第九条　各厂矿因特殊情形,无临时复工之必要,或不能依照上述第四、第五、第六各条规定之限期复工者,应预先申述理由,呈处核准,酌情展期。其未经呈处核准而复工限期已届仍未复工者,本处得斟酌情形之轻重,分别惩处之。

第十条　各厂矿未经呈准逾期已满两星期,仍未实现复工者,予以警告。

第十一条　各厂矿受前条警告后1个月内尚未遵照本办法规定复工者,本处得拒绝其一切协助之请求,或撤销其业经核准之一切协助。

第十二条　各厂矿于受第十一条之处分三星期后,仍不依法复工者,本处得强制移用其机料之全部或一部。

第十三条　本办法自呈部批准之日施行。

[行政院档案]

6. 经济部谈对厂矿迁移复工有关协助事项的抉择标准[①](1938 年 10 月)

(卯)注重军需制造产品

战时工业无论国营、民营,均以供应军需为第一要义。制造产品之种类,战区工厂之迁移,内迁工厂之复工,无不以供应军需为中心。长沙铜厂、无线电机厂、四川酒精厂,皆以产品供给兵工制造。内迁复工之民营机器厂,亦皆承造炮弹、炸弹、水雷等军用品,初期在汉复工如是,最近在重庆一带复工者亦如是。其他如运输支配,以及资金贷予等协助事项,亦已参酌其能否供应

---

① 节录自1938年10月经济部送国民参政会之《经济部工作报告》。

军需为抉择标准。最近大冶厂矿及汉阳钢铁厂之拆迁，机体笨重，吨位巨万，其所以在此迫促时间内发动极度人力迁运后方重建者，亦正为产品足供军需也。

[国民党政府经济部档案]

7. 国民政府非常时期工矿业奖励暂行条例(1938年12月1日)

非常时期工矿业奖励暂行条例

（二十七年十二月一日公布）

第一条 中华民国人民在后方所办有关国防民生之重要工矿业，实收资本已达必要数额，需要扶助者，得依本条例呈请奖助。

第二条 奖助方法：得采用左列各款之一种或数种。

一、保息。以实收资本年息五厘，债票年息六厘为限度，期限至多五年。

二、补助。以出品每年生产费及市价为标准，酌量给予现金。

三、减低或免除出口税。

四、减低或免除原料税。

五、减低或免除转口税及其他地方税捐。

六、减低国营交通事业运输费。

七、租用公有土地免除地租，以五年为限，免租期满，得按照当地租金标准酌减，但减低之数，不得超过租金标准二分之一。

八、协助向银行或以其他方式借用低利贷款。

九、协助向交通机关谋材料、成品、机件及工人生活必需品运输之便利。

第三条 呈请奖助者，除备具呈请书载明左列各事项外，并应附送财产目录、资产负债表、各种注册或登记文件。在工厂加具制造方法、制品成本计算之详细说明书、全部机器装置设计书、工厂建筑图。在矿场加具矿场总图及各部分图、工程概况、计划说明书，及最近三年营业报告。

一、工厂或矿场之种类名称。

二、董事、经理或厂主及办理技术事项主要职员之履历。

三、工厂或矿场及总办事处所在地。

四、资本定额及收入额。

五、创立之经过及最近业务。

六、出品种类。

七、每年产额及销场情形。

新筹办之工厂、矿场，免填载前项第五款及第七款事项，但应载明筹备情形，及预定开工日期，并附送组织章程、工程设计书、营业收支概算书。

第四条　经济部接受呈请书，交非常时期工矿业奖助审查委员会审查。该会于审查后，造具审查报告呈核。

前项非常时期工矿业奖助审查委员会规则，及审查标准，由经济部拟订，呈请行政院核定之。

关于第一条得受奖助工矿业之种类，及实收资本之数额，应于审查标准中明定之。

第五条　保息及补助之开始日期，依左列之规定。

一、新筹设之工厂，尚未建厂，或矿场尚未施工，经核准后，自开始建厂施工之日起保息，自正式出品之日起予以补助。

二、工厂业已开始建厂，或矿场虽已施工，尚未正式出品者，经核准后自通知之日起保息。

三、工厂、矿场业已正式出品者，经核准后，自通知之日起，予以补助。

工厂、矿场在正式出品以前之保息，不得逾一年。

第六条　第二条第三款至第七款之奖助，经济部应依非常时期工矿业奖助审查委员会之审查报告，商准主管部，或工厂、矿场所在地之省、市政府后核定之。

第七条　经核准之奖助案，由经济部发给执照，并呈报行政院备案。

第八条　工厂、矿场呈准保息者，于开始保息之日起，如营业无余利，或营业余利不足年息五厘时，得分别请领保息金拨充或补充之。所领保息金，于保息期满后之次年起，应照已领总额，每年摊还十分之一，如营业尚有赢余时，应加增摊还金额，提前偿清。

第九条　受保息或补助者，如增加资本，添募债款，变更业务，或停止业务,应先行呈请经济部。

第十条 受奖励者,应于每年度终了时,编送厂务、场务及营业报告书,连同损益计算表,呈送经济部查核。

第十一条 受奖助之工厂、矿场,经济部得随时派员视察指导,并检查其簿据,于必要时,得派员常驻川在厂、场稽核。

第十二条 受保息或补助者,停业或歇业时,应停止其保息或补助。

第十三条 以诈伪方法蒙请保息或补助者,除撤销其奖助追缴原领金额外,并以诈欺论罪。

第十四条 受第二条第三款至第六款之奖助者,有以非本厂、场出品冒充影射情事,查有实据时,应撤销其奖助。

第十五条 受奖助者,违反本条例之规定或其他有关系之法令时,经济部得撤销其奖励。

第十六条 奖助期满,及依本条例撤销奖助之案件,由经济部呈报行政院备案。

第十七条 依本条例奖助之工厂,合于工业奖励法第一条第二款之标准者,仍得依法为专制权之呈请。

第十八条 依本条例核准之奖助案,经过非常时期而限期未满者,得由经济部专案呈请行政院核准,至期满为止。

第十九条 本条例自公布日施行。

[经济部工矿调整处档案]

8. 经济部为指拨扩充营运资金等事致工矿调整处训令(1939年2月21日)

经济部训令 工字第22605号 中华民国第二十八年二月廿一日发

令工矿调整处

奉委员长蒋二十八年二月十八日巧侍秘渝字第4561号代电,以据呈工矿调整处工作情形及工作计划一案,已电令财政部指拨扩充营运资金1,000万元。并奉院长孔二月十八日吕字第157号函示,该处两年计划颇为周详,自宜依序进行。所需基金为数虽巨,但对于国防工业奠定基础,增强抗战实力,尚属必需;并指示应注意事项四点。各等因。奉此,除咨商财政部将扩充工矿营运基金1,000万元,即予指拨外,合行抄发原代电暨原函各一件,令仰遵照。此令。

抄发原代电暨原函1件。

部长翁文灏

抄原代电

经济部翁部长勋鉴:据二月三日所呈工矿调整处工作情形及工作计划及附件等均悉。查该处第一年工作,关于厂矿之迁移、复工,悉力办理,协应军需,克著成效,至用嘉慰。所拟廿八、九两年度工作计划,亦尚切实可行。兹已电令财政部扩充工矿营运资金1,000万元,连前共为2,000万元。俾资运用,即系按照所拟计划努力实施,以副厚望为盼。中正。巧侍秘渝。

咏霓部长勋鉴:

一月廿八日大函诵悉。工矿调整处两年计划颇为周详,允为抗战期中重要建设工作,自宜依序进行。所需基金为数虽巨,但利用此时机,对于国防工业奠定基础,并增强抗战实力,尚属必需。又阅该处一年来各项工作报告,均尚核实。在此时期迁厂工作本极艰巨,武汉撤退后交通工具缺乏,运输尤感困难。该处能设法抢运器材,并督促各厂积【极】复工,工作甚为努力,殊堪嘉慰。惟尚有数事应注意者:

(一)滞存宜昌器材、武汉各厂迁往湘西者及购存梧州之物料,仍须积极赶运,俾便复工。

(二)武汉撤退后尚未复工各厂,须切实执行限期复工办法,严加督促。其有困难者,应迅与协助解决。

(三)迁移各厂地点之选择,应审慎环境,预为确定,俾免甫经筑成厂屋,又须办理迁移,公私受损均大。

(四)内迁之技术员工与依技术人员调整办法整集,结果额数实嫌太少,应设法招致沦陷区域内技术人员及熟练工人来归服务,以免隆其待遇,既可免为敌用,复工达工业动员目的。

以上各点,即希妥筹策进为盼。专复,顺颂勋绥

孔祥熙
二月十八日
[经济部工矿调整处档案]

9. 经济部转饬关于厂矿用地变通办理的训令(1940年3月16日)

经济部训令　矿字第55237号

令工矿调整处

案查前据该处廿八年十二月七日矿整字第6521号呈为厂矿购地困难,拟请转呈行政院,凡经该处核准之厂矿用地,准予依照土地法第365条但书之规定,特许该厂矿先行动工,同时补办购买或请求征用手续,以迅事功,而利生产等情,当经转呈行政院鉴核,并以矿字第50024号指令饬知在案。兹奉行政院二十九年二月廿八日阳字3975号训令内开:奉国民政府本年二月二十二日渝文208号训令开:据本府文官处签呈称:案准国防最高委员会秘书厅二十九年二月十六日国议字第7214号公函开:案准行政院二十九年一月三十一日阳字2102号函称:据经济部呈为厂矿用地需要迫切,而征收程序甚感迟缓,拟请援照土地法第365条但书之规定,特许先行进入征收土地内实施工作一案,当以土地法第365条但书规定需用土地人得经特许先行进入征收土地内实施工作,原系指业经核准公告未及发给补偿费而言,如未经核准征收之土地,自不能为先行工作之特许。惟非常时期工矿建设关系重要,而征地手续繁重,实不足以迅赴事机,该部所请不无相当理由。经提出本院第450次会议决议,在抗战时期建筑矿厂征收土地,于勘定界址后,一面由主管机关绘具界址图,呈请履行法定手续,一面依土地法第365条但书之规定得进入界线内施工,但应由主管机关切实核明需要办理,非万不得已,仍应适用通常手续,尊重人民产权。相应抄同原呈,函请转陈备案等由,经陈奉国防最高委员会26次常务会议决议,准予备案。相应抄同经济部原呈,函请查照,转陈饬遵。等由。理合签呈鉴核。等情。据此。除饬处函复外,合行令仰该院转饬遵照。等因。奉此。除令知内政部外,合行令仰遵照。此令。等

因。奉此。除分令资源委员会、采金局、中央工业实验所外,仰即遵照。此令。

部长翁文灏
中华民国二十九年三月十六日

[经济部工矿调整处档案]

10. 经济部抄发民营厂矿请求代办征地手续应注意事项清本指令（1940年6月15日）

经济部指令　矿字第61996号

令工矿调整处

二十九年四月二十九日矿整字第8599号呈以件,奉令为厂矿用地请援照土地法特许先行施工,经呈奉院令仰遵照一案,兹为慎重审核,且使各厂矿有一定严密之标准可循起见,爰拟订民营厂矿请求本处代为办理征地手续时应注意事项十条,请鉴核备案施行由。

呈件均悉。查所拟注意事项,自系为对于代办征地手续可以严格审核起见,大致尚妥。惟"附带征收"、"区段征收"之适用者,依法限于政府机关,（土地法348条）第二项说明书之第五目,在民营厂矿自不适用,又第三项(1)(2)两款之"过于"字样,在"不相宜"、"碍及农产"之条件下,不应有此区别,均应删去。又第六项(2)(3)两款,"而有证明"应改为"确有证据",经予分别删改备案,并呈送行政院备查。合行抄发该注意事项清本,仰即遵照。此令。

附抄发民营厂矿请求代办征地手续应注意事项清本一份。

部长翁文灏
中华民国廿九年六月十五日

民营厂矿请求代办征地手续应注意事项

一、民营厂矿购用建厂地基,应先与土地所有权人直接磋商,如磋商不能成交,提出证件,并备有下列条件之一者,方得向本处请求代为办理征地手续。

（1）曾在本处登记有案之内迁厂矿。

(2)关系国防民生之新创或原有重要厂矿,曾经本处登记有案者。

二、请求征地之厂矿,应先将需用土地图及说明书各一分[份]送处审核。土地图应绘载左列事项(土地法施行法第八二条):

(1)征用土地之四至界限及面积;

(2)被征用地区内各段地之界限及其使用状态;

(3)附近街、村、乡、镇之位置及其名称;

(4)被征收地区内房屋、坟墓、树木等定着物所在地;

(5)图面之比例尺。

说明书应详载以下各项(土地法第357条):

(1)征用土地原因。应将拟征地面上准备建筑之各项房屋及设备之用途,及其占地面积列成一表;

(2)征用土地所在地及其范围;

(3)兴办事业之性质。应将机件设备之名称与数量,将来开工后之职工约数,产品之名称及其每月产量,一并记明;

(4)需用土地人所拟兴办事业之法令根据;

(5)土地定着物情形;

(6)土地使用之现状,及其使用人之姓名、住所;

(7)四邻接连土地之使用状态,及其定着物情形;

(8)土地区内有无名胜古迹,并记明其现状及沿革;

(9)其土地所有权人接洽之经过,及其所以不能成交之原因;

(10)土地所有权人之姓名、住所,所有权人不明时,其管有人之姓名、住所。

三、依第二项规定,请求征地之厂矿遇有下列情形之一时,本处得拒绝代为办理征用手续。

(1)该厂矿之生产性质与地方环境不相宜者。

(2)所择地面上之定着物过多,或本处认为碍及农产者;

(3)请求征用之土地超过其实际需要者;

(4)有特殊情形,本处认为不宜采征用办法者。

四、本处在审核期内,为尊重土地所有权人之意见及权益起见,得约集土地所有权人与征地之厂矿代表人先作一度直接洽议。

五、请求征地之厂矿,其所送图说,经本处预审核准批复后,应补送同样图说及建筑配置设计图各一式三份到处,以便分别存转。

六、请求征地之厂矿,须遇有下列情事之一,方得附带请求准予先行进入土地内施工。

(1)该厂矿之产品经本处核实,确为非常时期内国防或民生切迫所需要者;

(2)业主方面有意隐拒,或不在本地,复无代表人,以致无法洽议确有证据者;

(3)需用土地之厂矿代表人与业主曾经直接洽购五次以上,历时已满2个月,尚不能成交确有证据者。

七、经本处核准先行动工用地之厂矿,应俟本处据情转函地方主管官署出示公告后,方得进入土地实施工作。

八、在动工以前,所有青苗费及房屋、坟墓之拆迁费,应由征地之厂矿予以相当之补偿。

九、土地既经本处依法代为征用,所有地价一经地方主管官署评定通知后,征地之厂矿即须遵照如数缴纳。

十、在办理征地手续期内,请求征地之厂矿代表人仍须尽可能与土地所有权人续商地价,若有成交,应立即呈报本处将案撤销。

[经济部工矿调整处档案]

11. 工矿调整处检发四行协助民营工业借款原则训令稿(1940年8月20日)

训令

令　新中工程公司
　　上海机器厂

案准四行联合办事总处八月十四日合字第9254号函,以该公司、长扩充计划,经提出总处第41次理事会决议:准照经济3年计划规定数额照借等由。准此。查该公司、厂本年度核定贷款协助数额为国币50万元、20万元。合行检发四行协助民营工业借款原则一纸。仰径往四行联合办事处渝分处洽借,并将经过情形具报为要。此令。

附四行协助民营工业借款原则一纸

四行拟定民营工业借款原则

第一项　提供确定押品。

第二项　利息至少月息7厘。

第三项　期限以1年为度。

注:上列期限后经四联总处提交第40次理事会修改,决议:借款到期,如果有续转必要时,再行商洽。

第四项　押品须保足火险及陆地兵险。

第五项　四行派稽核或押品监管员。

第六项　由经济部为承还保证人。

第七项　借款时须先备具计划书送核。

［经济部工矿调整处档案］

12. 工矿调整处制定战时国防军需工矿业技术员工缓服兵役暂行办法(1941年4月14日)

战时国防军需工矿业技术员工缓服兵役暂行办法

（中华民国三十年四月十四日公布）

第一条　工矿业技术员工缓服兵役,除法令别有规定及经特别指定者外,依本办法之规定。

第二条　本办法所称工矿业,应以下列有关国防军需各厂矿,具有机械动力,有工人30名以上,经呈准经济部发给凭证者为限。

一、冶炼工业;

二、机械及铁工业;

三、电工器材工业;

四、交通器材制造工业;

五、基本化学工业；

六、燃料工业；

七、纺织染工业；

八、面粉工业；

九、水泥及耐火材料工业；

十、造纸及制革工业；

十一、油漆及颜料工业；

十二、制药工业；

十三、电汽事业及煤气、自来水等公用事业；

十四、石油及天然瓦斯矿业；

十五、煤矿业；

十六、铁矿业；

十七、铜、铅、锌矿业；

十八、锡、锑、钨、汞、锰、铋、钼矿业；

十九、金矿业；

二十、硫、燐、硝、明矾、石棉、岩盐矿业；

廿一、其他经指定之工矿业。

第三条　合于下列各款之一者，为技术员工：

一、国内外工矿职业专科以上学校毕业、在工厂、矿场担任实际工作者；

二、装配管理或使用各种机器设备者；

三、从事翻砂工作者；

四、管理各种炉窑火力及烘炼时间者；

五、无模型之手工制造修理者；

六、调配或检验原料者；

七、管理材料工具者；

八、较验成品或半成品者；

九、管理供给动力者；

十、管理或监查探矿或采矿工作者；

十一、管理或监查选矿工作者；

十二、其他在工厂、矿场须经过一年以上训练,其工作方能熟习者。

第四条　合于前条各款规定之技术员工,得由各该工矿业者造句清册,详载姓名、性别、年龄、籍贯、出身、担任工作及雇用年月,并各附二寸半身相片,呈请所在地主管官署转送省建设厅或市社会局,会同各该军师管区审查,分别发给缓役证书。

前项审查,应由各省建设厅或市社会局,会同各该军师管区司令部,组织工矿业技术员工缓役审查委员会办理。必要时,得举行检定。审查委员会章程另订之。

第五条　凡由厂矿内迁或来自战区及游击区,而在后方服务之员工,经经济部工矿调整处或当地主管官署证明,确系技术员工者,得不经审查,概予缓役。

第六条　缓役之技术员工,如解雇或工作发生变动时,应由该工矿业者立即呈报主管官署,缴销缓役证书,并分报兵役机关备查。

第七条　工矿业所用学徒,学习第三条各款工作已满1年者,准用第四条之规定。

第八条　工矿业者意图为所雇员工避免兵役,而为虚伪之呈报,或于应缴销缓役证书之工人,隐匿不报者,依妨害兵役治罪条例第二条规定办理。

第九条　本办法自军政、经济两部会同公布之日施行。

[经济部工矿调整处档案]

13. 经济部附发督促奖励在沪商店工厂银钱行庄资金内移办法的训令(1941年7月14日)

经济部训令　（卅）商字第13614号

令工矿调整处

查关于督促在沪商店、工厂资金内移一事,业经本部会同财政部订定办法,呈奉军事委员会核准照办,除由部分别电令施行外,合行抄发督促奖励在沪商店、工厂银钱行庄资金内移办法一份，令仰遵照。此令。

附发督促奖励在沪商店工厂银钱行庄资金内移办法一份。

部长翁文灏

中华民国三十年七月十四日

密件　共六十份　第3号　三十年六月十日奉军委会核准施行

督促奖励在沪商店工厂银钱行庄资金内移办法

（一）工商业资金内移，由四行按照汇市□□承汇。

（二）内移工厂得申请经济部工矿调整处核酌贷予迁移费用。

（三）工厂之器材、设备内移得向中央信托局投保兵险。

（四）工厂将资金内移开始营业后，得申请财政部依照法令规定暨各种税款之性质酌予豁免。

（五）内移经营必需品之厂号，在一年内遇市价低落，得报由经济部核饬所属供应机关依其成本利润，评定价格收购货品。

（六）国货厂商出品内运，得就需要情形申请经济部核酌特予运销便利。

（七）内移工商业暨银钱行庄需用土地房屋，得报由经济部或财政部转行地方主管官署协助取得便利。

（八）内移工商业之主体人办理成绩优良者，得由经济部核颁荣誉纪念品。

［经济部工矿调整处档案］

14. 经济部、四联总处监督工矿贷款办法（1944年）

经济部、中中交农四银行联合办理总处监督工矿贷款办法

一、关于经济部及中、中、交、农四行联合办事总处（以下简称部处）对工矿贷款之监督稽核事项，除法令别有规定外，依本办法办理。

二、凡向部处贷款各工矿事业，其账册应采取新式簿记制度。

三、凡向部处贷款各工矿事业，应切实遵照经济部颁布之非常时期商业账簿登记盖印暂行办法，将账簿送地方主管机关盖章。

四、凡向部处贷款各工矿事业，应将贷得之款在四行两局立户往来或照

贷款契约规定之存款办法办理，非经核准不得转存其他行庄。

五、各工矿事业对所贷款项均应照约定正当用途支用，不得另充他用，尤不得转行贷款图谋高利。

六、凡向部处贷款各工矿事业，其生产量应照借款计划，保持预定限度，不得借故减缩。

七、各工矿事业不得利用借款购储货物囤积居奇。

八、违反本办法各项规定者，除依法惩处外，并由贷款机关限期收回贷款。

[经济部工矿调整处档案]

15. 工矿调整处检发协助湘桂工厂复工办法训令（1944年12月16日）

训令

令中南区办事处

案查前奉令指定内迁之湘桂工厂，函应协助，早日复工生产。兹经本处订定协助湘桂工厂复工办法，合行检发上项办法一份。令仰知照次令。附办法一份。

协助湘桂工厂复工办法

（一）凡经奉令指定内迁之湘桂工厂，均得依照本办法申请协助复工。

（二）申请工厂应将内迁员工性质、人数及已到达之器材，报告本处，以便核定复工办法。

（三）本处得视所报告情形，就下列方式核定协助复工办法：

（甲）员工器材达较为完整者，贷与资金设厂复工。

（乙）器材损失较大，惟员工多已到达，制造技术优良，设备补充者，得以（一）贷款；（二）租用本处所置厂地、房屋、设备；（三）合资设厂等三项，择其一种方法协助之。

（丙）在湘有分厂者，贷款协助其加班工作，或酌添设备。

（丁）性质相同愿数厂归并或并入后方工厂者，应予归并。

(戊)员工后移旅费,由本处贷款协助。

[经济部工矿调整处档案]

16. 林继庸等拟具修正《协助内迁各厂招募技工暂行办法》之签呈(1939年4月6日)①

谨查修正协助内迁工厂招募技工暂行办法及介绍各厂利用铁路机厂技工一案,奉批照办。除行文派员与交通部总务司及迁川工厂联合会商洽进行外,理合遵拟《协助内迁工厂招募技工暂行办法》修正草案,签请核示施行。

谨呈

处长

副处长

附呈《协助内迁工厂招募技工暂行办法》修正草案一份

职林继庸

李景潞

《协助内迁各厂招募技工暂行办法》修正草案

廿八年四月六日修正

甲、协助招募技工之目的

(一)本处鉴于有关国防之内迁各工厂随行技工不敷使用,而内地又复缺少此种熟练工人,为使各厂便于补充其所必需之技工,以增进其生产能力起见,爰拟订《协助内迁各厂招募技工暂行办法》。

乙、本办法适用之范围

(二)凡与国防有关,曾受本处协助内迁或经本处特许之工厂,其技工不足使用者,概得依本办法,请求本处协助之。

(三)本处协助招募之技工,以技术优良及在工厂所在地不易雇得者为限。

(四)招募技工之地区,暂限于上海、香港、衡阳及其附近,事实上有在其

---

①此为收文时间。

他地区,如陕、冀、鲁等处招募之必要者,经本处核准后,亦得适用本办法。

丙、借款协助之办法

(五)凡招募技工之工厂,拟呈请本处予以协助时,须先将拟募技工之种类及人数、募用地点、招募方法等详细备文,呈送本处审核。经核准后,得按左列标准核定借款数额。

(甲)以上海为招募地点时:

1. 厂址在四川者   每名120元;

2. 厂址在广西者   每名90元。

(乙)以香港为招募地点时:

1. 厂址在四川者   每名100元;

2. 厂址在广西者   每名70元。

(丙)以衡阳为招募地点时:

厂址在四川者   每名60元。

(丁)以其他省区为招募地点或厂址在川、桂两省以外者,其借款标准临时核定。

以上旅费借款标准,本处得斟酌情形,予以增减。

工人安家费借款,每名至多以三十元为限,若工人有随带家属,必要时此项安家费得移作眷属旅费。

(六)在招募地点将工人募妥后,应请本处指定之机关代为证明,其证明书及募工登记证,由本处另行规定之。此项证件及登记证,应先行寄呈本处备查。

(七)招募技工旅费及安家费借款手续如左:

1. 各厂招募技工,应案第五条规定之手续向本处申请,经核定借款后,应妥觅商保一家,按照规定借款契约签订之。

2. 契约签订后先付旅费半数及安家费全部,俟募工登记证送处后,再付旅费三成余,俟工人到达证实后付清。

3. 每次借款,以技工5人以上旅费为标准。

(八)该项借款,以3年为期,周息六厘,每一周年终还本1/3及全年息金。如不照约履行时，统由担保人负责。

（九）若招募工人不足定额时，其余额之借款本息，应在本办法第十条第一款规定限期以内，退还本处。

（十）凡受本处予以募工借款之工厂，除须履行借款契约所订各条外，并须遵守左列之规定：

1. 在上海招募工人者，其工人限3个月内到达该厂地点；在香港者，限2个半月；在衡阳者，限1个半月；在其他地区者，临时按路程远近及交通情形限定之。

2. 各厂所借工人安家费及旅费，应十足发给工人，不得移作他用。

3. 工人到达后，应率同前来本处或本处指定之机关核对登记证，并缴验工人领取旅费及安家费之收据。

4. 凡违反以上规定中任何一项之工厂，本处得随时追还其所借款之全部或一部。

丁、附则

（十一）本办法在必要时，本处得随时修正之。

（十二）本办法自批准之日施行。

[经济部工矿调整处档案]

二、实施概况

1. 翁文灏等抄送赣鄂湘川电力容量表盼与迁移各厂通盘筹划设厂地点密函稿(1937年9月18日)

继庸吾兄大鉴：关于上海各工厂迁移内地后，开工时供电问题，必须先行明了电力容量，庶厂址分配，得以平衡。附寄一表，盼与各厂家通盘筹划，以免临时诸多困难。是企专此，顺颂时祺。弟翁○○、钱○○敬启。

附赣鄂湘川各地电力容量表

内地电厂供给迁移工厂电力容量一览表

电厂名称	现有容量(千瓦)	可供给新设工厂之余力(千瓦)
武昌电厂	4,700	2,000(日间)500(晚间)
武昌第一纱厂	3,760	800(日夜)
汉口既济水电公司	12,000	2,000(日夜)
宜昌永耀电灯公司	1,240	500(日夜)
沙市电灯厂	400	100(日夜)
九江电厂	1,100	300(日夜)
南昌电厂	5,000	2,000(日夜)
萍乡电厂	3,200	500(日夜)
长沙电灯公司	12,000	2,000(日夜)
衡阳电厂	500	二十七年发电
湘潭湘江电厂	4,000	二十七年发电
株洲电厂	2,000	二十七年发电
重庆电力公司	12,000	(现有)500(日夜) (最近)5,000(日夜)
成都启明电气公司	3,300	1,000(日夜)

附注：武昌新电厂一万千瓦正在筹设中，希望二十七年夏季可以发电。

[资源委员会档案]

2. 工矿调整处关于电厂移设情形及资委会川黔滇电厂表(1938年3月16日)

(1)电厂移设情形

1. 长沙旧发电机4套移设贵阴、辰溪、沅陵三处,贵阳320千瓦、辰溪500千瓦、沅陵240千瓦可供兵工厂及将来长沙一带工厂复移用电之需。

2. 自流井原定购2,000千瓦机2套,现改设昆明,供给迁往工厂之用。

3. 大冶油机三座,500马力者2座,移往昆明,200马力者1座,移往宜都。供给工业用电。

4. 汉阳铁厂电机2座,共3,800千瓦,将移四川綦江供兵工厂之用。

5. 中兴煤矿4,000千瓦电机1座,将移四川北碚开发煤矿。

6. 龙章纸厂1,250kVA电机1座,移往四川自流井,供给化学工业用电。

7. 首都电厂180马力油机1座,将移往湖南衡阳,补助供电。

8. 陇海铁路存宝鸡之500千瓦电机1座,拟移往兰州,供给用电。

9. 重庆电厂新装4,500千瓦机2座,尚称充足,惟电价过高,正筹减低。

10. 建设委员会为萍乡电厂等订购之1,000千瓦电机4座,本年秋冬可以交货。

11. 西京电厂订购之2,200电机1座,三月内可以交货。

12. 建设委员会由南京带去340千瓦油机1座,即将放置于四川万县供工业用电。

(2)资源委员会川黔滇电厂表

省别	四川		云南	贵州
县别	万县	长寿	昆明	贵阳
电力	500千瓦	10,000千瓦	4,340千瓦	470千瓦
备注	现有180千瓦,拟加装340千瓦柴油机1具,本年七月底可完成,将来扩充,容缓再定,现正与省府商洽合作中	水力发电,廿九年底完成	柴油机1座340千瓦,今装竣透平发电机2座4,000千瓦,明冬装竣,该发电厂暂时先供给资委会在昆明所办各厂之需,故与耀龙营业区域不致冲突	原有75千瓦直流机两座,拟即加装160千瓦蒸汽发电机两座,预计今年九、十月间可装好,将来扩充,容缓再定,现正与黔省府接洽合作中

[经济部所属单位]

3. 工矿调整处为各内迁工厂单独需要机械材料事宜仰转饬各厂自行购备的训令(1938年4月9日)

经济部工矿调整处训令　矿整字第592号

令重庆办事处

查本处前以各西迁工厂到达内地后,诚恐需用材料无法购运,以致影响工作。为求未雨绸缪计,业经决定将有关国防之机械材料,按各厂一年内所需数量,凡属多数厂家公用者,先行分类购储一批,计(一)材料类:如钢、铁、铜、铅、锡、锌、铅、电气材料等。(二)工具类:如铣锯、锉刀、麻花钻、螺丝钢板等。(三)零件类:如钢珠轴领、铁平螺丝、锅钉、皮带、砂皮、油漆、胶木粉、电动机等,以备各厂需要时得向本处借购。惟查各机器工厂单独需用之材料尚多,化学工业所用原料亦属重要,因其项目庞杂,势唯一一由本处统购。各厂家亟应从速估计其最低实需数量,自行设法购储,以免日后缺乏。合亟令仰转饬各内迁工厂切实遵照,毋得疏忽为要。此令。

中华民国二十七年四月九日

[经济部工矿调整处档案]

4. 经济部关于适应战时生产需要发展动力设施情况报告①(1938年10月)

建树动力事业:

动力为一般工业之基础,同时复因工商业及社会情形而发展,战时工商业之移动至速,故动力供给亦须在在与之适应。经济部近数月来对于动力事业之设施要项有二,一为旧有电厂之调整,二为新电厂之设立。

(一)旧有电厂之调整(1)各厂机器之扩充,如云南昆明耀龙电气公司因机器不敷,除已扩充448千瓦外,另促其添购720千瓦,发电机一座,四川泸县济和水力发电厂添装240千瓦,广西桂林分厂亦增加100千瓦,四川内江

---

① 节录自1938年10月底经济部送国民参政会之《经济部工作报告》。

华明电厂增加 45 千瓦,均已发电。(2)各厂机量之有富余或接近战区者,则由政府督促迁移,以资利用,如南昌电灯管理处拆运 100 千瓦机器至吉安,224 千瓦机器至赣州,浙江温州普华电气公司拆运 124 千瓦机器至丽水,供浙东电力厂之用。复由中共向湖南电灯公司购置旧机 4 座,共 1,060 千瓦,运至湖南沅陵、辰溪及贵州贵阳。又九江映店电灯公司亦拆迁 120 千瓦发电机 1 座。(3)后方电厂之电价过高者,分别饬其减低,以利公用,如重庆电力公司是。至因燃料飞涨难以维持之电厂如浙江温州普华电气公司、湖南桃源新明电灯公司、汉口既济水电公司,或许其酌加电价,或饬地方政府核拟救济办法。

(二)新电厂之设立由经济部资源委员会负责办理,进展情形如次:

(1)汉中电厂　投资 20 万,机量 300 千瓦,现已购到 100 千瓦蒸汽机,正运输中。

(2)宜都电厂　投资 6 万元,机量 140 千瓦,已完成发电。

(3)甘州电厂　经济部与甘肃省政府合办,共投资 60 万元,旧厂已本年八月十六日接收,除 100 千瓦旧机继续供电外,已装置 168 千瓦新机,并拟再加 360 千瓦新机。

(4)万县电厂　经济【部】与四川省政府合办,共投资 40 万元,已于本年八月十六日将旧厂接收竣事,除 180 千瓦旧机继续供电外,正进行订购 340 千瓦新机。

(5)沅陵及辰溪两厂　总各湘西电厂,投资 30 万元,机量沅陵 240 千瓦、辰溪 500 千瓦,正装置机器及线路。

(6)贵阳电厂　经济【部】与贵州省政府合办,共投资 100 万元,除原有机量 150 千瓦仍继续供电并自湖南电灯公司拆让之 320 千瓦旧机业已运到外,并进行购置 1,000 千瓦新机。

(7)昆明电厂　投资 100 万元,机量 4,000 千瓦,已购成,正进行运输及敷设线路。大冶拆卸之柴油机亦已运到,正装置中。

(8)西京电厂　为公司组织,投资共 100 万元,已完成发电之容量为 2,275 千瓦,现已添购之 2,000 千瓦新机,俟时局稍定,即行装置,并办宝机分厂,电力35千瓦。

（9）此外尚有专供电工器材厂、机器制造厂、中央钢铁厂等电力之湘江电厂,容量4,000千瓦,已大部完成。因以上各厂迁移,该电厂亦将重要机件暂移后方。又计划设立武昌电厂（机量60,000千瓦）、萍乡电厂（机量1,000千瓦）,均以战事关系停止进行。

[经济部档案]

5. 迁川工厂联合会陈复各厂讨论议定招收技工各项条件函（1938年12月15日）

径复者:接奉十一月二十五日大函,以徐君建邦面谈,谓机械工人,彼可由西安招致旧西北实业公司工人一二百名来渝,但关于条件及招致方法,尚得商配[酌],请与各厂一谈,商定办法,并请见复。等由。即经招集各厂公同讨论,议定条件如左:

（一）旅费,由西安经川陕公路,经成都而达重庆,每名约须国币120元。厂方担任一半,工人自认一半,必要时每名借安家费30元。工人自认旅费及安家费,将来由工资内扣除;招募时,厂工两方所认之旅费及安家费,由各厂负责呈请工矿调整处借垫。

（二）分配工人办法,由各厂就所需工人技术种类及人数,报告到会,列表登记。

（三）工资标准,由各厂报告到会,列表登记。

（四）到渝后之管理及生活费,就各工厂所需要技术种类及人数,随到随即分配。

（五）技术标准,技术优良,身体强健,品行端正等项。

（六）如技术太劣。不堪雇用者,各厂除牺牲旅费之半数外,其余不负任何责任。

（七）永利化学工业公司单独提议该公司所需工人之条件:（甲）到渝各工,经考试留用者,须先试用一个月,方定工资。（乙）各种工人来渝旅费,概归本人自备。

正进行间,复荷面谕,以湖南衡阳有多数逃难工人可以招致,拟托周经理锦水代为招募,并考试。等因。即经于本月十二日再开会议,顾以到会工厂为数无多,所议条件仍系上列七点。兹因各厂对于技术标准互有出入,抄录登记表一纸,检同原答复六张,一并函请鉴核为荷。谨呈。

经济部工矿调整处副处长张

附送登记表一纸,原答复六张[略]

迁川工厂联合会主席委员颜耀秋谨启
中华民国廿七年十二月十五日
[经济部工矿调整处档案]

6. 经济部工矿调整处第一次全年工作报告①(1938年12月)

绪 言

自抗战发生,于上年十一月成立工矿调整委员会,中经改组为工矿调整处,迄今已届一年。前当工作开始,即以战时统制工矿业之要旨,首重促进生产,以谋军事有关用品之供给;复鉴于重要工矿业之地点,渐沦战区,而内地工业基础复感薄弱,新筹厂矿,则时间及外汇均不经济。故规定方针,着重厂矿之内迁,既可保全国力,而工业动员,共纾国难,凡在国民,尤为责无旁贷。至于厂矿内迁之后,除积极督促复工外,各厂矿之制造能力、出品性质,及地点分配,亦经加以调整,俾使彼此适应。此外原有厂矿之扩充及新事业之设立,胥视力之所及,兼途并进。先就可能范围内,凑成生产单位之雏形,而工矿业于政府统制指导之下,随时发展,以应目前之需要。

(一)厂矿之迁移

关于厂矿之迁移,本处经先后派员赴各迫近战区,督促办理。兹将经过情形略述如左。

(1)机器之拆迁　查战区厂矿,在工矿调整委员会期内,由上海及沿江下游各埠、山东济南、河南焦作等处内迁至汉口者,有137家,机器重量25,000

---

①此件沿用原标题。

余吨。复于三月间改组工矿调整处后,以豫北情势紧张,因将郑州豫丰纱厂拆迁,转汉运宜,准备入川复工。嗣于六月间,马当失陷后,沿江战事日烈,复经本处会同有关机关,合组石灰窑迁厂委员会。除该处大冶铁厂及象鼻山铁矿均有主管机关负责外,其余华记水泥厂及源华、利华两煤厂,均由本处督饬内迁,于七月底完成,分运川湘。在八月初,复开始拆迁汉口各工厂,最重要者为纱厂5所,除第一纱厂因有英商债务关系未能拆迁外,其余4厂,均经赶拆迁出。计分迁宝鸡、重庆者,有申新四厂及震寰;全迁宝鸡者,为湖北官纱布局;全迁重庆者,为裕华。又面粉厂3家,均已拆迁川、陕、湘各处。再汉口既济水电公司之发电机,亦经本处借款,于最后督饬赶拆6,000千瓦发电机及锅炉材料全套。此外湖北省产之纱布、麻纸等厂,除纱布两厂已迁宝鸡外,麻纸等厂均由建设厅拆迁至鄂西。经本处及其他主管机关此次拆迁之结果,武汉工厂除第一纱厂外,其余略具规模者,均已拆迁完毕。总计先后由各地拆迁之厂矿,截至武汉撤退日止,共计304家,机器共重51,182吨,技术员工有记录可考者1,793名。兹将内迁工厂物资及技术情形,分按迁运地点,制表附后,以备参阅(附表1)。

本处复于九月间,派员驻长沙,协助各厂内迁,自长沙大火,始行撤退。又沙市之工厂,有电力厂及纱厂各1所,现仍在办理拆迁中。

(2)迁厂之路线　原定计划,各厂迁移,除应军用品上之需要亟须在汉复工者外,悉数迁移入川。嗣因运输困难,又因战事转移,武汉工厂亟须内迁。经重为分配,所采主要路线,计可分为以下四途:(甲)经宜昌入四川,仍照原定计划办理,多系规模较大之重要厂矿,共计134家,机器32,328吨,技工1,532名。其中重要者有化学工厂之制碱、造纸及制革等项,重工业之炼钢及电器制造,轻工业之纺织,此外则各种机械工厂及煤矿业,均极属重要。(乙)循湘水至湘南,亦可再由湘南入桂。(丙)经常德入湘西。以上湘西、湘南两处,为配合军用上及铁路建筑之需要,多属机器厂。又有水泥厂1所,亦颇具规模。共计迁湘南、湘西共118家,机器5,913吨,技工148名。迁桂林共21家,机器2,511吨,技工55人。(丁)由铁路迁至陕西之宝鸡,多为棉纺织厂及铁工厂、染厂,计共20家,机器10,199吨,技工58名。其余如鄂西及昆明、贵阳等处,计11家,机器231吨,技工不详。

(3)迁厂之运输　抗战以还,各方运输均感困难。迁川各厂原定轮船、木船分别运输办法,预期本年六七月间可以完全到达。不谓军品运输过繁,经军政部于五月间召集会议,分配宜渝段轮船吨位,尽先运输兵工、军需两署及航委会器材,以致民间工厂器材,在宜昌停滞过久。洎七月间,沿江战事日形激烈,武汉工厂亦着手准备内迁,因此迁川厂数增加更多,物资总吨数由1.5万吨增至3万吨有奇,于十月底武汉撤退时,宜昌滞存迁厂器材,尚有1.4万余吨。经本处与交通主管机关协商,大部分改用木船运输,其重大机件,始酌为商让轮船吨位。但因存宜器材太多,所有运输均缩短途程,先以运离宜昌为目的,故现仍多在途中,尚未完全到达重庆。

当七月间开始准备迁移武汉工厂时,除一部分仍设法迁川外,即同时布置迁厂至湘西。所有运输,均用民船或轮驳,惟河道水浅,船舶太多,运轮仍难畅通,虽大部分均已到达,仍有一小部分尚滞途中。至于宝鸡方面,系由铁路运输,运出器材均已到达。惟在信阳失陷、平汉路断后,尚余小部分器材未得迁出,亦经改运入川。湘南方面,亦系用木船或轮驳运至湘潭,再改换略小之木船,运往衡阳。如再入桂,则由衡改湘桂铁路运输。惟当武汉撤退匆遽之际,沿途略受敌轰炸,小有损失。

(4)资金之贷与迁移借款　计共核准数国币1,178,698.20元,兹将协助内迁工厂迁移借款列表(附表2)。查本处办理贷款,定有原则九条(附件1),关于各厂所需迁移借款,自应以实际需要为标准。如各纱厂本年内营业颇有赢利,□能自行筹划,毋须借助公帑。惟震寰纱厂向系租与大成,并非自己经营;又申转四厂虽获有盈余,但均用以偿债,并无现款足资周转,故均分别贷以资金。又华记水泥厂因近于重工业性质,由迁移至复工,步骤颇为繁重,须预为统筹,故另案订立迁移复工借款60万元。其余详见附表,不再敷述。

以上所述,为厂矿拆迁工作之梗概。在本处执行此种职务,事前虽颇费周折,惟事后则各厂矿均能体谅政府之立意,协力同心,共赴国难,以副非常时期工业动员之旨,则诚有足多者也。

(二)厂矿之复工

各厂矿内迁后,自应以复工为最后目的。查在本年二月间,内迁各厂到达武汉后,遵奉委员长蒋电令,筹划战时工业以川、黔、湘西为主,当即决定继续内迁。但因运输困难,途中往往迟滞,而军用急需者又迫不及待,故其能早日复工而拆迁较易各厂,均先在汉口、长沙等处复工,以资生产。洎自武汉情势较紧,始复内迁。因此复工情形,大致可分划为:(1)武汉未撤退前,及(2)撤退后两时期分述之。

(1)武汉未撤退前复工之情形 自上年十月起,陆续在武汉临时复工者计有:华成电器厂、华生电器厂、合作五金公司、新中工程公司、铸亚铁工厂、新民机器厂、美艺钢器公司、中华无线电公司等63家,均承造各种兵工器材,以应需要。至本年六月底止,即均已停工,继续内迁。其继续内迁各厂,亦有到达较早即行开工者,计重庆方面自本年二月起(本处缺一页稿)办法(附件2),并由本处添派外勤工作人员,与各厂切实联络,催促进行。

(2)资金之协助 各厂先后复工所需资金,其确无法筹措者,均由本处酌予借拨,以资协助,截至十一月底止,计共核定 1,432,125 元(附表4),其中应略加说明者,为贷款与长沙新中工程公司及工商谊记橡胶厂,承制重要军事交通器材,两厂甫将厂屋筑成,即又办理迁移,为可惜耳。

(三)协助内地原有各厂及筹备新厂

查内地工厂经本处协助扩充及协助筹设新厂,计有以下各项:

(1)协助川省各厂向四行商订借款 查工厂内迁,动力供给为复工之先决问题,自应预为布置。重庆电力公司有 1,000 千瓦透平发电机 3 部,4,500 千瓦透平发电机 2 部,设备尚具规模,惟感资本过低之累,周转至为困难,而所领用代现券又奉财政部令收回,经本处协助保证,向四行借款 200 万元,以资整理债务。四川水泥公司及重庆自来水公司或为工程建设必需原料,或关主要公用事业,亦先后代向四行息借各 70 万元,为清理旧欠及扩展设备之用。民生为川江最大航运公司,抗战以来,担任运输工作綦重,因须添修旱墩,增加新轮等用途,亟须用款。经本处协助保证,向四行借款 100 万元,业于七月间成立借款。

（2）广西糖厂及酒精厂、合益公司榨油厂等借款　本处于四月间派员前往广西视察各工厂，经于桂省府商定，协助广西糖厂添购机器、增加产量。又合益公司榨油厂因改良榨油，（本处缺一页稿）

（4）协助其他工业　（甲）目前运输不便，汽油极感缺乏。本处贷款与重庆新中国人造汽油厂1万元，新民代汽油厂1.5万元，增加产量，以供需要。（乙）纸价高涨，形成纸荒，本处除督促造纸能力较大之龙章造纸厂迅速复工外，并经商定将嘉定之嘉乐纸厂，扩充产量至每日出纸3吨至4吨，贷款4万元，充添设备之用。

（5）筹设之新厂　（甲）生产事业必须以重工业之钢铁为基础。目前虽由其他主管机关，主办迁移六河沟化铁炉及汉阳钢铁厂机件，在川省境内设立钢铁厂，但规模较大，告成尚需时日，且各方需要恐不足供给。特由本处贷款与华联钢铁公司45万元，设立30吨炼铁炉1座，1吨毕士麦炼钢炉1座，及火砖厂、炼焦厂，约8个月可完成。又迁川各机器厂合组协和炼铁公司，拟设10吨化铁高炉1座，以求自行供给翻砂用之生铁，亦由本处协助贷与半数资金，并商由本部矿冶研究所借调技术人员，以资协助，约3个半月可完成。（乙）桐油为四川出口大宗，但土法榨油，消耗较大，质地欠纯。为增加产量及提高成色起见，由本处贷款与中国植物油料厂60万元，购置安特生榨油机10部，增设榨油厂。现已有榨机2部运达广州湾，正设法内运，从速安设。其他亦正催运中。（丙）蔗糖为四川重要产品，目前运输不便，机器难以运入，短期间设立新法大规模糖厂，颇感困难。本处前虽拟促成广东惠阳糖厂将机器售归川省，运至内江设厂，亦因运输困难，未能实现。至于土法榨糖，质量均逊，改良方法亦曾多方征讨，佥谓小型机器之添设，增加产量有限，而成本反高，必致劳而无功。惟由土糖炼制白糖，则不仅目前有此需要，即在大规模糖厂设立之后，因甘蔗熟成收获，不能久储，而机器榨糖又不能立将甘蔗全数制成白糖，势须仍用土法制成一部分土糖，以便存储，徐待改炼。故炼制白糖，仍属必要。兹有大成糖厂利用南开大学之试验炼糖机，设厂试炼，经本处贷与1.5万元收购原料，约半年内可以完成。如试炼成功，自可照样添设炼厂。（丁）目前极感纸荒，洋纸既难输入，复需付给外汇，故除促龙章纸厂从速设厂,及协助嘉乐纸厂扩充产量外,复拟以8万元在铜梁设实验纸厂1所,约5个月完成。用机器造浆人工抄纸之办法,改进土法造纸。俟确有成效,即将该厂售归商办,及一面另设新厂,并商由农本局促成合作组织,使槽户便于经营。(戊)筹设广西纺织机械工厂。本处于本年四月间派员赴沪,将前全国经济委员会与中央研究院合办之棉纺实验馆锭机全套,计纱锭1,800锭,新式绕棉梳棉机及高速经纱机等各式机件,运赴桂林。兹拟与收购之铸亚铁工厂合并,与广西省政府洽商合办广西纺织机械厂,一面纺纱以应战时需要,一面就各种锭机,择优仿造,扩充纱厂,以谋树立自制纺机之基础。

以上所述,为协助原有厂矿及筹设新厂已经着手办理之事项,计共核定数国币234万元(附表5)。此外正在协议者,尚有民丰纸厂拟在昆明设一每日5吨之纸厂。贵阳永丰纸厂机器稍为陈旧,如经查尚可应用,拟设法协助复工。又湖北省麻织厂,筹备复工亦正洽商,俟定有办法,再行着手办理。

(四)其他工矿调整事项

工矿调整之工作范围,除由战区移来厂矿,复经在内地改进与添设各厂,先期生产事业略具雏形外,其有关联之事项,亦经同时推进。分述如下:

(1)材料之采购　各厂矿所需物料原料,有必须由外国采购者,尤以五金材料为最。因将各厂矿一年内各厂可以通用之五金材料及零件,预为采购,运往内地存储。该项购料总额,经核定为国币309万元,全部委托中央信托局代购。惟因询价颇多周折,直至本年六月间始行订妥一批,以后虽经陆续订购,但至九月间始有一部分运抵香港。而其时粤汉、川江之运输,已达极困难之程度,故不得已于十月初由港运桂600余吨。乃广州旋告失陷,港梧航道不通,梧州以上水道亦极拥挤,存梧物料至今尚在抢运未毕,其余存港物料亦须改途内运。

又在武汉未撤退前,向六河沟制铁公司将存铁1,200吨购买,设法运输,以备各机器厂应用,惟现仍在途中。查四川土铁不合翻砂之用,而新式化炉尚未完成,因此生铁价格由每吨300余元涨至700余元。此次运输之1,200吨生铁,约敷复工各厂3个月之用,预计届时协和炼铁公司之小化铁炉可以完成,则民间工厂所需生铁之供给,可以无虞。此外其他原料能就国内资源设法购储者,亦分别收购,如向湖南水口山硝磺监理处订购硝磺 8,000 市担,及向广西出入口贸易处订购硫酸 30 吨,均已分批运往指定地点存储备用。

(2)技术员工之征募　本处新订技术人员工作调整办法,于本年三月实行办理,迄今已阅 8 月,所有办理情形已汇制总表(附表6)连同办法(附件3)附后,以资参阅。

(3)公路运输之筹划　查自战事迁移,粤汉铁路及川江轮运已不能适用以后,对外运输端赖公路。本处前于本年七月间,即与西南公路局订立借款购车合同,购汽车 50 辆,本处各厂器材,应优先运输,亦经专条订明。该项汽车约于年底可以到达。

此外关于产品之运销,因目前复工者多属机械工厂,所承制系兵工用品,并不感运销之困难,故除垫付本部燃料管理处 20 万元,充煤斤运销资金外,尚未举办其他运销事项。

结　论

查本处工作,悉本既定方针,积极进行,但因抗战环境之转移,所采步骤不得不因时制宜,随时决定。关于工厂地址之选择,既因武汉撤退,内迁厂数增加,所需设厂地址亦多。又前此所勘定北碚、自流井等处拟设之工业区,均因动力不及筹备,亦暂难实现,业就可能范围,另行布置。至于详细地址,因在军事期内,暂不详述。

以后工作方针,除督促各厂,已复工者努力生产,未复工者积极复工外,尤当着重于各种工业间之如何配合,使能彼此适应。兹略述方针如下:

(1)钢铁业　已完成者有 1 吨炼钢电炉 2 座,正在进行者有 1 吨炼钢炉 1 座,30 吨及 10 吨化铁炉各 1 座。虽尚感不敷,轧钢设备亦嫌太少,但目前连同其他国营机关之钢铁铸炼部分,亦可暂应急需,以后量力扩充,并可藉此为基础。

(2)机器制造业　此类工厂在战时可辅助兵工制造,并可制造各种机器,惟规模尚待扩充,技术亦待深造。拟于最近期内,与各厂详细会商,就已往之经验及设备之情形,将工作加以调整,使分任各种机器制造,各专一门,以期本国制造机器,能树立相当基础。

(3)化学工业　化学工业范围较广,而所需基本原料,尤感困难。现烧碱、盐酸、漂白粉均已筹有办法,建厂完成,均在5个月后。大规模纯碱厂亦已另有担任筹设,但为期较远,目前惟嘉峪碱厂所制纯碱,质地较差,勉可应用。盐酸产量尚感不敷应用,但工业上所需盐、硝两酸,似尚不难与国营机关取得联络,酌为分配应用。经此一番布置,虽于支绌万分之中,仍图勉筹应付。此外造纸、玻璃、陶瓷、氧气、橡胶、油漆、榨油、炼糖,均已分约各厂担任。其他因原料缺乏,未能筹办之厂,例如颜料,恐须假以时日,始能着手。

(4)纺织染业　棉纺织各厂,现分在宝鸡、重庆、桂林三处。其中桂林规模较小,仅1,800锭,重庆有10万锭,因建厂及动力较为便利,复工均较易于进行。重庆方面于下月内,即可有两纱厂局部复工;桂林亦可于半年内完成。惟宝鸡方面,虽约有6万锭,但该处本无动力设备,业商由纱厂自迁电机,但设置颇需时日,建筑材料及燃料,亦均感缺乏。加以时受战事威胁,进行难迅速,复工尚难预期耳。

此外丝纺织,均就内地原有各厂及内迁工厂,积极进行,西北及四川羊毛均极丰富,惟尚无毛纺织机器,期速谋设厂,甚感困难。四川产麻亦多,并拟利用湖北省麻局机器复工,可织麻袋,正商议中。又因四川棉花产量虽已增加,但仍不足供各纱厂之用,除商由本部农本局设法运送陕西棉花外,亦正商请专家研究。毛、麻、棉各种纤维交纺与交织,有无可能,俟有结果,再为进行。

(5)其他工业　如印刷、铸字、铅笔、卷烟、食品等厂,均有关文化及日用物品,业已分别复工,以供需要。

(6)矿业　目前以燃烧亟须增加产量,而迁来采矿机器,已有国营机关办理,暂不举办。

总括言之,则此次抗战期内工业动员,先谋厂矿之迁移,次图厂矿之复工与增设,则人力上技术人员之征集,物力上机器设备之利用,财力上厂矿资本之营运,均可期收效。而战时统制工业,处目前情形之下,尤应着重增加生产,允宜多加扶持,减少困难,庶免窒碍扩展,斯为切要。至于本处营运基金之运用,自应切合需要,务求撙节。但因抗战环境之转移,迁厂家数增加,所需资金较多，而本处营运基金深感不足，至十一月底止，计有支配国币9,614,884.70元（附表7）。添筹资金，固有待于开源，而斟酌缓急，亦应事有先后。因此本处前所颁布核定借款原则，即已规定范围，所有贷款，均应以次为标准，亦亟应说明者也。

附表1：内迁厂数物资吨位及工人数统计表。廿七年十一月卅日［略］

附表2：内迁工厂迁移借款一览表。廿七年十一月卅日［略］

附表3：武汉撤退以前内迁工厂复工日期表。

（一）武汉

业别	厂名	复工日期	制造品种类
机械五金翻砂业	合作五金公司	二十六年十月	炸弹引信、军用锹、弹尾、军衣纽扣
	新民机器厂	十月	机枪零件
	慎昌翻砂厂	十月	手溜［榴］弹
	镐锠铁工厂	十月	炸弹引信、手溜［榴］弹
	上海机器厂	十月	炸弹引信、水电零件
	中国铜铁工厂	十月	炸弹尾、钢窗
	利用五金厂	十月	修理枪械
	东升机器厂	十月	手溜［榴］弹、切面机
	新中工程公司	十月	手擎、邦浦
	张瑞生电焊厂	十月	电桿［焊］零件
	张兴昌翻铜厂	十月	手溜［榴］弹
	顺昌铁工厂	十一月	小车床
	美艺钢器厂	十一月	炸弹尾箍、引信、地雷
	精一科学器械厂	十一月	引信、面具零件
	发昌机器厂	十一月	修理机器锅炉
	姜孚制造厂	十一月	经济油灯
	精华机器厂	十一月	织袜机
	铸亚铁工厂	十二月	修理纺织机、迫击炮弹
	新昌机器厂	十二月	炸弹引信、手溜［榴］弹、织袜机
	中国机器厂	十二月	钢炮□火、手溜［榴］弹
	华兴电焊厂	十二月	电焊工作
	萧万兴铜厂	十二月	各种钢器
	中兴铁工厂	二十七年一月	手溜［榴］弹、炸弹零件

续表

业别	厂名	复工日期	制造品种类
机械五金翻砂业	希孟氏历钟厂	一月	炸弹盖子、铁副木、消毒器、绷带机
	福泰翻砂厂	一月	手溜[榴]弹
	陈信记翻砂厂	一月	手溜[榴]弹
	宝兴翻砂厂	一月	手溜[榴]弹
	姚兴昌机器厂	一月	手溜[榴]弹
	华丰造船厂	一月	修理船舶
	姚顺兴五金厂	二月	手溜[榴]弹
	利泰翻砂厂	二月	手溜[榴]弹
	广利砂砻厂	二月	手溜[榴]弹
	永丰翻砂厂	二月	手溜[榴]弹
	耀泰五金厂	二月	车床
	达昌机器厂	三月	切面机、迫击炮弹、手溜[榴]弹
	中新铁工厂	四月	经济油灯
	维昌机器厂	四月	针织机
	大来机器厂	四月	织袜机
	三北造船厂	五月	修理船舶
电器及无线电业	振华电器厂	二十六年十月	电筒、灯头
	资委会电机厂	十一月	电池
	中华无线电社	十一月	收发报机
	华昌无线电所	十一月	收音机无线电零件
	中国无线电公司	十二月	收发报机
	合众电池厂	十二月	电池
	华中电器厂	二十七年一月	变压器、发动机、手溜[榴]弹、地雷引信
	华成电器厂	二十七年一月	马达、迫击炮引信
	中国蓄电池厂	一月	电池
	永利电机厂	一月	手摇发动机、电影机
	孙立记电机厂	一月	手摇及电动发报机
	谭泮电池厂	一月	电池
食品工业	冠生园	二十六年十一月	军用罐头
化学工业	家庭工业社	十一月	牙粉雪花膏
	源大制布厂	十一月	皮带、皮鞋
	中国铅丹厂	二十七年四月	红丹、黄丹

续表

业别	厂名	复工日期	制造品种类
印刷文具业	大公报馆	二十六年九月	日报
	时事新报	十月	日报
	中国科学图书公司	二十七年一月	印刷品
	华丰印刷所	一月	印刷品
	美丰祥印刷所	四月	印刷品
纺织染工业	美亚织绸厂	二十六年十二月	绸
	迪安针织厂	十二月	袜子
其他工业	梁新记牙刷厂	二十六年十一月	牙刷

（二）宜昌

业别	厂名	复工日期	制造品种类
印刷文具业	中国铅笔公司	二十七年三月	铅笔

（三）常德

业别	厂名	复工日期	制造品种类
机械五金翻砂业	仲桐机器厂	二十七年十月	军用品
	江源昌机器厂	十月	水雷零件
	杨正泰机器厂	十月	水雷零件
	方兴发机器厂	十月	水雷零件
	徐顺兴机器厂	十月	军用品
	美丰机器厂	十月	军用纽扣
	义华机器厂	十月	装弹机、修配军用电话
	周锦昌机器厂	十月	手溜［榴］弹
	新华机器厂	十月	海军部工作

（四）长沙

业别	厂名	复工日期	制造品种类
机器五金翻砂业	新中工程公司	二十七年四月	抽水机
	中国建设工程公司	四月	纱锭、地雷引信
化学工业	民营化学工业社	二月	电机绝缘零件
	工商谊记橡胶厂	五月	修理机器

（五）柳州

业别	厂名	复工日期	制造品种类
机器五金翻砂业	中华铁工厂	二十七年九月	车床、钻床

（六）重庆

业别	厂名	复工日期	制造品种类
机器五金翻砂业	六鑫钢铁厂	二十七年二月	手溜[榴]弹、小钢炮
	华兴机器厂	三月	铣床、枪筒矫直机
	顺昌铁工厂	四月	起重机、造纸机、迫击炮弹
	上海机器厂	四月	引信、机枪零件、车床
	精华机器厂	四月	织袜机、军用品
	震旦机器厂	四月	救火邦浦
	徐兴昌铜厂	五月	水雷零件、引信
	大同五金号	五月	出售五金工具
	大公铁工厂	六月	机枪零件、迫击炮零件、修配兵工机器
	永利工业公司	六月	烟幕罐、硫酸桶、引信
	复兴铁工厂	七月	引信、手溜[榴]弹
	精一科学器械厂	七月	引信、机枪零件
	达昌机器厂	七月	扎花机
	启新电焊厂	七月	电焊工作
	中国宝业机器厂	八月	机枪零件
	鼎丰制造厂	八月	机枪零件、迫击炮弹
	陆大铁工厂	九月	地雷、手溜[榴]弹、引信

续表

业别	厂名	复工日期	制造品种类
机器五金翻砂业	合作五金公司	九月	炸弹引信、军衣纽扣
	老振兴机器厂	九月	汗衫机
	张瑞生电焊厂	九月	电焊工作
	洽生工业公司	十月	机枪零件
电器及无线电业	中国无线电公司	二十七年五月	收发无线电
	资委会电机厂	八月	电池
化学工业	家庭工业社	二十七年二月	牙粉、蓝墨水
	中法制药厂	五月	人丹
陶瓷玻璃业	福华华记搪瓷厂	二十七年七月	各种搪瓷品
	瑞华玻璃厂	八月	化学仪器
印刷文具业	时事新报	二十七年四月	日报
	京华印书馆	五月	印刷品
	正中书局	六月	印刷品
	华丰印刷所	九月	铅字、印刷品
	劳益印刷所	十月	印刷品
纺织染工业	美亚织绸厂	二十七年四月	绸
	苏州实业社	六月	布、针织品
	永润电机袜厂	八月	袜子
其他行业	大合建筑公司	二十七年四月	承建中央银行大厦
	华兴制帽厂	九月	帽
矿业	中福公司	二十七年五月	并入天府煤矿掘煤

（七）自流井

业别	厂名	复工日期	制造品种类
食品工业	久大精盐公司	二十七年九月	精盐

（八）延安

业别	厂名	复工日期	制造品种类
机器五金翻砂业	利用五金厂	二十七年三月	修理枪械

附表4：内迁各厂复工协助借款一览表。二十七年十一月卅日［略］

附表5：协助原有厂矿及筹设新厂借款一览表。二十七年十一月卅日［略］

附表6：技术人员调整状况表

类别(1)	登记名额(2)			以技术人员分发工作名额(3)				经本处介绍或直接受委用名额(4)			经本处协助而得工作名额(5)	自行设法而得工作名额(6)	已有工作名额(5)+(6)(7)
	向本处登记人数	教育机关抄送人数	总额	甲级	乙级	辞职	总额	由各机关直接任用	由本处直接任用	总额			
矿冶	29	10	39	4	4	2	10				10		10
机械	41	87	128	4	7	7	18	2		2	20	3	23
电气	47	3	50	6	4	2	12	1		1	13	4	17
化工	98	76	174	13	9	7	29		2	2	31	6	37
土木	37	113	150	3	3	3	9	1	1	2	11		11
纺织	47	19	66	8	3	1	12				12	1	13
共计	299	308	607	38	30	22	90	4	3	7	97	14	11

附：服务满期技术人员出处状况表

期别	月份	服务地点	满期人数	满期后受任用名额	满期后继续以技术人员任用	备注
第一期	11月份	在各厂矿及其他机关	6	3		余三人本处尚未得报告
		在本处	5	2	3	
第二期	12月份	在各厂矿及其他机关	3	1		中一人拟调回本处，一人尚未得报告
		在本处	1	1		

附表7：本处营运基金支配及实付概况表。二十七年十一月卅日［略］

附件1：内迁厂矿迁移借款原则。［已单独列出，此略］

附件2：工矿调整处内迁厂矿复工办法。［已单独列出，此略］

附件3：技术人员调整办法。［已单独列出，此略］

［行政院档案］

7.迁陕工厂联合会等为取消燃料统制减轻各厂运煤费用有关文件(1939年3—4月)

(1)迁陕工厂联合会致工矿调整处函(3月20日)

窃本会前以迁陕各厂行将开工，燃料缺乏，经于二月十五日呈请钧处设法开辟附近煤矿，以资救济在案。惟查开辟矿产，事件重大，绝非短时间内所能济事，本会深恐各厂开工在即，缓不济急，复经多方调查，就目前交通情形论,燃料来源果能设法匀配,撙节使用,则陕东各矿,日匀三数十吨尚非难事。第以陕西省政府现已专设战时煤炭统制运销处,烟煤每吨在西安定价35元,运抵宝鸡各工厂,每吨价值需40元以上。若能使各厂按照矿公司原价,加以运营,则每吨亦不过二十元左右。伏思迁陕各厂,均系艰难困苦,损失不堪,筹备复工,原为增加后方生产,支持长期抗战。中央政府对于因战事迁移各厂,特定奖励条例,并豁免所得税及地方一切附加。良以迁移各厂,创痛巨深,故体恤无微不至,其不能与不迁动之厂同样待遇,甚为明显。拟恳钧处鉴核,俯予转函陕西省政府,体念迁陕各厂损失重大,元气未复,准其对于各迁移工厂用煤,按照矿公司原价及运费供给应用,或准由各厂径向煤矿直接订运。并恳转商交通部令饬陇海路局,按照非常时期工矿业奖助暂行条例第一条第六项之规定,减轻迁陕各厂用煤运费,并随时拨给车辆,以利运输。理合呈恳俯准施行,实为公便。谨呈。

经济部工矿调整处处长翁

迁陕工厂联合会　主席委员　刘光兴
副主席委员　瞿冠英
徐滋叔

中华民国廿八年三月廿日

(2)燃料管理处致工矿调整处公函(4月21日)

经济部燃料管理处公函　川燃发字第1613号

前准贵处本年四月七日矿整字第3506号大函,以据迁陕各工厂应需燃料,准予免加统制,并转函交通部,令饬陇海路局减轻各厂运煤费用等情。事属本处主管,抄同原呈函送查照一案,节经本处于四月十一日,分别电请交通部及陕西省政府察酌转饬办理,并函复贵处查照各在卷。兹准交通部电复,略以此案关于减轻用煤运费一节,按照非常时期工矿业奖励暂行条例之规定,应由呈请奖助者备具呈请书,径向经济部呈请奖助,并经审查会审查合格后,再由经济部咨商本部核办。至所请转饬路局随时拨给车辆一节,自可照办。除电饬陇海路局随时洽拨车辆外,相应电复,即希查照转知。等由。准此,相应函述,即希查照饬知为荷。

此致

工矿调整处　处长朱谦

中华民国廿八年四月廿一日

(3) 工矿调整处致燃料管理处公函(4月22日)

公函：

接准贵处四月十一日川燃发字第1582号公函,略以迁陕各工厂所需燃料免予统制,并减轻运费一节,业经分别电请交通部及陕西省政府察酌转饬办理,并嘱转知该会将迁陕各工厂名称及现时厂址与各厂每月需煤数量、类别等项,分别报处,以备查考。等由,准此。查关于迁陕各工厂所需煤料,本处已有记录,除令该会知照外,相应抄送该项记录,复请查照为荷。

此致

经济部燃料管理处

附迁陕工厂名称、厂址、用煤表

[经济部工矿调整处]

迁陕工厂名称、厂址、用煤表

厂名	厂址	煤别	每月用煤量（最近）	每月用煤量（六个月后）
申新纱厂	宝鸡斗鸡台	烟煤	320吨	2,100吨
福新面粉厂	同上	烟煤		900吨
大转面粉厂	同上	烟煤	450吨	450吨
湖北纱布局	同上	烟煤		900吨
民康实业公司	同上	烟煤	30吨	300吨
泰昌火柴公司	宝鸡敦仁堡北	烟煤	30吨	30吨
洪顺机器厂	宝鸡十里铺	烟煤 焦煤	15吨 15吨	15吨 30吨
善昌新染厂	(未开工)宝鸡车站后	烟煤		150吨

续表

厂名	厂址	煤别	每月用煤量（最近）	每月用煤量（六个月后）
和合面粉厂	西安东门内金家巷	白煤	150 吨	150 吨
东华染厂	西安中山门东梢门外	烟煤		120 吨
业精纺织公司	宝鸡虢镇	烟煤	60 吨	90 吨
震寰纱厂	西安北门外（与大华纱厂合作，不计）			

[经济部工矿调整处档案]

8. 工矿调整处陈述招募失业技术人员与技工办理经过情形笺函稿（1939年4月4日）①

笺函：

　　径复者：接准大函，以准国防最高委员会秘书处函，为搜集失业人员登记参考资料，转嘱检送关于失业技术工人登记法规全份，并将办理登记情形详复。等由。准此。查本处前为促进各国防工业之生产能力与技术，并使战事失业技术人员及工人献其所长，以充实抗战力量，曾定有调整办法。惟技术人员与技工情形较有不同，技术人员所受教育程度、已得经验及个人品行，均较易查考，本处直接征集，办理尚易。当已规定技术人员调整办法，分甲、乙两级征集，以100名为限，暂定为冶矿、机械、电气、化学、土木、纺织六种，于二十七年八月三十一日呈部核准。举办登记以来，登记总额近700人，除经本处直接介绍各方径行委用者外，由本处按调整办法分发工作者，先后达131名。自内迁工厂陆续复工，原有工厂逐渐扩充，以及新兴建设事业相继举办后，需要技术人员日增，原额不敷分配，拟即扩充名额，提高待遇，将原办法加以修正，正在呈核中。至于技工方面，则人数较多，流品亦难一致，值兹抗战期内，各厂矿关系复工生产，至为重要。为便于各厂矿之管理合宜及妥谋安全起见，故以各厂矿自行招致为原则，而由本处协助办理。经规定协助内迁各厂招募技工暂行办法，对于招募技工，贷予旅费及安家费借款，于二十七年六月二十六日呈奉核准。施行

---

①此为文件封发日期。

以来,虽声请借款者为数不多,但予各厂不少方便。各厂经本处协助派员赴沪募集原有专门技工约百余名,此外与前西北实业公司留陕人员洽商,雇用该公司制造厂机械工人,及协助民生实业公司赴湘、桂招募工人,并饬令华成电器厂在衡阳代办由沦陷区域来湘技工之登记。惟以时局转移及因交通不便,通讯困难,前项办法所规定旅费借款,数额略嫌过低,办理手续,亦有更求便捷之必要。为因时制宜起见,已将前项办法加以修正,亦在呈核中。准函前由,相应撮述办理经过,并先将原定技术人员调整办法暨协助内迁工厂招募技工暂行办法,各录一份,函请查照,以备转复为荷。此致
经济部技术厅

  计抄送技术人员调整办法一份[缺],协助内迁工厂招募技工暂行办法一份[缺]

处启

月　　日

[经济部工矿调整处档案]

9. 新中工程公司祁阳分厂等关于防止工厂职工擅自离职他就条陈技工培养办法的有关文件(1939年12月—1940年2月)

(1)新中工程公司祁阳分厂致工矿调整处呈(1939年12月25日)

  敬呈者:关于防止工厂服务员工随时离职他就,致碍后方生产事,叠奉钧会严谕,谆谆告诫,防范甚周。惟是西南各省初经开发,技工缺少,无可讳言,补充方法,虽有多端,而工厂中或因急就事功,往往藐视法令,不惜用种种阴谋手段,向他厂暗中牵引技工,以致各厂雇工多存观望之心,视厂规如废纸,置工作于不顾,怠工旷职,时有所闻,流弊所致,何堪设想。最近昆明兵工署第五十一、五十二两兵工厂,曾同时派职员仲士龙、吴世英等,在衡阳、桂林、祁阳等处招收技工。适值商厂有由上海、宁波等处新招技工40余人,又有旧工厂数十人,因不明昆明生活程度之高,闻该厂等表面上待遇较优,每工工资在2元以上,均纷纷自行停工,前往应募。一时商厂机器工厂大部停顿,出品数量大受影响。经在各处探听,查得吴君行踪,曾在祁阳留宿二晚,暗中与商

厂工人李应明接洽，牵引商厂技工多人，并曾由衡阳致函及电告李应明，暗通消息。又查得仲君亦在衡阳嘉乐酒家招募技工，商厂技工前往应征者有数十人之多，经商公司支经理亲往仲君寓处拜访，适有技工10余人前往应试，觌面相逢。据仲君声称，商厂之普通车钳工，与彼所拟招之技工，资格不符，惟有一部分工人自愿往该厂工作，虽经劝告，亦属无效，云云。总计此次招工结果，商公司工人因应试而停工数日者，计有80余人，录取后返厂工作者，至本日止计有19人。商厂支经理虽亲往交涉，同时电台钧处及兵工署杨司长，与五十一工厂毛厂长，请设法制止，但以时间短促，卒无法挽救。坐视耗斥巨资，由外埠招来之技工，被他厂攘夺以去，殊深扼腕。为特将事情经过陈述如右，敬希钧处能垂谅商厂缔造经营之艰辛，予以援助，使从事后方生存者，不致因此灰心，曷胜感铭。至于积极办法，商厂颇愿将刍荛之见，上陈钧处，以备采择，务望各工厂能放大眼光，从事于技工之培养，以补充后方之匮乏。庶阴谋攘夺之风，或可稍戢，而技工侥幸动摇之心理、怠工旷职之习气，亦可稍为减杀，实抗战期内无穷之利也。谨将技工培养办法，根据商厂数年来实行经验，条陈如后。

（一）各工厂应尽量往沿海各省及沦陷区收募技工，川资由各厂供给，工资及雇用期限，均于招工时规定；一面呈请钧处，在可能范围内，保证该技工等不得在规定期限内离职他就。上项办法，不特可增加后方之实力，且可防止技工为敌人利用，一举两得，实钧处所应尽量鼓励者也。

（二）高级技工之训练，较为困难，惟各厂仍宜积极进行，不得以时局不安定，而借口中辍。商厂在最近一年来，曾招收年龄在20岁以下，程度在高小毕业以上者，63人，授以相当长期之实习，并课以普通工程智识，虽收效甚缓，而为十年树人计，迄不敢因其无近功，而舍远大之谋，似亦钧处所应提倡者也。

（三）为急就事功起见，商公司现在祁阳招收本地工人20人，年龄在20岁、30岁之间，程度较差者，授以一种专门简单之技术，训练时间自半年至一年，为时甚暂，收效颇宏。

（四）至于保障技工随时离职之办法，商厂建议仿行交通部管理汽车司机领用统一执照之手续,凡属后方技工,包括一应官营、商营工厂之技工在内,均应向主管机关登记发给执照。技工于进出某厂时,应向该厂声请于执照上注明进出时日及理由,其未经注明手续离厂者,他厂不得收留。惟得由他厂于招工时代向原厂请求补行注明,以完成手续,并免技工随意离厂,不知去向之弊。

兹谨附奉下列表件:

(一)商厂招收练习工章程一份;

(二)商厂招收练习艺徒章程一份;

(三)商厂由上海、宁波等处招来技工名单一份;

(四)此次五十一、五十二两兵工厂招收技工,商厂工人应试后来回厂者之名单一份;

(五)商厂在上海、宁波招工费用单一份。仰祈鉴核,并盼钧处能于最近期内速定援助办法,以保障商厂之利益,并确定根本解决技工缺少问题及保障一般工厂之步骤,以免恶习相沿,愈演愈烈。抗战前途,实利赖之。谨呈。

经济部工矿调整处

附呈章程二份、名单二纸、费用单一纸[名单费用单略]

新中工程股份有限公司
祁阳分厂
中华民国二十八年十二月廿五日

新中工程公司招收练习工章程

(二十八年二月订)

(一)资格 凡本国籍男子,年龄自18岁至30岁,粗通文字,身体健全,无不良嗜好,由本厂考验合格者,得由本厂在规定数额内酌收为练习工。

(二)工作 在本厂练习车工、刨工、钻工、钳工、翻砂工、打铁工各项工作之一种,由本厂指定及调度。

(三)期限 练习期限定6个月,在练习期内经厂方认为无可造就者,得随时解雇;期满后,须在本厂继续工作至少在6个月以上。

(四)待遇 在练习期内,每日由厂方津贴工资4角,膳宿自理,练习期满后之待遇,视工作成绩而定。

（五）手续　练习工入厂时,须有厂方认可之保证人二人填具证书,作为担保,如中途辍业,应由保人负责偿还津贴。

如练习期内因工作不慎,而有损坏工作品、工作机之情形者,应酌价赔偿。

新中工程公司招收练习艺徒章程
（二十八年六月订）

（一）年限及待遇　练习艺徒之练习期限,定为二年,第一年每月津贴2元,第二年每月津贴3元,其他一切食宿用具,均由本厂供给。二年期满后仍留本厂工作,与工友同等待遇,其期限亦为二年,期满后发给证书,并退还保证金。

（二）习艺性质　学习车工、钳工、翻砂、木样等工作,由本厂临时指定。

（三）年龄　18岁至20岁。

（四）程度　有高小毕业以上之程度,确有学习机械志愿者。

（五）体格　身体健康,能耐劳苦者。

（六）保人　需有保人一人,经本厂认可者。

（七）保证金　入厂时,应缴保证金25元。

（八）罚则　在学习期内,如有违背厂规或不堪造就者,本厂得随时斥革,不发还保证金。

(2) 姚文林签呈(1940年1月22日)

查内地熟练技工皆有工作,而各工厂在内地招募技工,每以提高工资为号召,无异变相挖夺。一般技工因贪图有细小之加增工资,乃见异思迁,不惜牺牲厂方,互为牵引,相率离去,致原工作厂家蒙受极大损失。新中工程公司所报技工被惑随时离去情形,全属确实。当五十一兵工厂在衡阳招工之际,职处即接有报告,当即急电衡阳单组员喆端前往交涉阻止,惟事后该厂技工潜行离厂者,仍有60余人之多,且桂林希孟氏历钟厂亦有被挖技工多名情事。长此以往,若不设法防止,非常竞相效尤,且流弊所至,大有不可收拾之势。至该厂建议培养技工及防止擅离办法,确系治本要图。其第一项各工厂应尽量往沿海各省及沦陷区招致技工,免为敌人利用,及第二、三两项训练高低级技工办法各节,应请通饬积极倡导,藉免技工缺乏。至第四项为防止技工擅离,而建议技工登记给发执照一节,办法亦善,惟是否有当,敬乞批示。

职姚文林谨签
元月二十三日

(3)吴至信关于新中工程公司技工培养办法的签报呈稿(1940年2月2日)

谨查新中工程公司此次条陈技工培养办法四项,前三项均由本处先后办理,第四项尚有待考虑之点,兹逐条摘要签报如次。

(一)鼓励各工厂在沿海各省及沦陷区招募技工,并请本处在可能范围保证工人不得在规定期内离职,关于前节,即在沿海招募技工,早经本处叠次通令有案,并订有《协助各厂招募工人借款暂行办法》,先后核准之上海募工借款4万余元,近复会同赈委会拨款10余万元,招募粤港技工。关于后节,若双方在雇用时,订有工作期限之契约,工人在满限以前离职,厂方自可依法诉请该工人赔偿损失。此有地方法院为之管理,勿庸本处再加保证。最近委员长手令禁止工厂任意雇佣及工人逃避,亦经本处通令各办事处转饬各厂遵照有案。此即非常时期对于劳资双方雇佣自由所加之拘束力也。

(二)高级技工之训练请予提倡。现时各厂补充工人,除招募外,均自收艺徒。中央建教合作会复拨专款,交由大公职校、中华职校及中央高工,专门训练各种机工,此即公私方面均在积极办理,本处自可绝对予以协助。

(三)普通专门技工之训练。此应按各厂工作性质及其最缺乏工人之工作部门,招收工人予以训练,无法大规模办理者。该公司之办理经验,拟择可供其他有关工厂参考者,由业务组通知各地工厂联合会参考办理。

(四)请主管机关发给技工执照,无执照者工厂不得收用①。此项办法弊

---

① 关于此点,林继庸附注为:"查本处年前曾订有工人执照办法,并已印有样片,似仍有继续推动之必要。"

多利少:(甲)若执照果然发行。1. 则工厂资方可以随便压迫工人,或工人因欲得执照上厂方之签注,只好任受资方之剥削。2. 工人工作系在厂内,非同汽车司机随时在路上可受维持交通者之检查,如果则不良厂家仍得暗中收用无执照或有意跳厂之工人,则是执照等于废纸。(乙)事实上执照之发行,无法推广。原因:1. 兵工署属厂之工人,同现役军人待遇,跳厂之惩罚与逃兵同,故执照办法恐难得该署各兵工厂一致遵守。2. 执照发行机关若系本处,因办事处有限,势难普及于全国技工;若委托地方政府代办,则流弊滋多,难谋公允。

是以职以为解决后方挖工、跳厂之不良现象,基本方面在于各厂尽量招收艺徒,政府协助职校开创技工训练班,即照现已施行办法,认真推进。而目前仍以招募沦陷期[区]内技工内迁,或由政府拨款办理,或鼓励工厂借款自募为宜。至于兵工厂方面,拟再去函交涉,请其勿在民营机器业所在之重庆、桂林、柳州、沅陵、祁阳、衡阳、辰溪、常德、贵阳、昆明、宝鸡等地募工,以免厂工见异思迁,亦似是治标之要图。

以上意见是否有当,仍祈裁示。

职吴至信

二、二

(4)工矿调整处批(1940年2月16日)

原具呈人新中工程公司,廿八年十二月廿五日,呈一件为工厂服务员工随时离职他就,致碍后方生产,请予设法制止,并条陈技工培养办法仰祈鉴核由。

呈件均悉。查新陈办法四项,用意尚善。

(一)关于鼓励各厂在沿海各省及沦陷区招募技工一节,本处订有借款募工办法,早经通令办理有案,工人与资方订有服务期限之雇佣契约者,若未到期即行离职,自可依法律规定手续追述。最近复奉委员长手令,禁止工厂任意雇工及工人逃避,当经本处通饬遵照在案。似此情形,法令已一再颁发,自无另加保证之必要。(二)后方高级技工之训练,业由中央建教合作委员会拨有专款,交由大公、中华及中央高工等职校办理。至各厂自招艺徒训练,本处自可随时予以协助。(三)普通专门技工之训练,该公司办理经验尚佳,以饬业务组通知有关工厂参考办理。(四)至于技工执照办法,亦经派员妥加研究各方事实,并宜考虑,俟另择要推行。合行批仰知照。此批。

中华民国廿九年二月十六日

[工矿调整处档案]

10. 经济部陈述报公私各工业部门现状及促进计划①(1939年)

工业

(一)筹设电力工业[略]

(二)发展机器工业及电器工业

机械工业分为机器制造及电工器材制造二大部门,兹拟基本机械之制造,酌为国营,普通机械之制造,则提倡民营。其民营基本机械工厂之有成绩者,特予奖助。

(甲)国营机器工业　由机器制造厂筹备委员会办理,前在湘潭下摄司成立预备厂,后迁昆明,已用资金500万元,分设三厂,另拟添设一厂。(1)原动机厂出品为汽轮、发动机、□□机、煤气机、压气机、蒸汽锅炉及附件,本年七月可接受定货。(2)工具机械厂已开始制造各种工具。(3)工业机械厂,本年度开始制造各种轻工业作业用机,供印刷、染炼、制油、油漆等业之需要。(4)机器配件厂,五金制各种机器之配件,国人自制者大都窳劣,而不标准化,拟即筹备设厂工作。以上四分厂当促其从速完成,增加制数量。本年内出货价值预计约30万元。

(乙)国营电工器材工业　国营电器制造,系由电工器材厂筹备委员会主持办理,现已投资共525【万】元,包括厂数有六。(1)电线厂,即电工器材厂第一厂,原设湖南湘潭,嗣因时局关系,并为利用滇省之丰富铜产计,改设昆明,投资210万元,(2)电管及电泡厂,即电工器材厂第二厂,原设湖南湘潭,

---

①节录自《经济部民国二十八年度工作计划大纲》。

已投资百万元,业于上年七月开工出货,因战局关系,迁往桂林,本年春夏间可复工,全年出品约值2万元[?]。(3)电话电报机厂,即电工器材厂第三厂,投资60万元,初设湘潭,现拟前往昆明。正设计厂房、机器,以军用需要,期于本年内完成,每年出货可值100万元。(4)电机厂,即电工器材厂第四厂,系接办前建设委员会电机制造厂扩充而成,原由上海迁设湖北宜都,现已迁桂林,电池组虽继续出货,然产量不多,本年内当设法增进。(5)绝缘品厂,即与交通部合办之中央电瓷厂,原设湖南长沙,早已出货,现迁沅陵。(6)无线电机厂,即由资源委员会与中央广播事业管理处、湖南省府合办之中央无线电机制造厂,已自长沙迁至桂林,已有出产,每年约值30万元。

（丙）民营机械及电器工业　就内迁及原有各厂予以调整协助及扩充。(1)普通机器工厂经本部工矿调整处之多方协助内迁工厂颇多,期中以机器五金业为多,计由上海者45家,由武汉者39家,由南京、无锡、济南者4家。其中迁四川者53家,迁湘西者20家,迁广西者9家,迁陕西者3家,迁云南、贵州、鄂西者各1家。其中已复工者约1/2,大多数均由政府分配给予兵工、器材,如手榴弹、迫击炮弹、飞机炸弹、机枪引信等制造工作,其他则依照督促复工办法,督促限期复工中。机器工厂关系内地工业建设甚巨,拟提倡普通设立或分设于各重要地方。(2)特种机器工厂。内迁及内地原有机械工厂,如中国汽车制造公司能制造植物油卡车,新中工程公司能制造运输汽车柴油发动机,民生机器公司能修制轮船,中国煤气车厂能制造煤气车,华联炼钢机器厂能制造工具钢等,均经工矿调整处协款或奖助。此外如大鑫钢铁厂之特种炼钢,希孟历钟厂之制造时钟,震旦机器厂之制造灭火机,中华碾铜厂之制造钢板,中国及协成制钉厂之制钉,精华机器厂之制针,康元制罐厂之制罐等,亦当择要特予提携。又规模较大设备较为完善之厂,如顺昌、周恒顺、永利、美艺、中华等厂,更当促其精进。(3)民营电器制造业。民营电器制造工厂由沪迁川者,有华生电器厂,孙立记电器厂,迁湘西者有亚浦耳电器厂,迁桂者有华成电器厂、永利电机厂,由汉迁川者有普同工业社等。无线电机制造厂由沪迁川者,有中国无线电社、中国无线电公司等。电池制造厂由沪迁川者有中国蓄电池厂、汇明电池厂,迁湘者有公记电池厂、金刚电池厂等。出品有电动机、无线电电话机、变压器、开关、电风扇、干电池、蓄电池等,均先促其恢复原有生产能力,必要时酌加扩充。

(三)兴办基本化学工业

(甲)国营化工材料工业 资源委员会就云南昆明附近设立化工材料厂,制造化学材料,同时附设研究室及试验工场,现正开始筹备,约需投资120万元。其制造部分,拟于本年十二月间设备完成,每年可产盐酸700吨、烧碱500吨、漂粉600吨、甘油360吨,及其他化学品多种。

(乙)民营化工材料工业,以永利化学工业公司及天原、天利两电化厂为主。(1)永利、天利二淡气厂。永利化学工业公司前在浦口附近设立硫酸铵厂极有成绩,自因抗战沦陷后,拟在内地建立新厂,并添设炼焦厂,前呈请政府核定协款2,000万元,分3年支用。国防最高会议交由行政院令财、经2部商由银行投资,此厂当建于四川西部,事关工业基础,自当洽定办法,促其成功。该厂之一部分为永利碱厂,已在五通桥附近实施工程,该厂资本500万元,其中300万元已于上年加入官股,暂定日产纯碱50吨,以一部分改制烧碱及洁碱,预计二十九年底止完工。(2)天原电化厂。天原厂经工矿调整处协助内迁至渝设厂,设备补充后拟日出烧碱2吨、漂白粉2吨、盐酸3吨,必要时产量可以加倍,以应造纸及其他工业之需要,本年秋或明年春可以开工。(3)其他内迁基本化学工厂。其他内迁重要化学工厂,如中兴宝璐珞厂、中国煤气公司、华化[光]电化厂、中国铅丹厂、光亚锰粉厂等,应分别督促复工,指示需要,统筹制造。

(丙)酒精制造工业。(1)资源委员会与四川省府合作在内江稗木镇设立酒精厂,以糖蜜为原料,自上年九月开工至十二月底止,约产动力酒精6.3万加仑,代汽油(以3分乙醚与7分酒精合成)1.5万加仑,在此汽油缺乏时代,深得该厂协助之益。(2)现拟于资中设立四川第二酒精厂,即移用咸阳酒精厂所有德国最新式无水酒精设备,以应需要,本年内可以告成。

(丁)植物油籽提炼轻油、柴油工业植物油提炼轻油厂系定应用菜油或桐油在高温提炼轻油,已由资源委员会在重庆设立1厂,设备费已达20万元,现已出少量润滑油,拟更日产汽油1,000加仑,灯油及柴油各500加仑,当促其于今春早日出油,并拟于同一厂内自植物油制成柴油,以供汽船之用。

(戊)煤膏工业　煤膏工业为有机化学之基本,前经本部地质调查所将高温、低温炼焦及液化煤炭等方法加以试验研究。兹拟(1)先利用犍为烟煤筹设副产煤焦厂,并协助民营炼油工厂,正在设计中。(2)又筹设国营低温炼油厂,利用云南开远之褐煤,例如日用煤百吨,可产汽油、柴油等各1,200公升半,焦六七十吨,此项工作正在小规模实验中。

(四)建立纺织工业

(甲)西南棉纺织工业　(子)督促自豫鄂方面迁移至重庆之厂复工,计有豫丰、裕华、震寰、申新、大成、华安、隆昌等七家纺织漂染工厂,共计纺锭约14万枚,织机约1,300余台,及日产500匹之漂染设备,于第一年内全部完成。(丑)协助云南纺织厂与筹设未成之衡中纱厂联合扩充,以3万锭为目标。(寅)将棉纺织染实验馆之工场自沪迁至桂林,与桂省政府合办,设立纺织机械厂,于第一年内全部复工。

(乙)西北棉纺织工业　陕西产棉甚丰,自应成为棉纺织业之西北中心,与西南方面分头并进。现自武汉迁移宝鸡以图复工之厂,有申新、震寰及官布局等家,原在西安者有大华1家,又正在筹建者有裕泰1家,合并统计,共为纺锭约11万枚,织机约1,800台。故在西北方面除督促大华继续生产,协助裕泰购运机器,俾早完成外,对于内迁各厂督促其从速复工。

(丙)缫丝及丝织工业　四川丝产相当丰富,但缫丝工业虽已有相当组织,而技术方面尚有待与补充。(1)对于四川缫丝工业,拟督促其仿效浙江优良丝厂之技术,并改善经营方法。(2)对于丝织工业,则督促内迁工厂如美亚织绸厂及普益经纬厂等于第一年上半年复工生产。

(丁)毛纺织工业　查后方虽有兰州织呢厂及宁夏毛织厂2家,但一因设备陈旧,停顿已久,一则规模不大,产量有限,均有待更为促进。四川、西康亦产羊毛,现仅军政部在川设有1厂,拟更鼓励人民在川西设立新厂。

(戊)麻纺织工业　我国麻纺织工厂仅有广东梅箓及湖北麻布局2家,前者已由华侨收买,择地复工。兹拟(1)利用麻布局设备与湖北省政府合办,采用川鄂两省麻,日产麻袋1.2万只,麻布5万公尺,第一年夏间可以开工。

(2)督饬原有织造工厂利用麻产制成布匹,以供需要。

(五)促成其他必需之工业及推广改进小工业

(甲)植物油工业 植物油之改进,前经官商合办中国植物油料厂,本以精制油料,提高输出品质为目的,近由工矿调整处资助,于公司购置榨油机件,运入四川,择地装置。此外对于油漆工业,亦当酌为倡助,现有建华油漆厂由汉口内迁,对于内地制油工厂并拟劝用电力,以增工作效率。

(乙)纸浆工业 我国纸厂原料,大部分均为船舶纸浆,政府有鉴及此:(1)曾督同商民拟于浙江温溪地方创设新式纸厂,自造木粕,月产35吨,兹因抗战关系,工作停顿,以提请该公司设法先在内地经营,惟尚须股东会通过,方克实行。(2)内迁造纸厂,如上海龙章造纸厂,每日可出道林纸、连史纸约9吨,经政府协助,已将机器运渝。又民丰造纸,日出纸7吨,亦经迁昆。此后再当督促其积极建厂,期于本年度内早日复工。(3)后方各地原有纸厂虽规模不大,如设法扩充,对于纸产亦可增益,拟协助嘉定、嘉乐纸厂由日出1吨扩充至4吨,及兴蜀纸厂由日出1/3吨至1吨。又贵阳之永丰纸厂业经停顿,现拟再加考察,如机件确可应用,亦拟助其复工。

(丙)水泥工业 内地之水泥制造工厂情形如下:(1)四川水泥公司在重庆设厂,足供四川需要,因营业需款,已商请四行设法协助。(2)原设之大冶湖北华记水泥厂,已于上年派员督令迁往湘西沅陵,改名为华中水泥厂,本年内当继续促助建厂复工,俾可早日生产。(3)此外如云南准备设立之厂,亦当予以指导协助,促其成功。

(丁)小工业 民间小工业尤可注重者,如(1)造纸;(2)纺织;(3)皮革;(4)炼铁;(5)油脂、肥皂等项,皆极为民生日用所需要,其方法颇有改良之余地,其生产亦有增加之可能。本部指导协助之法尤在下列各端:(1)组织工业合作社以改善其经营;(2)考察试验其所用之器械,设法改良,并助其应用较新式之机械,以增进其数率;(3)贷予低利资金以鼓励其进步;(4)创建小型工厂作为训练试验之地,以启发其新机。凡此皆当于本年内设法推进,以助民生。

[经济部档案]

11. 经济部工矿调整处关于招募香港技工及培训技工的简报① (1941年1月)

招募香港技工

本处为继续协助沦陷区技工前来后方服务起见,经委托战时社会事业人才调剂协会会同本处驻港人员甄选滞留香港技工84名,现时第一批内移技工共计58名定二月一日由港起程分赴重庆、桂林、祁阳三处服务。

速成技工训练

国防工业委员会技工训练处成立后,对于技工之训练积极推进,本处负责训练速成技工300人分别指定中国兴业公司、大公铁工厂、民生机器厂、顺昌铁工厂、恒顺机器厂、广西纺织机械厂及华成电器厂等七厂开班训练。现时广西纺织机械厂已于去年十一月四月招生开课,中国兴业公司钢铁部定二月一日开课,民生、恒顺、大公三厂均在短期内招考艺徒,希望于最近期内陆续开课。

[经济部物资局档案]

12. 中央银行经济研究处关于战时劳工迁动的情况统计②(1941年)

各业工厂由于政府之指导与扶掖,曾有迁川工厂联合委员会之组织。国军西撤后,所有沿海沿江各省之各业工厂尽量设法内迁,各项熟练技术工人,亦纷纷随之内移。据查至三十年六月为止,除国营及军用者不计外,内迁技术工人达8,000左右。武汉撤退时,政府对于将来内地劳动力之供应问题,事前已加注意,故对各业劳工运用各种方法分向湖南、广西、四川三省作有组织的撤退,确数若干,无法统计,单就四川省及重庆市工人总数观察,内迁至川工人约在7.37万人左右(约占全川工人1/4)。

13. 工矿调整处检送三年来工作概况函(1941年3月24日)

笺函

日前承嘱撰具本处三年来工作概况送阅,兹特检一份随函送上,蒙希台

---

①此件系节录自1941年1月经济部工矿调整处编《厂矿动态简报》第一期。
②此件节录自中央银行经济研究处编印《三十年下半期国内经济概况》,文件日期系估计而得。

察为祷。此致

严委员敬斋

附经济部工矿调整处三年来工作概况一份

启

三月廿四日

经济部工矿调整处三年来工作概况

本处系由军事委员会前工矿调整处委员会递嬗成立。查自廿六年抗战军兴,军事委员会工矿调整委员会,即于是年十一月成立。由该会会同有关各部会成立厂矿迁移监督委员会,派员督饬上海及沿海各口岸重要生产工厂拆卸内迁,由政府贷给迁移费,减低运输费,举办运输兵险,以期减轻厂商负担,奖助厂商内迁。廿七年三月,工矿调整委员会奉令改组递嬗为本处,并改隶经济部,仍赓续办理民营工矿调整事宜。所办业务,计有督促厂矿内迁、复工,督导厂矿增加生产,并调剂其产品之运销分配,协借迁移建筑设备营运等必需资金,辅助设备计划,以及材料动力之供需调剂,技术员工之调整训练,均为本处主要工作。

廿六年因时机迫促,为事实所限,上海工厂未及全行拆移,沿途复因运输工具缺乏,敌机轰炸沉失,计廿七年二月底,到达汉口者,有工矿137家,机器重量计25,728.2吨,技术工人2,375名。除重要工厂,如渝鑫、龙章、天原等厂,经饬径卦重庆等处建厂外,大部分均督饬先在武汉、宜昌等处临时复工生产,承造手榴弹、炮弹、机枪零件、炸弹引信等件,以应国防需要。廿七年夏,会同有关机关拆运大冶、扬子等铁厂及华中水泥厂,一面督饬武汉各厂暨郑州豫丰纱厂加紧拆迁,昼夜工作,指定内移地点,分为四川、湘西、桂林、宝鸡各路,在武汉退却以前,差幸均已陆续运出。计本处协助内迁厂矿到达川、陕、湘、桂等省者,共448家,机料共70,941.2吨,员工共12,080名。武汉失陷后,复派员赴长沙协助工厂内迁,正办理间,即遭长沙大火,情势混乱,但仍将重要工厂,如纱厂、纸厂、电厂等,迁至安全地带。故自本处成立起,至二十七年底止,主要工作为抢运生产工具。此为第一期。

自武汉失陷后,在廿八年春季,各厂器材运输均已陆续到达指定地点。

自是本处工作,侧重于督促各厂加紧复工生产,如协助购地、建厂、装机及罗致技术人员、训练技术工人等等;同时,扶助各地原有工厂,如重庆之电力公司、民生等厂,天府等矿,使其设备充实;并筹备奖导设立新厂,如华联钢铁厂、四川榨油厂、中国毛纺织厂、庆华颜料厂等,使各厂均取得联系,以期完成整个工业系统。已复工之先后次序而言,则是时各兵工厂正在迁移期内,故军需之制造与夫内迁工厂之装置及修配零件,均感迫切。故首将各机器工厂恢复生产,制造机枪弹壳、榴弹引信等兵工用具,以应国防急需。复以钢铁需要至急,一面鼓励渝鑫(原名大鑫)及中国兴业公司钢铁部(原为华联钢铁厂)等装建电炉;并协助各新建炼铁厂筹建新式炼铁炉。重庆之申新、裕华、豫丰,宝鸡之申新、咸阳等纱厂,及桂林之广西纺织厂,亦先后于廿八年年内复工,其开工锭数日有增加。其他各化学工厂,如龙章纸厂、天原电化厂,亦均最后于廿九年年底复工。故在廿八、廿九两年度内,本处主要工作为内迁工厂之逐步复工。此为第二期。

至于今后本处中心工作,当注重于新兴各工厂之完成,及针对后方需要,并斟酌原料供给,与所需机械能否取得,继续筹办新厂,以谋达到抗战建国之目的。

复查战时工业动员,于民间物力财力而外,人力亦为必需。后方技术工人缺乏,其随厂内处于廿七年冬间,即拨款迁川工厂联合会,组织招募工人委员会,分向沪、甬、粤各地招募工人。并会同人才调剂协会,招选港、澳失业技工,垫发旅费,运送分配各省工厂工作。并订定征集技术人员暂行办法,招致沦陷区域及登记后方失业之技术人员,由本处介绍,或派赴各厂工作。计截至廿九年年底止,登记之技术人员,有1,857名,由本处派厂或介绍而得工作者,有589名,其余或由其他厂矿径行延用,或由其他机关另予介绍,或已自行觅得工作。自卅年起,复呈奉国防最高委员会核定,又本处督饬各重要民营工厂训练速成技工,每年300名,预计五年内可训成1,500名,现已陆续招生授课。

本处成立后,复鉴于各厂矿所需物料原料,有须由外国采购者,在廿七年六月,即拨款国币300万元,托由中央信托局代向国外采购五金材料及零件,约5,000吨,以应内迁工厂之需要。廿八年上半年,即已陆续交货,惜是时粤汉路已沦陷,不得不由海防内运,并设立材料库,专司材料购储运销事宜。供应范围,亦不以内迁工厂为限,即民营、公营及兵工各厂,如有需要,经审核后,亦均予以供应。但因海防运输先后因西南运输处之统制,专运军品,嗣后因敌兵登陆,路遂中断,以致本处未克全部运入。但仍在艰困环境之中设法运入达3,000余吨,但运费亦因之激增。嗣后内迁各厂均已陆续复工,所需国外材料,即拟极力减少,材料库业务拟着重代各厂销售产品,或收购各厂存货,俾各厂不致积压资金过多,以利周转。自廿八年起,复经由英、美信贷项下指拨数项协助各民营工厂购买机料,截至目前,计共订购材料约值17,694英镑,其在订购中之材料,约值英金301,960英镑及美金948,682元,国币2,179,442.69元。

[经济部工矿调整处档案]

14. 工矿调整处扶持内迁厂矿工作范围(1941年6月)①

工矿调整处之工作范围

经济部工矿调整处之主要职掌,在调整民营工业,如资金之协助、材料之供给、工矿设备之迁移及补充、建筑之规划、动力之调剂供应、产品之运销分配等。抗战以前,我国后方本无工业可言。自该处积极督促沿江沿海各厂矿内迁以来。继而内迁厂矿之复工,与新厂建设之筹划,现时后方工业始得稍具根基。此次考察该处工作结果可分为1.贷款情形。2.材料供筹。3.技术协助。4.渝市附近电力问题。5.一般观感等五项。兹分述如次:

一、贷款情形

经济部工矿调整处(以下简称该处)截至二十九年年底止,前后由国库拨来资金2,536万元,其用途除专案核定参加事业股本计742万余元及材料库基金计300万元外,其余均以贷款方式协助民间厂矿,共贷款17,063,760.20元,内分(一)迁移放款计797,248.20元。(二)营运资金放款4,234,660.00

---

①原件无年代,据同卷材料考证为1941年6月。

元。(三)建筑及添购设备放款7,682,312元。(四)疏建及保护工程放款计3,508,000元。(五)招募技工放款计41,540元。(六)其他放款计800,000元。该年年底止除已到期收回本金外,贷放实额总数为13,645,916.93元。以工业部门分析之,则其中以化学工业占多数为36.7%,机械工业次之为14%,次为冶炼工业13.6%,纺织工业9.7%,电器工业8.6%,矿业6.2%,其他饮食品工业、教育用品工业及其他放款共占2.2%,此为放款之大概情形。该处贷款方针,以厂方急需为最重要标准,而以业别之重要性次之,例如纺织工业虽属重要,因厂方多能获利,故贷出款项较少,此亦调整必须采取之办法也。

贷款之审核手续,定有审核厂矿请求协助借款原则,其协助范围暂以(一)燃料,(二)金属原料及机械,(三)酸碱及其化合物,(四)水泥,(五)酒精及其他溶剂,(六)交通及电力器材,(七)棉毛织品,(八)糖,(九)纸,(十)皮革,(十一)橡胶,(十二)其他必需协助之事业为限。各厂矿请求借款时,须将(甲)用途,(乙)财务报告,(丙)业务报告及(丁)担保品名称及价值清单等,呈由该处派人审查后决定之。近该处又组织一协助厂矿资金审核委员会,审议各厂矿请求协助借款事件,手续更臻完备。至关于吸收民间游资从事于建设事业一项,在该处工作报告中亦可推见一班。查该处已登记之民营工业总资本额已达165,000万余元。二十九年度民营工厂产品价值达37,600万余元。

二、材料供筹

后方厂矿生产所必需者厥为物料原料之供应,俾得从事制造。

该处自成立以来,即虑及此问题之重要,尤以各种工业原料及五金器材一部分须自国外购运者,非统筹兼顾不为力,故由二十七年六月以来,拨定基金购储各种必需之工业器材,以低价供应后方工矿业,至二十九年六月底止已内运材料吨位共3,692吨,总计供应各厂矿之材料价值共6,947,120.39元,非特可解决工矿业营运资金缺乏问题,且省时间与运输,在促成战时后方生产,其意义更为重大也。

三、技术协助

该处协助各厂矿生产技术方面如：1.钢铁工业，曾督导制造轧钢设备、蒸汽锤、新式炼铁炉及制炼矽铁厂、耐火材料等项；2.扩充机械厂，使大量制造纺织、造纸、面粉、制革等工业机器，煤气、柴油、蒸汽等动力机，抽水、起重、鼓风等用机器，交通工具及辅导制造兵工器材等项；3.协助电器制造厂制造发电机、电动机、无线电收发报机、变压器、开关及其他电器；4.扩充酒精厂、造纸厂、水泥厂、制革厂、颜料厂等化学工业；5.督促装设内迁大型纺纱厂，仿造印度式小型纺纱机及推广业精式纺纱机等项。历年来协助内迁技工12,000余人，分发及介绍技术人员工作655人。训练速成技工每年300人。该处又储备专才，以供各厂技术之指导。如龙章纸厂因机械损失，曾派专门委员于桂馨代为设计添置机械零件，使该厂卒能开工。又由湛家矶迁来之纸厂，机件残老不全，曾派专门委员陈彭年负责整理，经已完成，组织建国纸厂于成都，即可复工。又华生电器厂于去岁八月全厂被炸焚，复发生内部纠纷，曾派专员宋毓华前往协同整理，卒能迅速复工。又以水泥之供给不足，乃邀请专家陆宗贤试制代水泥，完成其任务。此皆该处对于各厂技术上直接调整之彰明较著者也。

四、重庆附近电力问题

抗战以来，渝市附近工业发达，重庆电力公司前向国外订购机器未能内运，总厂原有4,500千瓦发电设备两部，其中一部因于去年奉令拆迁设置于鹅公岩山洞内，以工程浩大迄未完成，现时只用一部，加以南岸分厂者1,000千瓦发电机两部，合计发电容量6,500千瓦，惟仍有过载之虞。叠经各有关机关协商解决办法，现时各方设法节约用电，并由南岸分厂供给一部分工厂电流，限定各厂能自行供电者不再供给，暂时勉强应付以待鹅公岩洞内电厂之完成。该厂曾协助龙章纸厂完成1,000千瓦、豫丰纱厂1,500千瓦、裕华纱厂1,000千瓦，发电厂三家以减少重庆电力公司负荷。协助该电力公司购用龙章电流，以资调剂。又督促民生、顺昌、大川、上川等十余重要工厂，自筹发电发动设备，以防不虞。重庆附近之动力问题稍告解决。又督促豫丰纱厂疏散一部分机械于合川，建立500千瓦之发电厂一所，经已复工。又利用长寿、万县、宜宾、泸县、自流井、五通桥等处之电力,分别迁移一部分工厂在各该地复工。复协助成都启明电力公司拆迁1,000千瓦设备,在近郊设立分厂,即可复工。复在广元督促大华纱厂等设电力厂,发电710千瓦,又在陕西宝鸡督促设立电厂,发电3,000千瓦;均已复工。此该处调整各方电力之大概情形也。

五、一般观感

推进后方民营工业建设,经纬万端,与政治、交通、军事、金融、关税、社会等项均有重要关系。如能运输畅通,经济充裕,人才集中,保障切定,各方面均持一贯政策,紧取连络,以促进工业建设,庶几有济。兹试将运输、经济、人才、保障四项观感略述如次:

(一)由统制运输当局增拨民营工矿运输成效。使供后方建设之器材可源源由国际通路内运。

(二)各银行低利向工业贷放,使民营厂矿得大量营运资金从事生产。并禁止银行钱庄比期高利,庶可避免工业资金逃于经营商品囤积。

(三)社会人士实际参加建国工作,各尽所长,经营实业,集合全国力量,解决工业困难。

(四)技术人员应予免服兵役,俾可安心工作。

以上四项均可直接或间接促进后方生产,在战时建设困难实多,非协同解决不可也。

[经济部所属单位档案]

15. 工矿调整处1941年度上半年对民营工厂生产的督导与扶持[①]
(1941年)

(一)督导厂矿之开工及增产

本处对于内迁厂矿之复工,历经三年来,依照前颁之内迁厂矿复工办法,积极督导,计前后内迁之厂矿,共448单位,截至本年六月底止,已复工者达312

---

①此件节录自《经济部工矿调整处三十年度上半年工作报告》。

家。又并入国营事业或自行合并经营暨迁移时损失过巨,物资补充困难,暂时无法复工者,计125厂外。尚余11厂,则正在进行建厂期内,其所以尚未出品者,多因内迁时间稍迟或经辗转迁移之故。如裕泰纱厂,在本年五月间,始由港内运。又五丰面粉厂,先由汉口迁运湘西嗣后由湘西改迁四川,均属此类。

在抗战以来,除内迁厂矿外,在后方新倡设之厂矿,为数亦众。在二十九年底已达435单位,本年上半年,复增加106单位。其生产能力,因有大小不同。但本处所协助者,均合于工厂法所规定之标准。以工业部门言,则以机械工厂单位最多,而炼铁、纺织、面粉、酒精等厂尤为重要。

所有内迁及新兴工厂,于本期完成,已有出品,其较足称者,有永荣(中国兴业公司所办)、大昌、渠江、上川等炼铁厂,后方翻砂生铁之来源,因此顿形充裕。又棉纺工业各厂中,纱市纱厂及豫丰纱厂之合川分厂,大华纱厂之广元分厂。面粉工业各厂中,四川之建成、白纱、万县及贵州之大兴等厂,均于本期内前后开工出货,可以增加军民被服及食粮之供给。酒精工业各厂中,有金川、蜀丰、力合、蔡家坡等11家,亦于本期内完成,动力液体燃料之供给,较前增加。其他建成水灰厂之制造水灰,以为水泥之代替品,渝光电熔厂之制造。

本期内除增加开工厂数外,即对前期业已开工各厂,亦积极督促,增加产量。查去年上半年度内,较具规模之内迁及新创工厂,多未正式开工,如人和、大昌、荣昌等新式炼铁厂,尚在筹办时期,天原电化厂、龙章纸厂、永新化学公司、昆明水泥厂、庆华颜料厂等化学工厂,亦未建设完成,沙市纱厂、申新纱厂、陕厂、蔡家坡等纱厂,亦正在积极装配纱锭期内,故灰铁、烧碱、漂粉、机制纸棉纱等产品数量不多,去年下半年度,各厂渐次完成,试车开工,在本半年度内正式生产,兹就最近两期内后方民营工业生产数量比较而言,以棉纺、纸张、酒精、面粉、灰口铁之增产,最为显著。棉纺工业,在去年夏敌机肆虐,损失颇巨,开工锭数,曾由去年春季之70,000余锭,减至50,000锭。泊本年上半年度,迭有增加,截至六月底止已达132,000余锭。棉纱总产量亦由去年下半年之27,000件增至本期之55,000余件。造纸工业之龙章纸厂,自去年十二月底试车后,本期内业已正式开工,连同前期开工之中元、嘉乐、兴蜀、西南等厂,机制纸张,已由去年下半年总产量之900吨,增加至本期之2,000

吨。对于宣传文化教育等方面需用之高等纸张，已可以供给。灰口铁冶炼，则人和、蜀江、綦江、谦虞等厂，均已增加产量，连同本期完成各厂，本期内共产灰铁 4,420 吨，比较去年下半年之 1,330 吨增加一倍以上。酒精方面，原有各厂继续生产，连同新增各厂总产量亦由去年下半年度之 225 万加仑，增至本期之 270 余万加仑。面粉方面，陕西之大新、成丰、华峰、与四川之复兴、福民、福新等处，均有增产，连同本期完成各厂之产量，已由去年下半年度总计产量之 170 万包，增至本期之 220 万包。其他酸碱、肥皂、皮革、油墨等，产量亦均有相当增加。兹将本期及上期各民营厂矿产品数量列表比较如次：

本年上半年度与去年上半年度各民营厂矿主要产品数量比较表

项目	产量比较			备注
	三十年一至六月	廿九年七月至十二月	廿九年一至六月	
铜	990 吨	900 吨	629 吨	
灰铁	4,420 吨	1,530 吨	1,300 吨	
手榴弹壳	367,376 只	554,000 只	3,081,000 只	
黄磷弹零件	106,500 件	559,600 件	1,220,000 件	
地雷引信	1,600 件	10,000 件	30,000 件	
水雷配件	75,700 套	75,600 套	38,940 套	
其他	188,500 元	1,095,400 元	1,507,100 元	包括刺刀、枪弹机、机枪零件、钢盔、十字镐、圆锹等等
原动力机	85 部	36 部	34 部	
工具机	562 部	504 部	398 部	包括车床、刨床、钻床、铣床、冲床等工具机
无线电收发报机	172 部	184 部	613 部	本项产品全供军事通讯之用，国营工厂产品渐繁，故民营工厂产量减少
硫酸	2,500 箱	2,265 箱	2,395 箱	
盐酸	1,750 箱	1,400 箱	1,386 箱	
硝酸	110 箱	105 箱	132 箱	
烧碱	270 吨	189 吨	20 吨	
漂白粉	192 吨	132 吨	15 吨	
酒精	2,733,000 加仑	2,250,000 加仑	1,670,800 加仑	
水泥	73,900 桶	115,800 桶	181,140 桶	

续表

项目	产 量 比 较			备 注
	三十年一至六月	廿九年七月至十二月	廿九年一至六月	
水灰	6,652 担			本年二月间建厂完成开始生产
机制棉纱	55,500 件	27,000 件	17,000 件	
面粉	2,200,000 包	1,700,000 包	1,539,200 包	
机制纸	2,000 吨	900 吨	145 吨	
肥皂	251,000 箱	154,500 箱	125,400 箱	
火柴	7,100 箱	5,850 箱	8,040 箱	
灯泡	192,000 只	183,400 只	251,500 只	
玻璃	2,949,000 元	2,267,000 元	2,287,100 元	
皮革	72,000 张	65,000 张	39,000 张	
油墨	117,000 磅	109,000 磅	128,600 磅	
铅笔	20,000 箩	200 箩	30,000 箩	中国标准铅笔厂在去年六月间被炸,至同年十二月始复工,本年内照常生产

本期内重要民营工矿之合并或改组者,计有协和炼铁厂及新威矿冶公司,均于本期内改由资源委员会投资接办。成通纱厂亦改组为蔡家坡纱厂,又瑞华企业公司,以制造玻璃,需用纯碱,经收购开源碱厂,自行制造。正中书局亦因印刷书籍需用纸张,而接办兴蜀纸厂。五丰面粉厂内迁机器,于本期内售与中国粮食工业公司,及华中水泥厂被炸后,增资改组,兹特附叙及,以备查考。

(二)资金之协助

本期内本处对于各厂矿资金之协助,仍本已往原则,赓续办理,贷款种类原有迁移、建筑及设备、营建资金等三项嗣于上年度协助各厂疏散,及保护特种机件,以期减少敌机轰炸损失,复增疏建及保护工程贷款,本期内亦各有增加。至于新兴工业之亟待倡导者,则由本处直接投资,参加股本以资促进,以上各种协助资金之方式,均经定有规则,各厂矿如确因资本短缺申请协助,均就事实上之需要,分别核定由本处营运基金拨付。

本年度增拨基金,系在三、四两月间由国库拨到国币 600 万元,复在本期收回贷款 2,485,920.14 元,及收入贷款及投资利息 339,186.51 元,连同前期结存共计本期内营运基金足资运用,总额为 11,323,592 元。

根据前述运用基金协助民营厂矿资金之各种方式,计共核定迁移借款 330,000 元,建筑及设备借款 2,822,500 元,营运资金借款 2,405,000 元,疏建及保护工程借款 255,000 元,以上四项贷款共计 5,812,500 元。又系由于运输艰难,故工厂内迁为数较少,本期内仅协助裕泰纱厂赶将机件 400 余吨,由香港运移仰光,俾可继续内运设厂。

截至六月底止,基金项下贷款及投资之结余净额,计迁移借款 456,510.20 元,建筑及设备借款 8,969,521.62 元,营运资金借款 4,776,080.00 元,疏建及保护工程借款 4,202,000.00 元,四项共计为 18,404,111.82 元,又事业投资 9,514,740.24 元,总计为 27,918,852.06 元。

除运用本处基金协助民营工矿业外,复据各厂矿之申请,经本处审核其技术、财务及其他经济条件之内容,认为可予协助者,函转四联总处等核定贷款。本期内计共 11,310,000.00 元。此类贷款以性质论,以属于原料成品作抵之营运资金借款为最巨。又本期内为便利管制行政,俾期划一事权起见,钢铁事业及煤矿,均多移归本部钢铁管理委员会及燃料管理处分别审核转商四联总处办理,均未计入,计截至本年六月底止,此项经本处核转之借款结余净额为 21,520,000.00 元。

本期内本处营运基金项下核定之贷款及事业投资,连同核转四联总处等商定之借款,总计达 19,385,055.90 元,就性质言:计为迁移 1.7%,创业资金(建筑及设备借款在内)51.0%,营运资金 46%,疏建及保护工程 1.3%。以工业部门言:则矿冶业 19.1%,机械工业 7.9%,化学工业 27.2%,纺织工业 17.4%,食品及其他工业 7.7%,电气等公用事业 20.7%。

截至本年六月底止,经本处按前述各项方式协助资金之厂矿前后计有 390 单位。其中已开工者 356 单位。即就本期内而言共协助资金 69 单位,就中惟裕泰纱厂在迁移中,又中国毛纺织厂、新民纺织公司、建国纸厂、川嘉造纸公司、云南之云丰纸厂,尚在建厂工程期内,其余各厂均向增产迈进。

(三)工厂疏建工程之继续推进

本处前为谋各工厂安全,避免空袭损害起见,曾与二十九年八月,拟定

(一)建筑地下工场。(二)建筑重要机件保护工程及(三)疏建分厂三种方案,并请准指拨专款,由处低息贷给各厂为经营此项疏建保护工程之用。本期仍继续推进,计核准贷款者,有恒顺机器厂、中国实业机器厂、建国机器厂,及大明染织厂,精一科学器械厂等,核准贷款额计共255,000元。前后共贷出此项疏建保护工程借款,总额计4,202,000元。

工矿疏建及保护工程之进行,去年已贷款各厂,于本期内次第完成者,计有中国兴业公司轧钢厂等16家,本期内贷款各厂工程未完成者,只有恒顺机器厂一家。仍在督促进行中。除本处协助疏建保护贷款各厂外,其资力较厚之各纱厂,则均已自行筹款举办,其开凿地下工场,规模较大者,为申新纱厂宝鸡分厂,其容积计达10,343立方公尺。此外,广元大华纱厂为5,240立方公尺,重庆鹅公岩电力分厂为6,580立方公尺,上川实业公司为4,500立方公尺,大明染织厂为3,316立方公尺,中国兴业公司为1,460立方公尺,民生机器厂为2,620立方公尺,顺昌铁工厂为1,250立方公尺,其他容积在1,000立方公尺者,尚有渝鑫等15家,合计以上各厂防空洞工场容积共达35,200立方公尺。其他疏建工厂工作,本期内设立分厂者,计有民生、豫丰、大华、申新等九家。此外开凿防空洞仓库,及加强保安工程,以减免空袭损失者,尚有龙章等51家。兹将各厂疏建工程进度表列后:

工厂疏建保护工程及进度表

厂名	保护工程	本年六月底工程进度
中国兴业公司	开凿钢铁部机器厂、动力厂、轧钢厂、电炉厂等防空洞工场	钢铁部机器厂防空洞工场经早已竣工,机器亦安装完,早已照常工作;防空洞工场亦已竣工并已装妥主要机件;电炉厂防空洞工场已竣工,电炉、吊车、变压器马达等亦已移装完竣
渝鑫钢铁厂	建筑江北及长寿分厂及在原厂开凿防空洞及建筑护墙	江北分厂原厂防空洞及钢骨水泥护墙工程均已完成长沙分厂建筑厂房完工
民生机器厂	疏建唐家沱大沙溪等四处分厂及在原厂开凿防空洞工场	工程均已完成
顺昌铁工厂	开凿动力厂及机器厂防空洞工场	已完成并将机器移装完竣,照常工作
上海机器厂	开凿防空洞工场	已竣工并将主要机器移装完竣
新民机器厂	开凿防空洞工场	已竣工并已移装主要机器
中国实业机器厂	开凿防空洞工场	已竣工并将主要机器移装完竣

续表

厂名	保护工程	本年六月底工程进度
建国机器厂	开凿防空洞工场	工程即将完竣
恒顺机器厂	开凿防空洞工场	工程在积极进行中
复兴铁工厂	开凿防空洞工场并建筑野猫溪等三处分厂	工程已完成
大公铁工厂	开凿防空洞工场	已竣工,主要机器亦已移装完竣
上川实业公司	开凿电机厂、机器厂、农化厂防空洞工场及防空洞仓库	电机机器两厂防空洞工场已竣工,其他在积极进行中
大川实业公司	开凿防空洞工场	已竣工
新昌实业公司	开凿防空洞工场	已竣工正将机器迁入安装
广和机器厂	在郊外疏建分厂及开凿防空洞工场	已竣工
中国建设工程公司	开凿防空洞工场	已竣工
合作五金公司	疏建分厂及开凿防空洞仓库	已竣工
四川水泥厂	建筑主要机器水泥护墙十四处	已完成另用钢板沙包保护主要设备
龙章造纸厂	建筑发电厂保护工程及开凿防空洞仓库	已竣工另用钢板沙包保护发电机纸革、马达等
天原电化厂	建筑重要设备保护工程及开凿防空洞仓库	已竣工
汉中制革厂	建筑保护锅炉工程及开凿防空洞仓库	已竣工
利民肥皂厂	建筑鱼鳅壕分厂	工程即将完竣
光华化学制造厂	开凿防空洞仓库	已竣工
华中化工制造厂	开凿防空洞仓库	已竣工
大明染织厂	开凿防空洞工场	已竣工并将机器移装完竣
申新纱厂重庆厂	建筑陶家石坝分厂	已完成照常开工
沙市纱厂	建筑保护主要机器设备工程	已竣工
中国标准铅笔厂	疏建分厂及在原厂开凿防空洞工程	均已竣工照常生产
西南化学工厂	建筑保护主要设备工程及开凿防空洞仓库	已竣工

(四)技术员工之征集与训练

本期内技术人员已在本处登记者,共计206名。除在登记后旋即有适当工作者外,其余经本处协助,在各厂获得工作者,共44名。连同去年以前征集人数,共计登记者1,901名。已获得工作者,共计663名。

技工之招募,除协助各厂自行从各处募致外,去年由本处在香港考选机械电器等项技工84名。本期内已到达桂林、祁阳、重庆等处者36名均由本处派至各厂工作。

速成技工之训练,第一年计划训练三百名。早经指定广西、中国、兴业、顺昌、大公、民生、恒顺、华成等七厂分别负责办理。其中华成电器厂因设备及厂房不敷应用,未能开课,改由新中工程公司,招生训练。现时进行情形除广西纺织机械厂,业余去年十一月开始授课外,余均于本年春间次第开课。兹将历年来技术人员调整状况及速成技工训练两表列后:

技术人员调整状况表(三十年六月三十日)

科别	年次	登记名额 向本处登记人数	登记名额 教育机关抄送人数	登记名额 总额	以本处技术人员名义分发工作人数	经本处协助而得工作人数	共有工作人数
矿冶	廿七年度	29	10	39	10	1	10
	廿八年度	31	10	41	12	4	10
	廿九年度	2	33	35	4	13	17
	卅年上半年	1	1	1	1	7	7
机械	廿七年度	41	87	128	18	5	23
	廿八年度	125	30	155	13	30	49
	廿九年度	36	62	92	15	28	43
	卅年上半年	14	1	14	1	1	1
电气	廿七年度	47	3	50	12	5	17
	廿八年度	60	18	78	15	35	50
	廿九年度	21	1	21	6	9	15
	卅年上半年	12	1	13	4	3	7
化学	廿七年度	98	76	174	29	8	37
	廿八年度	158	28	186	40	52	92
	廿九年度	97	72	169	47	27	74
	卅年上半年	9	85	94	7	5	12
土木	廿七年度	37	113	150	9	2	11
	廿八年度	157	55	212	6	81	87
	廿九年度	16	2	18	3	6	9
	卅年上半年	4	1	4	1	3	3

续表

科别	项目 年次	登记名额 向本处登记人数	登记名额 教育机关抄送人数	登记名额 总额	以本处技术人员名义分发工作人数	经本处协助而得工作人数	共有工作人数
纺织	廿七年度	47	19	66	12	1	13
纺织	廿八年度	42	6	48	16	26	42
纺织	廿九年度	26	7	33	11	2	13
纺织	卅年上半年	4	77	81	6	9	15
□□	廿七年度	299	308	607	90	21	111
□□	廿八年度	573	147	720	122	234	336
□□	廿九年度	194	176	368	86	85	171
□□	卅年上半年	43	163	206	17	27	44

各民营工厂速成技工训练班数量表

厂名	开办日期	训练名额	备注
广西纺织机械工厂	二十九年十一月	30	
中国兴业公司钢铁部	三十年三月	40	
顺昌铁工厂	三十年四月	40	
大公铁工厂	三十年二月	60	
民生机器厂	三十年三月	50	
恒顺机器厂	三十年三月	30	
新中工程公司	三十年一月	50	
共计		300	

(五)工矿材料之供应

本处为接济各厂矿必需之材料于二十八年三月,即成立材料库,并向国外购运各种五金及化学器材,在内迁厂矿复工初期,对机械工厂产品之制造,及其他厂矿机件之装配,颇能适应需要。本期仍赓续办理,兹就售料、购料、运输、保管四项分述如下:

(1)售料 本期内售料总值为7,716,545.19元,较二十九年下半年总售价略有超过,但本期内售价,较二十九年度下半年约增2.6%。故以售出数量而论则约略相等,但本期内售价之增加,系因器材运费较前高涨。至售料总值之分析,约器材种类言,则机器类(包括电动机及开动器、耳机吹风器、交流发电机、煤气机、柴油机、洗毛机)占11.22%。零件类(包括各项铁管、钢珠、轴承、螺旋、皮带、洋钉等）占 11.38%。材料类（包括各种风钢、扁铁、地轴、各色电线、锌锭、铝锭、矽钢片等）占 58.01%。工具类（包括砂轮、油石、圆钻、铣刀、锯刀等）占 2.15%。油脂类（包括变压器油、润滑油、牛油等）占 6.14%。杂类（包括盐酸、烧碱、漂白粉、氯化铵、氯化锌、红丹、油漆、帆布、纸张、铅笔、硫磺等）占 11.10%。

以购料机关言，则共有 258 单位。其中民营厂矿 150 家。兵工署资源委员会，航空委员会，所辖国营工厂等共计 94 单位。其余则为政府机关及社团等共计 14 单位。按价值计算，则民营厂矿共占 75.4%。兵工机关及国营工厂占 21.2%。其他政府机关社团占 3.4%。其中协助建厂所需器材最重要者，为资委会举办之甘肃油矿局、化工实验厂及民营龙章、建国两纸厂重庆及成都启明两电厂。至于各兵工厂及民营各机械工厂，购料则多为供制造所需之原料。

（2）购料　本期内国内购料共达国币 5,099,681.48 元。其中动力器材占 55%。包括 20kVA 至 200kVA 各式发电机 27 部，总容量 1,330kVA 又 3/4 至 75 匹马力各式电动机 591 部，总马力 1,754 匹为最重要。溯自内迁各工厂，复工以后，内地产品较多。本处为调节供销起见，对于国内购料较上年度更为注意，而工厂疏散所需动力，势须自备，故尤着重动力器材之收集，俾可统筹供应。

国外购料，则以前委托中央信托局订购未交尾数，及本期继续委托该局在港购运，共约值港币 20 万元。均已交货运入，以应后方之急需。又本处协助民营工矿三年计划案，指拨英美信贷购料，在本期内订购，续有多起，计英信贷续订合同 38,000 镑。本期交货 52,448 镑，已到仰光者，连前共值 35,339 镑。美信贷，本期内开始订购，亦达美金 343,472 元。已有美起运者，约值美金 7 万元。

（3）运输　本期内国内购料部分之运输，为由衡阳运送马达，由祁阳运送煤气机，及由桂林运送洋钉，又由湘西运送五金材料至渝。其路线有三：一为由衡阳径记东南联运处循湘黔公路经筑至渝。一为由湘桂铁路转公路经筑至渝。一为由湘西托水陆联运处经龚滩龚潭至涪陵转渝。三路合计共托运 162 吨。在六月底到达者 143 吨。

国外购料之运输,则在口岸交货后内运,起运点为仰光。循铁路至腊戍。再经公路运输。其中有少数系经昆明,由驮运至宜宾。但因驮运只宜于小件器材,故数量不多,总计本期内,由仰光起运者322吨。到达重庆者,连同二十九年度,已由越南等地运至昆明,再于本期转运来渝者在内共495吨。

为办理运输便利起见,本处派驻仰光代表一人,并在腊戍、畹町、昆明、贵阳、泸县等处设转运站。至于宜宾转运站,则因驮运小件器材数量减少,故已于一月间撤销。衡阳、桂林、湘西等处运输,则由本处广西及驻湘西办事处兼办。

（4）保管 本库在渝材料,上期结存1,027公吨。由外地运入及在就地采购者,共收料932吨。发料848吨。结存材料总计1,111吨。

重庆大湾库房,自去秋被敌机轰炸,损失颇重,虽经向中信局投保兵险,可资补偿。但物资损失究属不幸。经改建砖墙库房15座及地下储藏室,本期内积极进行,至六月底止,库房已完成13座,地下储藏室总面积为6,000立方公尺。开凿工程已达95%以上。砌石工程则已完成四分之一,立即将贵重材料,如变压器油、矽铁、铣刀等项,移藏地下室内,以保安全。

至在去年越南敌军登陆时,存海防之材料约2,000吨,嗣经让售美商远东公司,并谋就地出脱。本期内曾特别设法售出200余吨,得价港币63,747.59元。其余一时尚未能出售。

[经济部主计处档案]

16. 矿工调整处关于1941年度下半年工业出品产销救济[①]（1942年）

（4）工业出品产销之救济

自厂矿内迁,统筹擘划,我国内地民营工业始略具规模。惟各类工业性质不同,建设时间自有缓速之差。轻工业或半机器工业以设备较易,则出品快,重工业则费时多,而成效慢,因而工业建设期间,部门之配备由于出品缓

---

① 节录自《经济部工矿调整处三十年度下半年工作报告》。

速,往往一时颇成参差现象。如炼钢工业尚未完成,则生铁产品每感过剩,规模较大之造纸厂尚未开工,则漂白粉、烧碱销路亦滞;均其利[例]也。复因本期开始,渝市正值敌机空袭频仍,运输停滞,市场疲弊,且以年来原料人工屡涨,直接增高工业产品之成本,如煤、铁等产品一时行成销路迟滞之现象。更有若干生产工具(如工作母机)及工业原料(如酸、碱等),均为特制产品,类多接受定货,始能放手制造,其周转期既长,所受物工上涨影响益巨,以致周转困难,生产呆滞。为谋特殊产品流动资金之充裕,暨调剂产销,经拟定救济工矿生产事业方案,计分:(一)协助厂矿向四行息借流动资金,规定酸、碱、造纸、酒精等工业适用之。(二)收购滞销产品,规定收购滞销煤、铁两项。(三)择要定制产品,规定定制动力机,工作母机、工业机等为限。所需资金总额为5,810万元,其中第二项收购滞销煤、铁,分别由燃料管理处、钢铁管理委员会主办外,第一、三两项系由本处经办。自本年九月办理以来,截至本年底止,(一)协助各厂向四行息借流动资金总额原定1,100万元,经本处逐案审核分别转请四行借款者,计25单位,共7,870,000元。至(三)择要定制产品款额原定1,900万元,本期内本处已向各厂定货计19单位,产品总价2,653,178.20元。

是项调剂各厂流动资金办法,推行以来,生产过剩者,可藉政府收购为事后之救济,对于定货减少或周转困难者,颇能因获得四行贷款或政府定货为事前之调剂,流动资金不致拮据,整个生产机能得以维持增进。

[经济部档案]

17. 工矿调整处关于1941年度下半年工矿材料供应情况报告[①]

工矿材料之供应

本半年来本处材料库对于国内外器材之购运及厂矿需要材料之供给,仍本以往方针赓续办理,兹就售料、购料、运输、保管四项分述如次:

(甲)售料 本期内售料总值为9,033,348.81元,较之本年上半年售出

---

①节录自《经济部工矿调整处三十年度下半年工作报告》。

总额 7,716,545.19 元,略有超过。期中配拨兵工机关器材共值 190 余万元,占总值 21.7%,国营工厂计 160 余万元,共占 17.2%;其他政府机关计 140 余万元,共占 16.5%;民营厂矿计 390 余万元,共占 44.6%。以器材之种类言,则机器类(包括马达、发电机、煤气机、柴油机、工具机等)占 31.1%;工具零件类(包括圆钻、钻刀、锯刀、砂轮、钢珠、轴承等)占 22.7%;油脂类(包括变压器油、润滑油、车油等)占 3.1%,其他材料类(包括各种钢、铁、矽钢片、电线、化学原料等)占 43.1%。至材料价格之规定,系依据购运成本为主,对于市场之价格,亦随时调查比较,以供参考。

(乙)购料 本期内关于器材之添购,除在 3 次英美信用贷款案本处分配部分,分别托由我国驻英代表机关询价洽购各重要工业部门所必需之一切机器材料外,并为适应展示需要,订制购运国内生产之车床、磨床等工具机及发电机、马达、煤气机等动力机器,统筹供应国内厂矿需要。

(1)国内购料,本期内共达国币 8,225,006.48 元,共目的:一在收集后方各省散失之材料,以苏治国外供给来源之困难,一则为辅助后方各重要工厂营业范围之推广,而谋再生产加工之推进,以免各厂矿流动资金之呆滞,其中尤以动力设备一项,关系后方各重要工业之疏建工程进行最为重要。本期内,本处除尽量供给各类制造动力机器之材料,以激励各制造动力机器工厂增加产量外,并将各厂产品,如华成电器厂及华生电器厂之发电机、马达,新中工程公司之煤气器等大量购运,统筹分配,以谋各厂动力之自给,俾可减少各厂矿因敌机轰炸而致工作停滞之损失。

(2)国外购料部分,则本处协助民营工矿 3 年计划案,在指拨英美信用贷款项下,分向英美两国订购机料,以应后方工作需要,计英信代购料案前后 3 次,本处共分配英金 1,079,533 镑,除第 3 次信贷案因时间关系奉令暂缓进行外,第 2 次已拨发 56,000 镑,现正询价订购中,第 1 次分配额为 261,264 镑,本年度已购料计 2,941 镑,连前头购 173,404 镑,占总额 66.4%,本年度交货款额共值 24.551 镑,连前共计 47,510 镑,占已购款额 27.4%。至美信代购料案,本处分配部分为美金 1,048,450 元,现已陆续订购交货,本年度已购料款计美金 499,330 元,占总额 47.6%,期中已交货者计值美金 285,695

元,占已购款额 57.2%。

（丙）运输　国内购料之运输,为在衡阳、祁阳等地,运送煤气机、马达及钢铁材料至渝,所采路线以在祁阳及衡阳循铁路运至金城江,再由卡车接运来渝。最为便捷。其他尚有一小部分材料,在衡阳交由东南联运处运贵阳转渝,或由衡阳经沅陵交川湘水陆联运处循水路运渝。本期内由衡阳转运站运出器材共计 60 余吨。

国外购料之运输,自越南沦陷后,国外器材均在仰光交货,本处于本年十一月间增设运输办事处,自购卡车 26 辆,加紧将器材运入国内。总计本期内交由西南运输处、各运输公司及自运部分,在仰光运出者共 760 余吨,已运抵重庆者计 260 余吨。

各厂厂矿国外订购器材,因碍于取得车辆之困难,资金周转之不足,以及派员驻留自运之不经济等关系,纷纷请求本处协助,均经本处先后设法代洽车辆,垫付运费,以求能迅速内运,增加生产力量。计本期内本处协助各厂矿运输物资总量共 890 余吨,期中已由仰光起运者计 540 余吨,内运器材之吨数较多者,有裕泰纱厂、民生机器厂、渝鑫钢铁厂、天原电化厂等家。

（丁）保管　本处材料库大湾库房自于二十九年冬季开始改建后,全部工程已于本年底完成,并开凿地下储蓄室 1 所,总容积有 2,200 立方公尺,现已将各项重要器材如发电机、马达、电器材料、机器零件、工具、油料等项移藏地下室内,以保安全。

本期内在渝材料,上期结存 1,111 吨,由外地运入及就地采购者,共收料 261 吨,结存材料共计 875 吨。

前在越南日军登陆时,存海防之材料共约 2,000 吨,除设法出售 200 余吨外,其余 1,700 余吨,卒在日美宣战后,全部被敌掠夺。又本年十二月间,仰光迭遭轰炸,码头仓库大部被毁,本处存仰物资亦损失铁皮、钢板、工具等共 70 余吨。附志于此。

[经济部档案]

18. 工矿调整处关于 1941 年度下半年民营工厂电力分配报告[①]（1942 年）

民营工厂需用电力之分配

滨海各地工厂内移后，内地新成立之工厂复相继开工，动力之需要骤为增加，因公用电厂设立与扩充之不易，工厂动力之供应遂成一重要问题。现时后方各地以重庆方面工厂最多，动力亦至感不足，本期内本处设法分配现时电力厂所能供应之电力并使各厂自备动力设备，以解决各厂之动力问题。兹将办理情形概述如后：

一、调整各工厂用电时间　重庆各厂休假日期工作时间多属相同，即各厂使用与停用电力多在同一时间，致电力厂之负荷有时超过最高发电能量，使电厂无法供应。本处为使电力供应得合于正常状态起见，经分别将各厂休假日期及用电时间加以调整，并规定大量用户之个别用电数量。

二、督促有动力设备工厂将余电供应他厂　重庆方面，中央造纸厂之 1,000 千瓦发电设备除供自用外，尚有富余电力可资利用，经分别饬将余电供应天原、顺昌、渝光、福民等厂应用。

其他各厂，如宝鸡之申新纱厂、祁阳之湖南机械、桂林之湘桂铁路局发电所等均经本处洽定，以各该电厂之富余电力供给当地民营工厂需用。

三、协助各厂增加动力设备之装置与制造　本期内，本处除协助中央造纸厂扩充凉水池，增加其发电能力外，经先后协助民生机器厂、恒顺机器厂、庆华颜料厂等五厂装置电力设备；并经向新中工程公司、大中实业公司等厂订购煤气机、煤气炉，向华生电器厂订制 300 千伏安、30 千伏安、20 千伏安各种发电机等，供给各工厂需用。

[经济部档案]

[①] 节录自《经济部工矿调整处三十年度下半年工作报告》。

19. 经济部关于奖助民营事业[①](1942年5月)

奖助民营事业

对于民营事业之奖助本部向极重视,并责成本部工矿调整处负责推进,并妥加管制,俾入规范。半年以来,该处工作可分资金之协助、器材之供应、员工之训练、增产之督导四方面,叙述如左:

(甲)资金之协助

过去半年,该处对于民营各厂矿资金之协助,仍以贷款、投资及介绍四行贷款3种方式办理之。至协助原则,约有三端:(一)贷款以增加生产工具,发展各厂能力为主。(二)该处为配合生产部门而投资倡导之已办事业,应加紧完成或扩充之。惟因基金有限,而各厂矿所需周转资金又因物价而增巨。故(三)凡与银行业务适合者,尽量介绍四行贷款。

贷款部分,本期(自去年十月至本年四月)计核定建筑设备借款10,093,000元,为各厂扩建厂房,添设机器,自备动力,或筹设分厂之用。另以物工价涨,各厂为支付厂缴,补进原料,经核定营运资金借款计2,040,000元。又为预防空袭损失,续贷疏建及保护工程借款306,000元。此外复核定迁移借款5,000元。以上本期核定贷款总数为12,444,000元。

投资方面,本期内主要者有下列各厂:(一)自办木材干馏厂及遂宁示范纱厂。木材干馏厂设于乐山,以低温蒸馏制造木酒精、醋酸等,为我国工业首创之新事业,本期增资918,562元,现已装机试车。示范纱厂原为推广业精式纺纱机而设,本期增资479,975元,添设织布部分,俾完成为独立纺织单位,现已出货。(二)后方纸荒严重,本期内督促成都建国造纸厂完成建厂工作,并使昆明云丰造纸厂扩充产量,两厂共增资1,000,000元。(三)本期与江西省政府合办小型水泥厂于泰和,比例增资9万元,现正积极建厂中。(四)中国兴业公司之钢铁部分原系工矿调整处倡助建立,现分钢铁、电气、机械、矿业各部,本期增资扩充,该处增加股本600万元,业已专案呈请增拨资

---

① 节录自经济部工矿调整处三十年度下半年工作报告。

金。此外原贷中国植物油料厂借款，以四川榨油厂股权抵还，改由工矿调整处投资，增拨105,000元。以上本期核定投资总额共为8,593,537元。

介绍四行贷款部分，本期内共计为13,040,000元，以属于原料成品之抵押透支借款为最巨。

(乙)工矿器材之供应

工矿调整处为供应各厂材料，于二十八年设材料库，向国外订购五金、化学、电气等项器材约5,800吨，除在海防损失一部分外，其余均已运入供应。二十九年间，我国向英美信用贷款案先后成立，工矿调整处审度需要，开单洽购。三十年内，已有一部分运抵昆明、重庆等地。本年春，缅甸战事逆转，器材损失者约计1,700余吨，其未交部分，一时尚难内运。

该处为统筹国内器材分配起见，又收集各地散存材料，并购销各厂产品，以调剂国外供给来源之困难。此项工作，尤着重于动力机器之分配，工作机器之推广，工具及小五金之设法自给。所收器材，经该处统筹分配，可得合理之运用。此点在目前国际运输困难期中，颇显重要，现正积极推进中。

(丙)技术员工之训练

工矿调整处为加速完成技工训练起见，曾指定后方规模较大之民营工厂负责训练，分车工、钳工、木工、铸工四种，训练期间1年。第一期训练技工300名，计广西纺织机械工厂30名，于去年十一月完成，新申工程公司50名，于今年一月完成，中国兴业公司钢铁部40名，民生机器厂50名，大公铁工厂60名，均于今年二月完成。恒顺机器厂30名，顺昌铁工厂40名，均于今年三月完成。现第二期训练预定于今年七月间开始。

(丁)增产之督导

半年以来，工矿调整处督导民营工矿增产，可分三方面：一为各厂设备之扩充；二为各种机器之制造；三为工具原料之自制。兹分别述之。

一、各厂设备之扩充，现时后方钢材、棉纱、纸张、水泥、烧碱等项均感不足，为谋补救计，该处对于此类工厂设备之扩充，特加努力。(一)炼钢方面。自太平洋战争发生后，电力炼钢炉所用之炭精电极来源断绝，而后方电力不足，亦难以增加电炉炼钢之产量。自去年起，各厂采用贝士麦炉炼钢，现已建厂完成者,有中国兴业公司及渝鑫钢铁厂两家,在筹设中者有人和、中国制钢及和济等厂。此外中国兴业公司之10吨马丁炼钢炉,亦可于今年五月底完成。(二)棉纺方面。内迁纱锭计有22.6万枚,去年年底已装竣开工者计16.7万枚,本年继续督饬各纱厂增装,截至今年三月底止,已达18.5万枚。(三)造纸方面。现时机制纸厂已开工者,有中央(前龙章)、嘉乐、西南等七家,云丰、铜梁两厂于去年十月间开工。嘉乐纸厂已增装纸机一部,于本年二月出货。建国纸厂系利用前磋家矶纸厂内迁一部分机器,现已装妥80%。(四)水泥方面。去年十月间贵阳水泥厂完成开工,昆明水泥厂亦增加球磨机一部,产量倍增。在筹建中之广西仕敏土厂,可于年底完成。另有江西、嘉华两水泥厂,于八月间均可试车。(五)烧碱方面。天原电化厂自工矿调整处协助调整电力之供应后,产量已有增加。同时该处又协助天原厂增建第二座漂粉塔及第二列电解槽,现漂粉塔以建筑完成,一俟升降机装竣,即可使用。至电槽方面,则正在进行购置需用材料及添设厂房中。

二、各种机器之制造　本期工矿调整处仍本以往方针,督导各机器厂,就其性能专精一业之制造。所有制品,均经该处指定种类、数量及严定规格,藉于促进生产之中,仍寓提高技术标准之意。

三、工具原料之自制　本期内已着手筹制者,在工具方面,有钻头、钢珠轴承、钢柱轴承等项,化学原料方面,燃料及鞣剂已有中国化工企业公司及华中化工制造厂用植物提制。酒精工业需用之硫酸铵已有礼和、四川两厂筹设制造,礼和已有出品。

兹将后方民营工厂产品列表比较如左:

产品种类	单位	三十一年至三月	三十年一月至三月	三十年全年	二十九年全年
钢	吨	567	495	1,877	1,529
灰铁	吨	5,107	2,049	7,339	2,830
手榴弹壳	只	140,000	185,000	738,776	3,635,000
黄磷弹零件	件	4,500	54,000	135,300	1,779,600
地雷引信	件	1,800	1,100	36,600	40,000
水雷配件	套	10,000	38,000	160,000	114,540
原动力机	部	41	45	144	70
工具机	部	178	280	1,148	902
无线电收发报机	部	42	86	395	797

续表

产品种类	单位	三十一年至三月	三十年一月至三月	三十年全年	二十九年全年
硫酸	箱	3,050	1,245	5,600	4,760
盐酸	箱	720	853	2,400	2,796
硝酸	箱	40	52	186	237
烧碱	吨	212	115	628	209
漂白粉	吨	195	68	512	147
酒精	加仑	950,000	1,379,000	4,110,000	3,920,800
水泥	桶	33,755	47,939	149,584	296,940
水灰	担	5,275	2,820	15,344	
机制棉纱	件	28,160	25,920	111,500	44,000
面粉	包	582,000	987,000	4,510,000	3,239,200
机制纸	吨	675	810	4,100	1,045
肥皂	箱	57,500	125,000	401,000	279,900
安全火柴	箱	2,900	2,950	19,000	13,890
灯泡	只	96,000	95,000	397,000	434,900
皮革	张	21,000	26,700	132,000	104,000
油墨	磅	85,000	57,500	251,000	237,600
铅笔	箩	7,173	9,495	33,270	30,200

依据上表数字,三十年度较二十九年度各部门工业生产大部分均有增加。至本年一月至三月与去年同期比较,则以钢灰铁、硫酸、烧碱、漂白粉、棉纱、油墨等项产量之增加最为显著。惟其中水泥一项,以电力供应不足,影响生产。酒精、面粉、机制纸、肥皂、皮革等项,以原料取给困难,亦未能尽量增产。至各种兵工器材及无线电收发报机,则以产品全供军用,须受定制数量之限制,故产量亦稍见减少。

(戊)工作过程中所感之困难

本部上述协助民营事业之工作,在进行过程中,亦常感不少之缺点与困难,兹简略述之:

一、工业材料尚未能完全自给,就中如钢板、钢管、有机化学原料,纺纱所需之钢丝针布、钢丝圈、白呢等,国内均无法取给,今后亟须交通机关拨给航运吨位,以资内运。

二、运输力量薄弱,器材补充至感困难,流动资金亦甚感不足,银行贷款例不接受机器,房产作为抵押,更感周转不易。

三、后方厂矿常感技术员工不足,虽然政府协助训练,尚难骤符实际需要之数量。

[经济部档案]

20. 资源委员会关于粤桂技工运送来渝的公报(1942年9月)

粤桂技工运送来渝

技工内移事宜,现由人才调剂协会主持,该会已派员负责将滞留粤桂技工数百人即日运送来渝,运输统制局已允许拨车运送。

[《资源委员会公报》1942年第三卷第三期]

21. 经济部报告关于民营事业奖助①(1943年7月)

奖助民营事业

本部对各项经济事业,一以国防需要为悬鹄,并不以国营民营企业为轩轾,故比年以来,除督导各国营事业机关,从事于国防资源之开发与国防工业之建设外,对各种民营事业凡属于抗战建国所有裨益者,莫不竭诚指导合力协助,俾得与国营各事业相需并进,一的共趋。兹将近十个月来办理情形,分别资金协助,器材供应,技工训练,技术奖励四端,依次叙述于后:

(一)资金协助

对各民营厂矿资金之协助,可分为:(一)贷款;(二)投资;(三)介绍国家银行贷款;(四)保息;(五)补助;(六)存货垫款;(七)预付定金等七种。细绎过去办理贷款之方针,可分为三个时期,二十七至二十八为第一期,贷款以迁移资金为主,其重要目的,在协助厂矿之内迁。二十九至三十年为第二期,贷款以建设资金为重,其用途在协助内迁厂矿复工,或筹建新厂,添购设备,建筑保护工程,与地下工场。三十一至三十二年为第三期,贷款则以运营资金

---

①此件节录自1943年7月《经济部工作报告》。

为主,盖此时各厂矿迁建悉已完成,在力谋增产之中,流动资金之需要,较为迫切,而近半年来,对机器工业之定制机器,预付货欲[款],尤为重要。

(1)贷款　本期内工矿调整处共核定建设及增加设备贷款97,000,000元,为各厂矿扩充设备或被灾复工之用,另以物工价涨,各厂矿为补进原料,应付各项开支,经核定运营贷款计7,695,000元。此外,并协助内迁机伴320吨,迁运贷款500,000元,又投资各厂矿15,724,906元。本期总计共达33,619,906元。

(2)介绍银行贷款　本部以工矿调整处资金有限,故凡各厂矿借款,合于银行业务者,尽量转介银行贷放,本期介绍贷款共达55,600,000元,均属流动资金,依照银行习惯,以用原料或成品抵押透支者为最多。本年夏间四联总处鉴于工矿流动资金需要之迫切,议决借款总额20万万元,期中以12万万元,专供贷给民营工矿之用,得此贷款来源,本部自当就重要事业,考察实情,随时商洽促成,俾能得适宜之分配。又恐部处贷款,间或另充别用,或借以囤积居奇,反致流弊,因经规定部处贷款监督办法八项,呈奉委座核定,切实施行。

(3)定制工业机器,为增至必需机器及调剂各机器厂资金起见,本部曾拟定工况调整处增加工业机器设备计划,送经国家总动员会议议决实行。此项办法,系由该处本年度内,以定金1万万元,指定机器种类及式样,向各厂定制,其总值约为2万万元。所得机器,复由该处价让各工业组织,并以所得款项轮为下期订购之用。本期定制者,记为动力机4,267匹马力,又2,930千伏安,工具机229部,工作机19部,工具220件,定金共支出101,884,640.35元。

(二)器材供应

我国所需各项工业器材,除一部分可以自给外,大部分向须迎外来,目前国际路线阻断,国外购运,殊属不易,故本部不能不采取下列方法,以资补救:(一)凡重量较轻而需用极急之外国器材,仍设法积极购运,工矿调整处对于美印方均有接洽,以期协助民营厂克有供应。(二)奖励国内自行制成各种代用物品,已由本部规定办法,并指定具体目标,凡制造成绩审查合格者,给予奖励,以资鼓励。(三)在国内优良工厂定制材料,其办法系由工矿调整处拟定规格,预付定金,并按优先购买程序,核售各厂应用。本期内该处材料库在购料方面,综计为国币 220,018,878.22 元,但有大部分系定金,须于下期始行交货。其中有关于第一项之国外购料,有英信用贷款购料 68,316,716 镑,印度购料 275,135.80 盾。全期售料总额为 84,618,069.38 元,为钢铁材料为最多,达 34,418,825.08 元,其次为电气材料,动力机械,非铁金属材料等项。

(三) 技工训练及技术员工之安置

(1) 技工之训练 技工训练,前于二十八年冬,由国防工业设计委员会设立技工训练出担任其事,利用国营、民营各工厂原有之设备,就地训练,以资便捷。分为特别技工(训练三年毕业)、普通技工(二年毕业)及速成技工(一年毕业)三种,分配于本部资源委员会,军政部兵工署,及交通部所属之工厂,并与本部工矿调整处所协助之各民营工厂,举办训练班。其教学之标准,在使讲授与实习并重,并规定各班工程单位及机械名次,逐渐推广,以资统一,而免工作上因习惯之不同,发生错误。如工业基本单位一律采用万国制(C.G.S制),其以设备关系,一时不能改变者以英制为辅,期能渐达统一之要的。至关于机械工程之名词,工作具名称,工作术语等,亦参照国立编译馆已付告之机械名词及工厂惯用之名称,编制中英机械名次对照表,现已收集六千余字,用以编制教材,期使统一。关于特别技工与普通技工之训练,分由兵工署、交通部及国立大学所属各厂办理。其一年毕业之速成技工之训练班,则由工矿调整处所助之民营工厂代办,其工作种类计分车、钳、木、锻四类,每期训练名额预定 300 名,第一期训练技工早经毕业,多仍旧原厂服务,颇具成绩。所有办理情形,一已详上属报告。兹将第二期训练情形,统计列表如下:

类别	训练期间	训练工厂名称	额定人数	受训人数	开班日期	速成技工毕业人数	备 注
特别技工	三年	兵工署各厂	400	388	三十一年二、三、七月		共计 4 班
		兵工署 钢铁厂迁 资委会 建委会	100	100	三十一年七月		

续表

类别	训练期间	训练工厂名称	额定人数	受训人数	开班日期	速成技工毕业人数	备注
普通技工	二年	兵工署各厂	500	474	三十一年一、二、七、八、九月		共计7班
		钢铁厂迁建委会	50	43	三十一年七月		
		中央机器厂	100	88	三十一年一月 三十一年六月		共分2班
		中央电工器材厂	150	50	三十一年五月		
		中央无线电器材厂	100	105	三十一年一月 三十一年九月		共分2班
		交通部各厂	100	88	三十一年五月及七月		
		中央大学及中央工业专科学校	100	103	三十一年七月		
速成技工	一年	中国兴业公司	140	140	三十一年六月	35	
		民生机器厂	50	110	三十一年七月	72	该厂原额50名，其余60名原由广西纺织厂两期移该厂代训
		恒顺机器厂	30	30	三十一年九月	22	
		顺昌铁工厂	40	40	三十一年九月	34	
		大公铁工厂	60	60	三十一年十月	58	
		祁阳新中工程公司	50	50	三十一年一月	48	
总计			1,820	1,769		269	

（2）技术员工之安置 关于技术员工之招致，系按照征集技术人员暂行办法办理，由工矿调整处缴集矿冶、机械、电气、化学、土木、纺织技术人员，支给生活费，分派有关厂矿服务。截至本年五月底止，在该处登记人数，共为1,117名，经该分派介绍就业之人数为718名。又关于技工之招致，自太平洋战争爆发后，经令由该处办理收容安置技工事宜，该处当即派员驰赴曲江实行考选，并饬由该处中南区办事处在桂林集中考送，尽量就地安插工作。其就地不能安插者则运送至渝。计前后三批，共203名，经贵阳时，复由该处贵阳转运站介绍工作者42名，到渝后由该处直接介绍工作者85名。其余因交通困难，均由人才调剂协会，沿途设法介绍工作。又人才调剂协会内迁印钞技工109名，机械电气各项技工116名，亦经该处分别协助安插工作。

(四)技术奖励

本部对工业技术之奖励,共分4项办理,(一)凡国人在工业上有新发明或创作,经审查合格者,则予以专利。(二)其对发明创作有所研究,并有具体实验计划,无力从事实验,或已经实验无力完成者,则给予补助费及生活费,俾得继续试验,克底于成。(三)其已经呈准专利,无力设厂实施制造者,则贷予资金,助其设厂。(四)其对于后方目前急迫需要之工业器材,能悉心研究或代用者,给予现金之奖励。本期内计核准协助实验4件,特许专利59件。至仿造及代用品之奖励,已于三十二年四月、六月、七月3次公告,一俟3个月公告期届满,即分别审查给奖。

[经济部档案]

22. 经济部六年来奖助民营实业①(1943年)

奖助民营事业

抗战军兴,敌寇铁骑所至,我沿海沿江之民营工业,大部遭受其掠夺与摧毁,即迁至后方者,亦以运输艰困,物价失常,市场萎缩,而遭遇重重难关。凡此均有待于政府之援助保育,俾得继续生产,以增强抗战的经济力量,奠立后方工矿业的根基。是以自二十七年以来,政府对奖励民营事业订颁法规,设立机构,积极进行,不遗余力,后方民营厂矿之所以能有今日之繁荣者,得此之力实多。

政府对于民营事业之主要方针,举其要者,可有以下数端:(一)引导并奖励民间资力,用于正当生产事业,而禁阻或尽量避免此项资力为投机操纵扰乱市场之行为。(二)促进民营正当事业之合理利润,而禁阻其过分高利及居奇垄断等行为。(三)在每一时期中,就经济建设及时代需要着想,指出亟待生产之物品,尽先协助并督促生产,以裕供应。对于不合实际需要而转图营利之事业,则不予协助,或酌为限制。(四)政府对于民营事业之辅导奖励之中,即寓监督管制之意,期能逐步指导,纳之轨物。良以我国经济状况,向多

---

① 此件节录自经济部所编《六年来之工矿》。

散漫,今欲发挥国立,则必须通筹,故抗战期内,政府对于民营工矿事业,调整支配,颇费苦心,虽未闻严格统制之名,实已呈切实监督之象。(五)国营事业与民营事业,方式虽有不同,实皆为全国经济之主要成分,故政府方针,务使相辅相成,而不使倾挤致害。

近年来政府对奖助民营事业设施甚多,其方式不外三点,即:(一)迁建之协助。(二)生产之协助。(三)增产之督导。兹分述如次:

(一)迁建之协助

(1)协助战区厂矿内迁

抗战后沿海沿江民营厂矿的内迁运动,可以说是近六年来中国经济史以及民族战史上最精彩最灿烂的一页。二十六年七月至二十七年一月,为此内迁运动的发轫时期,当"八一三"沪战将起之时,政府就已下令沿海沿江易被敌人侵入的地带的各民营厂矿,限期向内地迁移,设立厂矿迁移监督委员会主其事,并派员分赴各区督导。惟此项工作非常艰巨,人力、财力恐均非各厂矿本身所能负担,故政府又代为动员无数万的人力,耗用几千万的资财,利用了一切可能利用的运输工具,从火车、轮船一直到独轮车、马车,不分昼夜,经常在敌人飞机大炮火网的每一个空隙里,不断的牺牲,不断的奋斗,才使这无数吨的钢铁的行列,在血与汗的交流中,完成了其有史以来最伟巨最辛苦的万里长征。这一期虽仅有五个月,但完全运抵汉口的器材,以达现在内迁厂矿总数的1/3。二十七年一月至九月是内迁的第二期,亦即整理转运时期,其时部分有关军需的内迁工厂,利用在内地寻勘厂址的时间,在武汉临时开工,生产前方急需的军用品,供各战场取用。这种在艰苦困顿之余,仍不轻易放过片刻喘息机会的精神,确是深可感动的。这种临时开工的工厂,占当时迁达武汉的厂矿总数的1/3。其性质分配,以机器、翻砂工厂为最多,占开工工厂总数的50%,电机、电气及无线电器材工厂次之,占总数的24.44%;纺织工厂又次之,占总数的9.20%。二十七年九月至十二月为第三期,亦即继续内迁时期,此时抗战已转入二期,原来暂留武汉的各厂矿乃复络绎的蹈上比以前更艰苦的征途。同时,政府又动员了无数的人力、资财,由各方面协助他们完成内迁工作,并统筹内地的需要,指定其新厂矿所在地的适当区位。至本期终了为止,内迁厂矿数已达现在总数的3/4。其区位分布,四川占41.64%,湖南占32.25%,陕西占5.86%,广西占4.42%。二十八年至二十九年为内迁的第4期,亦即内迁完成时期,此时,除小部分因在迁移的旅途中失事,机件损失,无法复工者以外,有70%以上的厂矿都已完毕了他们的行程,在新地建厂复工。

政府对民营厂矿内迁的协助,是在一个整个计划之下进行的,其办法可分为两种:

(甲)对于生产军需品的厂矿,如机械、化学、矿冶、电力、燃料、交通器材、被服及医药等工矿业,给予(子)补助迁移费用;(丑)免税;(寅)减免国营交通事业运费;(卯)优先运输权;(辰)拨给建厂地亩;(巳)担保或介绍银行低利借款;(午)奖金等有效的协助,使能尽速完成迁建,恢复开工,故本此方针,4年来内迁厂矿以国防工业所占比率为最高,计机械工业占总数40.40%,化学工业占12.50%,钢铁工业占0.24%,电器工业占6.47%,矿业1.78%,共占到总数之61.39%。再观内迁厂矿复工后产品价值之指数,军需品之逐年增加亦甚迅速,如兵工器材二十八年较二十七年增83.68%,二十九年又较二十八年增81.23%;机器工具二十八年较增91.24%,二十九年又较增188.59%;交通器材二十八年较增77.63%,二十九年又较增192.93%;消防用品二十八较增82.10%,二十九年较增167.61%;防毒面具二十八年较增1.97%,二十九年仍无增减;电工器材二十八年较增94.47%,二十九年又较增405.28%;军装零件二十八年较增82.64%,二十九年又较增33.36%。

(乙)对于普通厂矿,如纺织、饮食品、教育用品等工业,因其为内地民生用品所资,亦尽量予以协助,其办法为(子)免税免检;(丑)给予运输便利;(寅)代征建厂地亩以解除其迁建工作之困难。截至二十九年底止,以上各项工业在内迁厂矿总数中所占之比率,纺织工业为21.65%,饮食品工业为4.91%,教育用品工业占8.26%,亦有相当数量。

(2)协助后方厂矿疏建

各内迁及新建工厂虽经政府协助,先后完成建厂开工,但开工以后,对敌机之无耻轰炸,咸怀戒心,经济部为安定人心保障生产起见,及会商财政部,订定中央信托局承办兵险办法,自二十八年十二月起,由该局开始办理。因此,对于有志后方工矿事业之人士,给予很大之鼓励,各民营厂矿,亦颇收一时之惠。迨及二十九年夏秋以来,敌机轰炸,益无忌惮,工厂损失,愈趋重大,而机器设备一经摧毁,又常有无由补充之感。而兵险赔款,仅足保障资产价值,生产工具终难获得实际安全,经济部为迅谋补救以策万全起见,爰复于二十九年九月饬由工矿调整处召集各重要厂商详为商讨,决定紧急处置办法三项:(一)制造工程之能划分者,予以拆迁,另设分厂;(二)设备能在洞中使用者,开凿山洞,移内工作;(三)无法分迁或入洞工作之厂,则加筑工事,保护主要设备。当时决定疏散设备设立分厂者11家,开筑防空洞者18家,加筑防护工事者7家,皆渝市附近规模较大之工厂。至卅一年终,其由工矿调整处协助进行者,已大部疏建完成,资力较厚,自行筹建分厂者,亦在积极进行之中。至重庆动力关系重要,经济部曾督令电力公司将发电设备疏散迁建安全处所,并加建保护设备,以策安全,其迁建费用1,570万元,均由政府设法补救。

(二)生产之协助

战时后方工矿业在生产上所感受之困难,其重大者莫如资金。器材、技工之缺乏,故政府对民营事业之协助,亦特别致力于此。

(1)资金之协助

协助民营厂矿资金之方式,有(一)保息;(二)补助;(三)贷款;(四)投资;(五)担保借款;(六)存货垫款或预付定金;(七)给奖励金等七项。对特种工业,小工业由经济部直接办理,一般工矿业由工矿调整处办理;煤矿由燃料管理处办理,金矿由采金局办理,钢铁原系由钢铁管理委员会办理,三十一年起亦划归工矿调整处。此外,川康铜业管理处、汞业管理处等机关,亦订有对各商矿贷款救济办法。

(甲)保息 保息即对于某一工厂集股或募债所得资金,当其本身不能给付利息时,即照规定息率,由政府拨给,得享受保息之工矿业,依照二十六年四月公布,廿七年六月修正的"特种工业保息及补助条例"之规定,仅有资本在100万元以上之制造原动机、电机、工作机、金属材料、液体燃料、运输器材等六种。依照二十七年十二月公布,三十年十二月修正的"非常时期工矿业奖助条例"之规定,则除与前条例所谓"特种工业"性质相当的机械、采矿、冶炼等工业外,并增加了电气、化学、纺织、农产制造和其他经济部认为重要者等五种,而资本额的标准,则一概减低至20万元,以适应战时之需要。至三十一年止,经经济部核准保息者,已有永和化学工业公司等数家。

(乙)补助　对民营工矿业之补助,亦悉依前面所举的两项条例办理,其办法即当全年出品生产成本与同年平均市价比较,超出甚多时,其超过部分,即由政府酌给现金,以资补助。至三十一年止,经济部核准给予此项补助金者,有华中水泥公司20万元,妇女指导委员会松溉纺织厂20万元,西康各厂42万元,湖北各厂30万元,湖南各厂10万元等。

(丙)贷款　工矿之范围甚广,政府资金有限,为应付非常时期之需要,对协助贷款之厂矿,不得不酌予相当限制。其种类暂定为:(一)燃料;(二)金属原料及机械;(三)酸碱及其化合品;(四)水泥;(五)酒精及其溶剂;(六)交通及电力器材;(七)棉毛织品;(八)糖;(九)纸;(十)皮革;(十一)橡胶等十一种。而请求借款之条件,又限定为:(一)与军事有关;(二)为民生所必需;(三)可增加出品或减少入口;(四)可增加内地生产能力;(五)所拟计划能于相当期间内完成等五项。

由工矿调整处主办之工矿贷款,分为以下六种:(一)"迁移贷款",为协助内迁厂矿所需机器运费及技工旅费之用,可分3年归还,贷出以廿六、廿七两年为最多,其累计余额,廿七年达116万余元,卅一年尚有57万余元。(二)"建筑及增加设备贷款",为协助各厂矿建筑厂房及添购机器之用,期限以3年至5年为限,自廿七年起开始贷放,其累计余额廿九年已达671万余元,卅一年复增至1,610万余元,约占全部贷款之64%。(三)"营运资金贷款",为协助各厂矿购买原料,发付薪资及一般管理费之用,期限6个月至1年,贷出之累计余额廿八年为131万余元,廿九年为405万余元,至卅一年尚有595万余元。(四)"复工贷款",为协助各内迁厂矿复工之用,廿七年贷出15万余元,廿九年已全部收回。(五)"招募技工贷款",为协助各厂矿招募技术工人之用,廿八年贷出1,000余元,廿九年累计余额已达41,000余元,卅一年尚余22,000余元。(六)"疏建及保护工程贷款",为协助各厂矿筹建分厂及建筑防空与保护工程之用,自廿九年开始贷放,其累计余额至卅年已达364万余元,卅一年尚有247万余元。受贷款厂矿之类别,以化学工业为最多,卅年贷出余额达664万余元,机械工业次之,贷出余额为350万余元,煤矿业及钢铁工业又次之,贷出余额为264万余元及209万元。由此亦可表现政府对民营事业协助之方针。

由燃料管理处主办之民营煤矿贷款,有(一)"生产设备贷款",卅年底贷出余额为80万余元。(二)"洪水贷款",同期余额为242万余元。(三)"枯水贷款",同期余额为17万余元。(四)"临时贷款",同期余额为14万余元。此外卅一年起,又增加造船贷款,已贷给天府、嘉阳等煤矿公司620万元,由采金局主办之民营金矿贷款,至三十年终,余额为230万元。

小工业贷款,以实收资本5万元以下,1万元以上之纺织、制革、造纸、金属制炼、化学、陶瓷、农产制造等工业为对象,凡合乎(一)出品能供应军需及民生必需或运销国外者;(二)原料大部为国产者;(三)能用现代方法或改良之土法者;(四)营业上有发展希望者;(五)有新发明或意匠创作者等条件,均可请求贷助。经济部历年贷出余额,廿九年已达58万余元。

(丁)投资　工矿调整处对各重要民营事业资金协助之另一方式,即为投资合办。自廿七年起,投资与年俱增,其余额廿八年为387万余元,廿九年为742万余元,卅年为1,087万余元,卅一年为2,316万余元。投资业别,廿七年仅有纺织工业一种,廿八年增加钢铁、电器、化学、食用工业四种,卅年复增加机械工业及公用事业两种,贷款数目以化学工业为最多,达691万余元。

(戊)担保贷款　卅年以后,工矿调整处对民营厂矿之贷款,以可贷之资金有限,贷款之请求无穷,乃不得不专力应付较长期性之贷款,而对于合于银行业务之营运资金,尽量转请四联总处贷放。其中以属于原料成品之抵押、透支性质之借款为最多,是项担保借款之累计余额,廿七年为440万元,廿八年为496万元,廿九年为1,021万元,卅年为2,515万元,而卅一年则有4,360万元。

(己)存货垫款及预付定金　存货垫款已开始办理者,为燃料管理处之"存煤垫款",至卅年终,已共垫出189万余元,土铁管理处亦订有"存铁垫款"办法。"预付定金"则尚在准备办理者,有工矿调整处订制机器之预付货款,预计订制动力机 5 项,工具机 6 项,工作机 8 项,工具 4 项,共需资金 2 万万元。

(2)器材供应

抗战后各民营厂矿所需工业器材,或因外汇不易获得,或因国际运输困难,每感无法补充,经济部有鉴及此,乃令工矿调整处于廿八年筹设材料库,并向国内外订购五金、化学、电气等项器材,以裕供应。是年即向国外订购 5,800 吨,敌占海防,曾一部损失,余则均已抢运国内。廿九年我与英、美信用贷款案先后成立,复审度时势,分别开单洽购,购定货物在卅年内已有一部运抵昆明及重庆。同年为应目前急需,又向香港采购变压器、油矽钢片等材料为数甚多,均已运达内地。卅一年以缅甸战事逆转,国际运输更趋艰困,英信贷购料交货较为减少,乃复因时制宜,改由印度购入各项工业零件,如钢丝针布、钢锁圈、铜丝网、毛毡、鞣料等。另一方面,为统筹国内器材分配,调剂厂矿金融,并谋机器成品之合理运用起见,对各地散存之工业器材,仍责令工矿调整处加以管制及收购。四年中,国内外所购器材价值约达国币 7,000 万元、英币 20 万镑、美币 100 万元,均经分配各国营、民营厂矿购用。

(三)技术员工补充

内地工业向极落后,熟练技术人才自甚感缺乏,故各等技术员工之补充,实亦为一最急迫之问题。政府在发动厂矿内迁,早即注意及此,一方面规定资助技工内迁办法,使他们能携带家眷到后方来,安心为国效力,另一方面派员赴邻近战区各省尽量招募,转为介绍各厂矿服务,再一方面在后方加紧训练新技工,以资补充。六年来,此三方面的努力都曾收到相当的效果,由近两年来工人跳厂的纠纷日渐减少,加以证明。(子)资助内迁的技工的累计数,廿七年为 1,793 人,廿八年为 11,113 人,廿九年为 12,164 人。依业别分析,以机器工业为最多,共达 5,968 人,纺织工业、化学工业次之,各达 1,688 及 1,408 人。(丑)登记及分发工作的技术人员,廿七年登记 607 人,分发 111 人,廿八年登记 720 人,分发 336 人,廿九年登记 368 人,分发 171 人,卅年登记 283 人,分发 66 人,计共由政府分发或介绍工作者 684 人。其中以化学工业为最多,占221人,机械工业次之,占122人。(寅)招募的技工自太平洋战事爆发,至卅一年底止,由工矿调整处会同社会部赈济委员会,由香港、九龙招募的技工,除就近分送桂林、柳州、贵阳、昆明各厂就业者外,运达重庆者计达200余人,均派赴各厂工作。(卯)训练的技工,除各工厂自行办理者外,其由工矿调整处津贴训练费用,指导各规模较大之工厂训练者,自卅年至卅一年止,已达500名,其种类大都属车工、钳工、木工及铸工。

(四)增产之督导

六年来,政府对于各民营厂矿,除于内迁、疏建及生产资金、器材、技工各方面为种种有效之协助,并积极的对其增产加以有计划之督导,俾与各国营事业分工合作,一的同趋,以完成整个的建设计划,其主要点可分为四点:

(1)制品规划　工矿调整处对各重要民营工矿业之生产成品,大都权度时势需要,参酌各厂矿本身生产条件,予以详密之规划。其最著者,莫如机械工业,由该处采用定制验收办法,对各种动力机,工作母机及鼓风、轧钢、打浆、球磨、棉纺、抽水等作业机等,均经分别指定工厂集中承制,使能提高其技术之专精标准,发挥生产之最大效率。施行以来,无论对品质之改进抑产量之增加,均收效颇宏。如工作母机,战时较战前增产2,000余部,卅一年较廿七年增加3倍以上,而前所未有之每部能力达500匹马力的蒸汽机、重型工作母机、大型棉纺机及各式工具与日用五金,均已能于卅一年制成以适应当前之需要。其次在矿冶工业。烟煤及冶金焦为后方工业、交通及市民燃用所急需,亦经积极督导其增运,卅一年产量较廿七年已可增加90%。钢材之卅年国营各厂始有出货,卅一年始大量增产。卅年以前,国内钢材需要仰给于民营者居多,灰口铁亦大都取资于民营炼铁厂,故对此两项产品之增产,亦予加意督导。三十一年产量与廿七年比较,钢增12倍以上,灰口铁增15倍以上,成效均甚显著。碳精电极为电炉炼钢所必需,过去国内尚无制造,卅年国外来源断绝,亦经督导规模较大之钢铁厂自行设厂制造,卅一年已开工出货。此外对代汽油、酒精、酸碱、电讯器材、变压器、电机、耐火材料、水泥、水灰、煤膏蒸馏品等工厂,均经参照战时国防工业生产计划,配合国营工业生产进度,妥为规划,分别督导各业工厂加紧增产,以应需要。

(2)利用原有设备

各民营内迁厂矿,间以环境关系,未能开工,致有用之机械设备弃置于无用之地,亟应加以调整及利用,故近两年工矿调整处对各地公用电厂发电设备之迁移装置,及倒闭电厂废置未用的设备之设法利用,各纱厂原有纱锭之内运及装甲,亦均经加意督导,俾增加生产效能。

(3)增大生产能力[略]

(4)增加技术水准[略]

[经济部档案]

23. 国民党第六次全国代表大会政治报告关于厂矿内迁发展工业开发矿产部分①(1945年5月)

第一章 协助厂矿内迁

第一节 抗战初期之厂矿内迁运动

战前我国工业分布,大都集中江海沿岸及铁路沿线各地,抗战军兴之后,莫不首当炮火之冲。前军委会工矿调整处委员会为保持国家经济元气,奠立后方工业基础起见,经于"八一三"沪战将起之时,组设厂矿迁移监督委员会,派员分赴临近战区各省市,督导各公私厂矿迅速内迁,并分别性质订定奖助办法,其属于军需生产范围之机械、化学、矿冶、动力、燃料、交通器材、被服及医药等工矿业,均可获得:(1)补助迁移费;(2)免税;(3)减免国营交通事业运费;(4)给予优先运输权;(5)拨给建厂地亩;(6)担保或介绍银行低利借款;及(7)发给奖金等项协助。此项工作,经济部成立,即由该部主持办理,排除艰困,协助运输,上海、江苏、河南各地重要厂矿,如大鑫钢铁厂、中福煤矿等器材设备,大都相继拆迁。迄二十七年初,已全部运抵汉口。其中一部机器、电器、纺织工厂,并利用在内地寻勘厂址之时间,临时开工生产,以应当时各战场之急切需要。对于郑州、武汉等处之纱厂,除运送入川外,并由平汉铁路特开专车运至咸阳、宝鸡,重行建置。对于向受敌人霸占之汉阳、大冶钢铁

---

①原标题为《第六次全国代表大会政治报告(经济部分)》。

厂设备,亦尽量拆迁运至川。自二十七年末,武汉撤守,经济部复严密规划,饬令各厂矿继续内移,并认真予以协助,使得运至川、湘各省,筹设新厂,积极复工。综计经政府促助内迁之厂矿,共达448家,机器材料7.09万吨,技工1.208万人。至二十九年终,除少数中途失事,机器损失,无法开工,及与其他性质相同之厂矿改组合并者外,已大部完成复工。其性质分配,计机械工业占40.40%,化学工业占12.50%,纺织工业占21.65%,钢铁工业占0.24%,电器工业占6.47%,饮食工业占4.71%,教育用品工业占8.26%,其他工业占3.79%,矿业占1.78%。属于国防工业范围者,达60%以上。其地域分布,以四川为最多,占54.67%,湖南次之,占29.21%,此外陕西占5.90%,广西占5.11%,其他省份占5.11%。至国营各厂,如中央机器厂、中央电工器材厂、中央无线电器材厂等,原本设于湖南,亦均远即内移,分设滇、桂、川等省。

第二节　三十三年战区厂矿之再度内迁

三十三年四月,敌骑侵我中原,洛阳失陷,陕西一度告急,经济部复经饬令工矿调整处预为筹划,拟内迁厂矿器材4,400吨,纱锭9,000枚,嗣以战局稳定,中止进行。五月间湘桂战事暴发,该部以衡阳、桂林各地为后方工业重镇,亟应预筹疏散,以维战时经济之元气,爰经呈准择要拆迁,并就指定应迁各厂之实际需要,由国库拨给运费,对民营工厂则给予低利借款,限期内移,一面由财政部免税放行,由路局拨车助运。当时拟贷助湘桂厂矿内迁资金达6,405万元,预计迁出器材5,000吨。惜以黔桂战局急剧逆转,前方交通极度困难,致由衡、祁、桂、柳各地运抵金城江,独山一带之器材、矿品,大多未及抢出,只得饬由最后撤退人员悉数破坏,以免资敌。综计迄目前为止,已迁至后方安全地带,局部复工或正在筹备复工之中者,有资源委员会之中央电工器材厂第二、四两厂,锑品制造厂,民营之新中工程公司、六河沟机厂、华成电器厂及中华、大中等机器厂。

第二章　发展工业

第一节　奖进工业技术

第一目　奖励技术发明

工业技术发明之特许专利,由经济部依照奖励工业技术暂行条例办理。二十八年四月,该条例曾一度修正奖励范围自发明权扩及新型及新式样之创作。二十九年十一月,复由经济部公布补充办法,对于未完成之发明创作,如经审查合格,即由该部予以协助实验。同年奉总裁手令,饬对于设立发明专研机关等项,速定方案详报,并由该部参酌已有各国专利法规及有关资料,广征国内各方专家意见,作成专利法草案。经过立法程序,三十二年五月呈由府令颁行。三十一年滇缅路中断,工业原料器材内运困难,经济部复于三十二年四月公布"奖励仿造工业原料器材及代用品办法",指定急需仿造之工业原料器材名称,就其重要性分别给予奖金,以资鼓励。兹将各项专利、实验及仿造代用品历年案件汇志如次:

(一)专利 自二十七年一月起至三十四年三月止,呈请之专利案件计共1,224件,经依据奖励工业技术暂行条例审查结果,依该公告,准予专利者计442件,公告期满,依法发给专利证书者计394件。

(二)实验 自二十九年十一月起至三十四年三月底止,呈请协助实验案件计148件,经交会审查准予协助者12件,核定协助实验经费共379,280元。

(三)代用品 自三十二年一月起至三十四年三月底止,呈请案件计共107件,经审查合格准予给奖者36件,核发奖金42万元。

第二目 厘定工业标准

前实业部于民国二十一年五月,公布工业标准委员会简章,聘派专家为委员,为咨询及讨论工业标准之机构。经济部成立后,于二十七年十一月修改章程,遴派委员,推进标准工作,先后成立医药、器材、化工、机械、电工、矿冶等起草委员会,从事译述各国标准及征集英、美、法、德、日各国标准工作。三十二年夏将该会改组,以期加强工作,积极进行并成立土木工业标准及汽车工业战时标准两起草委员会,截至三十四年三月底止,由该会详密研拟慎重审定之工业标准,经经济部正式公布者达15类。计(1)等比标准数;(2)标准直径;(3)工业制图;(4)熔焊符号;(5)公差标准;(6)纸张尺度标准;(7)铜、铅、锌、铝标准;(8)酸、碱、盐标准;(9)铜之电阻标准;(10)电线电规标准;(11)标称电压标准;(12)油类及颜料标准;(13)煤焦检定法标准;

(14)传动设备标准;(15)标准检测温度标准。所有各项工业标准之宣传推行,除刊行各种标准分寄各有关机关、学校、团体外,并于各著名展览会陈设有关工业标准之各项模型、实物、图标,俾各方对标准之重要性有更深切之了解。又经济部工业标准委员会于三十三年十月已参加同盟国标准协会。美国国务院派来专家中有专于工业标准者一员,至华后参加工作,颇为得力。

第二节 扶助民营工业

奖励工业为我国行政之既定方针,国民政府先后颁布特种工业保息及补助条例,及工业奖励法,以(一)保息;(二)补助;(三)减免出口税或原料税;(四)减低国营交通事业运输费;(五)专制权等项奖励工业之发展。抗战以后经济部更草拟非常时期工矿业奖助暂行条例,呈由国府于二十七年十二月间公布,其要点为奖助范围,除工业外,并包括矿业在内。受奖助之事业,其资本自1万元改为20万元。奖助方法,加列(甲)减低国营交通事业运输费;(乙)免除省有土地地租;(丙)协助贷借低利借款;(丁)协助谋运输之便利等项。迨三十年市场子金渐高,原条例保息资本年息五厘,债票六厘,已不足引起一般企业家之兴趣,爰再加修正,由国府于十二月间公布。其要点为(甲)保息年息,必要时得予增加,但最高不得逾1分。(乙)奖助方法加列(a)协助购用动力或动力设备,或其他一切原料、物料;(b)协助训练或招雇技术员工两项。

兹将抗战以来经济部奖助民营工矿事业情形,分别贷助资金、供应器材、登记训练技术员工、定购机器、成品诸项,撮要分述如次:

第一目 贷助资金

贷助资金 分(1)直接贷助;(2)核转贷款;(3)投资;(4)保息补助、小工业贷款五项,兹分述如次:(一)直接贷助,由经济部督导工矿调整处或直接办理。二十七至二十八年间,以资助各厂矿迁移为主;二十九年至三十年间,以资助各厂矿建筑及设备为主,三十一年以后,以资助各地厂矿营运为主。自二十七年至三十四年二月底止,共计贷款24,000万元。(二)核转四联总处贷款,由三十二年至三十三年计核转工厂176家,贷款121,670万元。(三)直接投资,由工矿调整处办理者有21厂,投资238,650,851元;由该部直接办理者有中国毛纺织厂、西北毛纺织厂等。（四）保息补助部分,有永利化学制造公司、成都启明电气公司、重庆电力公司等。（五）小工业贷款部分,自民国二十八年至卅一年,核准贷款工厂78家,核准贷款总额201.59万元。嗣以物价继涨,此项小量资金对各厂实无重大裨益,且规模过小之工厂亦不易勉为支持,自卅二年起已予紧缩。

第二目　供应材料

战时运输梗阻,厂矿迁建复工所需材料供应困难,经济部于二十七年间,饬由工矿调整处拟定购储材料工具计划,统筹购储各厂矿所共同需要之材料。廿八年该处材料库成立,向国外购五金、电器、化学等器材5,800吨,内中一部分在海防损失。二十九年复向英、美两国信用贷款案购料,陆续运回。三十一年缅甸战事逆转,复有一部分损失,抢运回国者约1,200余吨。同时国内厂矿待料孔急,爰一面向印度采购重要零件,如棉纺厂所用钢综布及钢锁圈,造纸所用之铜绦网及毛毡,制革及印染厂所用鞣剂颜料等,由航空运入。一面收购散存国内各地器材,以济急用,并一面向国内优良工厂定制器材,以资救济。向国内所购材料价值,三十一年八月以前为3,200万元,卅一年下期及卅二年上期为220,018,878.22万元。国外购料则为英信用贷款购料68,316镑,印度购料275,135盾。三十二年全年购料总额为英金175,836镑,美金92,445美元,印元672,667盾,分配厂矿材料总值达179,221,895元。卅三年全年国外购料总额为英金6,963镑,美金48,812元,印币284,169盾,分配厂矿器材价值537,529,693元。所购国外材料均属国内未能自给之工业必需器材,后方厂矿,赖以维系。

第三目　训练技术员工

一、技工招致　抗战初期技工之失业者甚多,经济部于二十七年饬由工矿调整处订定调整办法,征集各部门类技术人员,交给生活费,分派有关厂矿服务,充实生产力量,六个月后得由厂矿录用。截至二十九年底止,共登记技术人员1,508名,派赴各厂获得经常工作者332名,经协助而获得工作者241名。该处复以内地缺乏技工,又订有"协助内迁各厂招募技工暂行办法",技工所需旅费,可向该处借贷。太平洋战事起后,复饬令工矿调整处办理粤、港一带技工之收容安置事宜,在曲江、桂林等处考选,就地安插,运送重庆者245名,直接介绍工作者85名。又人才调剂协会内迁印钞技工、机电技工225名,亦经安插工作。

二、技工训练　抗战初期技工缺乏,工矿调整处于三十年指定后方规模较大之民营工厂训练技工,第一期300名,已于卅一年训练完成,又以公、私营各厂矿自行训练者为数颇多。为谋提高效率,划一步调起见,奉令设技工训练处统筹主持,分别委托国营。民营各厂设班训练,预定计划自二十九年起,五年内训练技工7,000人,截至现在止,已毕业者3,117人,正在训练者2,276人。

第四目　定购机器成品

太平洋战事起后,国外机器输入锐减,同时国内机器工厂因受物价波动影响,多现不景气状态,经济部于卅二年饬令工矿调整处拟制定购机器专案,集资1万万元,专作定制各种电机、动力机、工具机之用。实施以来,成效大著,卅三年时该项周转基金增为3万万元,继续办理,范围更形扩大。三十二年侧重工具机,卅三年则侧重于动力机及工作机。制成机器,随时销售各厂矿,其中动力机因后方缺乏,销路最畅,工具机则因年来机器厂业务之不振,销路较滞,但至湘桂沦陷以后,反成为内迁各厂所资以复工建厂之设备。截至卅四年二月底止,定购机器中之较重要者,共计为锅炉20部、蒸汽机2,860马力、煤气机585马力、桐油机875马力、发电机4,605千伏安、电动机4,602马力、变压器6,250千伏安、各种工具机585部、工作机340部。自定购专案成立,后方民营机器及电器工厂特以周转,新兴事业所需之器材,特以供应。在工业技术方面,各厂工作渐趋于专业化。所制成品,亦随验收规范,品质逐渐提高。

第三节　扩充电力事业

抗战以前,我国电气事业集中沿海各省及武汉一带,至西北、西南各地、电厂既少,设备复多陈旧,所有甘、宁、青、陕、川、康、滇、黔、湘、桂各省,共计仅有发电设备2.5万余千瓦,约占全国容量总数4%。

抗战以来,后方工厂林立,人口麇集,动力及光热用电需要激增,经督饬资源委员会于各重要工业中心创建电厂,以资供应,一面协助各民营及工业自用电厂扩充容量,以利调节,电气事业扩展甚速。兹分述如下:

第一目　筹设国营电厂

战后工厂内迁及兴建事业,需要动力极为迫切,均由经济部督饬资源委员会,于各省重要工业中心,如四川之五通桥、长寿、宜宾、万县、自流井、泸县,云南之昆明,贵州之贵阳,甘肃之兰州、天水,湖南之衡阳、沅陵、辰溪,广西之柳州,陕西之汉中,青海之西宁,西康之西昌,浙江之畅水等地,分别筹设新厂,扩充旧厂,尤注意水力电厂之创建,均已先后完成发电,整理充实,供给工业及照明之用。至大量水力资源,已由水力勘测总队于西北、西南各省测勘40余处,并就其中便于筹建者,先行择要设计,如贵州修文河,陕西褒惠渠,甘肃天水藉河,青海西宁湟水等,土木工程本年即可完成,一俟发电机运到,即可发电。他如四川之大渡河及都江,云南之洒雨河、普渡河、牛栏江,广东之潾江,湖南之资水,湖北之清江等处,亦已设站纪泵,进行钻探。至宜昌三峡水电之利用,其效用尤特为宏大,亦正在继续研究中。又各重要地区供电之连系,如宜宾至自流井、五通桥至乐山、瀼渡河至万县,及昆明、重庆等市郊,亦已敷设高压输电线路,扩大供电区域。

第二目　协建民营电厂

后方重要地区之民营电厂,如重庆电力公司、成都启明公司等之发电设备,均经协助疏散或移设岩洞,及其他安全地区,或在原地加装保护设备,以维公用。所需经费,分别由国库补助,并由中、中、交、农四联总处借款协助,在电费附加内扣还。他如昆明公司、衡阳电厂、桂林电厂、梧州电厂、遂宁电厂、赣县电厂、大庾电厂等,均已加以调整或扩充,以增供电能力,并协助巴县工业区电力厂、康定水力发电厂、北碚富源水力发电厂建成发电。

第三目　督导自用电厂

各自用电厂,如有余电,均经督促转售公用电厂,以供市用,如西安成丰面粉厂、宝鸡申新纱厂、重庆中央造纸厂、兵工署第五十工厂等,均经督促实行。他如兵工署第二十、二十一工厂、豫丰纱厂、裕华纱厂等,均经督促发电自给,减少公用电厂负荷。

兹将历年发电容量及发电度数列表如次：

年　　度	发电容量（千瓦）	发电度数（度）
二十七年	35,404	73,621,694
二十八年	40,376	91,494,460
二十九年	40,722	111,931,172
三十年	44,313	127,302,000
三十一年	49,822	136,850,090
三十二年	64,134	146,437,220
三十三年	70,017	174,229,500

第四节　建设钢铁事业

后方冶炼工业，以前多用土法，所出之白口铁颇不适于应用，而制钢之设备尤少，远不足以供战期新兴工业之需。抗战以来，经济部对于钢铁事业即谋在四川、云南两省境内建立相当基础，以助各种轻重工业之发展。始则将沪、汉各重要钢铁厂分别西迁，继则开发川、滇两省之綦江、涪陵、彭水、易门等重要铁矿，以裕原料之供给，并协助商人方面建设新式小型炼炉，一方面增加土铁生产。在二十七年间，湖南湘潭筹备之中央钢铁厂，因战局关系，其原有器材除拨让其他厂矿应用外，余均妥为保管，以备恢复之用。同时由资源委员会与兵工署合组钢铁厂迁建委员会，将汉冶萍公司汉阳钢铁厂大部分炉座、器材与汉口扬子铁厂机炉，迁移于重庆大渡口，改建新厂。重要设备有100余吨及20吨化铁炉各一具，10吨平炉、3吨半贝塞麦炉各两具，1吨半电炉1具等，并开采綦江铁矿、南桐煤矿，以供炼铁原料。嗣又于蒲江附近添设大建分厂。此外在抗战初期，由经济部协助筹备成立之钢铁事业，其重要者，在四川省择优渝鑫钢铁厂、中国兴业公司、协和炼铁厂（后改组为资和公司）、人和制铁公司、新威矿冶公司（后改组为威远铁厂）；在云南省则有中国电力制钢厂、云南钢铁厂（由资源委员会、兵工署、云南省政府合办）。而小型之新式炼铁炉（如陵江、大昌、永荣、上川、清平、永和等），在四川成立者，亦不下10余厂。概括言之，后方钢铁事业之演进，在三十一年以前注重于灰口铁之生产，在三十一年以后则注重于钢材之制造。经济部为促进炼钢、轧钢事业计，复由资源委员会创设资渝炼钢厂，及电化冶炼厂之平炉、电炉，炼钢部由工矿调整处协助成立中国制钢公司。在三十二年下期,四川省生铁产量已有过剩之虞,资源委员会为调整与救济计,复于三十三年间将资和公司及陵江炼铁厂合并于资渝炼钢厂,改组为资渝钢铁厂,又将人和公司收买,改组为资蜀钢铁厂。至其他各省因工业需铁之故,亦经分别由资源委员会、工矿调整处提倡协助,先后就铁砂供应便利区域,建设炼铁厂,或系民营,或系政府投资办理,如江西之天河铁厂,广西之八步铁厂、中渡口铁厂,湖南之湘华铁厂、民生铁厂,广东之粤北铁厂,陕西之耀县铁厂,皆相继成立。又为发展西北铁业起见,资源委员会业在甘肃皋兰筹备甘肃炼铁厂。至就技术方面言之,因抗战期间外洋机件、材料难于输入,各钢铁厂多系自行设计,就国内材料装配,而小型新式炼铁炉,则首在四川省成功。又炼钢炉座就四川产铁品质言之,除用电炉外,以用平炉为宜,但附属设备颇不简单,乃由专家几经研究,创作小型贝塞麦炉,其试炼亦收成效。今则仍在就炼钢、轧钢设备方面,从事改进扩充,以期增产。再就经济方面言之,自三十二年以来,各钢铁厂因工资、原料、成本骤行加高,销路又复迟滞,颇难维持。经济部曾拟有定制钢品计划,侧重于制造轻便钢轨及桥梁钢品,以助建煤矿运道及公路桥梁之用,所需费用预标,经院交与四行联合办事总处接洽,以数目过巨,未及实施,但已由工矿调整处陆续定购一部分钢铁成品及机件,以救济钢铁产品之滞销。现战时生产局成立后,对于订购钢铁产品积极办理,并增加布价,钢铁事业已有生机。

兹将后方各省历年来钢铁产量列后：

	生铁(包括土铁在内)	钢(指钢锭言)
二十七年	41,000 吨	900 吨
二十八年	41,466 吨	1,200 吨
二十九年	55,182 吨	1,500 吨
三十年	62,836 吨	2,011 吨
三十一年	77,497 吨	3,000 吨
三十二年	70,000 吨	6,800 吨
三十三年	40,134 吨	13,361 吨

二十七年度生铁产量概属土铁,三十三年度产量内有灰口铁 20,683 吨,

而土铁则仅为 19,441 吨。因土铁产量近二年来逐年减少,故三十三年度生铁之总产量较低。

钢之产量则逐年递增,在三十三年度已达 13 万余吨,为数年来之最高额。

第五节　发展机器电器工业

第一目　机器

机器工厂,在内迁厂矿中为数最多。国营方面,资源委员会原拟设于湖南之国营机器厂,战后迁于昆明,为中央机器厂,三十年设宜宾机器厂,三十一年设兰州机器厂。民营方面,以重庆之新民、上海、顺昌、公益、恒顺、民生等厂,祁阳之新中工程公司等规模较大。后方总数共计不下八百余家。在数量上,民营占优势,在规模上,则以国营为巨擘。依三十二年调查,工具机之数量,国营各厂共约 760 部,中央机器厂一厂即已占 300 部之多,民营各厂共约 3,432 部。

各厂工作,最初集中精力于迁建,并代兵工厂制造兵工器材,如手溜[榴]弹、迫击炮弹及掷溜[榴]弹引信、机关枪零件。继则制造:(一)动力机,如蒸汽透平蒸汽机;(二)各项工作机,如车床、钻床、铣床;(三)作业机,如球磨、面粉机、纺纱机等。最后则以政府督导,逐渐趋于专业化,并设计制造新器材,例如民生之造船,恒顺之清花机、弹花机,公益之梳棉机、并条机,六河沟机厂之绞车,新中之煤气机,中国汽车公司之桐油机,顺昌及惠工之细纱机及打包机,以及中央机器厂之铣刀、砂轮、五百倍显微镜、重式龙门刨床、大型动力机、小型纺纱机等。

三十一年以后,物价日贵,生产间接费用波动甚大,新兴工业及交通事业,无显著发展,机器成品销路呆滞,生产数量渐见萎缩。自三十二年成立定制机器专案之后,民营各厂之工作始渐趋安定,三十三年湘桂战起,生产数量因之减少。

第二目　电工器材

电工器材制造工业,经济部资源委员会原于湖南设有中央电工器材厂、中央电瓷厂及中央无线电机制造厂,后因战事转进,分别迁建。中央电工器材厂设第一厂于昆明,制造各项铜铁导线,第二厂于桂林,制造真空管及电泡,复又设支厂于重庆,第三厂于昆明,制造电话机,第四厂于桂林,制造变压器、发电机、电动机等。中央电瓷厂迁设沅陵,复移总厂于宜宾,于沅陵、衡阳各设分厂,专制绝缘瓷□□,中央无线电机制造厂迁设桂林,于昆明□□□各设分厂,专制无线电有关各项机件□□□为中央无线电器材厂。至于民营方面□□□□之华生、中建,祁阳之华成等厂,制造电力用器材,重庆之中华无线电社,制造无线电用之手摇发电机等,大多均自战区迁入。总计后方国营、民营各厂,共约80余单位。

电工器材生产上最大困难,厥为各项重要原料之缺乏,例如制造电话机之磁钢,电机变压器之矽钢片,电池之锂盐锌皮,无线电收发报机之纸质电容器,铜线之橡皮料,灯泡之铜丝、钨丝,电表之胶木及细线等,过去均由外国输入,自运输困难之后,若干产品乃大受限制。然各厂对出品质量方面之努力及技术方面之表现,殊堪称道,各厂出品优良,均可占舶来品相颉颃。代用品如胶木粉、黄蜡布、黄蜡网、云母片等,新出品如49股钢丝绳、荧光灯及极感应电动机等均已成功。三十三年湘桂战事发生,中央电工器材厂及中央无线电器材厂桂林部分,分别拆迁归并于昆明及重庆两地分厂,重庆方面颇受影响。

兹将7年来机器及电器工业重要产品历年产量列表统计于后,以资比较:

品 名	二十七年	二十八年	二十九年	三十年	三十一年	三十二年	三十三年
蒸汽机		559	2,949	4,476	3,491	2,788	3,608
内燃机	550	831	2,910	3,885	3,933	2,788	2,754
发电机	229	163	2,788	4,144	4,001	3,552	5,158
电动机	84	8,703	12,449	21,890	10,359	11,451	6,178
工具机	332	679	984	1,220	1,131	1,729	1,392
变压器	4,575	3,758	5,850	10,846	16,136	12,486	11,200
电灯泡	70,000	206,700	699,272	628,294	877,000	1,430,067	1,668,408

第六节 发展化学工业

第一目 液体燃料

液体燃料,分动力酒精、植物油提炼代汽油及煤炼油三项,兹分述如下:

一、动力酒精　我国酒精工厂战前仅有9家,战后相继停顿,二十七年本部资源委员会迁移咸阳酒精厂一部分之设备,设资中酒精厂于四川,于二十八年出货,与内江之四川酒精厂同以糖蜜为原料。此后民营之大成、国民、复兴、胜利,国营之遵义、开远、西北、北泉等厂相继设立。三十年间最称繁荣,原料供应渐感不足,经由经济部分别就其成绩严格管理,截至三十四年三月底止,核准登记之工厂共297家,三十三年总产量约1,200万加仑。所有工厂,大部分集中于四川,原料以糖蜜、干酒、杂粮为多,近年以原料缺乏,且价格上涨甚速,成本加重,资金困难,各厂产量,远在其生产能力之下。惟酒精对于战时运输,关系极大,现在拟设法增产,使全年能达2,000万加仑之量。

二、代汽油　经济部于廿七年设植物油提炼轻油厂于重庆,试自植物油炼制轻油,廿八年夏季开工,同年于兵工署合作,改该厂为动力油料厂,几经研究,始告成功,国内对于从植物油提炼汽油,乃有成法可循,民营如新中国及新民等厂相继设立,从事提炼。太平洋战事起后,汽油输入及桐油输出同感困难,卅一年中央特拨专款交由前运输统制局筹设新厂,由经济部督促原有各厂增加产量,卅二年登记之工厂生产能力,年约290万加仑,但因技术及设备尚多困难,普通产量仅为生产能力1/3。卅三年以还,桐油供应不足,价格复日趋上涨,由院决定停办,并经经济部拟具分区分期停办,代汽油厂之办法,藉以节省原料。卅四年公私各厂每月实产代汽油合计约32万加仑弱。

三、煤炼汽油　经济部于廿九年饬令资源委员会派员调查五通桥附近煤产,筹设犍为焦油厂,以低温蒸馏方法,从烟煤中提炼动力油料,如汽油、柴油、灯油及焦炭、沥青、来苏水等,卅年正式出货,陆续扩充,现全年约可生产汽油6,000加仑,煤油1,600加仑,柴油8,000加仑。

第二目　酸碱及其他化工产品

后方原有化工工厂如制酸制碱等,多属小型,抗战开始,规模较大之厂相继内迁,如五通桥之永利化学公司,从事制碱,重庆之天原电化厂,制造盐酸、烧碱、漂白粉等,长寿之中国煤气公司,制造电石,重庆之庆华化学染料厂,制造染料,均具成绩。新成之工厂有资源委员会经营之(一)化工材料厂利用云南芒硝制造纯碱、烧碱;(二)江南硫酸厂,用接触法制造硫酸;(三)裕滇磷肥厂,用滇省磷矿制造磷肥;(四)重庆耐火材料厂、工矿调整处之木材干馏厂干馏木材。民营重要化工工厂,则有长寿中国火柴原料厂制造火柴用赤磷,光华、建华、竟成等厂制油漆、油墨,中国化工企业公司制造中化玄染料,华中化工制造厂制造栲胶,均属经营得宜,树立良好基础。其水泥工业,后方原有之四川水泥公司,战后湖北华记水泥公司迁建沅陵,改名华中水泥厂,四川复新设嘉华水泥厂,云南复新设昆明水泥厂,甘肃、贵州、广西等地亦各设有水泥厂,亦均对国防不无裨益。

兹将七年来化学工业重要产品历年产量增减情形列表比较于后:

品名	二十七年	二十八年	二十九年	三十年	三十一年	三十二年	三十三年
酒精	305,620	807,775	4,553,024	5,401,437	7,843,324	7,417,981	7,530,874
纯碱	944	1,250	1,091	632	1,511	2,356	3,733
烧碱	/	/	209	628	752	895	1,371
硫酸	170	124	428	625	666	622	766
盐酸	99	72	151	130	180	368	416
漂粉	/	/	147	521	660	609	797
水泥	120,460	278,024	296,940	149,584	233,487	209,169	243,951

第七节 促进民生工业

第一目 纺织

纺织工业可分棉、毛、麻、丝四项,棉、毛、麻由经济部坊督坊工矿调整处协助督促,缫丝工业由四川建设厅统加支配,雇有江浙熟练技工,传习技艺。兹就棉、毛、麻三项分述如下:

一、棉纺织 抗战开始,后方仅有纱锭2.5万枚,此后内迁纱锭22万余枚,连同新设各厂在内,计共55厂,已开纱锭25.2万余枚,未开5.8万余枚。已开布机1,878台,未开989台。以上新装纱锭,一部分系大型,一部分系印度格虚式小型纱机。棉纺职业所感困难,一为原料供应每感不敷,二为重要器材如钢丝针布、钢丝圈及染料等补充困难,三为物价波动甚剧、活动资金日趋庞大,每件棉纱所需工激日多。

二、毛纺织 西北盛产羊毛,然机器毛纺织工业则建立于战后。重庆附近之中国毛纺织厂,民治纺织厂及乐山五通桥之川康毛织公司,三十二年已开毛纺锭2,400锭,月产毛呢2,000公尺,三十三年产量增益,对于服用品之补充,大有裨益。此外光大、西京、西北等毛织厂、制造毛呢、毛毯、均已出品。兰州之西北毛纺织厂,现在积极筹备装机,预计在本年夏秋间可以出货。

三、麻纺织　抗战初期工矿调整处协助湖北麻织厂内迁在万县开工,纺织麻袋麻布。协助广东梅箓麻袋厂在信宜设厂,并另外一部分机器有该处与广东省政府合作,迁至衡阳,设立衡阳麻织厂,均拟于三十三年度完成开工,湘桂战后均告停顿。此外有西南麻织厂、申新苎麻实验场,均以棉麻交织织制布足。

第二目　其他民生日用品

民生日用品之较为重要者,有制纸、面粉、肥皂、制革等,兹分述如下:

一、制纸　川省铜梁、大竹、夹江等处,本为手工纸之著名产地,机器造纸仅乐山之嘉乐、兴蜀等厂,规模均小。战后上海龙章造纸厂迁建重庆,杭州中元纸厂迁建宜宾,汉口谌家矶纸厂拆迁成都,改组为建国纸厂。战前拟设之温溪造纸厂不及兴建,战后由经济部工矿调整处投资合设川嘉造纸公司于嘉定,复由经济部联合有关机关设立中国纸厂于宜宾,均具相当规模。截至现在止,后方各纸厂共23家,生产能力每日30吨,实产每日十二吨左右,惟川嘉纸厂以机器内运困难,迄未开工出货。

二、面粉　四川、陕西、湖南等省本有机制面粉工厂,战后内迁至陕西宝鸡者,有福新、大新,至西安者有和合、同兴,至重庆者有庆新、正明等厂。庆新后改名福新,正明机器出租与福民公司。经济部以后方人口日多,原有粉厂不敷供应,而较大机器不易自制,饬令工矿调整处督导各机器厂制造小型面粉机器,分设各地。后方各厂总计约在日产2.5万包左右。

三、肥皂　内地制皂工业设备大多简陋,战后由南通迁渝复工者有永新化学厂,新设者有利民、西南等厂。至卅一年,仅重庆一地已达70余家,所需原料如烧碱、油脂等遂感供不应求。是年后方共产皂32万箱,三十二年增为35.3万箱,三十三年因物价增涨,原料缺乏,规模较小设备简陋各厂,渐归淘汰,产量较少。

四、制革　后方盛产皮革，重庆、成都等处素为手工制革业中心，新式机制皮革工厂为数甚少。抗战后内迁者以自汉口迁建重庆之汉中制革厂暨求新厂规模较大。此外四川有华胜、光华、大成、成都、二明、庆鑫各厂，陕西有西北、长安、东寨，甘肃有奉汜、建华等厂。所制产品分轻革、重革两种。制革业所感困难，仍为技术问题，所用鞣料，虽用植物提制，然制造上等皮革所用铬矾，仍待国外输入。

兹将七年来各项重要民生用品生产情形列表比较如后：

品名	二十七年	二十八年	二十九年	三十年	三十一年	三十二年	三十三年
棉纱	15,870	22,594	44,000	61,500	114,100	116,681	115,310
肥皂	82,000	98,970	279,900	401,000	320,000	353,200	234,221
机制纸	24,600	26,281	32,979	63,340	170,000	143,200	154,760
火柴	32,109	32,357	39,547	40,508	157,200	22,400	23,394
皮革	40,000	42,969	49,045	56,346	112,500	132,009	105,386
面粉	1,513,000	1,926,000	3,239,200	4,510,000	4,880,000	4,130,000	3,344,229

第八节　工业试验

工业之研究试验，由经济部中央工业试验所办理，试验项目有化学分析、机械设计、酿造、油脂、纤维、胶体、制糖、盐碱、木材、电气及纯粹化学药品制造等项。自廿七年以后，一面继续研究试验，一面就研究成功之门类，指导推广，先后成立之推广工作站有内江（制糖）、梁山（造纸）、合川（油脂）等站。并设各种实验工厂，藉以示范，计有（一）机械制造工厂；（二）制革鞣料工厂；（三）窑业原料工厂；（四）纯粹化学药品制造工厂；（五）油脂实验厂；（六）淀粉及酿造工厂各厂。又以西北亟待开发，于卅二年五月将该所原设立于兰州之工作站改组为该所西北分所，办理调查工业及指导技术改良等事项。

中央工业试验所为适应战时需要，对于制造代用品及副产品废物利用及重要化学药品制造等项之研究试验，特别侧重现所进行关于代用品者，有（1）以桐油裂化油脚制代橡皮及防雨布；（2）以大豆、花生、芝麻等籽料提取电木原料；（3）以青冈豌及树皮制栲胶代用品；（4）以植物油制造各种润滑油等。关于副产品废物利用者，有（1）收集木炭窑废气制醋酸、醋酸盐及丙酮；（2）利用木材废料、刨花、木屑、蔗渣、芦秆制造酒精；（3）利用废牛、羊皮制造全力片;(4)利用动物废毛制黄血盐,动物角骨制脱色炭;(5)利用玉蜀、麦秆、棉花秆及甘蔗渣等制纸等。关于重要化学药品制造者,有溴、碘、氯酸钾、漂粉、葡萄糖、铵、有机化合物等。以上各项现已均著成效。

第三章 开发矿产

第一节 煤

经济部自二十七年起,因抗战关系,预计后方各省交通及重工业所需燃煤至为急要,督率提倡开发新矿,整理旧厂,使其增产。在武汉军事旁午之际,平汉路北段煤矿相继沦陷,即赶将中福煤矿拆迁之机器用以开发湘潭煤矿,并促进赣之萍乡,鄂之大冶,及豫之禹县,湘之涟水流域各矿增产煤斤,按济武汉之用。另以中福一部分机器转运入川,扩充天府煤矿,开发嘉阳煤矿,以奠定嘉陵江、岷江流域燃料之基础。嗣复建设威远煤矿,整理石燕煤矿,以供应沱江流域盐场、工厂之需。川省旧有煤矿,如三才生。宝源、江合、东林等,则协助其扩充设备,开辟运道。此外新成立之煤矿,其重要者,则有华安、华银、全济、华昌、义大等公司。上述川省十余大煤矿,或由资源委员会投入资金,或由工矿调整处协助贷款,在二十七年度川省产煤不过140余万吨,迨至二十九年度,即增至279万余吨。关于滇省煤矿资源委员会最初即将明良煤矿改组,投入资本,成立明良公司,以供应昆明工厂及滇越、叙昆两路之用。历年以来,产煤迭有增加,惟仍有待于宜龙支线之修建。该会复开办宣明煤矿,从事炼焦,嗣以滇缅铁路兴工,又曾一度筹办祥云煤矿。黔省产煤素称缺乏,由资源委员会投资改组筑东煤矿,成立贵州煤矿公司,开采筑东及林东煤田,以供应贵阳市及将来黔桂路之用。三十三年度黔桂路需煤甚殷,乃设立黔商煤矿处,开采都匀煤矿,以资救济。湘省煤矿,其具有规模者,有湘南、醴陵、观音滩三矿,资源委员会为筹供湘西工厂用煤,最初即将拆迁之大冶源华煤矿机器,移建于辰溪煤矿。又为筹供湘桂铁路用煤,特设初零煤矿局,采炼以供路用,三十三年间长沙、衡阳相继撤退,湘桂路行车用煤深有赖于该矿之接济。资源委员会复在湘南开办永兴无烟煤矿,并投资于湘潭之湘江煤矿,改组公司,使其增产。桂省合山煤矿,其煤质为半烟煤,经济部为接济铁路用煤起见,在三十三年间曾对该矿协助贷款,修建运道,增产煤斤。平桂矿务局兼采西湾煤矿,在抗战前即由该部资源委员会设局开发,平汉路阻滞后,武汉用煤多由该矿供应,嗣以战事暨交通关系,未及多量产煤。赣南天河煤矿开采甚早,亦因战事关系,原定第二步扩充计划未能实行,中间曾一度加以整顿,尚能维持固有产量。潘乐煤矿乃浙赣铁路东段行车之唯一煤矿,该部工矿调整处迭经贷款协助。此外广东之八字岭煤矿,西康之益门煤矿,均由该部资源委员会分别与省政府合作,着手开采。至西北煤矿,自□汉路中断后,陇海铁路行车燃煤,亟须有可靠来源,乃由该路局与省政府合作,开发同官煤矿,并由该局开采河南英豪煤矿。西安屡成煤荒,宝鸡新建工厂尤需燃料,经济部迭经协助白水之新生公司,蒲城之新兴公司,陇县之雍兴公司,改进产运,近则又促成虢陇支线之修筑。甘肃煤矿向未开发,仅有阿干镇一带小矿,为兰州之唯一煤源,资源委员会在该省首即开采永登煤矿,近又成立甘肃煤矿局,经营阿干镇及永登两处煤矿,供给燃煤,以助兰州工业之发展。综计经济部自抗战以来,对于后方各省煤矿之开发,历经加紧促进,其属于自营者则由该部资源委员会办理,其协助民营者则由该部工矿调整处办理,而重要区域煤斤之分配管理则由该部燃料管理处办理。在三十二年以后,各煤矿产煤因成本骤增,人力缺乏,产运两项感受困难,加之各工业趋于疲滞,煤矿业亦遂不景气,经济部经向四行联合办事总处接洽款项,分别贷给各矿。或使其完成必要设备,或使其获得运转资金,俾可解除其困难。又对于冶炼事业所需洗焦,亦经设法增产。自战时生产局成立后,因订购大宗钢铁、机器,暨扩充电力设备,煤焦需要因而增加,其价格亦经为合理之调整,更能予各矿以充分援助。

兹将后方各省历年来煤产总数量开列于后:

二十七年	4,700,000 吨
二十八年	5,500,000 吨
二十九年	5,700,000 吨
三十年	6,000,000 吨
三十一年	6,313,697 吨
三十二年	6,617,000 吨
三十三年	5,502,000 吨

三十三年度因渝湘桂等省先后发生战事,各该区域煤矿相继沦陷,致全

年总产量较三十二年度为低。

第二节　铁

抗战开始后,经济部鉴于钢铁为兵工制造所必须之原料,对于铁矿开发积极推进,俾与冶炼钢铁事业互相配合。铁矿以国营为原则,如政府不自经常时,可出租于人民办理。又小铁矿区面积在2公顷以下者,可准人民领采。

兹将历年来开发情形,分省叙述于后:

四川省　国府西迁重庆,而钢铁事业亦遂集中于四川。该省綦江铁矿,经设定国营矿区5处,交由钢铁厂迁建委员会开采,其最高产量每日可达400吨。涪陵彭水铁矿亦经划定国营矿区5处,分别出租于中国兴业公司、渝鑫钢铁厂暨协和炼铁厂(后改组为资和公司,现并为资渝钢铁厂),其中以铁匠沟之矿量为最丰。威远连界场铁矿亦经划有国营矿区,现有威远铁厂开采。嘉陵江流域之巴县蔡家乡、磁器口,江北县土沱,合川县双凤镇等,亦划有国营铁矿区,现由资渝钢铁厂分别探采。江北县兴隆乡一带铁矿分布较广,由人和钢铁公司(现改组为资蜀钢铁厂)划领小矿区数处,分别开采。其他各小铁厂及土铁厂,亦皆自行在当地领有小铁矿区,或购买铁矿以供给炼铁原料。四川铁矿以黄铁矿分别区域最广,惟矿层甚薄,储量不丰,仅綦江、涪陵、彭水铁矿为赤铁矿,储量亦较丰富。惟彭涪区域运道不便,运输重庆成本过高。

云南省　云南铁矿以易门、安宁两县为最佳,经济部划有国营矿区8处,交由资源委员会组织易门铁矿局从事开采,云南钢铁厂炼铁原料即取资于此。

贵州省　贵州威宁、水城两县经地质调查,先后发现铁矿,其矿质甚优,即以水城一区而论,其储量已在1万万吨以上,附近且有炼焦烟煤,资源委员会现设有康黔钢铁业筹备处,就该地探勘矿量,同时计划厂址,以备将来设厂冶炼之用。

西康省　西康宁属铁矿蕴藏甚丰,除已知之冕宁泸沽及会理毛姑坝两铁矿外,又在盐源之攀枝花、倒马坎、红果等处,发现丰富铁矿,资源委员会曾一度组织西康钢铁厂筹备处,嗣以交通困难,故将该筹备处并为康黔钢铁事业筹备处,俟战后再为相机办理。

第三节　石油

经济部资源委员会及地质调查所对于石油探勘工作,在此抗战开始前,即注意于四川、陕西、甘肃三区域,除陕西之延长永平油矿经该会实施钻探,并少量出油,嗣以时局关系,在抗战期间仍由地方政府维持旧井产油工程外,四川巴县石油沟油矿、甘肃玉门石油河油矿之探勘工作,从二十七年起即已加紧进行。二十八年上期,甘肃油矿筹备处,业在石油河地方,经钻探获得良好结果,并已采出少量原油,嗣即继续于石油河东、西两岸进行探采。该处石油储量就露天约略估计,为数甚丰,二十九年即凿有油井7口,平巷3处,并设有简单之炼油厂,出产汽油。三十年该处增开新井,扩充炼厂,彼时以国外材料输入困难,其炼炉悉在本国自行制造,另向美国订购钻机。抽油机、油管、套管及日炼原油7万加仑设备等。嗣将筹备处改组为甘肃油矿局,在三十一年间汽油产量已达180余万加仑,三十二及三十三两年汽油产量均逐年加增。惟该矿在工作上所遭之困难甚多:(一)为运输之不便,所产汽油因程运遥远,不易迅速运出,以致存油过多,不得不调节生产。(二)为环境之荒僻,一切日常给养甚感不足。(三)为器材之缺乏,三十二年全年分配该局之空运吨位尚不及一百吨。(四)为原油之易淤胶结,采油时井口常发生自行堵塞之障碍。(五)向美购到之裂炼炉,因缅甸战事影响,不能输入,仍用蒸馏炉,致提出之汽油成数不高。但该矿局为努力经营,已有各项成绩:(一)为井口控制之成功。初时原油喷出威力过大,质感危险,现已控制裕如。(二)为汽油品质之改善。该矿于原有锅式炼炉之外。加建管式炼炉,并改良原有分馏塔、冷凝池等部分之装置,汽油品质及成分已搭建提高。(三)为储蓄原油池之改善。(四)为渣油之利用。以此虽在战期遽艰苦之中,已能年出汽油数百万加仑,以供运输急需。现在该矿正计划筹备装设由玉门至兰州之输油管,俟建筑完成后,即在兰州建设炼油厂,以利供应。兹将该矿历年产油数量列后:

	汽　油	煤　油	柴　油
二十八年	4,160 加仑		
二十九年	73,013 加仑		
三十年	209,000 加仑	113,040 加仑	
三十一年	1,895,724 加仑	596,936 加仑	53,090 加仑
三十二年	3,036,594 加仑	558,704 加仑	50,789 加仑
三十三年	4,045,936 加仑	2,160,647 加仑	155,374 加仑

新疆之乌苏油矿，自三十三年起亦由甘肃油矿局兼为开采，现月出汽油3万余加仑。关于四川方面油矿探勘工作，巴县石油沟地方之钻探，二十八年上期进行颇速，虽未发现油层，已获得大量天然气，现由轮渡及短程汽车盛瓶试用，效率与汽油相埒，极可大量生产，惟仍应添置钢瓶。隆昌县圣灯山地方经测勘地质构造，有储油希望，遂着手钻探，发现丰富的天然气，其生产能力5倍于巴县，现在在研究计划设厂，即从该天然气压取汽油。江油地方前年发现油矿，经初步勘测结果，可能有开采价值，现亦预备实施钻探。

第四节　铜铅锌铝

铜、铅、锌三项为兵工制造之重要原料，我国产量无多，抗战以来由资源委员会分别积极探勘，并设厂制炼，其旧有铅、锌矿厂亦经经济部协助增产。兹分述如下：

铜　（一）云南东川铜矿，二十八年由资源委员会与滇省政府合组滇北矿务公司，进行接收，积极整理，继续探采，设厂制炼粗铜，并收买永北巧家门一带所产土铜，加以提炼。近用物理方法勘测矿床，据证实东川区域纯铜储量达170万吨以上，最近每年约产粗矿200万吨，正在筹备扩充选矿及冶炼设备。（二）西康宁、雅两属铜矿，原由川康铜业管理处从事勘探，试行采炼，该处并收购川、康境内旧铜与土铜。该管理处现改组为川康铜铅锌矿务局。（三）四川彭县铜矿原由彭县铜矿筹备处探勘，并于二十九年设有临时炼厂冶炼粗铜。该矿含硫较多，须俟国外机器易于输入时，始能正式采炼，该矿因于三十二年交由川康铜铅锌矿务局保管。（四）关于提炼精铜（即电铜）部分，经光后设有重庆及昆明两炼铜厂，皆系以电解法提炼精铜。重庆厂每日能炼精铜3吨，在綦江复设分厂，其能力与重庆厂相等。后将重庆厂及綦江分厂改组为电化冶炼厂。至昆明炼铜厂,每日能炼精铜□吨半。重庆、昆明两厂原可年产精铜2,000余吨,只以粗铜原料来源有限,故皆减产。在三十三年度,该两厂共产电铜833公吨,以供兵工及电工事业之用。

铅锌　西康会理天室宝山铅锌厂,现由川康铜铅锌矿务局开采,以炼锌为主要业务,并开采益门之煤以炼焦,共炼锌之用。该局所产净锌纯度已达99.8%以上,本年度拟定扩充设备,将产量增为500吨。滇北矿务局亦产净铅、净锌,昆明炼铜厂亦产电锌,惟量俱有限。湖南省原有炼铅、炼锌两厂,采用水口山之矿砂,每年可产净铅2,000余吨,产净锌400余吨,嗣于二十七、二十八年间拆迁与常宁松柏镇,由工矿调整处协助其建厂复工。三十一及三十二年间,每年产净铅约1,000吨,净锌约200吨,颇能接济各项兵工及工业用途。

铝　我国抗战时在贵州、云南两省先后发现铝矿,并由昆明炼铜厂及矿冶研究所先后实验提炼纯铝,俱告成功。三十三年昆明炼铜厂已能为小规模之提炼,计产纯铝300公斤。

第五节　金

黄金为国库准备与外汇基金,抗战开始后,政府版型管制黄金法办,二十七年由资金委员会在西康、湖南、河南、四川、青海五省分别设立局、队,从事探采。二十八年经济部为加紧促进产金起见,特设采金局,统筹探采,自营金矿,促进民营金矿,同时与四行收金机关取得密切联系。嗣复订定增加金产办法,及加紧中央收金办法,免除全产税,并予人民以提早施工之便利。采金局复订民营金矿业监督办法,招商包采金矿暂行办法,招募人民采金暂行办法,故在二十八、二十九两年间,国营民营各金矿产量已在50万两以上。采金局就金产丰富区域分设采金处,在各省分设探勘队,并与西康、湖南两省政府合作设立西康、湖南两金矿局。同时对于有希望之民营金矿而须协助者,即投资加入合办。三十年后,因粮工物价增涨,生产成本大为增加,但收金价每市两仍为680元,不敷成本甚巨,故私人产金陷于停顿。此固限于外汇关系,采金局工作遂亦不易推进。三十二年夏间,政府宣布黄金得在国内自由买卖,以维持民营金矿业,但成本与市价相致,究无若何利益,故采金事业亦遂不能发达。且财政方针，注重由国外运入黄金，以吸收法币，而不愿多耗法币，以生产黄金，故三十二年经济部呈院核准，将采金局裁销，所有矿区交资源委员会接管紧缩，俟国家需要黄金时，再着手敷设新式矿场，大量开采。本年度资源委员会以经费关系，将西康、湖南两金矿局占改为保管处，其余各金矿机购悉行结束。

第六节 矿产测勘及矿冶研究

抗战以来，经济部对于后方各省之矿产资源，分别详加探测，其测勘机关为中央地质调查所、矿冶研究所及资源委员会之矿产测勘处、油矿勘探处、采金局之测勘队。经发现之新矿甚多，其重要者为云南安宁、昆明及贵州修文、贵筑之铅矿，甘肃河西，青海及新疆之石油矿，云南昆明、昆阳之磷矿，西康宁属盐边之铁矿，贵州威宁、水城之煤铁矿，贵州遵义之锰矿，巴县隆昌之天然气等。至后方各省矿产经详细勘测研究，而确知其真实价值或连带发现新区者，有江西章南之钨矿，湘楚川边区之汞矿，云安个旧，广西富贺钟之锡矿，西康会理之锌矿，云安东川之铜矿，陕西凤县留坝、略阳之铁矿，宁夏中宁、中卫之铁矿，磴口之煤矿，甘肃永登、皋兰之煤矿，四川岷江五通桥之盐矿，云南之钨矿，新疆之石油矿、钨矿等，而采金局各探勘队，对于各省金矿之分布情形与丰富地带，亦已有具体之调查资料。经济部中央地质调查所对于各省之地质矿产，每年分区派员为有系统之调查研究，并与其他研究机关及各省地质调查所分工合作，三十二年为扩充西北调查工作起见，特设立西北分所，积极推动甘、新、宁、陕矿产之勘探研究。又新疆矿产，亟需详尽勘察，复由经济部协助成立新疆省地质调查所。

经济部以抗战时期，为利用国产改良成法计，矿冶技术研究机关重要，特于二十七年设立矿冶研究所，其中心工作为各种采矿研究、选矿试验、冶炼试验、利用矿产品之制造试验，及矿冶技术之研究与指导等项。该所试验炼铁厂（即陵江炼铁厂）及试验洗焦厂之方法，均有成效，改良土法炼硫试验，大增收回效率。锑品精炼之研究，早为锑业管理处采用；坩埚钢及工具钢之试验，业在陵江铁厂实施。而最近对于提炼纯铝试验、提炼纯□试验、从白云石制造镁试验，及各种合金试验，均告成功。该所除致力于研究工作外，兼从事矿产调查,其他如各矿厂发生技术上之困难,则派员前往协助解决。资源委员会对于提净滇锡、精选赣钨,亦已获得优良之研究结果,并将其方法分别实施。

第四章　物资管理[略]

[经济部档案]

三、工贷与税收

1. 周景白陈述工矿处对龙章造纸厂投资及贷款赊借材料情形并拟准予展期归还到期借款签呈①(1941年5月2日)

签呈

本处协助龙章造纸公司复工,经先后投资240万元,贷款90万元,赊借材料20万元,共350万元。其中已到期借款,兹请展期归还到处,计有以下二笔:

(一)廿九年三月借款50万元,定期1年,本年三月到期,应还本息531,902.74元,请展期1年。

(二)廿九年九月赊借材料20万元(实领材料199,278.48元),定自本年4月份起,每3个月无息归还5万元,至三十一年一月还请,请顺延半年还本。

谨查该公司自本年一月正式复工后,因打浆部分马达未齐,打浆能力不够,每日出纸仅4,000磅左右(约2吨,50磅为一令。该厂纸机1套,生产能力每日9吨)。白报纸每令184元,不足维持成本,流动资金更感拮据,乃商向四行押借100万元,以资周转。在未定案前,因购料需款甚亟,曾向中国银行短期借款30万元,系本处担保。

复与该厂唐瀚章面询,所缺少六十、七十五马达2部,下月初可装就,每日可达5吨之产量。至进行之四行100万元借款,已由本处担保签立,支配如下:

归还中行短期借款30万元;购毛毡2打7万余元。

六合及顺昌建筑及配机件尾款约10万元;认购战时公债10万元。

作下水沟4万元。

---

①周景白系工矿处秘书。此签呈由工矿处副处长张兹闿批:"拟照办"。

以上应付款项约60余万元,购料及开支尚未计入。

所有本处到期款项,除赊料5万元拟饬照缴外,50万元借款拟准先付息,展期六个月还本。盖打浆部分配备齐全,产量增加,半年后经济可裕余也。当否？乞示！

周景白
五、二

[经济部工矿调整处档案]

2. 华中水泥厂为迭遭轰炸损失綦重遵令增资改组将借款改充投资等情呈(1941年6月14日)

案奉三十年六月三日钧处矿整(30)财字第1570号训令,为敝厂迭遭敌机轰炸,损失綦重,复工困难,吁请救济一案,蒙钧处鼎力转呈经济部,奉令准予补助国币30万元,并准照钧处所呈办法,令敝厂遵照从速增资改组等因,嘱即将钧处二十七年七月核借敝厂国币60万元改充投资,并将增资后新厂组织、股东及董监名单等呈报备查,等因。闻命之下,感戴莫名。兹敝厂遵令另召新股国币210万元,计中国银行140万元,钧处70万元(原借款60万元,现金10万元),业已缴齐。于本年六月四日在渝举行发起人会议,决定改组为"华中水泥厂股份有限公司",资本总额决定新召股款210万元,连同敝厂原有资产作价340万元,共计国币550万元。通过公司章程,选定董事9人(张丽门、林继庸、霍宝树、吕志庭、顾季高、曾养甫、郑达如、施奎龄、王松波),监察人3人(陈汉清、陈俊章、朱逸耕),并聘请立信会计事务所办理公司登记,查核账目事项。除公司组织登记,及工厂加紧恢复工作,双方并进,所有工程进度旬报节经按期汇报外,谨遵令将增资改组情形先行呈报,敬祈鉴核备案。谨呈

经济部工矿调整处

华中水泥厂谨呈
中华民国三十年六月十四日

[中央地质调查所档案]

3. 四联总处刁民仁附送工贷原则提案致张兹闿函（1941年6月20日）

关于推进工贷原则，自经上次在交通银行讨论后，又酌加修正，于昨日提出理事会，决议如下：所拟意见及原则均颇扼要，惟兹事体大，应就一、后方需要；二、发行政策；三、各行任务；四、战后趋势等项详加研究，拟具办法陈核。兹将原提案1份随函附奉，藉供察洽。专此。顺颂

勋祺

鄙　民仁　顿首

中华民国三十年六月二十日

吾国工业落后，平时已感生产不足，抗战以来，军民需用倍增，益以工厂沦陷，敌伪掠夺，经济封锁，运输困难，于是供不应求，形成物资渐感缺乏之现象，影响所及，物价步涨，民生艰困，长此以往，殊堪焦虑。补救之方，自宜一面普遍实行节约消费以减需求，同时尤当力谋增加生产以裕供应。惟是后方工厂，大多资金短绌，不特规模狭小，设备简陋，无扩充改善之力，即经常原料工缴所需，亦时感周转为难，有待协济，至为迫切。中有鉴于此，爰于八中全会决议扩大工贷原则，而各实业团体期望尤切。按协助政府发展后方经济，充实抗战资源，原为本总处既定方针，自应仰体中央意旨，适应各方喁望，随时尽量给予各业以资金之融通，俾达增加生产之目的。

两年以来，工矿各业由四行联合贷给贴放款项，经总处核定者数达国币15,300余万元（卅年三月底），所有贷款工厂遍及全国，类皆国内办有成效之公私事业。四行对于协助增加生产之使命，固已卓著成绩，惟检讨过去工作，似尚有下列各项缺点：

一、过去办理工商业贴放，系照贴放原则办理，大多采取货物押借方式，此就四行放款立场言，自属正办，惟办理结果，常便于商号之屯积，同业之套押，而工厂、矿场反不易获得放款，尤以规模较小本身资金竭蹶无力筹措押款垫头之矿厂为甚，贷款对象，难免偏颇。

二、四行工矿业贴放总额虽达15,300余万元，其中公营事业贷款计

8,600余万元，民营事业贷款仅6,700余万元，贷款数额，似嫌不足。

三、以往每一案件自申请核定交办签约，以至支用款项，其间转辗商洽常需数月，因而坐失时宜，影响款项运用之时效，似应分别性质，于核定放款后，尽量谋手续简便，以期予小工矿业者以较大之便利。

四、以往四行派驻稽核人员对于派驻机关多注意债权之安全及债务人对借款契约之能否遵照，至于借款用途是否恰当，资金运用是否经济合理，及借款后所收成效若何，似未能充分注意。

窃以为办理生产事业之艰苦，与一般经营商业者迥不相同，其获利之难易，亦未可相提并论。矿厂计划创始之初，如资本金之筹措，机器设备之购置，厂屋仓库之建筑，技工之招募训练，以及物料、原料之购储，均须绸缪未雨，惨淡经营，迨开工制造，则货物之推销，资金之周转，员工之管理，又无一不煞费苦心，其艰苦实千百倍于普通贩运商人。目前后方游资群趋于商业途径，盖避难就易，人情之常，其趋势固甚自然也。但工厂矿场为各种物品资源所自出，际此抗战建国同时并进，经济力谋自给自足时期，尤属重要。生之者不众，为之者不力，则必需之物资将焉取给。窃以为欲求抗战之胜利，必须力谋经济之自给，或确保胜利臻于富强，尤须力谋经济之自给，此均有待于工矿事业之发展也。故工矿事业，对于国家社会之供献，又千百倍于普通贩运商人。四行居领导金融之地位，为转移社会投资方向，建立经济开发之基础计，对于工矿业贷款，似尤应放大眼光，努力办理，以期普遍推进，加速推进。

今后如欲使民营各种矿厂普遍占领四行贷款之利益，而款项放出点可期其确能增加生产，保障放款之功效，则下述各点似有斟酌拟订之必要：

一、关于工矿贷款似可由总处另拟详细办法，就协助矿厂种类、贷款方式、审核标准、契约蓝本及订约等手续，一一规定。凡适合此种办法之申请案件，在某种条件之下，可由贴放委员会核定办理，或由各分支、处径行洽办后，再报总处备案，以资简捷。

二、重庆附近厂矿林立，贷款业务最为繁重，为简便手续，并便于核定贷款人用款起见，所有工矿业贷款之申请、查核、订约等事宜，似可完全由总处贴放委员会洽拟办理，藉免公文往返，旷日废时。

三、对各矿产运输途中之原料、货物应尽量承做押汇，俾各厂流动资金不因运输困难而呆滞。

四、各矿厂承办政府机关定货，准按其所定货物未收价款按某种折扣押借，由定货机关负责扣还押款本息，俾能迅速完成出品，以应军民之需要。

五、凡确须筹借资金之矿产而不能以原料、货物或未收货款押借时，应准其变通办理以机器押者，其估价标准、还款办法等，自应严加规定，以杜浮滥。

六、以后工矿贷款对象，公营、民营应不分轩轾，普遍办理，俾多数企业家得同受四行之协助。

七、工矿业之为国计民生所必需者，尤应宽予协助，惟同时应注意技术之改进与出品之改良，以及大小工业之均匀配合等。

八、为便利小矿厂借支款项，并节省各行摊放摊收、重复记账、逐案签约等手续起见，似可改采下列各方式之一办理，以求简捷：

甲、由四行合拨工矿贷款基金1亿元，集中运用，凡经核定之借款，由总处或当地分、支、处径与借款人订立合约，并指定代表行，即由该项基金内照额拨款交代表行存入借款人专户，随时支用。

乙、此项基金由各行、局就收存节约建国储蓄款项内平均拨出，余照甲项办法办理。

丙、凡经核定之小工矿业贷款，于核定时即指定一行单独承办，不必逐案联合摊放各行，承办此项放款总额，仍以尽量接近贴放比例为原则。

丁、由总处制定办法，责成中、交两行负责办理小工矿业贷款，分区办理或分业办理，并随时由总处考核中、交两行办理之成效。

九、数额巨大或性质特殊之工矿贷款，仍按向例由各行联合摊放。

十、对借款之稽核工作，应照总处规定改善稽核工作办法切实办理，特别注重成本会计出品品质及工矿管理，务期款不虚糜，确能收改进生产之效。

右列各节，迭经邀同各行、局主管业务同仁商洽，并参照经济部翁部长、中央工业试验所顾毓琮所长、工矿调整处张副处长、中国工业合作协会宁处长恩承等之意见，斟酌拟定。是否有当，敬祈核示。

[经济部工矿调整处档案]

4. 工矿调整处编至1941年6月底止各种放款明细表(1941年9月11日)

三十年六月底止各项放款及事业投资明细表

一、三十年六月底止各种放款及事业投资总数表

放款类别	放款金额	实付金额	收回本金	已收利息	净欠本金	应收本金
迁移放款	890,660.70	888,630.70	102,180.50	20,685.03	786,510.20	277,429.20
建筑设备放款	9,944,165.00	9,487,605.00	518,083.38	202,102.18	8,969,521.62	1,181,322.50
营运资金放款	5,416,100.00	5,416,100.00	680,020.00	129,174.00	4,736,080.00	1,645,280.00
疏建及保护工程放款	4,308,000.00	4,202,000.00			4,202,000.00	
招募技工放款	41,540.00	41,540.00			41,540.00	1,540.00
其他放款	100,000.00	79,000.00	77,890.00		1,110.00	
合计	20,900,465.70	20,114,875.70	1,378,113.08	18,736,761.82	3,105,571.70	
事业投资		9,514,740.24				
放款及投资总计		29,629,615.94				

二、迁移放款[略]

三、建筑及增加设备放款

1. 放款业别分类表(民国三十年六月三十日)[①]

业别	名称	放款金额	实付金额	签约日期	期限	利率	收回本金	已收利息	净欠本金	应收本金
	机械五金	1,306,155.00	1,249,975.00				79,875.33	19,955.72	1,170,099.67	117,222.50
	电器工业	566,000.00	564,510.00				31,458.05	1,791.07	533,051.95	
	钢铁煤矿	1,875,000.00	1,875,000.00				106,000.00	25,698.63	1,769,000.00	158,400.00
	化学工业	4,084,000.00	3,685,110.00				198,650.00	106,099.52	3,486,460.00	687,700.00
	纺织工业	368,010.00	368,010.00				55,100.00	11,227.80	312,910.00	35,000.00
	印刷工业	100,000.00	1,000,000.00				16,000.00	1,922.73	84,000.00	44,000.00
	食品工业	210,000.00	210,000.00				25,000.00	5,990.27	185,000.00	
	其他工业	1,435,000.00	1,435,000.00				6,000.00	29,506.44	1,429,000.00	139,000.00
	总计	9,944,165.00	9,487,605.00				518,083.38	202,102.12	8,969,521.62	1,181,322.50

2. 放款报表(民国三十年六月三十日)

---

①原表中:"编号"、"保证人"、"备注"栏因无内容,省略,下同。

业别	名称	放款金额	实付金额	签约日期			期限	利率	收回本金	已收利息	净欠本金	应收本金
	新昌实业公司	5,000.00	5,000.00	28	5	15	6年	6%	2,500.00	561.04	2,500.00	
	新昌实业公司	24,000.00	24,000.00	29	8	21	2年	6%			24,000.00	7,200.00
	洪顺机器厂	4,000.00	4,000.00	28	4	7	2年	6%	2,000.00	303.35	2,000.00	
	大公铁工厂	18,000.00	18,000.00	27	11	15	2年	6%			18,000.00	3,850.50
	大公铁工厂	12,835.00	12,835.00	28	3	20	4年	6%			12,335.00	1,335.00
	大公铁工厂	13,350.00	13,350.00	28	11	30	4年	6%			13,350.00	2,160.00
	上海机器厂	7,200.00	7,200.00	28	2	21	4年	6%			7,200.00	3,960.00
	上海机器厂	34,000.00	13,200.00	28	5	17	4年	6%			13,200.00	18,000.00
机械五金	上海机器厂	60,000.00	60,000.00	28	5	1	4年	6%			60,000.00	8,780.00
	上海机器厂	27,800.00	27,800.00	28	9	23	4年	6%			27,800.00	12,500.00
	上海机器厂	25,000.00	25,000.00	29	5	26	2年	6%			25,000.00	
	上海机器厂	50,000.00	50,000.00	29	7	7	4年	6%			50,000.00	
	顺昌公司铁工厂	25,440.00	25,440.00	28	2	11	4年	7%	12,700.00	2,601.01	12,700.00	
	顺昌公司铁工厂	47,000.00	47,000.00	28	4	6	4年	7%	4,700.00	2,307.87	43,300.00	
	顺昌公司铁工厂	100,000.00	100,000.00	29	4	13	3年	6%	20,000.00	6,393.47	80,000.00	
	广利机器厂	1,000.00	1,000.00	28	2	18	2年	6%	500.00	55.31	500.00	500.00
	福泰翻砂厂	2,000.00	2,000.00	28	3	10	2年	7%			2,000.00	2,000.00
	毓蒙联华公司	7,000.00	7,000.00	28	3	26	3年	6%	4,500.00	837.70	2,500.00	
	协兴机器造船厂	10,000.00	10,000.00	28	3	29	3年	6%	5,000.00	1,058.63	5,000.00	
	维锠机器厂	6,000.00	4,875.00	27	2	1	6年	6%			4,875.00	2,437.50

续表

业别	名称	放款金额	实付金额	签约日期			期限	利率	收回本金	已收利息	净欠本金	应收本金
机械五金	鼎丰制造厂	3,000.00	3,000.00	28	4	10	3年	6%	2,000.00	297.00	1,000.00	
	复兴铁工厂	22,380.00	22,380.00	28	4	24	4年	6%	2,238.00	1,206.78	20,142.00	4,476.00
	上海新民机器厂	40,000.00	40,000.00	28	6	15	3年	6%			40,000.00	25,000.00
	上海新民机器厂	48,000.00	48,000.00	29	7	25	3年	7%			48,000.00	
	上海新民机器厂	30,000.00	30,000.00	29	8	28	2年	7%			30,000.00	
	合作五金有限公司	50,000.00	50,000.00	28	7	10	3年	6%	10,000.00	1,811.51	40,000.00	3,000.00
	济众机器厂	10,000.00	6,000.00	28	8	11	3年	6%		307.25	6,000.00	
	大川实业股份公司	50,000.00	19,745.00	28	10	11	3年	6%			19,745.00	5,923.50
	大川实业股份公司	150,000.00	150,000.00	28	11	11	1年	6%			150,000.00	
	精一科学器械	10,000.00	10,000.00	28	10	18	3年	6%			10,000.00	3,000.00
	精一科学器械厂	10,000.00	10,000.00	29	3	7	3年	7%			10,000.00	2,000.00
	姚顺兴机器厂 周锦昌翻砂厂	10,000.00	10,000.00	28	11	1	2年	6%	5,000.00	632.88	5,000.00	
	大新车木厂	5,000.00	5,000.00	28	11	1	1/2年	6%			5,000.00	
	秦鸿记机器厂	6,000.00	6,000.00	28	12	6	1年	6%		456.16	6,000.00	6,000.00
	复华实业公司	20,000.00	20,000.00	28	12	15	2年	6%	8,000.00	1,068.49	12,000.00	
	山泰翻砂厂	700.00	700.00	29	3	31	3年	7%	233.33	47.79	466.67	
	中国实业机器厂	20,000.00	20,000.00	29	4	10	3年	7%			20,000.00	
	中国实业机器厂	40,000.00	40,000.00	29	4	8	3年	7%			40,000.00	

续表

业别	名称	放款金额	实付金额	签约日期			期限	利率	收回本金	已收利息	净欠本金	应收本金
	汉口三北机器造船厂	24,000.00	24,000.00	29	6	6	3年	7%			24,000.00	4,800.00
	大东工厂	13,000.00	13,000.00	29	6	11	2年	7%			13,000.00	6,000.00
	周义兴机器厂	180.00	180.00	29	10	8	1年	6%			180.00	
	汉口仁昌机器厂	180.00	180.00	29	10	8	1年	6%			180.00	
	春记水和机器厂	180.00	180.00	29	10	8	1年	6%			180.00	
	张鸿兴机器厂	400.00	400.00	29	10	8	1年	6%	160.00		240.00	
	民实机器分厂	500.00	500.00	29	10	8	1年	6%			500.00	
	宝丰机器厂	500.00	500.00	29	10	8	1年	6%			500.00	
	周洪发机器厂	220.00	220.00	29	10	8	1年	6%			220.00	
机械五金	利兴厂	360.00	360.00	29	10	8	1年	6%			360.00	
	隆泰机器厂	400.00	400.00	29	10	8	1年	6%			400.00	
	李兴发	180.00	180.00	29	10	8	1年	6%			180.00	
	陈东记机器厂	240.00	240.00	29	10	8	1年	6%	96.00		144.00	
	胜泰机器厂	100.00	100.00	29	10	8	1年	6%	40.00		60.00	
	夏洪发铁工厂	40.00	40.00	29	10	8	1年	6%			40.00	
	吴自康铁工厂	40.00	40.00	29	10	8	1年	6%	16.00		24.00	
	袁义兴铁工厂	40.00	40.00	29	10	8	1年	6%	4.00		36.00	
	刘洪盛机器厂	100.00	100.00	29	10	8	1年	6%	10.00		90.00	
	周振兴铁工厂	50.00	50.00	29	10	8	1年	6%	20.00		30.00	

续表

业别	名称	放款金额	实付金额	签约日期			期限	利率	收回本金	已收利息	净欠本金	应收本金
机械五金	聂兴隆铁工厂	50.00	50.00	29	10	8	1年	6%	20.00		50.00	
	骆兴昌	50.00	50.00	29	10	8	1年	6%	15.00		30.00	
	张乾泰	150.00	150.00	29	10	8	1年	6%			135.00	
	德昌永机器厂	50.00	50.00	29	10	8	1年	6%	5.00		45.00	
	杜顺兴钢铁翻砂厂	180.00	180.00	29	10	8	1年	6%	72.00		108.00	
	国记	200.00	200.00	29	10	8	1年	6%	20.00		180.00	
	自强翻砂厂	60.00	60.00	29	10	8	1年	6%	6.00		54.00	
	华兴铁工厂	15,000.00	15,000.00	30	2	1	3年	7%			15,000.00	
	中兴工厂	25,000.00	25,000.00	30	4	20	3年	7%			25,000.00	
	西安建国机器制造厂	50,000.00	50,000.00	30	5	9	2年	7%			50,000.00	
	新中工程公司	150,000.00	150,000.00	30	5	19	4年	7%			150,000.00	
	艺华机器铁工厂	20,000.00	20,000.00	30	7	11	2年	7%			20,000.00	
	永利电机厂	3,000.00	3,000.00	27	4	17	2年	6%	377.50	43.19	1,132.50	
	中国建设工程公司	3,000.00	3,000.00	28	11	6	3年	6%	2,000.00	300.49	1,000.00	
	中国建设工程公司	30,000.00	30,000.00	28	1	13	2年	6%	15,000.00	1,447.39	15,000.00	
	永华贸易公司	30,000.00	30,000.00	29	12	9	3年	6%	14,080.00		15,919.45	
	华生电器公司	250,000.00	250,000.00	29	11	21	4年	7%			250,000.00	
	重庆电力公司	250,000.00	250,000.00	29			4年	6%			250,000.00	

续表

业别	名称	放款金额	实付金额	签约日期			期限	利率	收回本金	已收利息	净欠本金	应收本金
机械五金	渝鑫钢铁工厂	83,000.00	83,000.00	27	8	31	5年	6%			83,000.00	33,200.00
	渝鑫钢铁工厂	117,000.00	117,000.00	27	10	21	3年	6%			117,000.00	70,200.00
	荣昌铁厂	20,000.00	20,000.00	28	3	28	3年	6%			20,000.00	
	张芭马煤厂	100,000.00	100,000.00	28	6	22	$3\frac{1}{2}$年	6%	6,000.00		94,000.00	20,000.00
钢铁煤矿	湖南矿业公司	300,000.00	300,000.00	29	1	31	3年	7%	100,000.00	25,698.63	200,000.00	
	矿冶研究所	80,000.00	80,000.00	29	2	24	3年	7%			80,000.00	
	福昌煤矿公司	75,000.00	75,000.00	29	4	18	2年	7%			75,000.00	35,000.00
	石燕煤矿公司	400,000.00	400,000.00	30	5	9	1年	7%			400,000.00	
	陕西新兴煤矿公司	200,000.00	200,000.00								200,000.00	
	华安煤矿公司	500,000.00	500,000.00	30	5	27	4年	7%			500,000.00	
	合益公司柳江榨油厂	60,000.00	60,000.00	27	7	25	5年	7%	20,000.00	12,600.00	40,000.00	
	新中国人造汽油厂	20,000.00	20,000.00	28	8	30	2年	6%	10,000.00	996.49	10,000.00	
化学工业	嘉乐造纸厂	40,000.00	40,000.00	27	12	16	2年	6%	25,000.00	3,404.40	15,000.00	15,000.00
	天原电化厂	300,000.00	300,000.00	28	3	28	4年	6%		33,386.30	300,000.00	90,000.00
	天原电化厂	100,000.00	100,000.00	28	10	21	4年	6%			100,000.00	10,000.00
	天原电化厂	100,000.00	100,000.00	28	12	16	4年	6%			100,000.00	10,000.00
	昆仑纸厂	1,000.00	700.00	28	4	2	2年	6%			700.00	700.00

续表

业别	名称	放款金额	实付金额	签约日期			期限	利率	收回本金	已收利息	净欠本金	应收本金
化学工业	西南化学工业制造厂	103,000.00	103,000.00	28	7	11	4年	6%	5,150.00	8,939.39	97,850.00	
	西南化学工业制造厂	50,000.00	50,000.00	28	7	29	4年	6%	2,500.00	3,291.37	47,500.00	
	华光电化厂	10,000.00	10,000.00	28	9	3	3年	6%	3,000.00	936.33	7,000.00	
	华光电化厂	150,000.00		30	6	2	3年	7%				
	广西省政府土敏土厂	500,000.00	500,000.00	28	10	12	4年	6%	50,000.00		450,000.00	
	勉记机器制砖瓦厂	5,000.00	5,000.00	28	10	16	2年	6%		192.33	5,000.00	2,000.00
	勉记机器制砖瓦厂	10,000.00	10,000.00	29	10	24	2年	7%			10,000.00	
	中国工业股份有限公司	200,000.00	200,000.00	28	10	20	5年	6%	80,000.00	8,663.22	120,000.00	120,000.00
	中国工业股份有限公司	400,000.00	400,000.00	29	6	11	3年	7%			400,000.00	
	中国工业股份有限公司	200,000.00	200,000.00	30	4	26	2年	7%			200,000.00	
	德生窑业公司	35,000.00	35,000.00	29	2	17	2年	7%			35,000.00	
	上海龙章造纸厂	500,000.00	500,000.00	29	3	8	1年	7%		31,902.74	500,000.00	
	大利华永记制钙厂	120,000.00	120,000.00	29	3	15	3年	7%	3,000.00	895.04	10,000.00	
	重庆坚泰碱厂	20,000.00	20,000.00	29	5	4	2年	7%		801.91	20,000.00	10,000.00
	庆华颜料公司	150,000.00	150,000.00	29	6	20	3年	7%			1,500,000.00	30,000.00

续表

业别	名称	放款金额	实付金额	签约日期			期限	利率	收回本金	已收利息	净欠本金	应收本金
化学工业	湖南纸厂	100,000.00	22,410.00	29	9	24	4年	7%			22,410.00	
	广孚化学工业公司	300,000.00	300,000.00	29	11	1	5年	7%			266,000.00	
	川嘉造纸厂	400,000.00	400,000.00	30	1	13	1/2年	7%			400,000.00	400,000.00
	西安集成三酸厂	40,000.00	40,000.00	30	4	29	2年	7%			40,000.00	
	西京益生造纸公司	100,000.00	100,000.00	30	5	3	3年	7%			100,000.00	
	威远国光玻璃厂	10,000.00	10,000.00	30	5	19	2年	7%			10,000.00	
	中国造酸公司	60,000.00	30,000.00	30	6	10	2年	7%			30,000.00	
	申新纺织第四厂	80,000.00	80,000.00	27	12	1	4年	6%	40,000.00	7,850.96	40,000.00	
	申新纺织第四厂	16,000.00	16,000.00	28	4	24	3年	6%	9,600.00	1,624.11	64,000.00	
	民康实业公司	40,000.00	40,000.00	28	4	25	3年	6%	2,500.00	398.73	1,500.00	
	民康实业公司	10,000.00	10,000.00	29	2	23	3年	7%	3,000.00	700.00	7,000.00	
	维昌纺织公司	100,000.00	100,000.00	29	4	7	3年	7%			100,000.00	3,000.00
纺织工业	西北毛织厂	10,000.00	10,000.00	29	5	7	2年	7%		654.00	10,000.00	5,000.00
	陕西利华纺织传习所	8,000.00	8,000.00	29	7	19	1年	7%			8,000.00	
	东北毛织厂	30,000.00	30,000.00	29	7	20	1年	7%			30,000.00	
	新华实业公司纺织	37,510.00	37,510.00	29	10	30	2年	7%			37,510.00	
	西北实业公司纺织厂	62,500.00	62,500.00	30	2	1	3年	7%			62,500.00	

续表

业别	名称	放款金额	实付金额	签约日期			期限	利率	收回本金	已收利息	净欠本金	应收本金
纺织工业	三友机器弹花厂	10,000.00	10,000.00	30	5	15	1年	7%			10,000.00	
印刷工业	中国标准铅笔厂	30,000.00	30,000.00	27	12	5	2年	6%	12,000.00	1,581.36	18,000.00	18,000.00
	中国标准铅笔厂	20,000.00	20,000.00	28	9	29	1年	6%			20,000.00	20,000.00
	时兴潮北印刷所	10,000.00	10,000.00	29	4	5	1年	7%	4,000.00	341.37	6,000.00	6,000.00
	时兴潮北印刷所	40,000.00	40,000.00	30	4	22	2年	7%			40,000.00	
食品工业	大新面粉股份有限公司	25,000.00	25,000.00	29	2	5	3年	7%	5,000.00	1,515.07	20,000.00	
	福民实业公司制粉厂	65,000.00	65,000.00	29	5	13	3年	7%	20,000.00	4,475.20	45,000.00	
	三原三秦面粉公司	20,000.00	20,000.00	29	8	1	2年	7%			20,000.00	
	建成实业公司	100,000.00	100,000.00	30	4	12	3年	7%			100,000.00	
其他	江苏救济青年委员会	15,000.00	15,000.00	27	5	15	3年	6%	6,000.00	5,901.37	9,000.00	9,000.00
	山西省政府	100,000.00	100,000.00	28	12	12	5年	6%			100,000.00	
	李家沱给水公司	100,000.00	100,000.00	30	4	12	3年	7%			100,000.00	
	全国度量衡局制造所	20,000.00	20,000.00	28	5	26	2年	6%		2,400.00	20,000.00	10,000.00
	中国植物油料厂	600,000.00	600,000.00	27	5	25	6年	6%			600,000.00	600,000.00
	华中水泥厂	600,000.00	600,000.00	27	2	22		6%		21,205.07	600,000.00	120,000.00

四、营运资金放款

1. 业别分类表（民国30年6月30日）

业别	名称	放款金额	实付金额	签约日期	期限	利率	收回本金	已收利息	净欠本金	应收本金
	机械五金	636,800.00	636,800.00				71,895.00	12,753.53	564,905.00	351,905.00
	钢铁煤矿	1,515,000.00	1,515,000.00				120,625.00	56,704.11	1,394,375.00	344,375.00
	电器工业	225,000.00	225,000.00				5,000.00	1,245.94	220,000.00	210,000.00
	化学工业	1,465,000.00	1,465,000.00				7,900.00	47,571.79	1,386,000.00	622,000.00
	印刷工业	34,000.00	34,000.00						34,000.00	30,000.00
	纺织工业	240,300.00	240,300.00				3,500.00		236,800.00	87,000.00
	其他工业	1,300,000.00	1,300,000.00				400,000.00	10,898.63	900,000.00	
	总计	5,416,100.00	5,416,100.00				680,020.00	129,174.00	4,736,030.00	164,528.00

2. 放款报表（民国30年6月30日）

业别	名称	放款金额	实付金额	签约日期			期限	利率	收回本金	已收利息	净欠本金	应收本金
机械五金	希孟氏历钟制造厂	3,200.00	3,200.00	27	4	1	1/2年	6%			3,200.00	3,200.00
	上海机器厂	22,000.00	22,000.00	27	5	13	1年	6%			22,000.00	22,000.00
	上海机器厂	5,000.00	5,000.00	28	5	1	1年	6%			5,000.00	5,000.00
	新中工程公司	100,000.00	100,000.00	27	7	1	4年	6%	3,000.00	8,994.21	70,000.00	
	大川实业股份公司	23,700.00	23,700.00	27	10	11	2年	6%	15,700.00	1,996.73	8,000.00	8,000.00
	大川实业股份公司	200,000.00	200,000.00	29	12	18	1年	9%	11,470.00		188,530.00	88,530.00
	中国实业机器厂	20,000.00	20,000.00	27	11	19	2年	6%	11,475.00	1,092.73	8,525.00	8,525.00
	洪顺机器厂	5,000.00	5,000.00	28	4	30	1年	6%			5,000.00	5,000.00
	新民机器厂	48,000.00	48,000.00	29	8	28	1/2年	9%			48,000.00	48,000.00
	毓蒙联华公司	4,000.00	4,000.00	28	6	12	1/2年	6%			4,000.00	4,000.00
	方兴发机器厂	7,000.00	7,000.00	28	8	8	1年	6%			7,000.00	7,000.00
	鼎丰制造厂	2,500.00	2,500.00	28	8	30	1年	6%	1,250.00	69.86	1,250.00	1,250.00
	鼎丰制造厂	5,000.00	5,000.00	29	1	31	4月	9%			5,000.00	5,000.00
	达生铸铁厂	3,000.00	3,000.00	28	8	31	1年	6%			3,000.00	1,000.00
	华强机器厂	4,000.00	4,000.00	28	9	8	1年	6%			4,000.00	4,000.00
	建华机器造船厂	10,000.00	10,000.00	28	9	22	1年	6%	2,000.00	600.00	8,000.00	8,000.00

续表

业别	名称	放款金额	实付金额	签约日期			期限	利率	收回本金	已收利息	净欠本金	应收本金
机械五金	邓兴发机器翻砂厂	1,500.00	1,500.00	28	9	28	1年	6%			1,500.00	1,500.00
	杜顺兴翻砂厂	900.00	900.00	28	10	2	1年	6%			900.00	900.00
	振华机器厂	6,000.00	6,000.00	28	10	30	1年	6%			6,000.00	6,000.00
	通用机器厂	4,000.00	4,000.00	28	1	18	1年	6%			4,000.00	4,000.00
	精一科学器械厂	10,000.00	10,000.00	29	3	7	1年	9%			10,000.00	10,000.00
	建国工业社	20,000.00	20,000.00	29	7	18	1/2年	9%			20,000.00	20,000.00
	中国油灯公司	61,000.00	61,000.00	29	3	27	1年	9%			61,000.00	61,000.00
	三泰机器厂	10,000.00	10,000.00	29	5	31	1年	9%			10,000.00	10,000.00
	维通木炭炉机四厂	16,000.00	16,000.00	29	7	15	1年	9%			16,000.00	
	吴善兴铜铁机四厂	20,000.00	20,000.00	30	3	1	3月	9%			20,000.00	20,000.00
	仲桐机器厂	5,000.00	5,000.00	30	5	16	1/2年	9%			5,000.00	
	振西搪瓷厂	20,000.00	20,000.00	30	6	1	2年	9%			20,000.00	
钢铁煤矿	天府煤矿公司	500,000.00	500,000.00	27	7	31	10年	6%	100,000.00	56,112.33	400,000.00	
	协和炼铁公司	150,000.00	150,000.00	28	5	15	1年	6%			150,000.00	150,000.00
	协和炼铁公司	75,000.00	75,000.00	29	3	2	1/2年	9%			75,000.00	75,000.00
	荣昌铁厂	20,000.00	20,000.00	28	8	30	1/2年	6%		591.78	20,000.00	20,000.00
	清平炼铁厂	20,000.00	20,000.00	29	2	5	1/2年	9%			20,000.00	20,000.00
	人和制铁公司	100,000.00	100,000.00	29	3	18	3月	9%	20,625.00		7,937,500	79,375.00
	大昌冶铁公司	50,000.00	50,000.00	29	11	1	1年	9%			50,000.00	
	大昌冶铁公司	100,000.00	100,000.00	30	4	8	1年	9%			100,000.00	
	嘉阳煤矿公司	500,000.00	500,000.00	30	5	9	$1\frac{1}{2}$年	9%			500,000.00	
电器工业	上海盖丰电池厂	15,000.00	15,000.00	29	2	29	1年	9%	5,000.00	1,245.94	10,000.00	10,000.00
	永安电池厂	10,000.00	10,000.00	29	4	1	1年	9%			10,000.00	
	成都启明电气公司	200,000.00	200,000.00	29	11	30	3月	9%			200,000.00	200,000.00
化学工业	中元造纸厂	100,000.00	100,000.00	28	2	10	3年	6%	60,000.00	11,520.16	40,000.00	
	西南化学工业制造厂	117,000.00	117,000.00	28	10	4	1年	6%		8,393.77	117,000.00	
	华光电化厂	10,000.00	10,000.00	28	12	21	2年	6%			10,000.00	4,000.00
	中国造酸公司	10,000.00	10,000.00	29	1	6	2年	6%	4,000.00		6,000.00	
	利民肥皂公司	80,000.00	80,000.00	29	1	29	$1\frac{1}{2}$年	9%	15,000.00	3,491.51	65,000.00	3,000.00
	天原电化厂	300,000.00	300,000.00	29	3	13	1年	9%		22,803.22	300,000.00	300,000.00
	天原电化厂	50,000.00	50,000.00	29	6	12	1/2年	9%			50,000.00	5,000.00
	威远火砖厂	5,000.00	5,000.00	29	3	28	1年	9%			5,000.00	5,000.00

续表

业别	名称	放款金额	实付金额	签约日期			期限	利率	收回本金	已收利息	净欠本金	应收本金
化学工业	溥泉纸浆造纸厂	10,000.00	10,000.00	29	4	4	1年	9%			10,000.00	10,000.00
	大利造酸厂	30,000.00	30,000.00	29	5	16	1年	9%			30,000.00	
	开远松香厂	15,000.00	15,000.00	29	5	21	1/2年	9%			15,000.00	15,000.00
	开远松香厂	20,000.00	20,000.00	29	10	2	1年	9%			20,000.00	
	上海龙章造纸厂	100,000.00	100,000.00	29	6	7	1年	9%			100,000.00	100,000.00
	华中化工制造厂	50,000.00	50,000.00	29	7	19	1年	9%			50,000.00	
	四川水泥公司	100,000.00	100,000.00	29	8	26	5月	9%			100,000.00	100,000.00
	复友化学工业原料厂	8,000.00	8,000.00	29	10	21	1/2年	9%		347.17	8,000.00	8,000.00
	昆仑纸厂	10,000.00	10,000.00	30	1	10	1年	9%			10,000.00	
	克太化学工业社	30,000.00	30,000.00	30	2	22	1年	9%			30,000.00	
	庆华颜料厂	50,000.00	50,000.00	30	2	27	3月	9%		1,010.96	50,000.00	
	大成糖业股份有限公司	300,000.00	300,000.00	30	4	15	$1\frac{1}{2}$年	9%			300,000.00	
	威远国光玻璃厂	15,000.00	15,000.00	30	5	19	1年	9%			15,000.00	
	铜梁造纸公司	50,000.00	50,000.00	30	6	5	1年	9%			50,000.00	
	复兴造纸工厂	5,000.00	5,000.00	30	6	13	9月	9%			5,000.00	
印刷工业	中国标准铅笔厂	30,000.00	30,000.00	27	7	4	3月	9%			30,000.00	
	时代日报印刷所	4,000.00	4,000.00	27	9	1	1年	9%			4,000.00	
纺织工业	宝鸡申新四厂	200,000.00	200,000.00	28	12	18	2年	6%			200,000.00	20,000.00
	新华实业公司纺织厂	19,300.00	19,300.00	29	11	25	1/2年	9%			19,300.00	
	万利精棉纱布厂	10,500.00	10,500.00	29	12	1	1/2年	9%			10,500.00	
	建国药棉纱布厂	10,500.00	10,500.00	29	12	15	1/2年	9%	3,500.00		7,000.00	7,000.00
	经济部燃料管理处	1,300,000.00	1,300,000.00	30	2	1	2年10个月	6%	400,000.00	10,898.63	900,000.00	

五、疏建及保护工程放款

1. 放款业别分类表（民国30年6月30日）

业别	名称	放款金额	实付金额	签约日期	期限	利率	收回本金	已收利息	净欠本金	应收本金
	机械五金	1,105,000.00	1,079,900.00						1,079,000.00	
	钢铁煤矿	300,000.00	300,000.00						300,000.00	
	纺织工业	1,000,000.00	1,000,000.00						1,000,000.00	
	化学工业	818,000.00	753,000.00						753,000.00	
	电器工业	15,000.00	15,000.00						15,000.00	
	印刷工业	40,000.00	40,000.00						40,000.00	
	其他工业	1,030,000.00	1,015,000.00						1,015,000.00	
	总计	4,308,000.00	4,202,000.00						4,202,000.00	

2. 放款报表（民国30年6月30日）

业别	名称	放款金额	实付金额	签约日期			期限	利率	收回本金	已收利息	净欠本金	应收本金
机械五金	复兴铁工厂	20,000.00	20,000.00	29	9	30	5年	6%			20,000.00	
	合作五金公司	40,000.00	40,000.00	29	9	30	5年	6%			40,000.00	
	新民机器厂	80,000.00	80,000.00	29	9	30	5年	6%			80,000.00	
	顺昌铁工厂	80,000.00	80,000.00	29	10	1	5年	6%			80,000.00	
	民生机器厂	500,000.00	500,000.00	29	10	1	5年	6%			500,000.00	
	大公铁工厂	25,000.00	25,000.00	29	10	5	5年	6%			25,000.00	
	上川实业公司	65,000.00	65,000.00	29	10	11	5年	6%			65,000.00	
	上海机器厂	60,000.00	60,000.00	29	10	14	5年	6%			60,000.00	
	大川实业公司	50,000.00	50,000.00	29	10	6	5年	6%			50,000.00	
	广和机器厂	50,000.00	50,000.00	29	11	5	5年	6%			50,000.00	
	新昌实业公司	25,000.00	25,000.00	29	11	19	5年	6%			25,000.00	
	中国实业机器厂	20,000.00	20,000.00	30	3	6	5年	6%			10,000.00	
	建国机器厂	10,000.00	4,000.00	30	3	27	5年	6%			4,000.00	
	恒顺机器厂	60,000.00	60,000.00	30	4	14	5年	6%			60,000.00	
	精一科学器械制造厂	20,000.00	10,000.00	30	6		5年	6%			10,000.00	
钢铁煤矿	渝鑫钢铁厂	300,000.00	300,000.00	29	9	28	5年	6%			300,000.00	
纺织工业	申新第四纺织公司	200,000.00	200,000.00	29	9	28	5年	6%			200,000.00	
	沙市纺织公司	200,000.00	200,000.00	29	12	17	5年	6%			200,000.00	
	沙市纺织公司	600,000.00	600,000.00	29	12	17	2年	7%			600,000.00	

续表

业别	名称	放款金额	实付金额	签约日期			期限	利率	收回本金	已收利息	净欠本金	应收本金
化学工业	汉中制革厂	18,000.00	18,000.00	29	9	28	5年	6%			18,000.00	
	四川水泥公司	300,000.00	300,000.00								300,000.00	
	上海龙章造纸厂	300,000.00	300,000.00								300,000.00	
	天原电化厂	55,000.00	20,000.00								20,000.00	
	利民肥皂厂	60,000.00	60,000.00								60,000.00	
	光华化学工业公司	20,000.00	20,000.00								20,000.00	
	华中化工制造厂	5,000.00	5,000.00								5,000.00	
	大明染织公司	60,000.00	30,000.00								30,000.00	
电器工业	中国建设工程公司	15,000.00	15,000.00								15,000.00	
印刷工业	中国标准铅笔厂	40,000.00	40,000.00								40,000.00	
其他	中国兴业公司	1,000,000.00	1,000,000.00								1,000,000.00	
	四川省立重庆大学	30,000.00	15,000.00								150,000.00	

六、招募技工放款

1.放款业别分类表(民国30年6月30日)

业别	名称	放款金额	实付金额	签约日期	期限	利率	收回本金	已收利息	净欠本金	应收本金
	机器五金	1,540.00	1,540.00						1,540.00	1,540.00
	其他工业	40,000.00	40,000.00						40,000.00	
	总计	41,540.00	41,540.00						41,540.00	1,540.00

2.放款报表(民国30年6月30日)

业别	名称	放款金额	实付金额	签约日期			期限	利率	收回本金	已收利息	净欠本金	应收本金
机械五金	大公铁工厂	660.00	660.00	28	4	20	1年	6%			660.00	660.00
	大公铁工厂	880.00	880.00	28	2	17	1年	6%			880.00	880.00
其他	迁川工厂联合会	40,000.00	40,000.00	29	2	5	1年	6%			40,000.00	

七、其他放款(民国30年6月30日)

业别	名称	放款金额	实付金额	签约日期			期限	利率	收回本金	已收利息	净欠本金	应收本金
	安徽省政府	100,000.00	79,000.00	27	8	25	6年	6%	7,789.00		1,110.00	

[经济部所属单位档案]

5. 免征内迁工矿企业转口税等问题有关文件(1937年10月4日—11月30日)

(1) 颜耀秋致上海工厂迁移监督委员会呈(10月4日)

呈为保障迁移内地工厂予以协助并求免税事。窃我国实业各厂以沪地有种种之便利,群集一隅,而内地实业反若星星之寥落。原由地利之不同,产销供求之利害,有以致之,非偶然也。兹者政府以大无畏之精神,毅然有协助迁厂内地之举,成立钧会,特集巨款予以提倡,尽量协助。职会奉令成立,为谋宣力后方工作,繁荣内地实业,朝夕从事二月于兹。幸赖较明大义之各厂前来登记迁往武汉,微有成效,惟敬始全终,方克有济。因将研究所得,分列于后,敬祈审核而有以协助之:(一)原料工具之运输困难而价值较贵也。上海交通便利,洋行林立,各货齐备。而汉口多一度之运输,偶遭缺货,价值奇昂,且或无法购买。(二)销售之不易畅达也。市场较远内地,他项工厂之缺乏,销路较少,兜销自感困难。(三)成品运输之多费也。制成之品需用以江浙为多,迁移内地之后势多周折。(四)招请技工之困难也。我国技工以宁波为最多,大部聚居申地。在汉招致工价既昂甚,或缺少人才,无从觅请。凡此种种,内地设厂,莫克与沪地各竞争者。兹既特有志繁荣内地与夫信任政府之各厂迁至武汉等处,自宜思有以保护而栽培之也。兹闻火车民船亦有征税之说,免税一层势为急要之图,为敢缕列上陈,敬祈俯察详情。转呈资源委员会暨各部。对于迁移内地各厂之出品,准予免税,实为德便。谨呈
上海工厂迁移监督委员会

        上海工厂联合迁移委员会
          主席委员颜耀秋
        中华民国二十六年十月四日

(2) 萧遽致翁文灏签呈(11月1日)

查协助厂矿迁移,原为政府已定政策,在此固定原则下,政府各机关,应予迁移之厂矿家各种便利。原呈第一件(附呈件第一件)所言火车民船征税,似指财政部最近扩大之转口税而言。查该税原为海关税之一种,仅适用于货

运之出入于二通商口岸者。近财政部因出入口正税税收陡减,遂扩大转口税范围,遍征之于经过一通商口岸之货运,其妨碍内地货运甚大。值此厂矿急应迁移时期,此种实为迁移之一大障碍,本会应即设法救济之。谨拟办法(甲)(乙)二种如左,敬候钧裁。

(甲)函请财政部,于所有迁移内地之厂家,于其迁移时,所运之原料及工具,予以免除转口税之待遇。

(乙)函请财政部,于所有迁移内地之厂家,于其在内地复工时,发还其迁移时已缴纳之转口税之全数。

至于该呈所请对于迁移内地各厂之出口准予免税一层,以其影响全部税务,关系重大,似可无须向财政部代请。

原呈第二件(附呈件第二件)所呈各节,因事关实施迁移工厂时办法,似应俟厂矿迁移监督委员会成立后,汇交审查办理。是否有当,敬候钧裁。

萧遽谨呈

二十六年十一月一日

(3)孙拯致翁文灏签呈(11月30日)

本件经厂矿迁移监督委员会第一次会议讨论,以为关于各工厂迁移之机器、半制品及现在所有材料,经过各地关卡一律免征转口税一事,业经行政院第337次会议议决办法。至移入内地后,出品准予免税一层,如单限迁移厂家,对于国有厂家不免失平。如遍及一般厂家,则为整个税制问题,似不便为迁移工厂单独提出。又所引机器化学组第4次决议,查该会议系关国家总动员设计委员会资源组内之机器化学组小组决议,虽关迁移工厂问题,曾得有厂家列席发表意见,但此次决议不过小组意见,并无约束效力,不得援以为据。已请林委员继庸转知厂商知照矣。本件拟存。

孙拯谨签

十一月三十日

[经济部工矿调整处档案]

6. 沈鸿烈关于青岛市工厂内迁请免关税同免运费与工矿调整委员会往来密电(1937年11月13—15日)

(1) 沈鸿烈致工矿调整委员会密电(11月13日)

军委会第四部、军委会工矿调整会：设密。本市冀鲁针厂并国兴华实业厂等，拟迁汉口。此外待迁者尚多，均以资金有限，运输困难。所运机器、原料、成品等项，拟请财政部概免关税，铁部减免运费。统祈贵会协助办理示复为荷。沈鸿烈。元。

(2) 翁文灏复沈鸿烈密电稿(11月15日)

青岛沈市长成章兄勋鉴，设密元电悉。工厂迁移事，本会现已派员赴贵市接洽监督，希即予以协助。财政对于运输机器原料等免征关税，已经行政院通过，至铁路减免运费一节，本会正与铁道部商洽中。翁〇〇。删。印。

中华民国二十六年十一月十五日

[经济部工矿调整处档案]

7. 迁鄂工厂联合会为华成等五十余家工厂请免征营业税呈(1938年5月21日)

为呈请事：案据属会会员华成、铸亚、华生、新中等50余厂商联署呈称：查属厂等向在沪上设厂营业，自上年八一三抗战展开后，虹口、南市相继沦为战区，厂房机件迭遭敌人炮火炸弹之攻击，摧毁殆尽。嗣奉军事委员会、资源委员会命令西迁，在枪林弹雨之中将所有机件尽力抢运来鄂，但抢运匆匆，机件大都残缺，故一时无从计算其成本。到达后以资力艰窘，人地生疏，无法设厂营业，致机件搁置，技工星散，所受损失不可数计。旋蒙钧会俯念艰难，经商承前工矿调整委员会设法救济，承办兵工署各兵工厂军需物品。三月以还，先后制造巩县兵工厂木柄手溜[榴]弹暨金陵兵工厂机关枪零件、迫击炮弹，以及兵工署第三工厂大小十字镐、圆锹，航技处及汉阳兵工厂各项军用品等等。同时，各家咸为国家尽义务，加紧后方工作，并无利益可图，仅勉强维持技工等生活而已。惟以迩来武汉营业,税局屡经前来调查,征收营业等税,深感无从应付。查属厂等均属劫后余灰,痛深创巨,值此国难严重,长期抗战之秋,深懔有力出力之旨,抱埋头苦干之精神,冀为国家稍尽棉[绵]薄。现在表面上虽已复工,而实际上外强中干,即所制之军需物品、原料,均由各兵工厂供给,所得区区津贴,仅堪维持工人最低限度之生活。揆诸属厂等目前情形,自不能与通常厂商相提并论,是以对于营业税一层,实属不胜负担。为特具文,呈请钧会鉴核,转呈工矿调整处,咨请武汉营业税局暂予免征,以恤商艰。等情。据此,查该工厂等所称各节,确属实情,且现在承造军需用品,同属为国家效力,所请免征营业税一节,在抗战期间似宜体谅暂免。据呈前情,理合转行呈请钧处察核,准予转咨武汉营业税局查照办理,实为公便。谨呈经济部工矿调整处

迁鄂工厂联合会常务主席　颜耀秋代
中华民国二十七年五月二十一日
[经济部工矿调整处档案]

8. 工矿调整处陈叙理由请免征承造军用品各迁汉工厂营业税有关文件(1938年5—6月)

(1)张兹闿致翁文灏等呈(5月25日)

谨查武汉各工厂按照湖北省营业税征收章程之规定,均须按制造营业类完纳营业税,税率以营业资本额为准,需要品按资本10‰,奢侈品15‰~20‰。唯是由各地迁来暂在武汉复工之工厂,对于完纳上项捐税,据调查所得,事实上亦不无困难之点。

(一)各工厂奉令内迁,所有原来之机器材料、生财及一般资产,俱属残缺不全,欲其切实陈报营业资本额,确有烦难。

(二)内迁各厂留汉复工,本为暂时之权宜。目前战局日趋严重,重迁之议,实不容缓。是此项留汉工厂,其立场自不能与在汉设厂者并论。

(三)更查本处前为急应国防需要起见,曾督导内迁各厂,即日复工,尽量协助制造军需用品。是以在汉复工工厂55家中(四月五日止),有44家为承

造军用品。此项工作系由各厂向兵工机关承包,概按兵工机关预算成本承做,其中本不包含税捐。在厂家方面,亦仅足以维持工人生活,确少利图。所谓复工一事,自不能视为通常之营业。

综上三点,则该厂等所请转咨地方当局免征营业税一节,似可予以照准。拟由本处将留汉各厂承造军需用品实况,连同前呈,转咨湖北省政府财政厅,请将前项承造军用品各厂之营业税,准予免征。至于其他已复工而未承接军需工作之工厂,亦拟由本处开列名册,咨请鄂财厅酌减税率。是否有当,理合签请批示祗遵。谨呈
处长翁、副处长张

职张兹闿谨签
五月二十五日

(2)工矿调整处致湖北省财政厅公函(6月2日)

公函　　字第　　号

案据迁鄂工厂联合会呈略称:查本会所属各厂,自抗日战事发生后,奉令迁移内地,时因战事危急,运输困难,所有抢运机器,或因拆卸未竣,或因中途遗失,多半残缺不整。抵汉以后,复以资力困窘,技工星散,原无复工可能,幸蒙前工矿调整委员会之协助,赖以勉强开工。现在各厂业务,多为承选军需用品,如最近承制巩县兵工厂木柄手榴弹,金陵兵工厂机关枪零件、迫击炮弹,兵工署第三工厂大、小十字镐,圆锹以及航技处汉阳兵工厂各项军用品等项。所需原料,均由各承制机关自行供给,工作所得,仅为少许之津贴,略能维持职工之生活费用,并无余利可图。近者武汉营业税局屡经调查,将实行征收营业税。窃属厂等自沪迁汉,已属劫后余灰,痛深创巨,苦不堪言。当此为国出力之时,如再课以捐税,实属不胜担负,为此恳请钧处转咨湖北省财政厅,令饬武汉营业税局对拟征营业税,准予免除,以恤商艰。等语。查该工厂等均系由战区抢运而来,所有机器自不免残缺不整,其资本数额本已难于计算,所称各节确属实情。且各厂由本处催促复工,多系承造军需用品,其价格系按各兵工厂预算制造成本计算,以兵工厂各项预算而论,自无完纳捐税之

项目。并查由战区拆运工厂机器内迁复工,以补后方生产之不足,尤注重军需用品,为本处调查工业之方针,各厂所承制工作,价格既属甚低,如再担负成本内所未予列之捐税,浑恐赔累过重,迫而停工,必致影响军需用品之制造。兹据前情,相应捡同工厂一览表一份,随函奉达。凡为承制军需品工厂,统希贵厅准予免征营业各税,其余非制军需品各厂,亦请酌低税率,以示体恤;并希查核办理见复为荷。此致

湖北财政厅

附:制军需品与非制军需品工厂名单一份

承制军需品工厂一览表

厂名	负责人	地址
华成电器厂	周绵水	汉口特三区洞庭街十三号 大智路安利牛皮栈
合作五金厂	胡叔堂	汉口湖南街明巽公司二号 大智路五十一弄
镐锟机器厂	吴嵩云	美艺钢铁厂内,住特一区二曜路四十一号
冠生园制罐厂	张泽鎏	汉口江汉路中山路 武昌府街口卅六号
广利机器厂	尹宏道	汉口汉景街天德里六号
慎昌翻砂厂	黄生茂	武汉中山路一三八号
铸亚铁工厂	郁鼎铭	汉口大智门铁路外怡和栈房内
中新工厂	吕时新	汉口宁波里十八号 上海江西路一号中新工厂发行所
新民机器厂	胡厥文	汉口大智路七十一号安利栈
上海机器厂	颜耀秋	武昌炉坊品二十号 重庆县庙街新药公会楼上、东水门内禹王庙
中国铜铁工厂	翁思公	汉口法租界福熙路十六号
姚顺兴机器厂	姚厚生	武昌中山路一五八号
华生电器厂	叶友才	汉口合作路四十四号
中兴铁工厂	陈烟动	汉口汉景街天德里三十二号
华工铁厂	卢焕文	汉口汉正街武圣庙670号 或宁波里18号转
美艺钢铁公司	朱文奎	汉口特一区二曜路口
孙立记电器厂	孙立琪	汉口河街下段二十二号
中国机器厂	吴纪春	武昌张之洞路二四二号
利泰翻砂厂	朱福耕	武昌中山路九十六号

续表

厂名	负责人	地址
东升机器厂	赵秀山	汉口汉正街万安巷八十三号
姚兴昌机器厂	徐亚坤	武昌中山路七十一号
永利电机厂	刘振生	汉口兴元街清骥里二十一号
振华制造厂	陈康年	汉口花楼街二八二号
中国无线电社	王端骧	汉口汉润里十四号 重庆新市中一路二四九号
永丰翻砂厂	樊文轩	汉口硚口上铁路边门牌七十二号 国瑞菴玉带门货栈档口边
精一制造厂	胡允甫	武昌张江陵路平湖二巷十号(九号?) 武胜门外炉坊口二十号 重庆县庙街新药公司会内
希孟氏历钟厂	丁希孟	汉口府南一路二三二号
耀泰机器厂		汉口日租界兴元街清骥里内平安里四号
顺兴翻砂厂		
福泰翻砂厂	薛凤翔	汉口府北一路西民巷卅号
陈信记翻砂厂	陈德泉	汉口三元街三元北里八十四号
中华无线电社	邹雅言	汉口保华街五十三号 汉江街二十四号
新中工程公司	支秉渊	武昌中正路西川湖
大新车木厂	何方良	汉口花楼街三百四十一号
新昌机器厂	温栋臣	汉口花楼街小江家院十一号
周锦昌翻砂厂		武昌中山路一五八号
大来铁工厂	温渭川	汉口小江家院六十号
明亚机器厂		汉口打铜街十七号
华昌无线电社	陈怀俊	汉口花清街七十七号
洽生机器厂		特区四维路中市
达昌机器厂	任云泉	汉口汉水街一七四号
源大制革厂	林甫仁	汉汉二路十八号

非承制军需品工厂一览表

厂名	负责人	地址
天厨味精厂	吴蕴初	汉口吕钦使街廿二号 厂址:刘家庙长湖路
谭泮蓄电池厂	霍伯华	汉口江汉一路老联保里三号
中国铝丹厂	吴纪春	汉口花楼街二五二号
四明糖厂	张葆安	汉口河街中路三五二号

续表

厂名	负责人	地址
中国铅笔厂	章祎士	汉口界限路一号
五洲制药厂		法租界窑华里十一号
姜孚二厂		汉口打铜街十七号
家庭工业社	蔡培楚	汉口大智路泰记里十二号
昌明电器公司	王伯刚	汉口西樵路丽华里五号
萧万兴机器厂	萧正启	汉口长堤街三一一号
帜昌新胶厂	汪季材	汉口吕钦使街二十二号
梁新记牙刷厂	梁守德	汉口大智路111至115号

[经济部工矿调整处档案]

9.广西省政府陈复迁川工厂运输队为各厂运输自用器材准予免征饷捐的代电(1939年2月3日)

广西省政府代电　财省字第七六六号　民国二十八年二月三日

　　重庆。经济部工矿调整处勋鉴:矿整字第2633号公函奉悉。迁川工厂运输队所运物资,如系各工厂自用之器械材料,准予免征饷捐,惟须将每次数量先行通知,以便转饬遵照。至其他商货,仍应照则征捐,以示区别。谨复,请即查照。广西省政府叩。江。财省印。

[经济部工矿调整处档案]

10.重庆市财政局关于减征迁川工厂契税附加额问题给迁川工厂联合会指令(1940年5月22日)

重庆市财政局指令　第7129号

令迁川工厂联合会

　　呈一件。为请依照二十八年四川省政府批示,对于迁川工厂契税附加减征1/2以恤商艰由。

　　呈悉。查所呈各节尚属实情,业经本局加具意见签请市长核示在案。前奉批示,查所拟尚属可行,准于援照四川省政府成例办理。等因。合行录令转知。自奉令之日起，凡迁川工厂来局税契除正税应照章如数缴纳外，关于附加部分准照应完税额减征1/2，以示体恤，并仰该会转知各工厂一体遵照为要。此令。

中华民国廿九年五月二十二日

附抄原呈

案奉钧局第6209号指令开：以本会证明福裕钢铁厂请援例减征契税附加1/2，未便照准，除正税照缴外，附加减征3成以示体恤。等因。奉此。查此案于二十八年十月三十一日奉四川省政府第739号批开：既据一再呈请，姑准予附加税部分，应完税额减征1/2以示体恤，正税仍应照章缴纳。除分别函令重庆市政府及江巴两县征收局知然外，仰即转示各工厂径向该管征收机关投税印契，以凭营业。等因。奉此，当经本会录批通告各工厂遵照办理在案。前奉指令契税附加税准减征三成，似与四川省政府批示有所抵触，仍请钧局顾念迁川各厂情形特殊，非政府从优体恤不足以维工业而利后方生产。为此，呈请钧局收回成命，仍准依照四川省政府批示办理，以恤商艰，至深感祷！谨呈

重庆市财政局

迁川工厂联合会主席颜耀秋

[重庆市政府档案]

11. 迁川工厂联合会主席委员章剑慧为请求暂免征收非常时期过分利得税重申理由呈(1941年7月23日)

窃查民国二十八年七月六日，国府修正公布《非常时期过分利得税条例》，对于各种营业之获有过分利得者，征收过分利得税。凡我全国商民，值此抗战时期，对于政府此种设施，莫不极端拥护。惟查条例第十四条内载：凡由战区迁入内地之工厂及因战事受有重大损害之营业，经查明属实者，应暂予免税。足证政府于宽筹战费之中，仍奖励物资内迁及体恤受战事损失之意，莫名钦佩。溯自七七事变以后，政府决心抗战，特简派专员主持各地工厂内迁事宜。当时曾一再昭示，凡属内迁工厂，当可依法免税。属会会员工厂

本拥护最高领袖坚决抗战之决心,遵令内迁,历尽艰难,叠遭损失,满期喘息初定,得稍享免税之权利,以加强后方之生产。不意财政部直接税处乃于二十九年九月四日,以处令颁布之《修正计征利得税对于战事损失暨内迁费用处理标准》,而将法律明文所赋予及政府屡次所昭示之内迁工厂免税特权,一律予以取消,于今年三月间始在直接税第三期月报披露。属会全体会员工厂对于此种非常措置,群情惶惑,莫知所措。谨敢披肝沥胆,将内迁工厂之困难情形及仍应准予暂免利得税之理由,为我钧部缕细陈之。

一、查《非常时期过份分得税条例》,系民国二十八年七月六日,国府修正公布施行;《修正计征利得税对于战事损失暨内迁费用处理标准》,系二十九年九月四日,直接税处以处令颁布施行,则免税与取消相差一年零两月耳。在此期间,各工厂之迁移工作正在积极进行之中,因各种财力物力之困难,营业尚未开始,遑论纯益,而政府所赋予之奖励未及享受,遽予取消,岂不令厂商失望乎。此按时间性与国府公布条例,断不能以一纸处令取消,应请求准内迁厂商暂行继续免缴过份分得税之理由也。

二、查《非常时期过分分得税条例》第十四条中所载"应暂予免税"一语而论,在政府立法当局之原意,断定决不止以一年为限,如果限定一年,则条文内应明白规定为"应予免税一年"无疑,况迁厂设建决非一年可以完成。现在直接税处只以增加税收,不顾法律明文、政府德意及各厂商之事实,遽自二十九年度起,将内迁工厂免缴利得税之权利全予取消,使内迁工厂并未捐符实惠,因而使日后待迁之厂裹足不前。此在政府方面为顾法律奖励体恤之原意及各厂商困难之事实,并政府许免税之信用,应请求准内迁厂商暂行继续免缴过份分得税之理由也。

三、查陕西地近战区,敌机时常轰炸,生产机关如西安大华纱厂,去年被炸;宝鸡申新纱厂、福新粉厂,去岁、今岁两次被遭狂炸;湖北纱布局最近连炸数次,损失数字均在数百十万不等。虽一再损失,而仍支持复工者,为国加强后方生产力量,为私则图恢复股东血本,享免税之特权。不意未受实惠,遽予取消,岂不令已复工者失望,未复工者尚敢问津乎。此因奉令内迁,又遭敌机轰炸受损失之工厂,应请求准内迁厂商暂行继续免缴过分利得税之理由也。

四、属会会员工厂奉令迁陕已近四载,有全复工者,有一部分复工者,有全未复工者。兹就已复工同一部分复工各工厂而论,如纱厂每月出品,以1/3归政府统制,余2/3,如政府需用,仍照94价收卖［买］,仅可维持现状。惟面粉一项,乃军食所需,至为重要。查各工厂自复工以来,即承磨军粉,每月20天或15天不等,军粮局所发制粉费,不能维持厂费无疑。原希望自磨民粉尚可抵补,不料粉价又被统制,不准照原料成本计算出售。例如现在宝鸡小麦,市价每斤合洋6角,小麦63斤制粉1袋,则成本合洋37.80元,加统税1.50元,粉袋每条2元,煤同厂费2.50元,合计成本43.80元。现统制价每袋售洋29.40元,统税在内,现售粉一袋,赔血本14.40元。长此以往,各工厂势必完全破产。此在受政府统制环境之下,各工厂应请求准内迁厂商暂行继续免缴过分利得税之理由也。

五、查直接税收于二十九年九月四日,以处令渝宜所字第598号颁布之《修正计划利得税对于战事损失暨内迁费用处理标准》,其第一条之规定云:内迁工厂于内迁后经营所获之纯益,已足弥补内迁所需必要费用时,不再免税。在免税期间内,该工厂之纯益,应全部用为弥补内迁必要费用,其已补足之最后一年,在其弥补之余额,依法课税。按其意义,竟将法律所赋予内迁工厂之免税特权,全部予以取消,诚使属会惶惑不解。谨查所得税法之规定迁移费用,原为营业上之正当开支,原应在营业收益中减除,毋庸纳税。且内迁工厂之收益,如不足以抵补其内迁费用时,自无所谓纯益,既无纯益,更何待乎免税。故果如该处理标准所云,"内迁工厂于内迁后经营所获之纯益,已足弥补内迁所需费用时,不再免税",则所谓免税云者,岂非指依法原不应付税之开支而言乎,岂非全系口惠而实不至之计算方法乎。推直接税处之用意,以为内迁费用之作为损失,依照所得税法规而言,只能于发生费用之当年,列为收益之减除数,而不准将其未弥补之余额,移入下年。兹该处准许以内迁费用未能以当年收益全数弥补之余额移入下年,再在收益中减除,是已失内迁工厂获得些微之实惠。但此种主张,谓为计税方法上之一种通融办法,则可谓为内迁工厂赖以获得免税特权,则仍觉其牵强。因照该处所颁布之办法,使内迁工厂所能沾得之免税实益,只为当年收益不及弥补当年内迁费用之差额。上所应缴纳之税款，皇皇条例，昭示全国内迁厂商，谓可暂予免税者，兹被直接税处以一纸处令，将商等免税之权利，限制到"内迁费用为当年收益额所不能弥补之余额"，上所应缴纳之利得税款，其为数之微，亦可想见。若使内迁工厂二十八年度之收益，适足弥补其内迁费用，而无余额转作下年度收益之减除数时，则其所享之免税利益，不其等于零乎。属会等明知条例所给予内迁工厂之免税权利，决不如此其刻薄也。此在直接税处所颁办法之欠当，上言应请求钧部转财政部，将是项处理标准迅予撤销，以符立法免税原意之理由也。

六、或有谓内迁工厂与原来建设于内地之工厂，对于后方生产作同样之努力，而一则免除利得税，一则不予免除，彼此相较，显失公平。殊不知内迁工厂所犯危险、所受损失与所费成本，实远原设内地各厂所可比拟。所以其暂时免税之规定，对于原该内地各厂而言，决不能谓享受特权，有失公平。伏念属会各厂，大都来自沦陷区域，最初冒战事之炮火，拆卸机件，其不及迁移之残留部分，则完全损失在水陆运输途中。遭遇兵险，舟覆货沉，车毁货烧，又比比皆是。甚至资主、经理以及员工押运，在途遇险或染病而死，不及安抵目的地，亦不计其数。或一迁、再迁、三迁，终于片件无存者，更指不胜屈。其邀天之幸，得将人力物资运到内地者，则补充物资、购买厂地、建筑厂址，一切设备无一不以最高价格取得之。故内迁各厂之幸得成立于今日者，其所犯危险与所遭损失，实非原设内地各厂之安居乐业者可比。所以内迁工厂之得法律允许，暂免利得税者，亦所以略补其内迁时所犯之巨险与物资上、精神上所已受之损失，且略使其所费用各种设备之最高成本，得有一部分之补偿也。兹若以各厂既已迁到，而即将其迁移时所犯之危险与损失，一笔抹杀，即将政府以法律赋予之唯一优待条件，予以取消，是诚足以使已迁者痛心，未迁者裹足。此在纳税公平之原则上言之，应请求准内迁厂商准予暂行继续免缴过分利得税之理由也。

综以上所陈各点，足见政府对于属会各会员工厂免纳利得税之奖励办法，不应以直接税处一纸处令而遽予取消，其理由实彰彰明甚。为此具文，恳请钧部咨请财政部转令直接税处，迅将所颁《修正计征利得税对于战事损失暨内迁费用处理标准》，予以撤销或修改之，使属会各会员工厂仍得暂免利得

税之权利,以恤厂艰而昭大信。曷胜迫切,待命之至。除分呈国防最高委员会、行政院、财政部外,谨呈

经济部部长翁

迁陕工厂联合会主席委员章剑慧
中华民国三十年七月二十三日

[经济部档案]

12. 财政部为迁川工厂联合会呈请准免缴利得税案拟仍维持原颁处理标准咨(1941年8月7日)

财政部咨　渝直字第10505号　中华民国三十年八月七日发

案准贵部三十年七月二十日(卅)工字第14178号咨:为据迁川工厂联合会呈请仍准免缴利得税一案,对于计征处理标准,似宜从宽,咨请核复。等由。查本案本部前据该联合会呈同前情到部,经以查非常时期利得税之征课,系国家因应时宜,顺乎舆情之重大举措,目的在平均社会财富之分配,抑制国民经济之变态发展,并以充裕战时之政费军需,全国上下莫不同声拥护。条例第十四条对于内迁工厂暂予免税之规定,原所以体念各厂迁运之艰难,藉以奖励内迁,发展后方生产之意。惟以此项免税规定,所涉及之范围甚广,而条文简略,绎解颇觉困难,举凡免税标准与免税期限诸端,自有加以明白诠订之必要。本部直接税处,前此请准颁布之《修正计征利得税对于战事损失暨内迁费用处理标准》,规定内迁工厂于内迁后经营所获之纯益,已足弥补内迁所需必要费用时,不再免税。在免税期间内,该工厂之纯益,应全部用为弥补内迁必要费用,其已补足之最后一年,就其弥补后之余额,依法课税。云云。于法并无抵触,于理尤属应然。诚以条例规定暂予免税之主旨,无非藉以弥补工厂内迁之损费,俾各生养休息,顺序发展。复以"暂"字系未限期之词,审度立法精神,自应以各厂之纯益,足以弥补其内迁之费用,为免税之限期标准。国家系超越人民之合体,政府法令所及于人民之权利与义务,自然绝对平等。内迁工厂迁移之必要费用,既准自纯益中尽量提补,则其补足后之营业能力与获利机会,已与其他后方各业相同,自无特享免税优惠之权利。

至谓各厂内迁所费成本甚高,与旅运困难各节,查成本高低,直接关系纯益之多寡,此于税额之计算,自有调整核定之准衡;旅途困苦一端,实乃非常时期之一般现象。战时爱国人士转从播[搬]迁,流离失所者,宁止一人。果以旅运之精神损失,引为特予免税之理由,此于前方浴血舍身之战士,诚又何词为解。近代政治思想,国家之公益与人民之私利,应属一体,值此抗战建国,库需孔亟期中,中央五届八中全会,方有严密过分利得税稽征之决议。最高民意机关国民参政会,与社会舆情,且倡提高过分利得税税率严格征课之议,各厂如单顾本身利益,曲解条文,固请免税之特惠,匪特情理难通,实亦舆论不许。国家税收所取于各业者,转手或为奖助各业之资,取之于民,用之于民,政府自有通盘筹画,势不容人民各就自利立场,动辄以免税为奖励产业之藉口。据呈前情,除呈报行政院外,合行批仰知照,转饬各内迁工厂一体遵照原颁处理标准缴税。等语。批复,并另文呈报行政院在案。兹查去年重庆工商各业,以迁川厂商获得最丰,其棉纱各厂,营业利得,且动在二三倍以上,过分利得税一项,据查税收可达千万余元。以如此获利特厚之厂商,呼吁免税,已为舆论难容;以如此巨大之税款,弃而不征,尤属职责不许。各内迁工厂之拆卸装配所需,既多受有政府补助,其运迁损失等费,又准予尽数弥补,受国之惠,不为不深,此而犹复自居特殊,曲解条理,自问情岂能安。即如重庆冠生园,原在后方营业,现亦列名内迁工厂,妄请免税,则是非俱无,何以理解。战时经济政策,固以奖励工矿、发展生产为切要之图,而国家财政,亦实以增益库收,发展公平合理原则,为当务之急。直接税处原颁《修正计征利得税对于战事损失暨内迁费用处理标准》,对此二者苟能兼顾,其于法理解释,亦仍尚适中允当。本案本部拟仍维持原颁处理标准,该联合会所请仍准免缴利得税一节,未便允行。准咨前由,相应咨复查照为荷。

此咨

经济部

财政部长孔祥熙

[经济部档案]

13. 迁川工厂联合会为请求暂免缴纳过分利得税重申理由呈(1941年10月28日)

迁川工厂联合会呈　渝字第二四六六号　民国三十年十月廿八日

窃属会前以内迁工厂暂免过份利得税之规定，突被取消，群情惶惑，曾具呈财政部，并分呈钧部、国防最高委员会、行政院，恳请分别令咨，准予继续暂行免缴，以恤商艰，而昭大信。兹奉财政部渝直字第7556号批示，内开："呈悉。查非常时期过分利得税之征课……①，遵照原颁处理标准，缴税为要。此批。"等因。奉此，属会似不应再行冒渎，致干咎戾，惟细绎财政部批示云云，实觉有不能已于言者，谨敢披肝裂胆，为钧【部】缕析陈之。

一、财政部批谓，直接税处颁布之《修正计征利得税对于战事损失暨内迁费用处理标准》规定，内迁工厂于内迁后，经营所获之纯益，已足弥补内迁所需必要费用，其已补足之最后一年，就其补足后之余额，依法课税。云云，于法并无抵触，于理尤属应然。等语。在属会会员愚见所及，颇觉与之相反。盖非常时期过分利得税条例第十四条，既有内迁工厂应暂予免税之规定，无不论"暂"字之涵义如何，然在政府既颁行此项法令，则自应酌予内迁工厂以相当免税之实益，以符法意。今按直接税处所颁布之处理标准第三条规定，竟将法律所明白赋予内迁工厂应暂免税之规定，完全取消。盖内迁所需必要费用云者，既称费用又属必要，则依照所得税暂行条例施行细则之规定，其为营业收益之减除数，当属毫无疑义。费用既得依法自收益额中减除，则在费用之本身而言，已非征税之对象，而无庸纳税；既属毋庸纳税，似何有免税之可言。今揣直接税处之意，准许内迁工厂以其纯益补足其内迁所必需之费用，即以为工厂已得过分利得税条例所规定之免税实益，则直接税处依法允许纳税人从其收益中，减去其他各项之开支，亦可谓为给予纳税人以免税之实益乎？设过分利得税条例中无准许内迁工厂应暂免税之规定，直接税处其可令内迁工厂将内迁必要之费用，列作资产，而照纳所得税与利得税乎？按

---

①该文件内容已见上文。

内迁费用之得在纯益额中尽先减除,乃所得税法令所规定之计税方法,今直接税处即以此项费用之减除,视为对内迁工厂所予之免税,虽欲谓为于立法原意并无抵触,似不可得也。

二、窃查取消属会会员工厂暂免过分利得税规定之《修正计征利得税对于战事损失暨内迁费用处理标准》,系由直接税处于民国二十九年九月四日,以处令渝直所字598号,通令所属遵照办理。但查行政惯例,直接税处只能对其所属发布通令,而不能对于一般商民发布通令,其对于一般商民所颁布之通令,应以财政部布告之方式行之。是以属会全体会员,对于该项处理标准,不仅在二十九年内毫无所悉,即至本年春季,亦瞢焉无知,直至报缴二十九年度直接税时,始由税局令知照纳二十九年度之过分利得税。属会对于此点,窃有惑焉。(一)非常时期过分利得税条例,系由立法院所制定,经国府所公布,不仅全国商民应予服从,即政府官吏,亦似未便任意以命令将其变更。今直接税处以一纸对内之处令,而取消法律免税之规定,其所谓处理标准之决定,先时不仅未经非常时期立法之程序,抑亦未经财政部之公布。此在程序上言之,似未便认其为有效。(二)法律不溯既往之原则,为古今中外所公认。直接税处于民国二十九年九月所颁布之处令,即退一步从不溯既往之原则论之,至多亦只能于民国三十年内政府正式公布之时起,开始实行,似未便破坏法例,追溯既往,责令属会会员自二十九年一月一日起缴纳利得税也。

三、属会会员自问对于经济财政,虽少研究,然对于过分利得税之作用,如平均社会财富之分配,抑制国民经济之变态发展,亦所素知。所以对于此税之创设,竭诚拥护,不敢后人。惟以为欲达此项目的,则其课征之对象,似不能不有分析之研究。良以资本之性质,按照今日情形可分三种,即:(一)产业资本,(二)商业资本,(三)投机资本也。当此非常时期,资本之最有益于国家民族、军事国防者,当为产业资本。以属会观察所及,产业资本已日渐转为商业资本,而商业资本又已日渐转为投机资本。此无他,实以目前三种资本所得之酬报与其所冒之危险,已成绝对之反比例耳。夫资本必趋向于利重安稳之处,平时产业资本之运用,危险较小,故所得虽微,投之者不少,投机资本之运用,危险较大,故所得虽巨,投之者不多。今也不然。投机资本之运用,最为稳妥,其对象或为地产,轰炸无碍;或为货物,可囤积于安全之处;其交易则难于调查,其利得则无法稽核。至于商业资本之运用,贩运货物,转辗万里,车辆缺,走失又多,资力人力所费极多,且上有被炸之虞,下且有遭劫之虑,因是运用商业资本者,已有裹足不前之势。当局有鉴于此,因有提高其限制盈余成数之规定,以期吸引货物来源,以补内地物资之缺乏。然比之运用产业资本者之危险程度,尚有差也。考产业资本,不但有全部之危险,且工厂之设,须有定所,制造货品,须用人力,警报一发,计惟停工,停工损失,既多且巨。粮价狂升,工价随涨,虽极尽可能,终不及生活指数上涨之速。然此尚为工厂中之侥幸者也。不幸而遭受空袭,巨弹骤下,全厂顿毁,损失之巨,宁可言喻。即使万幸,于年终结账,获有超过20%之账面利益,但多朝不保暮,或仅为昙花一现。其朝纳过分利得税,暮已全丧其产生此项利得之产业资本者,亦所在多有。事实如此,无怪民间所有游资,几尽群趋于投机之途。举其最显著之现象,即为重庆比期之折息,竟有高至月息三分以上者,若以复利计算,更当不止此数。其所经营之业务,恐非产业资本之对象,而为投机资本之对象也。物价之如是暴涨,地价之如是狂升,非产业资本奄奄一息,投机资本欣欣向荣之现象乎?危害国家民族之利益,莫此为甚矣。属会会员不敏,以为政府欲运用税法,以达到平均社会财富之分酌[配]与抑制国民经济之变态发展,则其征课利得税之真正对象,似应为投机之过分利得,盖必须抑制投机资本,发扬产业资本,斯可达任务。否则虽不敢谓为扬汤止沸,然至少非釜底抽薪。抑制投机资本之方略若何,固无庸属会赘述,至发扬产业资本之道,似宜严守立法者特定利得税条例第十四条应暂予免税之规定,揣当时立法者之原意,实寓助长工业于免税之中。盖深知战时国库之能力,对于工业,难为积极而普遍之补助,因此为消极而特殊之规定,以减轻工厂之负担,俾为迅速之发展,以确立有关国防之工业基础,并使社会间之资本,自然群趋于工业建设之途也。

四、再查财政部批示,对于过分利得税第十四条"暂"字之解释,谓条例规定暂予免税之主旨,无非藉以弥补工厂内迁之损费,俾各厂休养生息。具见高瞻远瞩,为属会会员所蓄于心,于事而不能表而出之者也。因此只需研究(一)属会会员之内迁费用与战事损失,已否补足;(二)属会会员是否已得休养生息;(三)属会会员之生产能力,已否对于国防建设与经济建设,逾于需要,而不必再予奖励。兹敢不惮繁赘,复为分陈于次。

(甲)内迁损费之已否补足,窃谓决不能单独以账面前后所示之货币数字为估计标准,而应兼顾其事实上之资力为基础。例如有一工厂,由沪迁运生铁原料 100 吨至重庆,当时账面金额为国币 10 万元,转辗数千里,运抵目的地时,已损失其半,仅乘 50 吨,而其内迁之运费,又耗去 6 万元,是其内迁物资之成本与损费,共计 11 万元。再将此运到之 50 吨生铁,加上人工及制造费用 10 万元,制成机器若干架,以当时物价已见高涨,共计售得价额 40 万元,惟嗣后将此 40 万元重行补购生铁原料,以备制造机器之用时,市价已涨至每吨 1 万元,则仅得购 40 吨生铁矣。此时论其账面之数字,已达 40 万元,不但已补足其内迁损费之全部,抑且有巨额之剩余,较原投资本额 26 万元超过 14 万元。然论其实际,则原有生铁 100 吨,加耗内迁费用及制造成本,共计 16 万元后,反仅剩生铁 40 吨,此而谓已补足其内迁之损费,其去于事实,能不谓为过远乎。属会会员于内迁时所损失之机件材料,在账面数字言,因今日物价之高涨,容或于表面上较易弥补,但就实际资力言,其难于复原,无可否认也。

(乙)以事实言之,内迁工厂截至今日为止,不特未能休养,更未得生息,良以除上述情形外,兼空袭频传、损失浩繁、电流常断、工作无常、物价上涨、工资随增、运输不便、原料难致、粮价昂贵、觅购为难、比期息高、借贷不易,困难之多,罄竹难书。正如多病之身,在在足以致命,如是而谓已在休养,已在生息,稍明实情者,似不忍下此肯定语也。

(丙)值此非常时期,巩国防建设之国策施行伊始之际,区区内迁工厂之数,与其资本设备之量,实仅为轻重工业之种籽耳。即加上其他原有者及新兴者之数,与其资本设备之量,其去三年计划之标的,尚属远甚。事实足征,未敢为讳。《大公报》八月七日之社评与八日之专家谈话，对于英、美冻结我国人民所有之英、美货币与游资之吸引，均侧重于促进工业投资之论列。设对于条例第十四条特别指明之规定，切实施行，对于内迁工厂奖一掖百，更扩及于一般工厂，则游资将如水之就下，而群趋于轻重工业生产物品之途矣。至中央议决最高民意社会舆情之训示建议督促，当为主张提高课征，有碍国防建设，轻重工业发展之投机营利行为之过分利得，谅非主张提高课征，足以促进巩固国防建设之生产的轻重工业之利得也。

总之，属会会员工厂之内迁，原为破釜沉舟，共赴国难，转辗迁途，损失难计，现幸得在内地重振旗鼓者，系属硕果仅存。其生其减，原已置之度外，果为只图私利，则亦苟延残喘，忝守原处，何肯上体当局设会助迁之得意，下冒万险，狼狈周章间关万里，辛苦备尝，迁至内地，开工制造乎？再者，时值非常，国用浩繁，纳税为人民应尽之义务，属会会员，苟有细微之能力，自决不忍故意规避，俾合有钱出钱之义。惟尚不辞冒渎之罪，期期以为暂应继续保留利得税条例第十四条之免税规定者，实以属会会员过去内迁损费，实际尚未补足，喘息未定。而今困难重重，前途之危机四伏，非赖政府之继续奖掖，殊不足以资生存。为政府税源之培养计，为轻重工业之发展计，为七分经济之充实计，为国防建设之巩固计，法律既许属会会员以应暂予免税，虽未便延之永久，但亦应予以三年或五【年】之短期，俾各厂真能于弥补内迁损费之后，休养生息，似无将甫于二十八年施行之应暂予免税规定，遽于二十九年即被处令取消，而致暂字之内涵，若是短促之理也。

所有恳请暂时维持非常时期过分利得税条例第十四条，对于内迁工厂应暂免利得税之规定各缘由，理合具文，呈请鉴核，俯赐函请财政部撤销，或变更直接税处以处令所颁之《修正计征利得税对于战事损失暨内迁费用处理标准》，俾维持上述条例应暂免税之规定，以恤商艰，而昭大信，实为公德两便。除另呈国防最高委员会暨行政院、财政部外，谨呈
经济部

          迁川工厂联合会主席委员 颜耀秋

[经济部档案]

14. 经济部抄发迁川工厂联合会吁请改善工贷办法并恤免过分利得税呈暨四联总处意见函的训令(1942年1—5月)

(1)1月9日训令

经济部训令　(卅一)工字第452号

令工矿调整处

案准行政院秘书处三十年十二月二十二日渝机字第6454号通知单,为迁川工厂联合会呈请改善工业贷款办法,并恤免内迁工厂过分利得税一案,奉院长谕:交财政、经济两部暨四联总处核复,相应通知等由,抄附原呈到部。查6,000万元工业贷款基金,原系分由该处与燃料管理处、钢铁管理委员会三机关分别办理,原呈所请工业贷款请照手续简便,还期放长,款额加大办理各节,应交该处等议复。除分令外,合行抄发原附抄呈,令仰该处核议呈部,并将已往办理情形详为具报,以凭核复为要。此令。

附抄原呈一件

部长翁文灏

中华民国三十一年一月九日

抄原呈

谨略者:目前工业,以物料、粮食、人工之飞涨与比期利息之高昂,定货难做,周转不易,有难于为继之势,为特举其荦荦大者二点,曾请鉴核,令饬主管机关参照施行,以维工业而利抗战。一、工业贷款请照手续简捷,还期放长,款额加大三要点办理。按十一月四日大公报社论工业资本与农业资本文中,述及3,000万工矿调整经费不够,6,000万工贷基金欠足,此语实为从事工业者所痛感而不获已于言者。希望该项工业贷款一经依照规定手续申请,必在最短期限内立予照借,在期限上应以1年为原则,在款额上则请照合理申请额核准,勿予减低,并随时视其生产发展之情形,加大贷款额度,庶几可使奄奄一息之工厂得能获救,不致闭歇。若果手续麻烦周折,而又迁延时日,将使周转不灵之工厂坐视闭歇,或虽贷以款项而于还期仅定3个月,自仍不能解周转不灵之危,纵使届时即能再图补救,过分利得税请求依法仍予恤免。查过分利得税条例第14条,我国战区迁入内地之工厂,及因战事受有重大损失之营业,经查明属实者,应暂予免税之规定,原为优待内迁工厂,用示激劝。讵料年三月直接税处加以变更,按诸命令不得变更法律之原则,似不宜强使勉过,且未经正式公布,亦难共认,况法律不溯既往,今乃更定以前办法,亦失公道。至直接处办法中之内迁损费已经弥补足额后,即须照纳利得税一语,按其实际,等于将内迁工厂之免税规定完全取消。盖所谓内迁损费者,依照现行税法规定,原许其从收益中减除,而不予征课,即使利得税条例无此第14条之规定,亦属如此办理。更以事实言,账目上盈余数字,由于物价之上涨,似乎已有过分利得,如以物资言,则其量反见减少者,在在皆是。且以上述第14条之优待,各工厂为谋增强抗建实力,积极扩充生产,所存现金甚少,今忽失此保障,且须追溯既往,计惟有挖肉补疮,举债纳税,甚至收缩或闭歇而已。又上述大公报社论中,又谓直接税当别寻税源,勿仅以工业为税收对象,足见舆论亦深知工业不如贸易,不如囤积之事实。近且有奖励资金内移办理工业条例之公布,苟上述第14条,如根本上不予实施,何足以示信于天下。以上二点,仰祈钧座下体实情,俯赐鉴核,迅行令饬主管机关,对于(一)工业贷款请照手续简捷,还期放长、款额加大三要点办理。(二)内迁工厂过分利得税请求依法仍予恤免,抗战幸甚,党国幸甚至!

谨呈

孔院长

迁川工厂联合会主席委员颜耀秋

(2) 5月13日训令

经济部训令　(卅一)工字第7984号

令工矿调整处

案查前准行政院秘书处通知单,以据迁川工厂联合会呈请改善工业贷款办法,并恤免内迁工厂过分利得税一案,奉交核复通知到部,当经令据该处呈复,以签押拨款等手续能否再加简捷,还期能否酌予延长各节,应请由四联总处核议等语,经录案,并以应否恤免过分利得税,应由财政部核议各节,函复查照转陈在案。兹准院秘书处顺11字第7554号函开：贵部三十一年四月九日（卅一）工字第5896号公函诵悉。迁川工厂联合会请改善工业贷款办法并恳免内迁工厂过分利得税一案，并准财政部及四联总处核复过处，除关于请免过分利得税一节业经财政部一再批驳，应毋庸议外，关于改善工业贷款办法一节，经陈奉院长谕应由经济部并部、处核复意见，酌予转知。等因。除分函四联总处及财政部外，相应抄同四联总处原函函达查照。等由。附抄函一件。准此，除节抄原函第1节通知迁川工厂联合会外，合行抄发原附四联总处函1件，仰即知照。此令。

附抄原函一件

部长翁文灏

中华民国三十一年五月十三日

节抄四联总处原函

一、关于原建议简捷借款手续、放长还款期限，及加大借款额度一节，查该会所拟，旨在便利工业资金周转，立意甚善。惟查本处对于还款期限及借款额度，均系察酌借款人财务、业务情形核实订定，通常借款期限均为6个月或1年，必要时并得视实际需要情形酌准展期。至于借款手续，按例应由借款人应其人事组织、业务、财务、借款用途、还款办法、质押提供等项详具说明，备文申请，经查核属实后，再凭核定准驳。按过去收到之申请案中，依照手续办理者固多，但叙述简略，对于上述各点未加充分说明，尚待分别查询者亦复不少。本处一经接到此类案件时，为省公文往返查洽之手续起见，随即指派人员，或委托有关主管机关，或转嘱当地分、支处就地调查，务期最短期内明了申请人财务、业务之实况，而便审核，如申请手续完备者，本处无不尽速办理。其经核准者，除特殊案件外，一律由本处规定合约重要条款，或拟发草约，饬交当地分、支处洽办具报，藉资迅捷。至借款核定之后，所有质押品之依法办理登记，兵火险等之投保，借款契约之公证，承还保证人之签盖等项，皆为订约时应备之手续，亦属保障债权之必要措施，其办理时间之长短，及手续之繁简，自非放款机关所能过问。但本处对于信用卓著，资金殷实而需款迫切者，有时亦斟酌实际情形，准予在订约手续未完备时，提前用款一部或全部。

[经济部工矿调整处档案]

15. 瑞华企业公司陈迁厂经历请按迁川工厂成案仍照资本额征一至三月分税收呈(1943年11月16日)

窃商公司玻璃厂原名新中华玻璃厂,系民国二十六年二月在上海闸北建厂开工,迨"七七"抗战军兴时,适沪厂协理蒋相臣偕同工程师姜惠周到川筹设分厂,途闻沪战已起,因即于汉、湘、港、粤等地勘察厂址,俾作迁厂准备,后以川产鹅狼卵石熔制玻料较之江浙所产石英尤佳,并为供应长期抗战需要计,遂决定将沪厂全部迁渝。惟以长江交通时已梗阻,机器、模型运输极难,乃在沪委托中国旅行社将各项机件代为运至河内,再托四川旅行社从河内经滇越路转运来渝,至二十六年十二月二十八日,始在渝接四川旅行社通知,代运之机器模型28箱已抵渝地(沪厂会计主任萧意新及技师任有运、叶根宝等16人是时已搭民生公司轮船由沪陆续到渝)。继即更名瑞华玻璃制造厂,在渝化龙桥努力建设,于二十七年八月二十七日复工出货。查商公司玻璃厂在渝设备期中,沪上各厂始渐次陆续迁川,自后钧处虽有贷借工厂内迁运费之嘉惠设施,而商厂迁川较早,原在经济部令饬各生产工厂迁川之前,故未向钧处陈请贷助运费。至二十七年冬季,迁川工厂增至30余单位,始在渝组织迁川工厂联合会,商厂即忝列发起人之一,现尚为该会常务理事之一。6年以来,深蒙经济部及钧处维护领导,暨各方谬赞称许,感奋良殷。其间因二十九年冬欧战扩大,商厂制料之需之英产卜内门纯碱来源断绝,为求自力更生勉力自给计,乃设机器制碱厂于江津顺江场。更为谋管理起见,遂于三十年一月一日改组为瑞华企业公司。除早经于二十七年向重庆市政府呈准登记立案,并发起组织迁川工厂联合会外,复加入国货厂商联合会及市玻璃业同业公会为会员,即于是年春呈准经济部立案,领得部颁设字645号公司营业执照。但所有初迁川时之各项文件,因为时已久,迭遭人事变迁之厄,损失殆尽,因而沪厂会计主任萧意新及总务主任陈松泉皆于二十九年秋冬之际先后病故,两人负责保管之文件多已散失,无从清查。至改组公司后,于三十年八月十二日又遭敌机狂炸,厂中炉灶间、储藏室、货栈、机器间等处同时被中重量炸弹,毁损情形极重,当经中央信托局查明赔偿所保兵火险损失费国币388,745.34元,有案可稽,赶工修复费时80日之久,灾损之巨可见,以致旧藏迁川文件悉行毁失。迨至本月一日,商公司接奉重庆市营业税处税字第2530号批示内开:呈悉。查迁川工厂暂准自四月份起按总收入额纳税一案,系以七七事变时确由沦陷区域搬运机器来川,当迁川之时,有经济部令饬迁川之命令,或工矿调整处贷借运费之结算单,或当付起运机器之保险单、海关单、轮运单等证件缴验登记后,始得认为确实迁川工厂,方能遵照上项规定办理,如仅凭一纸迁川工厂会员证,殊难认为有效。所有该公司本年度1至3各月营业税,依法应按总收入额课征,如有滞延情形,自应照章处罚,仰即知照。此批。等因。奉此。除另文呈复,沥陈上述各情,请乞明察鉴核,准予仍照过去历来成案征收三十二年一、二、三各月资本税外,谨此具文缕陈各情,恳乞钧处鉴察实情,惠予赐文重庆市营业税处,代为证明确系迁川工厂暨三十年八月十二日被炸毁失旧藏文件各情,俾获仍照成案缴纳本年一、二、三各月资本税,以重经济部及钧处维护迁川工厂之至意,而恤战时生产工业之艰困,是为感祷。临呈迫切待命。祇候示遵。此呈

经济部工矿调整处钧鉴

瑞华企业股份有限公司总经理　蒋相臣
协理游龙光
地址:重庆道门口四十号
中华民国三十二年十一月十六日

[经济部工矿调整处档案]

四、内迁厂矿的困境

1. 工矿调整处技术员曾广韬为迁川工厂复工后所生困难各情缕陈意见的签呈(1938年11月26日)

谨签呈者:窃职奉派调查工厂机器,连日分赴各厂,于调查工作完毕后,辄与厂方研究提高工作效率,以增加生产,厂方每以复工后困难情形相告,并请谋补救之法,今谨就各情形,缕陈于后:

(一)工人问题:查工厂提高工作效率,增加生产,多赖工人技术之熟练工作之努力。近查各厂熟练工人备感缺乏,招致不易,而随厂迁来者,亦多居奇骄横。如陆大工厂近日之工潮及其他工厂工人之故意怠工、旷工,使厂方辞退,改就待遇较高工厂,致厂中工作作辍无定,影响生产,倘不及早解决,如炽为风情,将来工厂全体复工,困难更增严重,其救济之法:(1)对于招致技术熟练工人,不能尽依四川一处,应由本处或责令迁川工厂联合会速赴战区或西安,广为罗致。既可解决在渝工厂之需要,且免为敌方所利用。并宜责令迁川工厂联合会,招集各厂,研究训练技术工人办法,及早实施,同时可函请教部指定之各学校所办之职工训练班,积极进行,并请将已受训练之工人名单随时送迁川工厂联合会,以备雇用。(2)工人怠工:工人怠工原因,固多由工人居奇骄横,而厂方工作时间及待遇等之不尽适合,亦令工人不肯安心工作。故补救之法,应于工人、厂方同时进行,由本处或责令迁川工厂联合会,招集各厂会议,就各厂实际情形,规定划一工作时间及待遇,并厘定工人怠工、旷工、请假之考核及惩处办法,呈本处核准实行,俾厂方工人切实遵守。如工人怠工、旷工超出规定钟点,依法惩处,本处可予执行。一方本处发给各厂布告,于必要时派人到厂训话,动以大义,恩威并施,怠工情形自可减除。(3)工人跳厂:工人跳厂为工厂最大之损失,原因多因各厂待遇不能一致,致工人见异思迁。如现在各厂每有工作辄以高工资率招致工人,及工作做完,复缩低工资率,故工人跳厂不休,生产损失至巨。可由本处或迁川工厂联合会,招集各厂厘定工人待遇,及互守规则,使各厂切实遵守,呈本处核准实行。于工人可采用英国战时工人离业证办法,即无故离业,厂方不予离业证,而厂方亦不得用无离业证之工人。如新由外间来前之工人,悉来工厂联合会登记,经查确非在川各厂工人,得予证明介绍职业。

(二)材料问题:现各厂陆续复工,多以材料缺乏,不能尽力生产,此类问题,固因时局关系,一时不能尽如人意,而为补救目前计:(甲)闻市面尚有生铁储存,以操纵提高价格,密不出售,本处可设法考查,平价责令出卖。(乙)由本处函请各省政府,转饬各县,向民间收买各种存铁及铜、铅等,汇集成数,送川应用,亦可济燃眉之急。(丙)迁川各厂所带来之材料,有现存而不用,而他厂急待购买应用,本处可详细调查。各材料及应用情形,并责令本处派往之技术人员,注意各该厂中情形,随时呈处,或不时派技术人员到各厂考查,遇此类情形可随时令各厂互通有无,以增加生产。(丁)四川各县及陕西之笛坝、凤县等处小规模铁厂,闻为数甚多。本处可详细调查其产量,或由本处定购,转卖各厂,以免辗转市场,有人操纵,从中牟利。

(三)关于技术问题:各厂多因经济关系,不能采用经验宏富之技术人员,而现所制造之兵工及他工作又非早日习作者,故产品之质量,均有未尽完善之处。如手榴弹木柄,以适当之机械及工具,每人每日最低可做250枚,而现承制之厂,每日每人仅做100枚,或不及100枚。倘将工作机单简之改制,每日即可得大量之生产。又如车刀,各厂均感高速钢价值奇昂,来源不畅,而独无节流之法。如以高速钢刀头,用钢沫和药粉粘于普通钢上,其效用与全高速钢刀等,而所有甚多,此乃举例而言,其他因技术关系,不能做大量之生产处甚多。现值抗战时期,生产事业,亟宜提高工作效率,本处可择需人较殷之工厂,于登记之技术中选富于经验者,派往各厂协助技术工作,所费无多,收效至宏。

(四)关于管制及鼓励生产:现值抗战时期,各厂工作,宜将有关兵工工作为先,普通工作次之。近查各厂,有因普通工作利润较高,而中止承造兵工。

本处可通令各厂注重兵工生产,于必要时可施行管制。又如手榴弹及炮弹、炸弹等,为抗战利器,其弹壳之铸造,技术简单,设备亦费无多,可鼓励各厂,均设炉制造,以增大抗战力量。

(五)统制利润:各厂每有因设备独有居奇,故承造工作,有时索价过高,致请求者,宁中止计划,而不肯出过高之代价,似此殊非后方生产建设之道。本处可通令各厂及迁川工厂联合会,注意此项问题,各厂不得作无理之估价,或由处厘订利润限度以管制之。

(六)各厂联席会议:工厂技术会议,其他国家,每厂或厂与厂间,颇多施行,收效颇宏。现在川各厂多因设备不全,材料缺乏,致工作及技术方面,常发生自厂不能解决之困难,如于相当期间举行各厂联席会议,或为必需,俾各厂彼此明了各厂情形,取长补短,互通有无,群策群力,于现时各厂之生产上,不无小补。此项会议可由本处招集,或责令迁川工厂联合会主办,由本处监督指导,使切实施行。以上所陈意见,是否有当,敬祈鉴核,谨呈
处长翁,副处长张

职曾广韬谨签
十一月二十六日

[经济部所属单位档案]

2. 上海中法药房重庆制造分厂陈叙原料药品等项来源不易部分机器暂难一律运用呈(1938年12月19日)

案准迁川工厂联合会第459号公函,以奉钧处二十七年十月八日矿整字第1544号训令内开。案查前奉经济部川工字第8713号训令。以本处督促协助各工厂迁入内地,意在保全设备,增加生产,迁移之后,亟应从速复工生产,以副促助之原旨。饬察酌实情,妥定复工办法呈核。等因。经遵令,拟具工矿调整处内迁厂矿复工办法。呈复核示在案。兹奉经济部二十七年十月四日川工字第11379号指令开:呈件均悉。经将该办法分别修正,随文抄发。仰即遵照办理。此令。等因奉此。应即施行,除分令外,合行抄发该项复工办法,令仰遵照并转饬迁川各厂矿遵照。此令。并抄附原办法一份,嘱查照办理。等因。窃查本分

厂为轻化学工业,前于由沪迁汉之一个月后,即经复工出货应市。继又奉令由汉迁渝,迨一部分机械原料运抵渝地时,即就小梁子十二号本分应余屋内筹备复工,当将家用药器软膏剂、丸剂及原料亚水等数种尽先开始制造,以应需求。惟因原料、药品、印刷器以及瓶罐等项限于运输之困难,不易源源接济,致有一部分机器无法运用,中间数经筹虑,迄无善策。伏念本分厂,体察时艰,本匹夫有责之义,不辞转辗西迁,原期为国家会稍尽绵薄。溯自在汉复工以来,凡有从前后方及内地民众健康之要药,莫不大量制造,源源供给。其中如龙虎人丹之巨额出数,尤有助于公私各方之要需。事实具在,绝难假饰。兹者钧处明令下颁督促迁川厂矿迅速复工,允为德政。但以本分厂情形而论,共为人力可使实现复工者,业已见诸事实,即一时不易办到而认为可以设法打破其难关者,亦无时不在熟筹办法之中。良以为本身营业利害计,断不愿停顿,其一部分之工作致蒙无形之损失,惟目前最感觉不易弥补其缺憾者,则原料等等,取给之困难既如前述,尤以药品之装配一事,绝难迁就。例如应装玻瓶之药品,若以之装入铝罐,即易发生变化失去效能,而玻瓶又以不含碱性者为上选,即此一端解决已无办法。故本分厂除努力于可能范围内维持其工作最高效率外,尚有一部分机器因原料等项来源之不易,暂难一律运用,乃属人力所穷于应付者,惟有以例外视之,未可概论于一般情形也。奉令前因,理合声叙缘由,备文呈请钧处鉴核备案,实为商便。谨呈

经济部工矿调整处处长

上海中法药房股份有限公司重庆制药分厂
厂长林鸿藻代
廿七年十一月十九日
[经济部工矿调整处档案]

3. 裕华庆新等纺织公司沥陈棉纱成本高昂维持困难请求免予统制呈(1939年8月)

(1)裕华公司呈(8月10日)

谨呈者:前奉钧处函台讨论棉纱统制问题,属厂曾派遣代表趋聆训诲,仰

承受护之殷,无任感佩。兹遵嘱编造棉纱成本表,并将其中重要各点分别胪陈于后:

甲、原棉　查川省非产棉区域,厂家用棉大量须由陕省购运,因蜀道艰难,运费奇重,以致成本高昂,担负匪轻。虽现时尚有少数迁来机棉可资应用,但以撤迁费用及沿途损失,成本仍属昂贵。此其一。

乙、物料　自抗战以来,国际运输日益艰困,外汇更继长增高,因之购价既昂,运费尤重,故现时物料成本率高出平时五六倍至十数倍不等。此其二。

丙、工资　查川省向无纺织工业,故工人问题异常严重,虽有少数熟手工来自下游各地,然以人数太少,分配不敷,以致因缺而俏,招致困难。近来因生活程度增加,遵照钧处工资规定,提高工人待遇,比较从前之汉口及现时之上海所定工资,均几超过1倍。又以熟工缺乏,非训练养成工人不足以资补充,人数冗滥,而工作能力减低,以故生之者寡,食之者众,生产之数量有限,工资之负担骤增。此其三。

丁、迁建费　自去岁奉令仓促西迁,关于拆迁之损失,因交通工具缺乏,水脚昂贵,而沿途之破坏,宜栈之炸毁,其损失尤为不资。关于建设之消耗,则以工料高涨,无一不认贵从事,将来大局敉平,物价必有正常水准,建筑估值决不能与原来造价相当,是此时之无形损失,实为本身增加之负担。此其四。

戊、利息　拆迁建设费用浩繁,关于资金之运转,惟存款与往来是赖,积数既大,利息随增,此刻开工伊始,生产廖廖,故每包棉纱负担之利息,殊堪骇异。此其五。

己、成本负担　查属厂固有纱锭为4万余枚,此时已经开车者仅3,000锭,所有缴用方面,较开足全锭时增高数倍,而生产数量尚不及当时5%。以极少之产品,负极大之缴用,成本之重自不待言,且以重庆气候湿度过大,工作困难,生产数量较标准约少二三成,此种自然障碍,尤为成本加重之共同原因。此其六。

综上所述各点,乃不可磨灭之事实,为社会所灼知共见,绝非因目前统制问题之发生而故为过情之申诉。钧处藻鉴所及,固已洞烛无遗,当此疮痍未复,喘息未苏,建设甫具雏形,生产尤为短少,倘不蒙矜全保护,遽加以统制之摧残,恐后方实业将永无昭苏之望。更进一步言之,果使统制厂纱以后,能于政府、人民有所裨益,则厂家牺牲犹有代价,但在此求过于供形势之下,虽将厂价强制抑低,然对于纱号及织户仍不能压制其高潮,国计民生两无所补,徒使厂家独受其困,借筹代筹,似属非策。理合函呈下情,并附赍成本细表,仰祈钧处俯赐鉴核,在此生产极微时期免予统制,以维实业而培国本,不胜企祷屏营之至。谨呈

经济部工矿调整处

　　附赍棉纱成本表一纸

裕华纺织公司渝厂筹备处谨呈
二八・八・十

裕华纺织股份有限公司渝厂棉纱成本一览

项别	每包应摊金额	附注
原料费		
原棉	$400.00	每包纱用花 500 斤(市秤),每百斤 80 元合
制造费		
工资	$79.30	现在每月实支直接及间接工资共计 $11,900.00,以每月出纱 150 包,摊计如上数
薪给	$63.03	现在每月实支职员薪给 9,400 余元,以每月出纱 150 包摊计如上数
物料	$225.00	现在每月纱摊用物料因时价奇涨且以外汇与运费种种关系,比以前超过五六倍至十数倍不等[以下不清]
原动	$19.00	现在每日用电 1,600 余度,每度按 5 分 5 计价,合 90 余元,以每日出纱 5 包摊算如上数
营业费		
子金	$333.33	各户存款及往来款项共为 625 万元,按月 8 厘计息为 5 万元,以每月出纱 150 包摊算如上数。但资本本身未列入
保险	$22.67	每月平安火险保费约 3,400 元,以每月出纱 150 包摊计如上数
统税	$11.00	统税局规定乙种纱每大包重 192.6 公斤,完税 $10.84
膳费	$20.00	现在每月实支膳费约 3,000 元,以每月出纱 150 包摊算如上数
文具	$1.00	现在每月实支文具费约 150 元,以每月出纱 150 包摊算如上数
邮电	$2.00	现在每月实支邮电费约 300 元,以每月出纱 150 包摊算如上数
旅费	$1.33	现在每月实支旅费约 200 元,以每月出纱 150 包摊算如上数
杂费	$13.33	现在每月实支杂费约 2,000 元,以每月出纱 150 包摊算如上数

续表

项别	每包应摊金额	附注
分庄开支	$20.00	现在每月各分庄开支约共3,000元,以每月出纱150包摊算如上数
合计每包成本	$1,210.99	此外尚有每包应摊之:"拆迁损失"、"渝厂开办费"、"摊提折旧费"、"兵险费"、"防空费"、"临时各种捐输",均未列入

民国二十八年八月十日制

(2)庆新公司呈(8月12日)

谨呈者:商厂奉闻军政部对于棉纱将全予统制一案,属在后方工厂,敢不仰体军政所需,勉任效力。惟商厂自奉政府密令迁移,仓促拆卸机件,设法运输,当以军需、人口急迫疏散,交通工具缺乏,多赖木船运输,水脚昂贵,困难重重,历经艰险运至后方,机器损坏已多,不能全行开车,但维持后方生产,职在商厂,故仍勉力筹设开车。然自抗战军起,国际运输日艰,外汇更继高涨,建筑及五金材料之昂贵与难购,实为他时所未有,一切无不忍贵从事,将来大局安平,物价必有正常水准,则建筑估值必不能与原来造价相当,此种撤迁及建筑无形损失,为数至巨。再就原棉论,川省又非产棉区域,厂家大量用棉,非自陕省购运不可,然因蜀道艰难,运费特贵,以致成本高昂,虽现有带来机棉,可资应用,惟撤迁时沿途损失极大,成本仍重,其他各种物料成本率亦均高出平时五六倍乃至十数倍不等。更以直接生产女工问题,实属严重。盖川省往昔少工厂,熟手女工太少,非训练养成工不可,且因疏散四乡,恐惧轰炸,人数又少,此等缺乏工场常识之少数养成工,其生产效力,自趋低落,而其工资按照钧处规定,比往昔上海、汉口标准均几超过1倍。如上陈损失多,成本率加重,生产数量减少,工资负担激增,种种困难情形,实为社会所共见,决非因统制问题而故作过情之申诉,谅亦为钧处明察无遗也。是以即欲勉将输效,实力有未逮,为此特具书沥陈困难,并就商厂成本开列于后,仰乞赐予保护维持,否则喘息未苏之后方实业,将永无更苏之望矣。

每件纱成本:

(1)原料450市斤,计国币400元;

(2)开缴　工资及训练费　85元;

物料及修理费　280 元；

包扎　8 元；

水电　20 元；

管理营业费　40 元；

统税　11 元；

利息　220 元；

惠工费　20 元；

杂费　50 元。

总计　1,134 元整。

附注：此外尚有每件应摊之"拆迁损失"、"渝厂开办费"、"摊提折旧费"、"兵险费"、"防空费"及"临时各种捐输"均未列入。

谨呈

工矿调整处

重庆庆新实业股份有限公司

[经济部工矿调整处档案]

4. 经济部抄发中华工业总联合会等吁请给予工厂内迁及沪工业品内销以助力与便利函的训令（1940 年 1 月 23 日）

经济部训令　工字第 51440 号

令工矿调整处

案据中华工业总联合会等函呈，以建设西南，关于工厂内迁及货物内运之运输及汇款等，请尽量扶助，予以便利等情。查汇款一项，可参照便利内汇暂行办法办理，便利运输一项，已咨请交通部核办，关于请求在运费及建厂费上予以经济之助力一项，应由该处核议。合行抄发原函呈一件，仰即遵照从速核议具复。此令。

计抄发原函呈一件

部长翁文灏

中华民国廿九年一月廿三日

敬陈者：抗战以还，同仇敌忾，虽举数十年煦育培养之实业悉付劫灰，而属会同人益自淬励，更坚最后胜利之信念，此皆仰体我钧座公忠体国坚苦卓绝奋斗不屈之精神所致。同人夙怀生产救国之宏愿，值兹经济斗争之激烈，除陆续迁厂内地外，均在上海租界设厂开工，坚贞自励，无非欲于国族复兴道上勉尽绵薄，靡敢弛懈，以副钧座复育涵濡之至意。缅维兴办实业，实为至艰极苦之工作，而一岛孤悬，各方逼处眈眈之下，动感掣肘，迭荷钧座明镜高悬，多方维护，生机一线不绝如缕，属会等仰体渊衷，兢勉之余，尤深感奋。窃就管见所及，粗陈一二，伏维鉴察。窃谓建设西南经济，确为根本要图，顾以同人体验所得，认为应就先决问题预须商陈者有二：一为运输问题，凡原料、机件运往内地，经年累月，废时糜财，阻碍重重，困难种种，各厂商感受之痛苦有非村长楮墨所能宣。我政府果欲工厂内迁，非在运输上尽量协助予以便利不可。此其一。内迁各厂最难负担者为运费问题，譬如布机百架运往西南各省，所费需 10 万元以上，而较大繁复之机件尚不止此数，甫遭摧折之工厂，疮痍未复，何堪担此重负。加以建筑材料日见昂贵，内地造厂尤感大难，布机百架之厂屋建筑费至少在 5 万元以上，较小工厂力有未逮，非仗我政府予以经济上之助力不易为功。我工业界于人力、机器之策划，罗致已感万分困难，决无余力以任巨责，所有运费、建厂费应请我政府饬知四行尽量放款，长期拨还，以解决此二种困难。此其二。抑又有进者，促进内地生产事业固属重要，究以基础薄弱，欲于短时间内完成建设工作，尚非易事，而内地以人口密集，需要激增，日用品之取给非赖沪地工业品之内运补其缺不可。计自军兴以来，属会工厂供给内地之药品、国防用品以及各种日用品年有数千万元，努力制造，未敢迟滞。惟货销内地，近来货价不易汇沪，贴水每千高至二三百元之巨，而原料之购入胥需现款，别至各厂成本日巨，而周转益艰，往往陷于停工、减工之一途。倘我政府予以内汇上之便利，责成属会等匡计每月数额，加以核定，则工厂不仅资金上周转灵活，即制品价格亦因汇水之降低可将物价核减，以符我政府平市之本旨。此应请乾纲敏断，迅予实施者一。沪地纱布、药品、日用品以及国防货物，比以运输困难，遂形成内地求过于供之现象，物价飞涨，生活益艰，我政府有鉴及此，因有平准物价之举，下风逖听，佩仰万分。

惟念平市入手办法,厥为疏通货运,务使机构灵活,办事敏捷。凡正当工商业所运货品确为纯粹国货,而为内地急切需要者,均应尽量扶助,予以便利。在国境以外之交通机关,亦望切实商妥,不加留难,俾货物内运费省时速,源源不窘,以达我政府平市之目的。此货物内运之有赖于我政府切实协助者二。钧座支持全局,宏济艰难,我上海工商业之苦心撑拄,坚志维持,夙荷洞见症结、关切逾恒,深维抗建大业之艰难、益懔奋斗进程之宏远,漏舟风雨,息息相关,用是不避冒昧,剀切直陈。

中华工业总联合会等

[经济部工矿调整处档案]

5. 迁川工厂联合会为非常时期渝市房屋租赁暂行办法第十一条规定有碍工厂生产恳酌予修改呈(1940年6月22日)

窃本会会员工厂一百数十余家,皆由沪汉等处拆迁来川,工厂所用房屋虽多出于租赁,但自机器安装以后,即不便随意迁移,此为工厂与一般住家或商店不同之点,故如出租人中途辞租,在厂方即发生极大困难。本会各会员工厂自迁川以来,中间亦曾发生出租人辞租纠纷,然幸有重庆市房租评定委员会章程为之保障,始得安心工作,努力生产,以仰副政府促进生产建设后方之至意。乃于本年三月三十一日奉读行政院公布非常时期渝市房屋租赁暂行办法,其第11条规定为"租赁期满或租赁未定期限者,出租人如将房屋收回自用,须于3个月前通知承租人,并取得当时保甲长具结保证后,向重庆市社会局声请许可,前项收回自用之房屋,出租人于1年内不得将全部或一部出租于第3人"。自此项办法公布后,一般出租人以收回自用为藉口,迫使承租人迁让出屋,或过分增加租金者,业已数见不鲜。虽同法第16条规定"出租人如违反本办法之规定者,得处以千元以下之罚锾",然在出租人方面不难饰词规避,且所定罚锾,并非以租金多寡为比例,千元以下之罚锾,在房屋较大租金较多之情形下,对于出租人并无若何影响。本会会员工厂中最近经出租人以收回自用为藉口,逼令迁让,希图过分增加租金者,已有数起,妨碍生产,莫此为甚。查工厂机器一经安装之后,即定着于不动产而不便移动,对于原租房屋尤多经过特别改装,以适应工厂之需要,与住家家具商店货物之可以随意搬迁者大不相同,如果迁移,则凡以前安装机器改装厂房时期所耗之人力、物力均归于零,在厂方固损失不赀,就整个社会经济言,尤不合理。此其一也。工厂地点之选择须具备种种条件,如原料、电力之供给,交通运输之便利等,在在与地点有关。此工厂与一般承租人不同,而不便随意迁移者二也。即使能觅得相当地点,但机器之拆迁与重新安装,及设备之重新布置,决非短时间所克蒇事,在此拆迁期内势必工人失业,生产停顿,造成工业界不安局势。此其三也。综上三点,是行政院所公布之非常时期渝市房屋租赁暂行办法第11条规定,于工厂之生产殊多妨碍,如不呈请迅予修正,则星星之火,可以燎原,后患不堪设想。爰经本会第3届会员大会议决,呈请钧处鉴核赐予转呈行政院,对于上开办法第11条之规定准予修正,或将工厂除外,以资补救,而维生产。并乞批示祗遵,实为公便。谨呈

经济部工矿调整处

迁川工厂联合会主席委员颜耀秋

副主席委员潘世经

中华民国二十九年六月二十二日

[经济部工矿调整处档案]

6. 工矿调整处陈复继续促迁上海工厂困难情形函稿(1941年3月27日)

笺函

案准贵司三月十八日渝商一字第368号函开:奉交军事委员会代电,……(抄原函)……洽办为荷。等由。并附抄原代电一件。准此。查上海工厂经本处督促协助,先后陆续内迁,至现仍留沪工厂,因目前伪币流行,遭受威胁,本处正予以密切注意,原则上自应设法促其内迁。惟以水陆交通困难,运输工具缺乏,尤其迁移费用所需过巨,各厂往往以无力负担,深感困难。本处贷款迁移,艰于基金数额,势难将大量机器内运,如能商由国库另订优遇办法,或竟拨款补助,则爱国厂商必多乐于闻命内迁生产。准函前由,相应复达

查照为荷。

　　此致

经济部商业司

[经济部工矿调整处档案]

7. 朱鸿炳为常德迁移到辰各厂经济困难拟准贷予建筑费呈(1940年9月7日)

经济部工矿调整处驻湘办事处呈文　湘字第1934号　中华民国廿九年九月七日发

　　案据辰溪建国、张鸿兴、和兴、宝丰、民实、陈东记等大机器厂呈称：缘敝厂等由常迁辰，工具列表呈请在卷，已蒙借给每吨运费45元，共协助6,000余元，实深感激，然连上下起卸力确每吨已用去70余元，始运抵辰。且辰溪地窄人多，租厂既感困难，盖屋更觉不易，除工人宿舍同少数工厂已租民房外，其余各厂车床、机件、原料皆堆积路旁。无如敝厂等因数次搬迁，种种损失颇巨，无款着手，势难复工，已经钧座来辰实地查验，勿庸赘陈。似此情急，拟再借8,000元，以车床等机件担保，于厂房完成3月后分作10个月摊还。为此再联名呈请钧处体恤商艰，准予补救，急于复工生产，实为公德两便。等情。据此。经职赴辰实地调查，各该厂所称各节，尚属实情，且张前主任曾于迁辰前批示先发迁移费，俟抵达后再行核借建筑费在案。惟迁辰工厂计有30余家之多，除少数经本处协助后已租得民房外，其余均无办法，复以四日辰地又遭敌机狂炸，更形困难，各厂纷纷面请救济。如不予以统筹，似有失调整本意。经个别查勘及召集谈话后，统计全部建筑费用约需万余元，为便利工作及节省经费计，已嘱合并建屋应用，并就各厂经济能力规模大小为标准，予以分配，拟共准借建筑费5,000元，规定在建筑完成3个月后，分10个月归还，其余不敷之数仍由能力较强之厂担负。谨将各厂不同部门需要厂房数量及借款数目，列表附呈。更为明了起见，如张乾泰、刘洪盛、杜顺兴等附有不同工作之厂，亦分别重复开列，至于发给借款时，仍当一并计算，中亚附属八厂亦当合并发款，拟请予以照准，俾得早日复工，以利后方生产。是否有当，仰

祈鉴核。谨呈

处长 翁
　　 张

驻湘办事处主任朱鸿炳

附迁辰各厂需要厂房间数及借款数目表一份[略]

[经济部工矿调整处档案]

8. 申新第四纺织公司宝鸡分厂沥陈灾后经济困难情形请求建筑贷款呈(1940年10月17日)

呈

　　为沥陈灾后经济窘困,工程无以为继,请俯赐奖掖,准予转饬核拨建筑贷款50万元,俾便早日全部复工,而利抗建事。窃商厂遵令内迁,艰辛备尝,损失綦重,早在钧处洞鉴之中,叠蒙维护,多方协助,感德弥深。维念两年余来,商厂处人力、物力、财力疲敝之秋,披荆斩棘,苦干以赴,乃于去秋勉有一小部分复工,综计需建筑费已达一百六七十万元之巨。其正进行各项工程,照初定计划时之预算,尚须100余万元。原期经之营之渐启宏基,不意八月三十一日,复遭敌机摧残,滥施狂炸,损失重大,曾以受灾详情呈报在案。旋奉钧处驻陕办事处转来钧处电令,较大工厂须重行疏散,藉以减免敌人有计划之摧残。等由。遵即分别进行疏散,耗资至巨。又值川、陕两省淫雨为灾,物价高涨,即就建筑材料而言,昔日青砖每万仅值500元,今已增千元左右;石灰每担仅四五元,今亦须十三四元,尚以奇货可居,购办不易。其已订约承包工程各建筑公司,亦以米、面、材料、工人价格陡涨,不堪赔负,纷纷要求中止契约或要求照原订价增价二三倍不等。而灾后修缮整配,无不需费,支用浩繁,已与原有预算超出过巨。当今经济窘困,周转为难,则一切复工建设工程,将有无以为继之势。迫不得已,爰不揣冒渎,披沥陈词。伏念钧处领导西北各工矿业之建设,关切倍至,而商厂又素蒙维护,际兹后方军需孔亟之日,商厂负军需生产重责,恳予按照《陕西工厂复工生产奖助办法》第一条之规定,及灾变损失之重大俯赐扶助,核拨建筑贷金50万元,俾商厂得以继续进展,早

观厥成,增供后方所需,俾利抗建,则匪特商厂得资完工,而国计民生亦两蒙其利矣。谨呈
经济部工矿调整处

申新第四纺织公司宝鸡分厂
剑慧谨呈
中华民国廿九年十月十七日
[经济部工矿调整处档案]

9. 工矿调整处驻陕办事处陈报申新宝鸡分厂经济窘困情形及请借款呈(1940年10月20日)

谨查申新四厂宝鸡分厂呈请借款50万元,确属需要;所称经济窘困情形,亦系事实。查该厂在汉口拆迁时,旧债初清,所以迁陕之始,一再迟延,无力复工。二十八年八月至二十九年八月,租购小原动,消耗多而生产少,每日出纱三四件,在本年四月以前,且全为军需局统制以去,故工厂每月开支尚不足自给。本年八月以后,逐渐开足6,000锭,平均日出纱10件左右,但1/3以低价交付军需局,盈余之款仍不足应付各项开支及建筑修补工程之需;加之八月三十一日被炸,修理厂房,另行疏散,用款孔亟。重以淫雨三月,工程停顿,生产不能加增,开缴多出数倍。最重要者各项物料涨价,包工之建筑公司较大者,如建业(窑洞工程)、新建(原动粉厂工程)因亏累不堪,建业要求解约,所建对于粉厂工程仅筑地基,已搁置,厂方无力加价,大部陷于停顿状态矣。兹将未完工程需要款额,另行列表,暨申新原呈一并赍呈,如何之处,恳乞鉴核示遵。谨呈

处长 翁
　　 张

职刘益远谨签
十、二十日

附赍申新原呈一件,申新建筑工程最近估价单一份[缺]

[工矿调整处档案]

10. 福裕钢铁厂经理陈子山为工厂受工料涨价被迫歇业事致工矿调整处函(1941年1月31日)

谨呈者：窃商厂于二十七年由汉迁川，艰苦部署，历时年余，始于二十九年一月正式复业。计设办事处于白象街七号，营业部于林森路三二二号，铁工部于江北黄角堡三号，翻砂部于南岸下新街六十四号。方期努力生产，稍裨抗建。乃去年夏秋之交，空袭连月，办事处房屋被焚，营业部房屋震毁，铁工部厂房中弹，灾祸频侵，损失甚重，业经先后呈报在案。至于翻砂部虽未受空袭损害，但以原料飞涨，工资步增，承接铸件亏折甚巨，实已无法维持。且材料来源亦盖困难，不得已，于去年年终结账之后实行收歇，以免牵累愈深。除分呈外，理合备文呈报钧处鉴核俯准备案，实为公商两便。谨呈
经济部工矿调整处

福裕钢铁厂经理陈子山
中国民国三十年元月三十一日
[经济部工矿调整处档案]

11. 财政部秘书处检送迁川工厂联合会关于工业界之困难与期望稿函(1942年6月8日)

渝秘甲(三)字365号

奉交下迁川工厂联合会呈《工业界之困难与期望》一文，并奉兼部长批：核，等因。兹定于本月十日(星期三)上午9时在本部会议厅开会商讨。除分函外，相应检同原文抄件，函达查照，务希准时出席为荷。此致
贸易委员会
　　附件

秘书处启
六月八日

工业界之困难与期望

领袖有言："无科学即无国防，无国防即无国家。"运用科学以实现国防建

设者,则为工业。现代国家之组织,不问遵循何种主义,无不以开发工业为要务。国父所著实业计划,伟大周详,无与伦比,然一言蔽之,则为"国家之工业化"而已。

国家之建设,固有赖于工业之开发,工业之发展,尤有赖于国家之强盛独立。举世殖民地及半殖民地国家,有能为工业国者乎?朝鲜、台湾、安南、缅甸之人民,有能为工业家者乎?印度在1926年后,独立运动抬头,始稍稍奠定民族工业之福基。吾人如不健忘,当犹忆民二十四年春间,敌人曾提出所谓"中日经济提携"口号,诱我降服,而其最高原则,即为"工业日本,农业中国"。我政府、国民深知非工业无以谋国家之生存,一致反对,遂终有"七七"事变之爆发。故此次抗战,谓为国家独立而战固宜,谓为工业自由而战亦无不可。在战争过程中,敌人摧毁我工业,不遗余力。我工业界初亦有冀在敌人铁蹄下苟延残喘者,今则尽化乌有矣。因此,吾人可再下一转语:"无国家即无工业"。

我后方工业界在国家保护之下,迄今犹能呼吸自由空气以从事于此独立国国民之神圣事业,饮水思源,自惟感奋之不遑。回顾沦陷区同业之备受蹂躏,更当警惕之有加。我后方工业界尤多间关万里,历万险,冒万难,以迁来此间者,当其开始迁移之际,早已具与国家同休戚,共存亡之决心,生死以之,义无反顾。历史之教训如彼,自身之意志如此,其谁愿惟战时暴利之是图?此当为社会之所共谅者。

质言之,我工业界之所期求者,厥唯生产力之保持与发展,工业生产力之保持与发展,为抗战之切需,为建国所必具,而非仅为我工业界自身之利益。大势所趋,民生主义之须彻底实现,复何疑义?如非短视浅见之徒,谁复再斤斤于本身之利益?爱国未敢后人,我工业界亦唯求尽国民之天职而已。本此原则,敢将我工业界当前之困难及其所望于我政府及社会人士者,申述如次:

甲、关于税捐者

战时税捐,原以收缩通货,稳定物价为最大前提,故税捐之课征,必为通货膨胀之所在,而课征之足以刺激物价者,则力求避免。两年以来,农产价格之高涨,远过于自制工业品及一般商品,故通货之膨胀已不在都市工商业,而在农村土地。然捐税之课征,则工商业仍远重土地。田赋征实之后,地主负担仍不过地租收入5%,故此种形势依然存在。税捐重心究应如何重建,及应否采用税捐以外之方法为收缩通货之主要手段,实为当前亟待研讨之问题。

然我工业界之所特引为危惧者,则为所有资产,多数为日损月耗之房屋及机器,依法定百分率提存折旧准备,则因原价与现价之悬殊,势将无法除旧以布新。再执此以计算盈余,缴纳税款,则虚盈实税之结果,流动资金日绌,将使生产力逐步低落,而终于无以为继。欲图补救,非不断增资,即须互相合并,以图力量之增强,但言增资,则须求新、旧股东权益之平衡,即须重估资产之价值,资产重估之结果,复见虚盈,复课实税,则增资之收入,或不足以偿税捐之支出。是又不如不增资之为愈。合并之进行,双方亦须重估资产之价值,仍须缴纳法定之税捐,则其得不偿失之情况,且较增资为更甚。此为直接税所引起之困难。

以言间接税,则其影响物价之严重,亦为甚值注意之问题。商人之转嫁税款,恒须加计利润,故课征者小,转嫁者大,已成通例,因之通货之藉税捐之课征而收缩者较小,而依物价之高涨而膨胀者较大。就通货观点而言,则其得失须视涨价之商品是否为国防民生必需品,及国库支出增加之之寡而定也。

由上所述,吾人谨提出下列之意见:

一、在物价高涨之今日,税捐已不能再为收缩通货之主要手段,时贤主张提存租谷8,000万担之价值,实为当前平衡预算收缩通货稳定物值之最有效方法,甚至即退一步发给一部分金公债,亦属利多害少。如能实行,我工业界自亦愿同时依照地租提存百分率,提存其所得利润,以共谋渡过当前经济难关。惟有须补充者,即提存办法实施之后,必须扩大农贷、工贷以调剂农工业金融,使不影响生产而后可。

二、所得税及过分利得税原须以个人所得有利得为课征之对象,始能达平均财富之目的,若以产业组织为对象,则损害组织之发展者多,而影响个人之财富者微,实非得策。我国社会组织不密,调查不周,对人征课困难自多,然如因此而遽以仅有之产业组织为对象,则人人厌弃组织,相率化整为零,向之组织不密者将演变而为无组织,危险何堪设想。平时如此,物价高涨之今日尤然。如能先改为对分派利润课征(即对股东红利及职工酬劳金课征),将来再进一步对个人之综合所得利得课征,则在目前即可与产业组织以救济,而在将来更可得资本累积及税制合理之善果。民生主义之理想对于个人财富固应求其均平,而对于产业组织仍须求其扩大,现代之产业必须为大规模之经营,早为经济学者之所共认,而国家为管理之便与效率之高,自亦应鼓励此种发展也。

三、间接税之增加须极端审慎,对于国防民生必需品尤不能认其因增税而刺激市价,消费税之施行,如用以代替前方各省重叠之课征,自与物价大有裨益,然若在内地遍设关卡,加重货运之负担,则又非物价之福。严密外线之防范,便利内地之运输,在当前实属极端必要。

乙、关于资金者

通货膨胀进入一定阶段后,工商业流动资金日趋窘迫,原为历史上各国共有之现象。我国工业投资素极消乏,战后后方工业之地位迄今尚未有明文之保障,又足使投资者裹足。益以近年来虚盈实税之影响,拥有资金者相率化整为零,以从事于商业上之囤积,或存放比期款项,以谋较大之利润,并保持资金之活动,孰复愿昌巨险,博薄利以投资手工业?工业资金遂益陷于枯竭矣!

当此抗战进入决定阶段,海口完全封锁,战时经济须谋彻底自力更生之际,政府、社会之所期望于我工业界者,倍极迫切,而工业界资金周转之艰窘若此,每一念及,实感寝馈之难安。痛苦之深,遂不觉呼吁之切,我工业界多能以实事求是自励,决非故为无病之呻也。

为求工业资金问题之解决,我工业界深知政府不欲通货之过度膨胀,金融业不愿资金之多数冻结,均有其不得已之苦衷,故认为正本清源之道,端在吸收社会游资,以供工业生产之用。然治标之计,仍非扩充工贷不为功。而欲吸社会游资,则又非特予工业投资以合理之鼓励不可。本此原则,吾人谨提供下列之意见:

一、建立产业证券市场,使工业能借股票之发行吸收社会游资,以辟自力更生之资金来源,一面并请政府另拨美金借款一部账,作为股票发行之保证,以坚社会之信仰。或由政府发行工业投资信托证券,在证券市场出售,由政府与工业界之合力,求其推行尽利,即以所获得之资金,供工业上周转之用。

二、政府为谋产业之发展及国家组织之进步,亟应鼓励有限公司之组织。为求税务行政之便利及一般管制之贯彻,更应力求公开公司(public company)组织之发达。是则非有证券市场以便利公司股票之公开发行不可,同时,前述税捐改以个人为课征对象之建议,仍须求其迅速实现。

三、在税捐改以个人为课征对象之建议尚未实行之前,对于因增资金或合作之必要而重估资产价值所表现之虚盈,应免予课征所得税及过分利得税,或将所收税捐发还,作为补助费。

四、在证券市场尚未发达健全之前,工贷款额仍须扩大,且应由专责机关或专业银行以通常业务方式负责推行,以求其效果之宏大。

五、后方工业在战后整个经济建设之地位应予明令保障,以期经营之安心与投资之踊跃。

丙、关于原料者

海口全部封锁以后,若干仰给国外之工业原料益感缺乏,亦为当前工业上之危机。五金电料自经军政部征购后,民营工厂困苦万状。国家在战争时期,军事第一,本属理所应然,然如能尽调剂盈虚之能事,使民营工业稍得便利,则同属国力之增强,自亦为我贤明政府之所乐闻。本此意义,谨提供下列之意见:

一、所有后方缺乏之工业原料,应有一地位较高之机关负统筹之责。不问国营、民营工厂,均须报告其存量于此统筹机关,并接受其支配,使能调度自如,有如中央银行之集中准备,以谋合理之运用。同时严格限制此项原料之用途,使无丝毫之浮滥。

二、可能自造之原料,应由国家尽力予以奖助,以求自给。

三、保障今后通商之利益,便利其运输,俾能以种种方法由沦陷区输入必需原料。

丁、关于运输者

运输便利,则商业来源畅旺,物资问题自可减少其严重性。商人如无意外之烦扰,不特利于营运,且可减低成本,则物价自亦可稍稍稳定。我工业界原料之获得与成品之销售,均有赖于运输之便利,故期望运输之改善者,至为迫切。谨提供意见如次:

一、关卡之设置,不应仅以增加税收为目的,而须同时顾及对于物资及物价之影响。因此,内地关卡应尽量移驻外线,市为一经济单位,市区之内,工商业有互相依存之关系,尤不能设立关卡于其间,强加支额,使市民负担,失其平衡,市之发展受其影响。

二、严禁任意扣留商货,甚至擅作充公罚款之处分。关卡办理商货,须在24小时内将案移送法院办理(商货仍存留关卡,以免转运之耗费),以期人权、物权同得法律之保障。

三、军事机关及地方政府所设关卡,须明定其查缉之标的,绝对不许干涉合法货运。

以上所陈,均属荦荦大者,如能采择施行,不但工业生产可以突飞猛进,商业运销亦可发展滋长,深信必可使目下最严重之物资问题获得甚大裨益。我工业界但求战时物价能臻稳定,战事经济渐趋好转,则在经营上获益已多。经济危机克服,抗战胜利可操左券,我中华民国自将成为世界上强盛之独立国家。我工业界能在国家保护之下继续为国家尽生产建设之微劳,即属大幸。爱国未敢后人,贡献力量,惟恐不及,谨掬愚诚,期补高深于万一。惟是一隅之见,挂漏必多,仍望海内贤达赐予教正。不胜幸甚!

迁川工厂联合会初稿

[财政部贸易委员会档案]

12. 慎昌铸铁厂陈述简史及目前困难处境等情拟具救济办法呈(1944年2月16日)

谨呈者:窃查本厂去岁以扩充设备,资金大部冻给,今年复受市面萧条影响,大批定货制造完罄,业务几陷停顿,财务益感困难,无法周转,谨呈恳设法救济,以维工业如后:

一、本厂简史 民国廿六年春,本厂初自上海半淞园路建设委员会电机制造厂内建屋开工,适逢战事,即奉命迁汉,在武昌洪山建厂,制造巩县兵工厂重迫击炮、手榴弹及机器配件等,月达百数十吨。嗣战事又紧,再迁来桂,改组为独资经营,并合办中国兴业铸铁厂,承接四十一兵工厂及桂林修炮厂手榴弹 80 万枚,甲雷体 5 万套,总共产量达千吨。民卅年冬恢复慎昌名义,单独专门经营大型翻砂工作,迄今 2 年,计铸成生铁水管、造纸机、纺织机、反射炉、炼油锅等坯件达 300 吨。

二、目前处境 本厂系专门从事大型翻砂工作,备有大型化铁炉数座,烘房 1 座,5 吨及 2 吨双道滑车设备各 1 座,年内营业月达四五十万元,情形尚属良好,遂在去年五六月间,除增添翻砂部分设备外,并筹设金工部门,添购车床、钻床等工作母机,并五金器材,约值百万元,款由银行贷给 50 余万元。原期充实设备,扩大生产,以图发展,不意入秋后,市况转趋清淡,各工业生意锐减,不允本厂再图扩充,而银行贷款短期即须归还。且市场萧条后,放款收缩,银根益紧,借款利息更高,本厂流动资金乃感不足。由银行借款转为私人借款,高利损失已属不赀,加以增添机器闲置不能利用,存余器材市价变卖无人问津,原有定货既已全部完成,雇用员工尚须维持,于是资金愈缩愈短,抑且全部精力几皆注诸调度款项,不暇其他。凡此情形,皆属过分扩张,又遇市场生产减少所遭之后果,不谋救济,势将破产。

三、拟请救济办法 查本厂处境危殆,症结所在,厂为负债 80 万余元,一时无法付现还清,次为营业范围缩小,机器及设备多半闲置所致。敢拟具救济办法数点:(一)恳以低利拨借款项 85 万元,以抵偿高利借款,其方式以实物抵押,或找商担保均可。借给期限至少 6 个月或 1 年,则债务清了,可无重利剥夺资本之害,待市场稍有转机,亦可扩大生产。(二)恳出资收购本厂剩余器材,以资抵债,使仍复旧规,注力专业,当可增进效能。至本厂所存车床等机器,有系德国制造,均极合用,倘蒙选购,当录单报价。(三)恳委铸大量定货,则所有设备、器材均可充分利用,不致闲弃,员工生活可以维持,工作紧张,业务忙碌,则数十万元之债务亦可分批拨付清偿。

上项救济办法 3 点,至乞垂爱择一办理,则本厂前途有望。幸需待救济为数匪臣,而全厂员工数十人,全厂设备数百万元,得赖维持矣。

四、今后计划　本厂系大型冶铸工厂,今后仍当一秉专业之旨,从事制造。就消极言,则债务了后,自可就市况之兴替,暂维生产于不堕,以便见有转机,再谋发展。就积极言,则生铁水管可供西南建设之用,以符专业之旨,并且战后需要更殷,本厂现有设备当可利用,仅须加添特殊设备,计 $10 \times 10 \times 6\square$ 地下铁桶一座、备盛水管模型及又 2 时至 10 时各种直浇生铁水管用之铁砂箱坭心、熟铁管等特殊工具,即要办理。惟本厂目下处境,实无法自行预铸成品,特价脱售,胥赖当局扶植,倘蒙拨款预为定购,则该货销售颇易,必可盈利。其详细方案,可待商议。

查本厂由沪转辗内迁,备尝艰辛,此次以债务紧迫,营业较淡,处境危殆,敢缕陈苦衷,呈恳钧处设法救济,俾可继续为国略尽绵力。比闻中南区工贷款额业经确定,伏乞钧察下情之艰,呼吁无门之苦,早日拨贷 80 万元,以维工业,并乞转饬中南区工矿调处核办,不胜企候待命之呈！谨呈

经济部工矿调整处勋鉴

慎昌铸铁厂
中华民国卅三年二月十六日
[经济部工矿调整处档案]

13. 经济部关于应付后方工业危机经采取对策情形答参政员许德珩等询问案①(1944 年 9 月)

询问案第十六号答案

参政员许德珩、黄炎培、张元夫、程希孟、周炳琳等询问:

一、在工业极度贫弱的中国,欲求渡过难关,端赖国营、民营工业通力合作,携手前进,但因物价高涨及其他种种非法行为,以致后方工厂不能维持,纷纷至于停办。翁部长对于此种工厂之关门,似宜指导改进,以尽行政职责。

二、后方工业日趋贫困,然其中拥护抗战辛苦内迁者,为数不少,政府目前用何方法使此等工业在未来国际工业竞争中,仍能为中国工业化尽力,不

---

① 节录自《经济部答复案》。

致于全部听其崩溃。请签复。

查目前工业以生产用品一类工业为最困难,而主要原因为缺乏销路,已详本部报告。机器工业即为"生产用品"之性质,所感困难亦正在此。本部于三十一年十二月间即已预筹对策,举办定制机器专案,以资救济,亦已见本部报告。目前各厂需要定货尤见殷切,故本部工矿调整处在本年五月复拟具扩大定制机器计划,向四联处商洽,将原有基金1万万元增加至3万万元,由四行及政府各增拨1万万元,具体办法仍在洽商中。如能增拨,则机器制造自可大为增加。查机器工业诚属基本工业之一,以往于内迁建厂复工每一阶段,均已因时制宜,尽量予以扶植。唯战前各机器工厂率多从事修配工作,而具有制造能力者较鲜,经近年促进,始使逐渐趋重制造。在定制机器专案举办以后,已见实效者为:(一)制造种类之增加,如造纸机、面粉机、纺纱机等均有出品,而繁重工程如钢厂之轧钢机亦在国内制造。(二)趋于大型机器之制造,如已制成整套之大型纺纱机,而发电机、水轮机、蒸汽机,每部马力均已增大。(三)精密程度之提高,现各厂制造之工具机,多已能符合检验规范之标准。但定制机器虽可增加机器工厂之工作,但若无销路,则机器堆存,基金积压,仍不能循环运用。复经用所制机器发动新事业及扩充旧事业,如中国造纸厂、富源水电厂、天原电化厂宜宾分厂等新工业,及供应豫丰纱厂、宜宾电厂、甘肃油矿局等共17单位之设备,于扩大销路之中,仍寓提高技术之旨。

关于工贷问题,本年内本部亦已就各机器厂之成绩较优者,估计其需要周转资金数目,送请四联总处参考核贷,唯就各厂本身基础之健全着想,则其所需贷款,亦以视实际需要量力举债为宜,而不应以贷款务求其多为可贵。盖因资金之运用,须受经济学原理所谓"报酬递减律"之支配也。故机器工业之贷款,仅能供应周转,根本之图仍在推广销路,并须提高技术标准、扩充制造能力,及减低产品成本,始能达原询问案所希望各厂于未来国际工业竞争中能为中国工业化尽力也。

关于停工工厂之家数,自系指正式歇业者而言,其临时停工随时仍可复业者,不能计入。本部极望停工工厂之减少。惟机器制造既经订定检验规范,自应切实执行,用符提高技术标准之旨。故凡工厂出品标准过低者,亦应努力于提高产品,始能确得健全之基础。

[经济部档案]

14. 迁沅陵工厂联合会理事长萧松青转陈迁沅陵各业工厂实际痛苦情形设法救助呈(1944年12月4日)

迁沅陵工厂联合会呈　沅松总字第96号

中华民国三十三年十二月四日发

案据迁沅各业工厂代表萧寿庭、张幼臣等呈称:窃沅陵僻居湘西、交通梗阻。七七事变后,各业工厂荷蒙经济部资助内迁,于兹七载,有来自沪汉者,有来自长沙者。抵沅后二三年内,就原有材料应用,尚可勉强支持。惟自三十年起以至现在,材料缺乏,运输不易,经呈请经济部设法购运,以资接济,迄未达到目的。各厂既无材料工作,营业均受影响,以致日亏月累,年复一年,演成资本缺乏,工业停顿之现象。有被迫停闭者,有改为小规模制造,或小贸易业不等,又加技术员工对于兵役问题苦无保障。经济部工矿调整处中南区办事处认为,迁沅陵各业工厂对于后方生产,于国际[计]民生颇有重要性,乃于沅陵特设驻沅专员办事处,任用柳国泰为专员,以便就近办理沅陵工矿调整事宜。该员果系忠实勤能,确为社会服务者,对于各工厂之各种困难,亟应竭力维护,设法调植,以尽食禄奉公忠于职守之责任,始不负上级之委托和殷望。惟柳专员国泰实属大谬不然,任职年余,毫无成绩表现,惟领薪而不作事,食禄而不奉公,且不认清自己立场,对各厂暗存破坏阻碍进行。该处原本为材料库,专为接济各厂材料及调整各厂困难而设。但各厂如请求购运材料,则畏难苟安,拖延不办,名曰转呈上级,实则口头敷衍,迄至现在毫无接济。又如各厂资本缺乏,万不得已请求钧会径向银行接洽贷款,复经银行派员调查,填表手续贷款数额均经办妥。惟须柳专员去函介绍,当赴该处面恳介绍,经柳专员明白答复云:此处是专员办事处,非工矿调整处,不能负调整责任等语。吾人亦不知其所办何事,嗣经一再邀恳,始饬正式备文,呈由该处转请上级核示,理事长遵即呈请,去后迄今八月,并无回示。贷款之望竟成画饼。本年四月,有胡万泰铁工厂技工聂天喜已向县府办理声请缓役手续,复被镇公所以中签壮丁捉去,请求理事长转恳柳专员予以证明。兹钧会查明属实,约集各理监事同赴专处面恳,当经拒绝,否准证明。钧会不得已,径电中南区办事处转电该处,始勉强证明聂天喜是锻工(即打铁之铁匠),公文上并谓仍应参加抽调等语。一举一动均系站在政府立场说话,技工保障完全失去,复由钧会分呈各有关军政机关,请求主张公道,扶持正义。幸蒙师管区派员密查,明确将聂天喜提讯释放,而柳专员反责政府糊涂。吾人更不知其是何居心,此足证明该柳国泰暗存破坏阻碍进行,钧会有卷可查。综上各点材料,不予接济贷款,不予介绍,兵役不予保障,有此三点实足以致各厂之死命。一切后方生产,私人生活均蒙受重大之损失。吾人皆痛心疾首,叫苦连天,无处申诉。除向社会部巴检查员当面呈述,请求设法援助,以解倒悬外,理合备文呈请钧会俯赐鉴核,准予转呈经济部工矿调整处、全国工业协会工程学会及战时生产局,设法救助资金,供给原料,并改组驻沅专员办事处,另派妥员接替,以解倒悬而维生产,并乞令示遵。谨呈。等情。据此。经提交本会第二十次理监事联席会议讨论事项第二案议决,该代表萧寿庭等所呈三点,均系事实,为各业工厂存废问题,关系至为綦重,本会应予照转,等语,纪录在卷。据呈前情,除知复并分呈外,理合备文呈请钧处俯赐察核,准予转呈经济部,设法救助,以维生产。是否有当,并乞批示袛遵。谨呈

经济部工矿调整处

理事长萧松青

［经济部工矿调整处档案］

15. 重庆商务日报关于湘桂工厂再迁后状况讯(1945年3月23日)

(1) 中南联合工厂成立(3月23日)

(本报讯)湘桂来渝工业人士,喘息方定,即筹备复厂开工。由于各厂人力物力损失太大,为尽速恢复计,大都愿联合设厂。前迁桂工厂联合会理事长陈炳勋等特发起组称中南联合工厂,专营机械工业,参加者计有中南机械业十厂:中兴铁工厂、华中铁工厂、复兴机器厂、强生机器厂、培成机械厂、大华铁工厂、中南铸冶厂、陈信记翻砂厂、大光机械厂、大新机器车床厂(原在贵

阳筹备时尚有六厂,现未及参加)。现已筹足资约5,000万元,约借款2亿元,以□成2.5亿元。最近已向生产局申请准贷2亿元。该厂已在菜园坝勘定厂址,拟装足机器115部,设有八部【份】:木工厂、翻砂厂、煅炼厂、机械厂、冷作厂、淬火厂、装配厂等。此十厂过去在桂时,拥有资产10亿元,机器370吨,技术员527人,马力75匹,但现已凋零不堪,只剩员工128人,机器4吨,途中死亡及失踪竟达23人,诚令人有不胜今昔之感。

(2)中南区各厂名单(3月23日)

(本报讯)中南区各厂在渝复工者,计有下列17厂:一、衡阳、祁阳:新民机器厂、新中工程公司、华成电器厂、三角橡胶厂、金钱热水瓶厂、衡联工厂(七厂)、湖南三纺纱厂;二、桂林:大中机【器】厂、大河沟机【器】厂、中南联合工厂(十厂)、国光印刷厂、新友企业公司、循规机【器】厂、利华橡胶厂;三、柳州:中华铁厂、经纬纺织厂、捷和钢铁厂(在独山复工)合计约17厂。

(3)再迁损失情形(9月12日)

(本报讯)中国工业协会中南区分会胡厥文、周锦水、支秉渊、樊景云、陈炳勋诸氏昨日招待新闻界,报告中南区工厂困难情形。中南区湘桂二省内迁工厂100家,其机器均毁于金城江、新中公司搬移机器1,000吨,到渝地不过20吨;华成搬移机器3,000吨,到渝者不过17吨。来渝以后再设厂,喘息未定,胜利来到,又告停工,胡厥文氏说:湘桂工厂内迁者损失厂产和运费当为120%,到渝设厂后损失至140%。金城江之机器大部毁坏锈烂,而运费甚高,每吨搬运100公尺者即达4,000元。中南工厂拟联合请求政府加拨救济金,以解除目前困难。

[三十四年重庆《商务日报》]

内迁厂企的复工与经营

一、建厂复工概况

1. 林美衍为复工借款附送大公铁工厂临时工厂复工计划书呈（1938年5月）

呈为请求借助复工资金，俾得购买材料，藉可制造出品事：窃属厂前遵军事委员会工矿调整委员会工厂迁移监督委员命令迁移四川，所有机件业已全数到达重庆，本拟择定北碚东阳镇为厂址，并待厂房建筑完竣后复工，惟恐非短时期内可以成功，长此延搁，有碍国家生产及影响来渝工人生活。故先在重庆绣壁街74号设立临时工厂，装置4尺车床3部、6尺车床11部、8尺车床1部、12尺车床1部、铣床1部、牛头刨床1部、10尺龙门刨床1部、钻床2部、锻工炉2只、钳床10只，定六月一日复工。其余机件及翻砂部分，容另择小龙坎建筑厂房完成后再当装置。查属厂在沪遭暴日摧毁，损失不堪，此种痛苦情形，早在明察之中。此次提前复工，所需购买材料之疑及周转资金尚无着落，谨将复工计划及困难情形，呈请钧处鉴核，并恳赐予借助国币1万元，以资周转而得购买材料，俾可生产。事关工业前途，敬请赐准，实为德便。谨呈

工矿调整处驻渝办事处主任汪

大公铁工厂总经理林美衍谨呈

附计划书一份

中华民国二十七年五月　　日

大公铁工厂临时工厂复工计划书

一、到渝机器

本厂机器已于四月底全部到渝,计4尺车床3部、6尺木车床4部、6尺车床24部、8尺车床4部、12尺车床1部、10尺龙门刨床1部、牛头刨床1部、铣床1部、钻床2部、4寸老虎钳40只、5寸老虎钳10只、6寸老虎钳22只、26立方尺风箱1部、熔炉2套、电钻1部、5匹马达1部、8匹马达1部、1匹马达2部、沙箱5吨、锻工工具2吨。

二、筹备时期

本厂到渝机器已详述前条,本已运至北碚存放,拟建厂复工。惟因北碚一时不易成功,长此延搁,有碍国家生产及影响来渝工人生活,故在重庆绣璧街74号设立临时工厂,将普通民房改修。共计10间,租金每月100元,房押修理及装置电力等费共用去2,500元。因房屋狭小,不能容纳全部到渝机器,故只装置4尺车床3部、6尺车床11部、8尺车床1部、12尺车床1部、铣床1部、牛头刨床1部、10尺龙门刨床1部、钻床2部、锻工炉2只、钳床10只,至五月三十日可以装配就绪,定六月一日开工。其余机器及翻砂部分,容另择小龙坎建筑厂房再行装置。

三、复工日期与制造出品

本厂临时工厂至五月三十日可以装置就绪,定六月一日复工,复工后之出品,除仍制造工作机外,并承做军政部二十一兵工厂(金陵兵工厂)迫击炮内"引讯"5万只,及军政部电信修造厂4尺车床20部(不订合同)。该项"引讯"每部车床每日可做60只,以10部车床专做此种工作,月可做1.8万只,而20部之4尺车床亦可在3个月内完工。

四、需用材料与工具

本厂临时工厂复工所需材料与工具,除原有原料外,所缺尚多,以三个月之预算如下:生铁15吨、洋圆1吨、洋方1吨、蓝牌钢5担、铣刀、锯条、锉刀、钻头等(详第七节)。

五、拟借请助之经费

前条所列购买材料与工具,约计8,300余元,而此3个月之制造费,如工人工资每人每月40元计算,30人每月共需1,200元,3个月合计3,600元,再加管理费及其他流动金开支等,在此预定期内亦共需4,000元。故由本厂自行筹措五六千元外,拟请借助1万元正,并将10尺龙门刨床1部、6尺车床11部作为抵押品。

六、还款日期[略]

七、购买材料及工具数量与市价[略]

[经济部工矿调整处档案]

2. 上海中法药房制药厂重庆分厂陈述迁川后临时复工及今后正式复工困难函(1938年7月19日)

各字第十一号

径启者:敝厂迁川时,荷蒙钧部赐予种种援助,至深感激。今来渝伊始,倏已三月,在此期中,敝厂力谋复工,昔者阻于机器未到以及环境关系,致未尽速进行设厂。惟仍于此种情形下积极筹划,直至五月间始行临时复工(其工场即在小梁子12号,敝分店四楼),制造国货人丹,以应市需。以敝厂机器来渝后,因无适当装置场所,故暂时存放于中国银行堆栈。当开工时,尝转借本埠华德药房之机器,应用于人丹一类,迄今已制成50余万包,分发汉口、成都、重庆各分店销售。此后,更拟计划制造各种卫生药品,以供社会所需要。今已看得装置机器场所二处,刻正呈请敝总公司批示。此后如能正式复工,其困难亦有两点:一、交通工具缺少,原料来处不便,如欲上海接济,加运费后更为昂贵。二、国产药材当地所有者,其价原甚低廉,然储存亦少,迩来销路陡[陡]增,一般药商往往居购居奇,任意抬高市价,致今昔相差竟有达三倍者。成本既高,更难销售,故亦感困难也。兹将已填就之到川工厂复工报告表一份,随函附呈,即请誉收为荷。此致

经济部

工矿调整处　钧鉴

重庆办事处

上海中法药房制药厂重庆分厂

厂长林鸿藻(代)谨呈

七月十九日

[经济部工矿调整处档案]

3. 重庆行营为第三工厂征用刘家祠等处厂房给胡霨的指令(1938年7月30日)

国民政府军事委员会委员长行营指令　行总晖字第3313号

　　　令军政部兵工署驻重庆办事处处长胡霨

　　二十七年七月二十二日呈一件:为呈请令行补充兵训练处转饬补充兵第六、七两团迅将大渡口地方刘家祠、龟庙暨附近民房已贴之军用营标撤去,另觅地点驻扎训练,俾使第三工厂征用,祈鉴核施行由。呈悉。当经转饬军政部第一补充兵训练处照办。兹据该处复称,业已令饬该补充兵第六、七两团遵照迁让,并撤去已贴之军用营标,等语。仰即知照。此令。

　　　　　　　　　　　　　　中华民国二十七年七月三十日

[兵工署重庆办事处档案]

4. 汪泰经转报豫丰纱厂在渝租买土地筹备厂房情形呈(1938年8月4日)

　　案准豫丰和记纱厂二十七年七月廿八日函开:查本厂于本年二月十九日奉军事委员会工矿调整委员会令饬内迁,即经遵照拆卸机件装箱,自郑州运存汉口。至四月二十七日事竣,复由汉口将机件分运沙市、宜昌,备转运入川,业于四月二十七日呈报军事委员会工矿调整委员会在案。本厂奉内迁命后,即前来重庆相度基地,历时月余,幸承军政部军需署之协助,始勘定小龙坎之土湾地方为厂址。计向军政部军需署租得地156亩,自行买入地163.5亩,平均地价每亩80元,租买两地共计为319.5亩,并在渝设处筹备,拟定厂名为豫丰和记股份有限公司重庆分厂,简称为豫丰和记纱厂重庆分厂。现已辟土平地,先建临时码头,以备起卸自沙、宜运到机件,并设计厂屋、仓库、职工宿舍,购办材料,定日兴工,开始建筑。复先招致机工,将运到机件开箱整理,将来厂屋完成一部,即先安装一部分机器,俾可早复纺织工作,仰副政府瞩望生产之至意。所有本厂筹备情形,相应函达贵处查照,请转呈备案。等由。准此。应否准予备案之处,理合呈请鉴核示遵。谨呈

处长翁、副处长张

职汪泰经

中华民国二十七年八月四日

[经济部工矿调整处档案]

5. 张传琦陈报常德各厂迁移及沅辰两处筹备复工情形呈（1938年10月20日）

案奉钧处汉字第254号训令开：查本处饬迁湘西各厂，先后起运，以及已到达目的地者，现已不少。现值抗战紧张，军需繁重之际，亟应督促该厂等，早日复工，俾便生产，以供军需而利抗战，藉符本处饬迁之本意。仰即遵照办理，并将进行情形随时具报为要。此令。等因奉此。查饬迁湘西各厂，除仁昌、山泰、和兴、金炳记、韩云记、张鸿兴及华中制药厂七家物资，已全数运抵沅陵，亚浦耳电气厂及亚洲制刀厂两家运抵辰溪，华中水泥厂及民营化学工业社电木厂一部分物资，运抵长沅外。其他各厂因运输困难，均在常德待运，而以华中水泥厂之机料为大宗，且为此次迁湘之主要矿厂。经本处协助，多方设法，现已雇妥船只100余艘，以每船平均载重20吨计，则已有2,000余吨，与迁移物资之吨位已相差无几。故该厂之运输已不成问题。预计年前即可运输完毕。本处计划拟在沅、辰两处，第一批各建厂房两幢，以备各小厂租用。沅陵厂房于本月底即可竣工，辰厂俟汉处汇款收到，则于日内亦可兴工。湘西电厂因运输材料船只途中遇险，略有损失，须迟至下月中旬始能发电。一俟电厂发电，即可复工。但在常待运之汉市迁湘各工厂，多存观望性质。据称已有一部分在常先行复工，本处已饬令汉口市五金机器同业公会，转饬各厂即日西迁矣。除已于逐次报告将本处办理及进行情形呈报外，理合签呈鉴核。谨呈

处长翁、张

驻湘办事处主任张传琦谨呈

十月二十日

[经济部工矿调整处档案]

6. 曾广韬附送迁川复工各厂现状简表呈(1938 年 11 月 30 日)

窃职奉派调查各工厂机器,遵经分别前往。兹将迁川复工各厂调查竣事,理合制具简表,并附原调查表三十纸,敬请鉴核。谨呈

处长翁、副处长张

职曾广韬谨签
十一月三十日

迁川复工各厂现况简表(十一月卅日)

厂名	主要工作机器数量	工人数	工作时间	工资制度	生 产 量
大鑫钢铁厂	电炉工具,化铁炉3具、车床31部、刨床14部、铣床2部、钻床9部、磨床2部、锯床1部	350名	10时	日工制	每月可造手榴弹壳3,600个,车床20部
顺昌铁工厂	车床21部、刨床5部、钻床5部、铣床1部、锯床1部、工具磨床3部、闸床1部、搪床1部、直流电焊机1部、化铁炉2座	90名	10时	日工制	每月生产手榴弹壳6,000个,炮弹1,200个,造纸机每3月造一部,车床每2月5部,其他零星工作
上海机器厂	车床35部、钻床7部、刨床3部、铣床4部、磨床4部	200名	日工9时 夜工8时	日工制 件工制	每月可造甲雷引信1,500个,子弹机每月5部,工作机每月10部
华生电器厂	车床25部、铣床10部、钻床20部、刨床4部、六角车床12部、自动车床5部、打头车21部、锯槽车14部、轧车5部、横公车4部、冲床12部	180名	10时	日工制 件工制	每月可造甲雷引信6,000个,手摇无线电发报机200部(惟不能同时工作)

续表

厂名	主要工作机器数量	工人数	工作时间	工资制度	生产量
永利铁工厂（即永利碱厂之机器厂）	车床12部、螺丝床1部、钻床5部、塔床3部、铣床3部、牙轮洗床1部、刨床1部、剪机6部、压力机1部、电焊机9部	200名	9时	日工制	手榴弹壳每月3,000个，机枪零件每月5副，造纸机每月1部，纺纱机每三月1部
复兴铁工厂	车床22部、刨床3部、钻床3部、铣床1部、锯床1部、切床1部、火石车2部	150名	日工9时夜工3时	件工制	每月可造甲雷引信1,200个，迫击炮弹引信每月3,600个
中国实业机器厂	铣床5部、磨床1部、冲床3部、刨床3部、车床12部、钻床6部、立铣1部、滚床1部	100名	10时	件工制日工制	每月造圆锹2,000把，机枪零件120套，中文打字机10部
大公铁工厂	车床32部、刨床2部、铣床1部、钻床2部、木工车4部、熔炉工具	120名	日夜工各9时	件工制日工制	每月造工作机械10部，未承造兵工工作
陆大工厂	车床23部、铣床1部、钻床6部、刨床2部、冲床7部、电焊机3部	80名	日夜两班各10时	日工制件工制	甲雷引信12,000个，及其他零星工作
精一科学器械厂	压机1部、冲床9部、刨床1部、车床7部、精细车床2部、磨床1部、铣床1部、轧床1部、滚线车2部、钻床5部、剪床2部	40名	日工10时夜工3时半	件工制	每月造甲雷引信1,200套，迫击炮弹引信450个
中国无线电公司	车床12部、钻床5部、六角车床1部、刨床2部、铣床1部、冲床1部、压床3部、手用电钻3部、磨床2部、剪刀床2部、磨刀床1部	60名	10时	日工制	500瓦特发报电台，15、75、150瓦特发报机（每月按定货合同定出货数量）

续表

厂名	主要工作机器数量	工人数	工作时间	工资制度	生产量
新昌公司	车床9部、刨床2部、铣床2部、钻床3部、化铁炉1具	70名	9时	日工制	每月可造手榴弹壳3,000个及其他杂项修理工作
启文机器厂	车床1部、刨床1部、铣床1部、雕刻机1部、磨刀机1部、炮光车1部、电钻5部、铣床1部	15名	9时	日工制	现时工作多系修理工作
震旦机器厂	车床4部、钻床2部、刨床1部	60名	9时	日工制	每月造手压救火邦浦6部、人力抽水机6部、救火汽车2部（但不能同时并行工作）
鼎丰制造厂	车床7部、钻床4部、压床1部、冲床1部、划线机1部、火石车1部	14名	9时	日工制	迫击炮火药盖每月6,000只及其他工作
中国建设工程公司	车床3部、钻床4部、冲床2部、剪刀车1部、锯床1部、刨床1部、磨床1部	30名	9时	日工制	现时工作多为修理工作
精华机器厂	车床4部、手摇钻1部	15名	9时	日工制	每月造手摇电报机2部
达昌机器厂	车床3部、钻床1部	20名	9时	日工制	切面机每月可造10部
明昌电业机器厂	车床3部、钻床3部	20名	9时	日工制	修理电机
复兴机器厂	车床5部、刨床1部、钻床2部	20名	9时	日工制	甲雷引信每月可造1,000个
启新电焊厂	交流电焊机1部、气焊用具5套	10名	9时	日工制	多系修理焊汽车零件工作

（1）迁川工厂机器铁工厂数目：共41家。

（2）迁川工厂机器铁工厂复工数目：共21家。

(3)复工各厂现时共生产兵工种类及数量：

1. 手榴弹铁壳 15,600 个。

2. 甲雷引信 13,900 个。

3. 迫击炮弹壳 1,200 个。

4. 迫击炮弹引信 4,050 个。

5. 迫击炮弹火药盖 6,000 个。

6. 机枪零件 125 套。

7. 子弹机 5 部。

8. 圆锹 2,000 把。

9. 无线发电报机 10 数架。

(4)复工各工厂共有工人数：共 1,844 名。

(5)复工各工厂共有机器种类及数量（主要工作机）：

1. 车床 291 部	2. 铣床 35 部
3. 刨床 7 部	4. 钻床 98 部
5. 牛头刨床 34 部	6. 磨床 16 部
7. 锯床 17 部	8. 闸床 1 部
9. 搪床 1 部	10. 冲床 21 部
11. 电焊机 13 部	12. 打头车 2 部
13. 轧牙 5 部	14. 塔床 3 部
15. 压机 5 部	16. 剪机 4 部
17. 电炉 2 座	18. 其他辅助机

附注：查兵工制造,铣工多最,钻车刨工次之。迁川复工各厂刨床为数甚少,故不能承造兵工之枪炮零件工作,仅可制有关车工一部工作。为增大抗战力量,多负战时工厂责任计,宜鼓励各厂均增设铸工部,大量制造手榴弹壳及炮弹壳等兵工工作。

[经济部所属单位档案]

7. 李荃孙陈报视察庆新纱厂筹备情形签呈(1938 年 12 月 2 日)

签呈　廿七年十二月二日　签呈者李荃孙

奉谕前往南岸猫背坨庆新纱厂①视察筹备情形，谨将视察所得分陈如次：

(一)已运到机料数量

甲、纱锭　2,300 锭。

乙、布机　80 台(准备机尚在途中)。

丙、棉花　80 包。

丁、马达　12 只。

戊、机物料　约 10 吨,可敷半年之用。

(二)厂房建筑情形

甲、纱厂　第 1 期 9 排,每排 4 间,已盖屋面,约半月后可竣工。第 2 期 9 排,据称俟第 1 期完工后即建筑,约 2 个月可竣工。

乙、清花间　墙已砌至 1/3,约 20 天后可完工。

丙、染厂　做就地脚、屋架,约 25 天后可完工。

丁、女工宿舍　已盖好屋面,正配装修中,约 10 天后可完工。

戊、布厂　尚未动工,据称俟纱厂全部完工后,即开始建筑。

(三)筹备复工情形

甲、纱厂　正开箱整理机件,预计明年一月中旬可先开 1,000 锭,日出 20 支纱约 2 件,一月底可开齐 2,300 锭,日出 20 支纱约 5 件。但地轴、倍令等传动设备尚在宜昌,正设法轮运来渝,能否按上述日期开工,尚无把握。

乙、布厂　须俟纱厂完工后,再行筹备。

丙、染厂　拟与布厂同时开工。谨呈

处长

副处长

职李荃孙谨呈

[经济部工矿调整处档案]

---

①即申新纱厂,初迁重庆时改名。

8. 工矿处编迁川工厂复工生产能力一览表(1938年12月10日)

迁川工厂复工生产一览表(27年12月10日编)

厂名	负责人	厂址	复工日期(月/日)	生产能力					备注
				经常产品		战时产品		承造数量	
				种类	产率	种类	产率		
大鑫钢铁厂	余名钰	龙隐镇土湾	2/27	各种铸铁 各种铸钢 竹节钢 地轴钢 机器工作□□	每日20,000P 50T	手榴弹 地雷壳 轰炸弹壳 机枪零件 小钢炮筒	每日2,000个 每日100个 每日50个 每日2,000件 每日2,000听		
永利公司铁部	侯德榜	沙坪坝	6/1	造纸机器 纺织机器 油漆机器		烟幕罐 手榴弹 机枪零件			
华兴机器厂	萧万成	大溪沟简马路渝	3/15	20匹马力 火管反烟锅炉 蒸气机 铸钢圆球	1部 1部 15吨	枪筒较直机 保护管铜罗[螺]丝	10部 60,000个		
顺昌铁工厂	马雄冠	江北猫儿石	4/10	工具机 造纸机 起重机 抽水机 磨粉机 碎石机 锅炉	每月30部 每月1部 每月2部 每月15部	飞机炸弹 面具模型 迫击炮弹	每月600只 每月15副		
陆大铁工厂	陆之顺	菜园坝正街	9/17	车床 钻床 刨床	每月8部 每月2部 每月2部	手榴弹 地雷 各种引信 迫击炮			
中国实业机器厂	宋明德	书院街33号	8/□	华文打字机 机器工作	每月5部	机枪零件	每月120副		

续表

厂名	负责人	厂址	复工日期(月/日)	生产能力					备注
				经常产品		战时产品			
				种类	产率	种类	产率	承造数量	
复兴铁工厂即(公益)	施之铨	菜园坝	7/2	织布机 纺织零件 机器工作	每月 5 部	迫弹引信正身 甲雷引信 保护管罗[螺]丝 手榴弹	每日 800 只 每日 400 只 每日 4,000 只		
上海机器厂	颜耀秋	东门水芭蕉园禹王庙内	4/25	柴油机 碾米机 抽水机 步枪子弹机 车床	每月50马力 每月 5 部 每月 5 部 每月 5 部 每月 5 部	甲雷引信 引信正身 机枪零件 防毒面具零件	日 350 套 日 500 套 月 100 套 日 600 套	50,000 1,000	
大公铁工厂	林美衍	绣壁街 74 号	6/1	车床 刨床 钻床 柴油机 邦浦	每月 15 部 每日 1 部 每日 1 部 每日 1 部 每日 5 部	手榴弹 迫击炮 机枪零件	日 1,500 个 日 2 尊		
大同五金号	俞兆麟	中西陕街饼子巷 4 号	5/19						
精一科学器械制造厂	胡允甫	东门水蔡家湾 45 号	7/1	测量仪器 绘图仪器 地理仪器 化学仪器	日 20 副	迫击炮引信 地雷引信 机枪零件	日 350 只 日 350 只 日 50 副	10,000 3,000	
精华机器厂	张桂岸	中大梁子 89 号	4/15	织袜机 汗衫机 手套机	每月 6 部 每月 1 部 每日 6 部				
震旦机器厂	薛成麟	上清寺街 23 号	4/1	邦浦救火车 药沫灭火机 人力龙	每年 100 辆 每年 13,000 个 每年 50 部				

续表

厂名	负责人	厂址	复工日期(月/日)	生产能力					备注
				经常产品		战时产品			
				种类	产率	种类	产率	承造数量	
达昌机器厂	任之泉	文华街	7/2	切面机 轧花机 织布机	日1部 日1部	手榴弹 迫击炮弹	日600个 日200个		
张瑞生电焊铁工厂	张瑞生	东水门禹王庙	9/5	织袜车筒子 罗[螺]丝 铆钉 锅炉 灭火机					
老振兴机厂	欧阳根福	二牌坊13号	9/1	织袜机 汗衫机 毛巾机					
徐兴昌翻铜厂	徐惠良	禹王庙	5/25	各种零件		迫炮引信钢坯		10,000只	
启文机器厂	李翊生	一牌坊20号	12/1	自动号码机 印刷号码机 轧票机	月200个 月200个 月10个	机枪表尺			
洽生工业公司	焦世昌	水巷子28号	10/15	车床 刨床 钻床		手榴弹 各种引信 机枪零件 炸弹			
启新电焊厂	任伯贤	中二路7号	7/1	修理 汽车零件 电焊工作					
鼎丰制造厂	沃鼎臣	中二路62—64号	8/17	现代仪器 测量器		迫炮火药盖			
中国无线电业公司	王永昌	新市中一路249号	5/16	收发报机 广播电台 无线电 50W20W	每二月1座 每月90部				

续表

厂名	负责人	厂址	复工日期（月/日）	生产能力					备注
				经常产品		战时产品			
				种类	产率	种类	产率	承造数量	
华生电器厂	曹竹铭	镇江寺街32号	11/11	电风扇 变压器 收发电机 手电筒用电	年30,000部 年500部 年500部 日100打	手摇无线电发电机 脚踏无线电机 甲雷 手榴弹 引信	月200部 月200部 月600只 日500只 日500只	45,000 100,000 400,000	
资委会中央电工器材厂	许应期 苏宝康	谦益巷3号	8/1	甲组电池 乙组电池	日30个 日20个				
福华益记搪瓷厂	王自辛	牛角沱天成厂内	7/1	杯 痰盂 盘子	日70打	军用口杯			
瑞华玻璃厂	姜惠周	化龙桥街18号	8/27	玻璃日用器					
大鑫火砖厂	余名钰	江北黄桷树	6/15	火砖	日500块				
久大制盐厂	唐汉三	自流井张家坝	9/18	模范盐	年1,200,000担				
家庭工业社	庄茂如	中一路26号	2/10	牙粉 雪花膏 墨水	日30,000袋 日100打	消毒药水			
中法药房	林鸿藻	小梁子12号	5/5	制剂成药 药棉		药棉 急救包			
京华印书馆	王毓英	中陕西街4号	5/1	印刷排字		军事图 军事书籍			

续表

厂名	负责人	厂址	复工日期(月/日)	生产能力					备注
				经常产品		战时产品			
				种类	产率	种类	产率	承造数量	
正中书局重庆印刷所	王旭东	东水门石门坎	6/1	印刷书籍					
时事新报	崔唯吾	新街口39号	4/27	日报					
华丰印刷铸字所	乔雨亭	临江门大井巷9号	9/1	铅字铅印(大)	日400磅日40,000张				
时代日报印刷所	胡秋原	宇水街67号	11/3	印刷排字					
劳益印刷所	葛少文	定远牌3号	10/10	印刷订书					
美亚制绸厂	虞幼甫	江北香国寺	4/29	绸	日50尺				
永润电机袜厂	罗永正	二牌坊27号	8/18	线袜丝袜纱袜	日30打				
苏州实业社	徐治	葡萄院街56—58号	6/1	布尺棉织日用品	日100尺				
六合公司	李祖贤	模范市场	4/12	建筑					

续表

厂名	负责人	厂址	复工日期(月/日)	生产能力					备注
				经常产品		战时产品			
				种类	产率	种类	产率	承造数量	
中国建设工程公司	陈祖光 李贻棠	纯阳洞20号	11/1	马达开关 保险丝盒 变压器 配电盘	月1,000套 月2,000套 月2套 年4套	地雷引信 机枪枪柄	日30套	2,000只	
中福公司	陈越崎	江北后峰岩	5/□	各种煤	月9,000吨				并入天府煤矿工作

[经济部档案]

9. 陆之顺附送陆大工厂计划书呈(1939年5月9日)

敬呈者:为陆大工厂开办之宗旨及将来之扩展计划说明大概,是否合宜,望祈详细审查,专候批令,以便进行为祷。此请

经济部工矿调整处

　　附计划书一本

陆大工厂陆之顺谨呈
五月九日

济南陆大工厂扩充计划

(一)创办之起初。在民国十二年三月十三日,资本500元,门面1小间,大宗出品洋铁壶、水筒,兼修理火炉,有小车床1部,代客修理小器具螺丝等工作以外,兼教育学徒,增加工人技术,为社会之补助,又兼研究电信机器。因受经济之困及目前生活问题,研究工作暂停,努力寻找其他生意,目的想得余利作为教育基金。开办后3月,曾得到一机匠帮手,技术甚高,系由前青岛船厂主人欧思达之高足,由此人得到不少工作经验,又得到不少修理工作,如电灯厂、纸厂、煤矿机等。民国十三年,即加购8尺车床1部、钻1部、牛头刨床1部,除修理之外,兼制造小型机器,遂日发达,营业甚旺。最高点在民国十六年,机器加增,门面加宽,军政工商界工作甚多,应接不暇,颇受当局之称

赞,得到不少工作。经过"五三"惨案,损失甚重,各等重要营业不外军政当局,政局一变,军阀失败,累及工厂破产,外欠数万元,即无力进行,暂时停工。至民国十八年,日本军队退走,新政府设立,又努力筹划借到一批现款,恢复工作。悔念以前结交官府之错误,拉弄手段,并未作出真实工作,此次复工谢绝一切虚荣交际,放下自己的身分,凡事亲身操作,务求事业为主体,凡于工徒教育上有益处之工作,虽赔本亦乐为,但为工作上之特别牺牲,得到不少同情援助者。每年进步,机器渐多。顾客以得到陆大工作为光彩,工人得进陆大为荣幸,事业已到极点,不能不另有进步,急谋迁移,另找出路,筹去西安未果,又想去绥远、包头、南京,皆未能如愿。并数次谋设职业教育,但同人以为教育费钱太多,不能谅解,多有去职。前年经敌人之侵略,运出一部分机器来川,实为前途之幸。在前年搬出之春,估计全厂资产机器等价值 50 余万元,运出之机器材料等价值 10 数万元。厂中之经过波折甚多,私人所受种种痛苦更难述说,要在世界上做一件良好事业,定须受过最可怕的痛苦来作代价,只要没有利己心,受了痛苦也很快乐。

(二)工作经过。厂中分作两部分:(1)机器铁工部;(2)建筑部。

机器铁工部,制造工作即锅炉、水塔、车床、钻床、铣床、面粉机、纺纱机、柴油机、蒸汽机、冷气机、上水机、煤矿机、酱油机、磁器机、挖泥船、汽船、钢铁、建筑桥梁、子弹机、虹吸管、起重机等。

建筑部,经办钢骨水泥桥梁涵洞、工厂楼房、自来水场、铁路、灌溉虹吸管、闸坝、公路、纱厂、洋灰厂、织布机、水塔、水道等。

(三)战事发生后,即去南京兵工署寻求工作,蒙署中给予地雷引信工作,制造至半数时,德州失守,济南危急,署中授意速搬汉口,但因时间仓促,手续未完,敌人已距济南 6 公里,以黄河为界。二十六年十一月十五日下午黄河大桥轰炸,厂中即告停止,招集一部分工人谈话,声明全厂机器资产等完全放弃,带领全体工人流亡。第二日早至津浦铁路机厂拜见赵厂长,请求允准陆大工人随津浦厂中运机器车退出济南,想迁到最后方从事抗战工作,当蒙面允,并又另外拨车数辆,将一部分工作机器运出。路上经过不少次轰炸,但幸未遇险,因车行甚缓,经 28 天始到汉口,多蒙军事委员会第三部接济路费入川。因公家物料拥挤,轮船位置缺乏,只得由木船转运,途中经 2 个半月抵宜昌,又换柏木船经 3 个半月到重庆。路过浅滩时,不幸一船遇险,一部分机器落水,无法打捞。路上经过之滩险甚多,工人等心中焦急,时间又长,多有生病者。临时走出是冬日,只有随身的棉衣,经六七个月,天气又转暖,因经济缺乏,无力购制单衣,只好将旧棉衣内之棉花抽出,改为单衣,破烂不堪,上下不齐,赤脚光头,完全是一群叫化子。到了重庆,想起一路之苦,面面相觑,不由悲从中来,大家同哭而已。在宜昌之下有一学徒落水不见而亡,浅滩船沉时,重要职员及工人皆落水,随水而下,冲去十数里,幸都遇救。同人等因此灰心,多有不愿前进之势,总领班即带领一部分工人另谋他事。

(四)复工经过。前年在汉口时,工厂多有组织来川者,陆大因经济之困难,未敢妄想来川,最大限度要求去湖南,后经川建设厅长之欢迎,军委会之援助,又有重庆大学校胡公之电招,允许到川时代为安排一切,当即规定入川。到川后即与胡公接洽,并亲身代为勘查地点,规定在重庆大学内,即时筹划建筑厂房,急速复工,后因胡公去职,对于重大地点,即停止进行。另于菜园坝租赁民房一处,约计 80 平方,略加修理,并盖竹棚数间,急急进行,地方虽小亦可容身,机器能够装配完整者,不过五六部,其他数十部皆将重要零件在浅滩沉没,要全部复工必须大加修理,于二十七年九月十七日草草复工。所开动之机器仅 5 部,开工前 15 天曾呈报于十七日复工,各方发出通知,虽在十六日将机器装好,但电力线尚未接好,想于十七日复工一定成为泡影。参观者规定下午 2 点到,但装电线者 2 点尚未完工,所幸参观者迟至 3 点始到,随即有工人报告电线已装好,即命令开车。所担心者初次装好,未经试车即作复工手续,未免侘傺。一路之上经过许多风霜风雪,腐锈甚多,电机是否能转动,皮带是否松紧合宜,在许多观客之前未免有点心寒。当时心中已有确定,如果顺利开车,即可顺利做下去,否则是天不再容此工厂存在,只得告退,将全厂机件分送他人,能否成功在此一举。所幸电门一开,平安复工,毫无为难,诸事顺利,与各参观者以良好印象。由逃亡之日起至复工日止,整 10 个月,复工后又略加修理,即接收兵工厂地雷引信制造之工作,并为损坏机器作修理之筹划。因家具之不足,工人之缺乏,约计五月中即全部修好,正式复工。

（五）现有机器能力。6尺车床17部、8尺车床5部、牛头刨床1部、龙门刨床1部、铣床2部、钻床6部、钟眼机大小6部、淬火炉1部、电焊机3部、磨石机2部、精细磨石机1部、10马力电机1部、5马力2部、2马力1部、1马力3部、发电机1部、16马力柴油机1部、8马力3部、热炉工具可供2班人、虎钳30把，零用工具35箱。全厂可容100人工作，木工室器具可供8人工作，附属机器之天轴吊挂皮带、轮轴节等俱全。翻砂厂面积约40平方，有3节炉2个、电风机1个、烤炉1个，工作可容70人。又设备钻床1部、磨石1部、上马力电机1部、2马力1部、每日最大力量可熔铁2吨。

（六）技工人才。在济南时全厂之技术人才、工人等完全由陆大厂自己造就而成，因在济南市之地位以陆大厂为最大，技术最精，工人最多，工资最高，凡工人都想进陆大厂为荣幸，故对于管理方面比较容易，都以为去职为可虑。因系私人创办，组织法不甚完备，经理兼工程师；铁工部技士5人，管理方面5人，工人平时150人，最多至300人；建筑部技士3人，管理3人，工人平均150人，最多500人。现在重庆复工，技士5人，工人60名，皆系由济南带出。但在重庆工厂较多，工人缺乏，皆有居奇之心，无形抬高重价，藉故要挟，管理上比较困难，工作上更为迟慢。在此抗战情况之下，商家工厂自己负责管理，比较困难，非经政府统制，绝不能压迫一时风潮，恐怕不久的将来必有重大的工潮发生，务要先筹善法预防为是。

（七）复工所承做之兵工工作及急速复工之损失与政府统制之失当，略陈述之。为目前经济之困难及生活问题，复工之日必须急速接受工作，明知兵工之工作甚苦，因迫于生活问题，只好接受，虽然亏本，但是较比坐吃清穿为好。为此问题亦曾集合同行商议对策，但为时间不能等待，迫于生活问题，终被屈服，势必单独进行，接受此艰苦之工作。经济部工矿调整处急使迁川各工厂即速复工，赶快营业，加紧扩充，但没有相当配置，给予一定之工作，未免不使兵工厂投机利用。工矿调整处欲谋迁川工厂维持现状，最急须者先联合兵工署，按公道价值分配工作，最低限度不至亏本。其次即速调整各工厂，给予相当固定工作，使其渐渐自立。再资源委员会方面，亦是急速设立各大规模工厂,诸多工作与民营工厂急取利益,于国家建设前途未免相触,民营工厂亦不能发展。再又有中国工业合作协进会大量放款,招集合作事业,现有少数工人加入此等合作社,借到款项另开工厂。此等办法实行,未免不使迁川各工厂做到化整为零之趋势。当此工人缺乏之时,前途分裂之表相,甚为严重。凡能组织此等合作社之工人,不外各厂优秀领班、工头等,厂中失去了工头领班,如何能维持工作,更兼若组织成功,势必拉去一部分知己工人。此等工业合作协会成立,完全是助动工人之风潮,破坏已成立之迁川各厂,而中国工业前途何堪设想!资源委员会、兵工署、中国工业合作协进会、工矿调整处四机关都是为谋国家生产事业之急速发展,每个急想造成良好成绩,扩大范围,寻找工作门路,未免近似不合态度,为国家前途工业之建设发展实有障碍。在此四处机关之上,应设一工业最高统制机关,调整一切。为国家之兵工制造,应当指令民营工厂研究制造,得到相当经验,仿照欧美国家,兵工各器材招商承办,一旦动员,全国工厂亦随之动员。兵工署完全包办,不容民间工厂试造枪炮、飞机,一旦有动员之举,兵工署势必措手不及,而民间工厂没有兵工经验,亦势必停工长短不齐,未免失当。此系当局调整之不当。又如迁川工厂寻找地点,复工之忙烦,真使目前失望。现经政府统制之下,应当有权,即时指定某厂在此,某厂在彼,即时借款兴工建筑,速速复工,方为政府提倡之意。经过许多困苦艰难,到此人地两生之处,风俗习惯不明晓之地点,定使迁川工厂自己设法购买地皮,多少不通之痛苦,实难形容。查前在汉口时,曾有川省建设厅何厅长欢迎各厂入川,曾作一度之谈话,言电力、地皮业已有详细之计划,毫无困难,厂址可随意占定,用后再补办手续,但到川后未得到任何方面之援助,闻听为北碚购地发生困难,又某处发生障碍,所有一切大使失望,只为工厂设一地皮平价机关,其他一切麻烦仍须各厂自己设法,至今买到地皮厂家,实属寥寥。既不能统制地皮,又不能免去附加税,这等无力之援助,未免使各厂灰心失望。凡到渝各厂,即命速找民房布置复工,此等办法亦不过希图外表好看而已,实际上使各厂多负点债务。论及复工修理奇形之民房,所用之费用及时间,在野外另找空地打盖竹棚亦足应用,所费亦属寥寥。现在民房光线不足,地方之窄小不便,工作不能开展,空气之不流通,机件之锈坏，每月格外之用费，实不在少数。如果将来找到相当地点，重新建筑，对于以前民房之修理费、安装费、搬运费等，完全成为泡影，这种债务实不在少数。目前各厂营业没有把握，余利上更谈不到，时时赔累，眼看借款契约又近，还本之期如何应付，未免不格外焦急。或者资本较大之厂无此困难，但陆大工厂自食其力，没有底款，由小渐大至于今日，财力已竭，实无扩展能力。虽可借到一批现款，但对于工矿调整处借款原则之规定，工厂作扩展计划之借款，最多批拨50%，余数工厂自己筹划。如此办法，对于陆大即不敢作扩展之计划，所以迟迟不能将计划书呈奉，实是最大原因。又为自筹办法事亦曾向各方试探，但为条件束缚，组织更变，苛刻要挟，几等于将全厂断送他人。如此办法，实与办理此工厂之目的完全不合。又兼工人没有相当统制法，随意怠工，国家不能为工厂实行统制办法，睹此情形，前途实是悲观。几次要想停止进行，但为目前局面所不允许，为此不得不将前后经过之苦衷略为陈说，并略作一将来工作计划及建筑方案呈请，如果能得破除借款原则，将计划各款全部借与，方可努力进行，否则再作缩小计划，维持生活而已。

（八）将来工作计划。撰[选]择一二样工作为厂中正式出品。在济南曾会同纺织界前辈周百朋君制造纺纱机，又为他厂制纱机及毛织厂各机，周君曾购得印度式小型纺纱机数部，试验成绩甚佳（外附试验报告），正在预备仿造之时，即有战事发生，现周君来渝，又购得此项机器2套，预备设厂，并商同陆大仿造，因运输问题，未克运来。又专商经济部纺纱科张科长设法援助，当蒙指导，言工业试验所近中亦自印度纺纱机1套不日运渝，想法仿造。蒙张君介绍，会同周君拜见顾所长，当蒙允许，此项纱机样子运来渝即交陆大仿造不误，并又言有纺毛机一部，亦交陆大仿造。陆大在过去之努力历史，更在顾君之调查中甚详，并允在一切技术上尽力援助。为此目前之计划，以制造小型印度纺纱机及纺毛机为基本工作品，工作以外，兼造高速度高压力轻式蒸汽发动机，一旦试验得到良好成绩，即配制蒸汽运货车，以利交通事业。

（九）机器之扩充

名称	数量	单价	总价	备考
高速度5尺车床	5部	1,600.00	8,000.00	自制
6角车床	8部	1,900.00	15,200.00	自制
12寸牛头刨床	3部	1,600.00	4,800.00	自制
铣床	4部	2,200.00	8,800.00	自制
磨锭子机	1部	3,200.00	3,200.00	自制
螺丝机	1部	2,200.00	2,200.00	自制
精细量尺表	1套	3,200.00	3,200.00	自制
平口转盘虎钳	15个	180.00	2,700.00	自制
平口普通虎钳	15个	80.00	1,200.00	自制
精细小磨床	5部	320.00	1,600.00	自制
绘图仪器	6套	250.00	1,500.00	自制
天轴吊挂皮带	全套	5,000.00	5,000.00	自制
共计			57,400元	

以上各机只为制造纺纱机用，每月约可制造两部。

（十）建筑厂房（东亚建筑工程行估计，有表附后）

名称	数量	平公方	单价	总价	备考
机器间	1所	630平公方	25.00	15,750.00	
公事房	1所	120平公方	20.00	2,400.00	
绘图房	1所	120平公方	20.00	2,400.00	
工人宿舍	2所	1200平公方	20.00	4,000.00	
库房	1所	120平公方	20.00	2,400.00	
装配间	1所	120平公方	20.00	2,400.00	
锻铁间杠间	1所	120平公方	20.00	2,400.00	
厨房饭厅	1所	120平公方	20.00	2,400.00	
职员宿舍	1所	120平公方	20.00	2,400.00	
钳工粹火间	1所	120平公方	20.00	2,400.00	
厨房毛房	2所	70平公方	15.00	1,050.00	

续表

名称	数量	平公方	单价	总价	备考
教室阅报室	1 所	120 平公方	20.00	2,400.00	
平地填土开石		4,000 立公方	2.00	8,000.00	
包坎石工		750 立公方	10.00	7,500.00	
甬路及阶石工料		300 公尺	10.00	3,000.00	
共　　计				62,900 元	

（十一）流动金、安装费、搬运费，按初次制造数月不能正式出品，工人薪金及材料之购买约计须用活动金 3 万元、安装费 8,000 元、搬家费 1,000 元、电灯杆线装置 3,500 元，共计 3.95 万元。此数不过最低预算，如果切实扩充，未免不有遗漏之处。

（十二）还本预算分作 10 年摊还，得经批准后，即时兴工开始建筑及制造全部机器。借款预算（九）（十）（十一）3 项，共计 15.98 万元。第 1 年试验按装整理，不能营业，第 2 年即可继续还本，兹将还本预算列下：

……

（十三）为补充技工之缺乏，在盈余之外，提出相当成分，设立职工学校，分为机械、纺织两科，机械专为本厂制造任用，纺织专为主顾任用。每售出一部机器，即派 1 人或数人前往担任安装，教授用机方法及领导分配工作，薪金由主顾担负，或主顾派人前来学习，章程另订。或者应社会之须求，加制大规模纺纱机。又为技术问题完全公开主意，对于一切特别工作，随便参观，自己厂中之新改革、新发明，概不要求专利特权，随便任人仿造，并且在公余之暇，援助一切工厂技术之不足，概不取费。最低限度在十年之内，增加工人千名；所有工作各机，尽量改为半自动式或全自动式；又每年盈余提出一部分，派送优秀子弟入工业大学修业，造就技术人才，或派优秀工作人员出洋参观。

（十四）十年后之归宿。在此十年期间，工作已经确定，人才一定巩固，在国家领导之下，必是无限的发达，特别提出盈余，用于一般职工人员退休之所，使其一生以工厂为根据，厂中应负责教育职工之子弟，使其能负担相当工作,在本厂或在他厂皆无不可,只要厂中之规定无虚假,在长久时间即引起一般职工人员之信仰,所有盈余如何动用,尽可公开表示。上下人员不可走入自私自利之途径,更当免除彼此猜忌之妒心,善良之工友使其更加良善,恶劣者就其作恶所得之痛苦经验,领导之使其为善。此种工作在短期内不能有功效,预计十年后必有相当的成功。中国本是农业国家,都是想赚到钱后买几亩良田养家顾老,自私的心完全由社会习惯造成,而没想到组织公共合作的生活。工厂中绝没想到厂中的老工人是否应为之安排归宿之所,工人子弟是否设法仍能在本厂继续工作,工厂中没有人起始去作,工人方面更没有这样归宿的欲望。厂中只知赚钱为目的,没有想到工人之血汗痛苦晚年如何安排,纯是自私自利,造成个人的资财,与工人毫无感情发生。而工人方面亦没有正当合理的组织,只要多给钱就干,少给钱就走,或者激动全体罢工,与厂中发生最大的恶感,双方对垒时时作为攻击抵抗的设备。在这种社会环境之下,想办一合法的实业绝对不可能。据中国之实业家所注重之实业,即面粉厂、纱厂,这种工业操持在他们之手,完全利用工人赚大钱,成为投机事业,中国人所谓大实业家者,不外面粉厂、纺纱厂。苦了一般穷苦的人,造成了一个个大资本家,更惹得一般势力眼的银行界争相捧场,更助其为恶,忘了自己面目。当此国难时期,资本家仍是没有放开眼光去做,有几次到后方来考察的实业专家、资本家、经济家受到大众热烈欢迎,都以为他们已经觉悟国家的立场,必有一番扩大办理实业的表示,绝想不到他们除同几位要人见面之外,并没有谈到什么实业。经过多少痛苦的迁川工厂,急想得着他们安慰的话语,但是至终为了他们游玩北温泉的娱乐,谢绝了可怜的迁川工厂。在这伤心失望的途径上,感觉到这些资本实业家没有国家思想,没有怜悯的心,常恐怕这些迁川的穷困工厂对于他们有什么求怜,没有退身的余地。由此看来,他们到西南考察的目的,不外乎寻找投机的事业,纯是自私自利的思想。资本家剥削穷人,而穷人要想法对付资本家,两相争持,各不让步,终有一天要演成重大的流血惨剧。如果想法解除,必得双方让步,工人敬爱资本家,资本家怜惜工人,改善双方待遇,这种动作必得光由资本家起始,放下身份,作他们的领导。工人只是工人脑筋,只看见眼前,厂方不真实的去做到为工人谋福利的地步,即不会引起他们的信仰。实行这种动作,最要紧者,凡事公开,没有私弊,免除虚伪,要存着坚苦忍耐之心,不为环境之苦而终止,不要以为他人说是手段即悔心。只要是目的真正,时间要延长,最少十年后即可现出实在。使每一个工人都感觉各人应当寻求一个正当归宿之路,使每一个人都能知道如何是一个人类的生存,明白人生的意义是什么,厂主就是工人,工人就是基本,使其思想一致,皆以工厂为家,十年之内定能寻得志同道合的工作人员。使其子弟接续其父兄之工作,务使家庭中有多数人进入工厂工作,免除因一人之劳动,担负一家数口之生活教养等费,终年不敢休息,更是不能有病灾。一生之牛马,养成家庭子弟不劳而食之弊,劳动者一旦病故,全家即不能支持。须求家庭生活费由多数人劳动而来,造成每个人应劳动而得食,不能因一人之病故而牵扯家庭之安全,使老有归宿,少有工作,家庭生活安定,即能同策共力维持工厂。有好多实业家曾经试办,但至终引起工人之不信仰,不外乎时间太短,中途变化,愚弄手段,缺少公开办法,厂主与工人阶级相差太多,没有做到与工人表同情的地步,都是重于法而轻于情,没有亲身走到工人家庭看看,为他们寻点福利,如何能使工人佩服。不当兵即不会用兵,不为到一个工人,更无从领导工人。即如抗战时期的首都重庆市之畸形繁华,更是一般不知苦恼没有国家观念投机取巧贪图享乐的人所造成。有投机卖的,即有不知羞耻之买者,以48元一双袜子,48元烫次头发,实为骇人听闻。真正知道国家现在所处的地步,抗战之苦穷乏用的人,他之家庭绝不能做出这种无廉耻惹人发指的事。投机造成罪恶,终久必得着相当之因果,至死到底,不知人生意义是什么,一生作钱财的奴力[隶],可叹可惜!

[经济部工矿调整处档案]

10. 工矿调整处陈报办理各纱厂复工及其困难情形呈(1939年5月24日)

经济部工矿调整处呈　矿整字第4216号　中华民国二十八年五月廿四日发

案奉钧部五月九日工字27163号训令,以准军政部军需署代电,以据驻陕军需局查报武汉申新等厂复工之期须迟至六月,且届时又能开至2,000纱锭,西安只有大华一厂,实不敷用,特电请令饬宝鸡申新等厂迅速完成,又移设重庆各厂亦请通令饬知为荷,等由到部。事关军需供应,合亟令仰该处迅予转饬遵照,并严予督促为要。等因。奉此。遵查本处工作本军事第一之原则,所有内迁工厂之生产均以尽先承制军用品为主,不仅纱厂为然,惟迁厂复工实至为繁重之工作。关于办理纱厂复工情形,用特沥陈如次:

(一)宝鸡各厂　查迁往宝鸡各厂中,申新有2.5万锭,震寰有1.6万锭,湖北官布纱局因配件不全,现暂定整理5,000锭。自上年八、九月间由汉迁出,本处即协同各厂勘定厂址,催促动工。惟在上年十月间奉军事委员会电令转据西安行营意见,饬令将宝鸡各厂再向内移,嗣经本处将再迁困难沥陈军事委员会,旋奉令准予缓迁,乃复进行复工计划,虽经此周折,复工之准备并不稍懈。但宝鸡原非工业城市,所有工业必需之条件均不具备,大电厂之设置尚需时日。目前动力不能供给一也。建筑材料之缺乏二也。煤斤之价昂量少三也。迁厂之后零件之配置困难四也。藉此之故,各厂完成复工所需时日,自不如在大工业城市之迅速。本处为迅赴事功起见,虽处此困难情形之下,仍协助申新就地凑拼各种动力机,如蒸气机、柴油机、煤气机,或购或租,以解决动力问题,故目前已可开足3,000锭,期于年内逐渐达到开足2万锭之目的。湖北官纱布局已配齐之5,000锭,亦可在6个月左右开工。又震寰纱厂资金及技术人员均感缺乏,本身决无复工能力,亦经协助磋商出租4,000锭与西安大华纱厂添设开工,以免弃置,其余亦在与其他各厂洽商租用之中。

(二)重庆各厂　重庆虽对于工业所需条件较为完善,但各厂不免仍感困难,则因川江运输工具不足,机件迄今尚未完成到达。所幸由下游上运时曾饬各厂于每批起运时,将机件各配成小单位,以便随到随装,一面先期在重庆建筑厂房。是以在去年十二月以后,豫丰即已有3,000余锭开工,庆新(即汉申新)亦有2,400余锭开工。除已开工者外,现各厂已装排完竣之机件,裕华有8,000锭、豫丰有5,000锭、庆新有3,000锭,均待接电即可开工。惜重庆电力厂负荷已高,而变压器亦嫌不敷应用,尚待设法商洽。大约至年底,重庆各厂开工锭数当可达5万锭以上。又沙市纱厂亦经拆迁,因运输困难,现仍在运输途中。关于该厂复工计划,亦正在规划。

此外长沙纱厂前经本处派员于上年九十月间与湘省政府洽商迁移,业将1万锭运送柳林汊预备复工,自长沙大火,所余均已破坏,深为可惜。又于上年春间派员至上海将中央棉纺织实验馆机锭迁至桂林,业已建筑厂房,在七月间可以开工,惟锭数仅1,800余锭,规模较小。

本处对于各厂复工督促不遗余力,如欲更求迅速,则必须先谋解除以上所陈各种困难,亦正在努力办理。除已遵令转饬各厂加紧催促复工外,所有本处办理纱厂复工等情形,理合具文复请鉴核转咨军政部,实为公便。谨呈
经济部

工矿调整处处长翁文灏谨呈
[经济部档案]

11. 范众渠等关于拟将迁渝机件合组筹建汉华机器厂请求扶助有关呈(1939年8—9月)

(1)范众渠等致翁文灏呈(8月12日)

窃商原在汉阳开设机器厂,常努力于生产建设工作,只以抗战军兴,遵照国府明令西迁来川,辗转运输,为时经年,始陆续抵渝,现有大小车床7部,铣车5部,钻眼机、拉线机、钻车、看眼机、马达各1部,共计17部;值此抗战紧急时期,生产事业亟待充实发展,已有之生产工具,未便弃置,爰集合当地同业同志,资本国币5万元,组织汉华机器厂,暂租重庆市南岸野猫溪石溪路14号开始工作,更就附近野猫溪正街租就地皮百方丈,克日建造办公室、职工宿舍、食堂及第二厂,以谋逐步发展,而达抗战建国目的,理合申明原因,并表列各种机器,呈请钧部鉴核,准予注册,并恳分咨有关各机关尽量扶助,实为商便。谨呈

经济部部长翁

附呈机器表一份

汉华机器厂董事长范众渠、经理胡鼎三、副经理文松山
中华民国二十八年八月十二日

汉华机器厂机器表

名称	式样	制造者	尺寸	数量	备注
元车	德国式	上海厂	8尺	2部	
元车	德国式	大公厂	6尺	2部	
元车	德国式	永元洋行	6尺	1部	
元车	德国式	德国制	6尺	1部	
元车	德国式	永元洋行	5尺	1部	以上计车床7部
铣车	立铣式	上海厂	48寸	1部	
铣车	湾弓式	德国制	42寸	1部	
铣车	立横式	四川厂	30寸	2部	
铣车	睡铣式	四川厂	18寸	1部	以上计铣车5部
钻眼车	德国式	上海厂	1丈2尺	1部	在船上未下
拉线车	德国式	上海厂	1丈2尺	1部	在船上未下
钻车	美人式	四川厂		1部	
看眼车		四川厂		1部	
马达	笼鼠式	西门子	7匹力	1部	
合计各式机器				17部	

(2）刘铮致翁文灏签呈（9月2日）

奉查汉华机器厂表请注册一案，遵赴该厂查视。当晤该厂经理胡鼎三，称此次迁川原为鼎三等四家合力迁来，刻下所佃之厂房，约不过占地6至7方丈，仅足临时安置车床之用。至于办公室与将筹设之木、铸、钳等工作尚无地址可安放，刻正加紧寻觅地基中。今后倘有困难情事务恳贵处加以援助。等语。当经职告以本处协助厂家要领办法与方策，同时发给各式调查表稿，使其具实填报。至此次该厂所报，经查验，完全相符无论，拟请准予登记注册。当否，乞示。

职刘铮谨呈

9月2日

［经济部工矿调整处档案］

12. 吴至信等陈述厂矿用地征购困难并筹拟办法有关呈（1939年11—12月）

（1）吴至信等致工矿处签呈（11月25日）

查厂矿用地纠纷至多，除饬厂方尽量从优给价，有时仍不免障碍百出，势非请求征用或至先行动工不可。本处为办理此类案件在法律上有合理根据起见，曾呈请经济部转咨重庆市政府及四川省政府准先动工去后，即得重庆市政府复函，须先得行政院之核准方得动工，而四川省府方面，久置迄今未复。据熊组长赴成都当面接洽结果，该省府亦未予圆满答复，对于先行用地一节，不仅要求遵照土地法须经过"请求征用"、"请求特许"等手续，并附带要求"厂方须出较市价为高之地价"，及"将此项地价先行布告"等条件。是即关于厂矿用地可否先行动工之意见，重庆市府与川省府可谓一致以土地法为根据，而以川省府手续更为麻烦。目前厂矿用地者每每需要切迫，而业主方面之居奇留难，较前更有增无减。为结束过去未了案件及办理将来案件，有一方针可循起见，爰拟下列三办法，请指定一种，以便遵循办理，免贻要公。

①厂矿用地以普通方式征求业主同意，绝对不圈用不评价。

②先以自由买卖方式进行，不决时依照土地法之规定，在重庆市区内者，请求行政院，在四川各县者，请求省政府，办理征收，特许先行用地。

③呈经济部转呈行政院，凡经本处核准之厂矿用地，概得先行动工，其价格由地方政府评定，令买卖双方遵照，分令省政府及市政府遵照办理，转饬所属各县周知。

以上三种方式，何者可行，理合签请核示祇遵。谨呈

组长

副处长

处长

职吴至信　谨签
张　鹗
十一、廿五

(2)工矿调整处致经济部呈稿(12月7日)

呈

查抗战实力之补充,亟待后方工业建设之推进,所有本处办理战区厂矿之内迁及奖助新兴厂矿之建树,迭经呈报在卷,惟关于厂矿使用土地一项,每因业主意存居奇,或疏散乡间,洽议困难,致进行殊觉迟缓。虽依照土地法第338条之规定,得为土地征收之声请,但以征收准备(土地法第354条至359条),及征收程序(同土地法360至371条)手续繁重,需时甚久,若在平时固可行之甚适,今当军需供应急如星火,建厂兴工迫不及待之际,深虑不足以迅速事机。复查土地法第365条,有需用土地人若因特殊情形,经国民政府行政院或省政府特许,得于补偿地价发给以前,先行进入征收土地实施工作但书之规定。际兹非常时节,厂矿用地凡经本处核准其地址与面积后,拟请准予依照本条之规定,特许各该厂矿先行动工使用土地,同时依法补办一切购买或请求征用手续,庶土地所有人权益得无损失,而厂矿生产不致延误,法理事实两能兼顾。此项办法拟请由钧部转呈行政院核准施行,并分令四川、云南、贵州、广西、陕西、甘肃等省政府及重庆市政府遵照办理。是否有当,理合备文呈请鉴核示遵。谨呈

经济部

[经济部工矿调整处档案]

13. 经济部关于纺织工业建厂复工情况报告[①](1939年)

建立纺织工业

内迁之纺织工厂大小计有84个单位,其中规模大者,计有豫丰、裕华、申新、湖北官纱、沙市、震寰、美亚等厂,大抵分迁宝鸡与重庆。本年以来,除沙市纱厂外,迁运工作早经完竣。故半年间纺织工业之推进,在于建厂复工,兹分述如次:

(一)西南棉纺织工业 (1)四川棉纺织工业。迁川纱厂计有豫丰、裕

---

①节录自《经济部二十八年度上期工作进度报告》。

华、申新、沙市、震寰诸厂,除沙市纱厂拆迁较晚,目前机料已全部离开沙市,运抵奉节者,已达半数,余尚在途赶运中。此外震寰迁渝之1万锭,则租与裕华使用。申新亦更名庆新,业将厂屋落成,陆续复工纱锭现近5,000枚,预计本年十一月迁渝之8,000纱锭,可盼全部开足。豫丰除积极赶建厂屋外,并搭临时棚房,先行装置机件,现已装排1万枚,而开工生产者亦有7,000枚。裕华先将栈房修竣,故除续建厂房外,业将一部分机件在栈房中装置复工,现时开工者有3,000枚。合计截至现在,全渝内迁纱厂开工总锭数为1.5万枚,月可产纱约730件。(2)广西棉纺织工业。广西现有上海迁往桂林之纱锭1,800枚,由工矿调整处与广西省政府合资组织广西纺织机械工厂。除机械厂已复工外,纺织厂正进行建筑厂房,不日完竣,即可装锭复工。机械厂并将自制纺织机件,以为逐渐扩充纺织厂之用。(3)染织业原设北碚之三峡布厂,与迁渝之大成纱厂布机260台合作改组大明染织公司后,积极建筑新厂房,目前因电力供给不足,故已装置完竣之布机有60台,而实际开工者仅得30台,月产布约600尺。现在积极与利华煤矿洽租该矿迁渝之250kVA发电机,成功后则立可开动布机120台,以增生产。又苏州实业社原有62台布机,现增达92台,除制造军用布外,尚织造毛巾、纱布、毯子等日用品。其余规模较小之武汉布厂20余家,迁往祁阳者均全部复工。至染色整理工作,大抵专赖手工,不敷供求,业将鄂、湘机器漂染工厂拆迁陕、川、桂等地,先后计7家。其中规模较大者有汉口隆昌染厂,现已并入三峡布厂,合组大明公司,最大产率每日能染布900尺,目前已局部开工。长沙福星染厂业由工矿调整处价购,分运桂林与重庆,其运重庆部分有日染300尺之能力,全部机器已经运到,现正洽商投资建厂开工。

(二)西北棉纺织工业 迁陕纱厂计有湖北省官纱布局及申新、震寰两厂,除震寰1.6万枚全部租与西安大华纱厂积极装置复工外,申新业在宝鸡自建可容6,000枚之厂房,现已工竣,正将机件及原动力装置,预计八月间当可开工,至于湖北省官布纱局已购进建厂基地,计划先建可容5,000枚之厂房1座,正设计进行中。

(三)毛纺织业 西部各省富产羊毛,现已有刘鸿生等所拟办之中国毛织厂设备 2,000 纺锭，又有川康毛织公司拟设 312 锭，以荣一心之 252 锭毛纺织计划，均正进行中。

（四）麻纺织业　湖北省官麻局原有麻纺织机器，现迁至万县，由工矿调整处出资 30 万元，与鄂建厅合作，使该厂复工，现已进行择地建厂，同时正派员清理机件，以便装配，预计开工以后，月可产麻袋 15 万只，麻布 6 万尺。

（五）缫丝及丝织业　四川缫丝工业，现由建设厅统加支配，已雇有来自江浙之熟练技工，正传习精良技艺。至内迁后方之丝织业，现仅美亚绸厂 1 家，其陆续装置复工之织机，现达 60 台，月可产绸 1,300 余尺，该厂并试制空军降落伞用之绢，已告成功。

附在川纱厂开工纱锭逐月累进表及逐月产纱累进表二种

在川纱厂开工纱锭逐月累进表（枚）

	七月	八月	九月	十月	十一月	十二月	下年三月	下年六月	下年十二月
豫丰	7,000	10,000	10,000	13,000	13,000	15,000	35,000	45,000	45,000
裕华	3,000	4,500	6,000	7,500	9,000	11,000	15,000	25,000	40,000
庆新	5,000	5,472	6,190	7,342	8,110	8,110	8,110	8,110	8,110
军纺				5,000	5,000	10,000	12,000	15,000	20,000
沙市							5,000	10,000	20,000
共计	15,000	19,972	22,190	32,842	35,110	44,110	75,110	103,110	133,110

注：(1) 豫丰迁川 5.6 万枚，裕华 4.3 万枚，加上租得震寰之 1 万枚，共 5.3 万枚，庆新原迁来 8,500 枚，只因另件残缺，故实际可复工者，估计豫丰 4.5 万枚，庆新 8,110 枚。

(2) 军纺与沙市两厂系工矿调整处估计，其余是各厂自行估报。

在川纱厂逐月产纱累进(件,每件计440磅)

	七月	八月	九月	十月	十一月	十二月	下年三月	下年六月	下年十二月
豫丰	350	500	500	650	650	750	1,250	2,030	2,100
裕华	150	225	300	375	450	550	750	1,250	2,000
庆新	230	250	300	360	400	420	430	450	480
军纺				250	250	500	600	750	1,000
沙市							250	500	1,000
共计	730	975	1,100	1,635	1,750	2,220	3,280	4,980	6,580

注:(1)所有产纱概以20支纱计算。
(2)若全系熟手工人在正常情形之下,每日夜每纱锭能产纱1磅,因此间须陆续训练生手,故估计产率略低(约为0.8磅)。
(3)全月开工日数平均假定为27日。
(4)军纺与沙市两厂系工矿调整处估计,其余系各厂自行估报。

[经济部档案]

14. 经济部关于油料制纸火柴水泥等二十种工业筹备复工生产情况报告①(1939年)

促成其他必需之工厂工业

(一)桐油及其他植物油工业 中国植物油料厂,经协助增加设备,以期改进桐油之品质,植物油提炼轻油厂,亦协助购料运输,该厂已部分开工,有调水滑机油等出品,其轻油部分最短期内可开工。

(二)油料染料及颜料工业 (1)油墨。渝市小油墨厂如勤余、竟成等增加产量,每月可制造印刷油墨3,000余磅。(2)油漆。油漆方面内迁工厂有光华、建华二家,建华现与迁渝之中国铅丹厂合并经营,每月制出红丹20余吨,原漆1吨半,调和漆80加仑。光华每月之产量为喷漆100加仑,调和漆

---

①节录自《经济部二十八年上期工作进度报告》。

100加仑,原漆50桶,磁漆20加仑。(3)颜料。技师姜震中曾拟具计划,制造油漆原料,同时冯少山君亦欲迁移上海灵生油墨厂来渝,专制油漆原料。(4)制皂。川省之油脂产量甚多,天原开工后,烧碱亦不成问题,故协助西南化学制造厂成立,先开办一制皂厂,每日产皂1吨半,及甘油50公斤,以应各方之需要。厂址拟设泸州,其机件正进行制造中,约本年十一月间可出产。此外内迁之肥皂厂,有汉昌一家,在重庆南岸清水溪建厂开工。又五洲药房技术人员与上海企业家合作创办永新化学公司,日产肥皂4吨,在四川宜宾设厂,4个月内可达开工制造。(5)化学染料。染料工程师蒯毅等,在重庆组织庆华化学染料厂,资本60万元,已收足42万,厂址尚在物色中,其初期出品每天可制硫化元1吨半,硫化钠9,000磅,及 Sulpur black M.O(Grain)1吨半。(6)植物染料。工矿调整处拟具计划,与军政部合办一国产染料精制工厂,资本定为10万元,将来出品尽先供给军需被服染料,所有设厂设备计划组织章程,均经拟定,不日签订,即可正式设厂。

(三)制纸工业　本部对后方纸之供给,分三方面推进。(1)为求土纸之改良,在川省产纸区之铜梁县,设有实验纸厂,待厂房建成,即可于本年十月开工。该厂除增加产量外,对于造纸之各部工作,皆力求科学化,已抬收铜梁县属各小纸厂之技工,加以训练。(2)协助迁移及建立大规模之纸厂。民间纸厂经协助较有成绩者,首推嘉乐纸厂。该厂原有产量月仅30吨,经借予巨款,扩充设备,及选送技术人员协助,在最近之2个月内,每月产量可增至90吨,此外小纸厂经协助开工者,有江北四川造纸公司,每月造纸15吨,五通桥兴蜀纸厂,月产纸22吨,重庆沙坪坝昆仑纸厂,月产10吨,贵阳西南造纸厂,月产10吨。各小厂经此调整后,每月共可造纸50余吨,前湖北造纸厂之机件亦经拆迁至重庆,并加整理,以供民营纸厂添配机件之用。杭州中元纸厂机器百余吨,经协助运川,其厂长钱子宜君已在宜宾岷江分电厂附近开始建筑厂房,预计4个月内可部分开工,月产报纸30吨。民丰纸厂经贷予资金25万元,设厂昆明,其原料即采用滇省禄丰县森林之树木,但因外汇问题,购置机器不易,故进行较缓。由沪迁渝之龙章纸厂,除经协助并借予巨款外,并聘请造纸机械专家于桂馨氏，整理运来之机器，现厂房已在江北猫儿石建筑将成，现准备工作，日趋紧张，本年底可以开工，月产200余吨。(3)解决造纸原料问题。各大纸厂开工后，纸浆原料必不敷用，故投资协助设立川嘉造纸厂于五通桥，经着手购运机械，约1年可开工制造，月可造机械木粕200吨。民间迷信纸每年之消耗量甚多，若能收集改良，使无用变为有用，其量必可观，特请专门人员研究迷信纸质之改良，及用以改制纸浆问题，大部分已试验成功。

(四)制糖工业　广东方面之制糖机器现由当地政府统筹建厂，四川方面正协助在渝建立之大成糖厂，月可精炼白糖15吨。

(五)制药工业　中法、海普二药厂在渝设分厂，早已出货，供给社会需要。海普于五月间被毁，现又在昆明另立分厂。又国立药学专校与内迁之科学仪器馆合设一制药厂，出品有硫酸镁、硝酸银、阿莫尼亚水及防毒剂 Urotropine 等。上海五洲药房虽迁厂未成，其技术人员多来后方，现与上海企业家赵咏春合作，集资50万元，在宜宾建筑厂房，所需机器约20余吨，已分别运来，4个月后可开工出品。新亚药房迁来重庆，现已提出当归、志远等药精售卖。又中国药品提炼公司厂屋建在重庆沙坪坝，现已部分开工。民康、国华工厂专制药棉纱布，民康在宝鸡之厂早已开工，月出2,000余磅，又在重庆设有分厂，不久可出货。关于卫生医药用具之制造，除已力促玻璃工厂承制外，并资助重庆之合作五金公司，指定扩充设备为卫生用具之金属品及电镀品之制造。

(六)橡胶工业　为谋后方汽车轮胎自给起见，由本部令由工矿调整处与交通部富滇新银行及上海大中华橡胶厂合组云南橡胶厂，其办法:(1)在昆明设厂，月有制内外胎4,500套。(2)其所需用之碳酸钙，则贷款12万元，另迁上海大利华制钙厂在滇制造，月产6吨。(3)资金140万元，交通部与富滇新银行各认20万元，大中华与本部工矿调整处各认40万元，余20万元招收商股。(4)交通部每月承销车胎3,000套，余1,500套由军政部后方勤务部承销。(5)该厂约1年半以内可以开工制造。至于其他军用橡胶品，另迁上海工商谊记橡胶厂至滇,现全部机器已运齐,开工后可月制橡皮船80只,防毒面具2.5万个,胶鞋1.5万打,及防毒衣等。又将上海大新荣橡胶厂迁桂,已部分开工,在桂制造防毒面具及胶鞋等物。

（七）富赛璐珞工业　协助上海中兴富赛璐珞厂迁泸州,已促加紧进行,惟因硝酸供给问题未能如期开工,该厂开工后,每日可制硝化棉9,000磅。

（八）炼气工业　迁移上海中国工业炼气公司于泸州设厂,先制氧气供给电焊工厂之用。又协助施嘉干君在昆明设立利工工厂,制造电石,其机器已购齐,4个月内可开工,产量每日2吨半。

（九）火柴工业　川黔本有制造火柴之小厂30余家,但皆资本短少,出品低劣,已迁九江之大中华火柴厂来渝,使与四川原有停业多时之华业火柴公司合并为华亚和记火柴公司,经已复工,每月出品600大箱,该厂资本已增至25万元。又在陕西协助成立泰昌火柴公司,亦已开工,其产量每月可达1,000大箱。此2厂已成为后方最大之火柴厂。

（十）水泥工业　（1）四川水泥厂,前因经营不善,几至停闭,经贷款70万元作为周转金,并监督其产销,营业渐有进步,现每日可出水泥1,000桶,大部分供筑城塞之用,小部分作为建筑材料。查该厂所存熟料尚多,拟迁运至宜宾另设厂磨,以供给建筑叙昆铁路所需之水泥。（2）华中水泥厂设备较旧,其动力则能自给,经协助自大冶迁至湖南辰溪,现厂屋已建成。预定本年八月底全部装好,九月开工,日产水泥600桶。（3）昆明水泥厂经已筹集资金,在滇池西南岸海口水力发电厂附近开始建筑,技术方面由华中水泥厂工程师王涛负责,明年夏可开工,该厂产量每日约100桶至150桶。（4）广西水泥厂,其机件经已购运,经派员商酌协助设厂于桂林,日产300桶,期于明年春初开工。（5）又鉴于新法旋窑水泥厂之设备甚费时日,乃谋改良旧式水泥厂之设立,已物色得相当技术人才,即可开始筹划,拟于原料供给充裕而交通远阻之地区,多设该项小水泥厂,以冀供给当地需用。

（十一）耐火材料工业　窑器需用之耐火砖,大鑫、华联两钢铁厂均已开工制造,威远原有之威远火砖厂,亦有出品,每日共可产火砖15吨。但此量尚不敷用,故正在督促新威矿冶公司从速在威远设立耐火砖厂,增加产量。并招致唐山德盛火砖厂技术人员入川,筹划较大规模之耐火材料厂,其负责人已抵渝,正磋商进行中。

(十二)玻璃工业　上海瑞华玻璃厂迁设重庆,中央玻璃厂迁至昆明,长沙宝华玻璃厂迁至辰溪,除中央玻璃厂外,其余两厂均已复工,可以制造化学仪器、玻璃安瓶以及其他日用品,产销勉可平衡。又协助鸿光玻璃厂由沪迁渝,下月可复工,除日用玻品外,亦能制造化学用仪器。

(十三)陶瓷工业　耐酸器具亦系化工重要材料,从上海迁至后方之天盛耐酸陶器厂,已在四川江北复工,天原电化厂所需之盐酸用具,即系该厂所造,现每日产量为 1 吨半。江西光大瓷业公司经协助已到昆明,其他建筑用砖制造厂经协助开工者已有多家。

(十四)搪瓷工业　移上海益丰搪瓷厂来渝,与福华公司合并改为福华益记搪瓷厂,早已开工,每日能制造面粉、行军碗等 1,000 余件。

(十五)面粉工业　除四川及后方各有原有之各厂外,内迁至陕西宝鸡者,有福新、大新两家,福新面粉厂现正兴建厂房,一俟开工后,每月可产面粉 2,000 袋。大新面粉厂经督促协助,已于本年六月十八日起始复工,每日产面粉 1,000 袋。迁往西安之和合面粉厂已于本年三月复工,日产面粉 500 袋。由青岛迁往西安之同兴面粉厂,亦于本年六月间起始复工,日产面粉 200 袋。汉口福新迁渝改设之庆新面粉厂,已于本年五月十二日于重庆复工,原定日产面粉 400 袋,只以初时开工,设备未全,故日产面粉 220 袋,一俟各事就绪,日产 400 袋,当无问题。沙市之正明与信义两面粉厂,经派员督促西迁,正明机件已大部到渝,现存李子坝,当即勘查厂址,以期早日复工,信义厂日内亦即可起运。五丰面粉厂所有机件已运抵湘西桃源,近正设法筹备复工。

(十六)印刷工业　(1)京华印书馆于去年五月在渝市复工,每月印刷数量可达 550 令,现在四川北碚建筑房屋,本月即可竣工。(2)正中书局印刷厂于去年六月在渝复工,每月印刷数量约 500 令。现该厂机件已迁南岸觉林寺,筹备复工。(3)商务印书馆重庆分厂于本年二月暂用分馆堆栈先行复工,以印刷该馆教科书为主,五月起因敌机袭渝,埋藏机件,工作又复停顿,现在化龙桥购地建厂。(4)大东书局印刷厂曾于本年三月在渝复工,现于南岸弹子石陆家冲建筑厂基,机件装置亦已完成。(5)汉口新快日报印刷厂于本年一月在渝复工,一面更在江北新村租地建屋,八月中旬可以完成。(6)其他如振明印务局、劳益印刷所迁移小龙坎,于本月初复工。武汉印书馆迁海棠溪,时代日报印刷所迁江北鹅堡石,七七印刷厂迁化龙桥,筹备复工中。申江印刷所仍在渝临江门继续工作,正督促迁移中。

(十七)铸字工业　内迁之铸字工厂,只有自沪迁渝之华丰印刷铸字所 1 家,该所平均每月铸字 5,000 磅。该所印刷部分已将全部印刷机件售与教育部,今后专从事于铸字工作,产量当必大增。

(十八)制革工厂　汉中制革厂,迁设四川江北香国寺,业已部分复工,每月出产重皮轻皮共百余张。又杜春宴君在重庆南岸设立之大同制革厂经协助资金,亦已开工,每月可制机器皮带 2 万余尺,轻革 1.5 万尺。

(十九)酒精及代汽油工业　重庆新设之新中国与新民等代汽油厂,经协助增加产量,新中国厂月产代汽油 1.2 万加仑,最近添设发酵部,并改良蒸馏机,将来必可减低成本。新民厂月产 7,500 加仑,近以奉命疏散,迁移江津。大成糖厂亦已成立发酵部,利用废糖蜜以制代汽油,每月产量亦有 3,000 余加仑。

(二十)铅笔工业　上海中国标准铅笔厂,已于本年一月底在重庆菜园坝复工,平均每月出优等铅笔 2,000 箩,普通铅笔 3,000 箩,其铅条制造机亦已运到,现正装置,于最近期内即可起始自造铅条。

[经济部档案]

15. 天原、天利、天厨、天盛四厂内迁经过及筹设渝厂概述

一、由沪迁汉经过

天厨、天原、天利、天盛四厂原设上海租界四周,二十七年八月十三日沪战起后,本厂等为保全生产实力及避免物资资敌计,乃遵照政府命令决计内

迁,漏夜拆卸机械,觅船装运。惟敌人亦深知天利二厂为吾国本项工业之嚆矢,而为吾国工业之命脉,且对于国防则均为重庆之基本工业,故先则警告勿迁,后则时肆轰炸,备极蹂躏。且当时交通已失常态,所有车舟几全征作军用或藉以搬运公物,影响迁厂之速度与工作甚巨,本厂等已拆卸之机械因此亦稍有(□颇多)不及运出者。迄十月二十七日天原装妥六艘,天利装妥六艘,天盛装妥九艘,天厨及天原各装八艘,先后分由苏州河及南黄浦西驶。该时国军已由闸北南移,致有天原厂二船,天利厂三船,在沪西北新泾被国军扣阻,用作浮桥。事毕,仍拒放行,旋被炸沉(该项机械行前本已向中央信托局保妥兵水险,事后中央信托局竟一再饰词卸责,赔款交涉,迄今犹未解决),天原厂房亦被炸毁,余船均在枪林弹雨之中逃出沪埠。途中且有被敌兵日追及而被劫被查者,经镇江时鉴于敌军西进迅速,深恐再行遭灾,乃多方设法,出昂贵代价雇得拖轮三艘,将天原三船、天利三船、天原天府合装之七船拖抵汉埠,余船仍赖风帆西驶。天盛九船除一船避难江北仙女庙旋失音讯外,余者经彭泽时又被江防当局扣留,拟作封江之用,嗣经多方设法与交涉,始准释放。先后由轮拖抵汉埠,迁移工作乃告第一段落。

二、由汉迁渝及第一次添配机材经过

四厂木船所装机械先后到汉方庆,劫余物资藉此可供复兴之基础。乃首都沦陷,敌军逆江西进,武汉随之吃紧,汉口刘家庙厂基虽已购妥,只得放弃而再遵政府命令续继西迁来渝;同时天原复工必需之机材出高价购得外汇在港向国外添配,几经周折并蒙委员会特谕,再承西南运输处之协助方得拨到粤汉路车辆装汉,该项添配机材到汉之时,汉埠情形已极混乱,幸承工矿调整处之协助,乃得全部装轮运宜。宜渝续运以国营商轮大部被征作差轮,而洋轮又狂涨运价,无法雇装,宜埠机货又极拥挤,有势力者即废铜烂铁亦可上运,而天原、天利出高价向国外购得主要件竟无法派得轮运。以吨位且木船船只亦以数少而抬价,航政局虽将每吨水脚规定,但以商货有利可图,竟相抬价争船,致规定水脚亦无法执行,且一有空船即被拉差,致招雇为难。迄二十七年七月中旬,宜埠货栈被炸,天原、天府机材亦被波及,形势险恶,不及再待,除极少数之大件装得轮船外,大部分机械冒险交柏水船徐徐上运,中途触礁,撞沉已五六起(损失已难胜计),幸大部捞复,至今尚有一船要件困船主无赖或另有企图,犹在青滩附近搁置。蒸发器二大件搁于万县待装,捞复零星要件47件在巴待运,诚属迁厂中唯一运输之困难。由是可见,其余原、利、盛、厨四厂机械除损坏一部分,炸毁一部分及沉没铁件三余吨外,大部分已运到猫儿石厂址,以作复工之根基。

三、筹设渝厂之情况

本厂等自奉令迁川后,即由经理来渝购地。但以渝地平坦者少,选购为难。看得之一二相宜者,又以当地官厅不熟先后为捷足者夺去,乃改就产盐区域之自流井购妥一处,以备天原建设电化厂之用,后以自贡电厂中止筹设,原有电厂电力不足,供应无法进行,乃再回重广[庆]觅地。而地主居奇,评价委员会评定之价格又不易执行,结果迁延半载,除评定之地价外另给津贴,方得在猫儿石购妥厂地一万余方从事建筑。第一步即先平地,其平土费之高与时间之费远出预期之外(平土未及厂地一半,而费用已相等于全部之地价),同时因木、石、砖、灰、五金杂料政府未予统制,价格狂涨,加以渝市内外(再加当地)增建住宅,开凿隧道及防空壕,致人材二缺,物价工资随之日增,造价既高,工程且慢,损失之惨重,实难计焉!

四、第二次添配机材现状

天原必需之机材自第一次添配后尚缺零件及电料材料等种类繁多,乃复在港、沪二处分别配购,及由沪设法将旧有而可用之机材合并运出。现均已抵海防,天原并派有专员在防照料,惟目下海防货物山积,车辆有限,何日得以运进,毫无把握,诚堪影响天原复工之时日也。

五、复工之计划

本四厂等虽已先后迁川,但以拆卸时难易不同,迁出机械有多有寡,且以出品需要之缓急与夫人力、财力之有限,决定分期复工。首先将出品最感需要之天府赶建复工,而供给天原耐酸器具之天盛亦同时进行;其次俟经济等有眉目即收与国防极有关系之天利速行复工;至天厨在渝设厂当视社会之需要酌定其进行之缓急,再将与民生问题有关之天厨使之复工。本四厂现虽处于极度艰难情况之中,然鉴于后方生产之不容或缓,仍当本已往奋斗之精神,促其早日完成。就目下筹设经过,天盛因较为简单,大约六七月间可望恢复出货。天原则尽量赶速,最早十月底或可试车,惟情况时变,一切预算与预期或为时势所迫而致局部或全部推翻之可能(故上述复工时日亦难准确)。天利运川者均系轻巧要件,大部分笨重机械均无法运出,故拟另筹新厂,现正接洽询价中。天利以前钚厂机器系购旧货,而战前资产数字亦有180万元,目下外汇高涨,物价亦增,运费更巨,故办一新厂或将四倍于此。惟天利所制阿莫尼亚硝酸及硝化物等重要制品均属国防之不可或缺乏原料,需款虽巨,希政府予以协助,俾得设法使其早日恢复。

......

[天原电化冶炼厂档案]

16. 重庆商务日报关于华北强身制球厂迁渝复工讯(1940年6月2日)

(本报讯)北平华北制球厂自被倭寇占去华北后,该厂即停止工作,全体工人于去年方由艰险中逃往重庆,并将制造工具随运来渝。经半年之筹备,联络热心体育的石乃东君共同努力,并改组为华北强身体育用品□制造厂,于去年四月一日始告成功,开始出货,发行所暂设冉家巷□□号内,门市部暂设民生路(杨家什字街)七七书局。

[廿九年六月二日重庆商务日报]

17. 重庆商务日报关于中国汽车制造厂华西分厂成立讯(1940年6月19日)

(本报特讯)敌机近来倾巢袭渝,妄图摧毁我各种建设,胁迫军民心理。但重庆连日在敌机空袭下,不独建设事业,军民精神未得稍受影响,反而事业精神日益增强奋发。国内唯一之中国汽车制造厂华西分厂,已在××××将厂址建成,内部机器装置本月内即可竣事,首翻砂制造各种零件,三月内即可出品发动机、柴油汽车。该公司昆明、贵阳等修理厂近期成立,香港、桂林、株洲三厂全年来所制造出之柴油汽车已遍布全国云。

[民国二十九年六月十九日重庆商务日报]

18. 工矿调整处编制内迁工厂厂名地址及复工情形一览表(1939年8月)

内迁工厂厂名地址及复工情形一览表(二十八年八月)

省份	业别	编号	厂名	负责人	地址	复工情形
四川省	钢铁	1	大鑫钢铁厂	余名钰	重庆	廿七年二月复工分铸钢、机器、翻砂等部分
	机械工业	2	永利公司铁工部	侯德榜	五通桥	迁川先在重庆土湾复工,最后迁移至互通桥
		3	恒顺机器厂	周茂柏	重庆	最近复工赶制煤气机
		4	恒昌铁工厂	马雄冠	重庆	廿七年四月复工以制造纸机著名
		5	美艺钢铁厂	朱文奎	重庆	本年二月复工,一部分机器造军用品,一部分造保险箱
		6	合作五金公司	胡叔常	重庆	去年九月复工,制造炸弹引信军用纽扣等
		7	中华职校实习工厂	贾观仁	重庆	除为该校学生实习外并造各种工具机,去年八月复工
		8	中国实业机器厂	宋明德	重庆	去年八月复工,该厂专造华文打字机
		9	上海机器厂	颜耀秋	重庆	二十七年四月复工,现进行制造水力旋动机

续表

省份	业别	编号	厂名	负责人	地址	复工情形
四川省	机械工业	10	陆大铁工厂	陆之顺	重庆	去年九月复工,承造大批手榴弹、引信、地雷等
		11	三北造船厂	叶竹	重庆	今年三月复工,修理船舶
		12	复兴铁工厂	薛明剑	重庆	去年七月复工,厂房散布数处,多制军用品
		13	新民机器厂	胡厥文	重庆	本年二月复工,除制工具机外并承造机枪及大批交通工具
		14	大公铁工厂	林美衍	重庆	去年六月复工,长于造工具机,附设职业学校一所并积极进行训练本地技工
		15	震旦机器厂	薛威麟	重庆	二十七年四月复工,专制救火机
		16	达昌机器厂	任之泉	重庆	去年七月局部复工,制造切面机
		18①	洪发利机器厂	周云鹏	重庆	重庆原有其分厂,故迁渝部分现已合并复工
		19	新昌机器厂	温栋臣	重庆	本年一月复工
		20	精一科学器械厂	胡允甫	重庆	去年七月复工,除制造仪器外并制机枪零件
		21	洽生工业公司	蕉世昌	重庆	去年十月复工多制兵工零件
		22	毓蒙联华公司	林忠诚	重庆	去年底复工,工作以造弹花机著名
		23	姜孚制造厂	李本立	重庆	今年三月复工,日夜赶造植物油灯
		24	协昌机器厂	毛子富	重庆	今年三月复工,承造防毒面具接头
		25	精华机器厂	张邵梅卿	重庆	二十七年四月复工,制造各种针织机
		26	福泰翻砂厂	薛凤翔	重庆	今年三月复工
		27	中国建设工程公司	陈祖光	重庆	去年十一月复工,专制各式电器用品

①序号维持原件样式。

续表

省份	业别	编号	厂名	负责人	地址	复工情形
四川省	机械工业	28	永丰翻砂厂	樊于珍	重庆	
		29	广利砂砻厂	尹宏道	重庆	本年一月复工
		30	东升机器厂	赵秀山	重庆	
		31	中新工厂	刘鹤卿	重庆	
		32	复鑫祥机器厂	周云鹏	重庆	与永和合作组织建华厂,今年五月复工
		33	耀泰五金厂	严光耀	重庆	本年五月复工,承造手榴弹引信
		34	永和机器厂	周家清	重庆	与复鑫祥合作组织建华厂,今年五月复工
		35	启文机器厂	李翊生	重庆	去年底复工,造机枪标尺
		36	老振兴机器厂	欧阳润	重庆	去年九月复工,修理工作居多
		37	徐兴昌翻砂厂	徐惠良	重庆	去年五月复工,与上海机器厂合作
		38	张瑞生电焊厂	张瑞生	重庆	去年九月复工,承接电焊工作
		39	合成制造厂	王锡富	重庆	今年三月复工,制造大量国油灯头
		40	萧万兴铜器厂	萧正启	重庆	今年三月复工,造各种瓶盖
		41	华新电焊厂	蔡井畉	重庆	今年一月复工
		42	毛有定铁工厂	毛清	重庆	去年底复工
		43	鼎丰制造厂	沃鼎臣	重庆	去年八月复工,制造科学仪器
		44	兴明机器厂	董志广	重庆	
		45	大来机器厂	温渭川	重庆	
		46	启新电焊厂	任伯贤	重庆	去年七月复工
		47	万声记机器厂	万武忠	重庆	
		57	大中制针厂	尹致中	重庆	
		58	上海振华机器厂	陈歆馥	重庆	本年一月在桃源复工,现迁渝机器方到,筹备复工中

续表

省份	业别	编号	厂名	负责人	地址	复工情形
四川省	机械工业	74	姚顺兴机器厂	姚掌生	重庆	去年十月在常德复工,承造海军用品,现迁重庆
		79	华丰机器厂	王瑞棠	重庆	去年底在常德复工,现迁重庆
		83	秦鸿记机器厂	秦鸿奎	重庆	本年二月在常德复工,现迁重庆
		84	周复泰机器厂	周春山	重庆	本年一月在常德复工,现迁重庆
		86	汉口振华机器厂	高观春	重庆	本年二月在常德复工,现迁重庆
		98	新华机器厂	王云甫	重庆	去年十月在常德复工,现迁重庆
		99	黄运兴五金厂	黄运连	重庆	本年二月在常德复工,现迁重庆
		102	周义兴机器厂	周仪臣	重庆	本年二月在常德复工,现迁重庆
		106	方兴发机器厂	方家国	重庆	去年十月在常德复工,现迁重庆
		120	杨正泰冷作厂	杨同喜	重庆	去年十月在常德复工,现迁重庆
		123	洪昌机器厂	张祖良	重庆	今年一月在常德复工,现迁重庆
		124	联益汽车修理厂	江沅生	重庆	本年□月在常德复工,现迁重庆
		125	杜顺兴翻砂厂	杜伯臣	重庆	本年一月在常德复工,现迁重庆
		127	胡洪泰铁工厂	胡树林	重庆	今年三月在常德复工,现迁重庆
		135	邓兴发翻砂厂	邓忠堂	重庆	本年一月在常德复工,现迁重庆
		136	汤洪发铁工厂	汤建银	重庆	本年一月在常德复工,现迁重庆
		137	王鸿昌机器翻砂厂	王金元	重庆	本年二月在常德复工,现迁重庆
		138	田顺兴铁工厂	田玉卿	重庆	本年二月在常德复工,现迁重庆
		139	汉口机器厂	周昌善	重庆	本年一月在常德复工,现迁重庆
		140	汉口顺昌铁工厂	祝金元	重庆	本年一月在常德复工,现迁重庆

续表

省份	业别	编号	厂名	负责人	地址	复工情形
四川省	电器制造工业	211	华生电器厂	曹竹铭	重庆	去年十一月复工,制造无线电发动机等
		213	中国无线电业公司	王永昌	重庆	去年五月复工,制造收发无线电报机
		214	中华无线电社	邵雅言 吕高岩	重庆	去年十一月复工,制造收报机
		215	中国蓄电池厂	胡国光	重庆	
		220	永川电气厂	乐颂云	重庆	
		221	永耀电器公司	唐绍箕	重庆	
		222	沙市电器厂	吴继贤	重庆	
四川省	化学工业	251	龙章造纸厂	庞赞臣	重庆	
		252	天原电化厂	吴蕴初	重庆	
		253	汉昌肥皂厂	余叔瞻	重庆	
		254	中国工业炼气公司	李允成	泸州	最近复工制造氧气
		255	大中华火柴厂	周太初	重庆	与本地华业火柴厂合作上月复工
		256	建华制漆厂	林圣凯	重庆	本年二月复工主要产品为厚漆、磁漆
		257	天利淡气厂	吴蕴初	重庆	
		258	汉中制革厂	魏雅平	重庆	最近局部复工
		259	家庭工业社	庄茂如	重庆	二十七年二月复工,除制牙粉外并制墨水
		260	中兴赛璐珞厂	周芗畔	泸州	
		261	民康实业公司	刘洪源	重庆	本年六月纱布部复工,药棉部七月可望复工
		262	新亚药厂	施泽光	重庆	
		263	中法药厂	林鸿藻	重庆	去年五月复工。现正为军区署供大量时疫水
		264	中国铅丹厂	吴纪青	重庆	与建华油漆厂合作
		265	科学仪器馆化学厂	张德明	重庆	与国立药专合作制造硝酸银、硫酸镁等

续表

省份	业别	编号	厂名	负责人	地址	复工情形
四川省	化学工业	266	海普制药厂	季德馨	重庆	本年三月复工,出品为注射剂,五四被炸毁现与总厂电商复工办法
		267	国华精棉厂	陆绍云	重庆	
		268	华光电化厂	李鸿寿	重庆	
		269	天盛陶器厂	吴蕴初	重庆	最近局部复工
		270	益丰搪瓷厂	王自辛	重庆	去年八月与福华合作制各种搪瓷品
		271	瑞华玻璃厂	姜惠周	重庆	去年八月复工专制化学仪器日用玻璃器皿
		272	汉口车光玻璃厂	郑竹影	重庆	
		250	中元造纸厂	钱子宁	宜宾	
	纺织工业	321	豫丰和记纱厂	潘仰山	重庆	今年二月复工,现开七千纱锭
		322	裕华纱厂	苏太余	重庆	上月复工出纱,现开三千纱锭
		323	沙市纱厂	萧伦豫	奉节	
		324	申新纱厂	章剑慧	重庆	今年一月局部复工,现开五千纱锭
		325	大成纱厂	刘丕基	北碚	与大明染织厂合作已装置机器
		326	震寰纱厂	刘为生	重庆	与裕华纱厂合作
		327	美亚织绸厂	虞幼甫	重庆	二十七年四月复工,现开织机六十台,试制降落伞
		328	隆昌织染厂	倪麒时	北碚	与大明染织厂合作
		329	大明染织公司	朱希武	北碚	今年二月复工,现与军需署订有织布合同
		330	迪安针织厂	魏孚	泸州	先在重庆复工,最近迁往泸州设厂
		331	苏州实业社	徐治	重庆	去年六月开工,织造军用布毛巾手巾等

续表

省份	业别	编号	厂名	负责人	地址	复工情形
四川省	纺织工业	332	亚东布厂	杨云樵	重庆	
		342	和兴染织厂	张清成	重庆	
		335	隆和染厂		万县	
		336	五和制造厂	周福泰	泸州	原在渝制造汗衫、袜子等,最近迁至泸州设厂
	饮食品工业	431	南洋烟草公司	陈容贵	重庆	本年三月复工,五月十二日遭敌机轰炸,损失奇重,现正筹备恢复,九月可出货
		437	金华食品化学工业社	钟履坚	乐山	
		438	正明面粉厂	余克明	重庆	
		439	豫明米厂		重庆	
		440	大有丰米		重庆	
	教育用具工业	446	京华印书馆	王毓英	北碚	先在重庆复工,现迁往北碚八月一日可复工
		467	时事新报	崔唯吾	重庆	二十七年四月复版
		468	华丰印刷铸字所	乔雨亭	重庆	去年九月复工,现专铸铅字
		469	正中书局印刷厂	王旭东	重庆	去年六月复工
		470	武汉印书馆	王序坤	北碚	
		471	新华日报馆	熊瑾玎	重庆	去年九月复刊
		472	大公报馆	曹谷水	重庆	去年底复刊
		473	商务印书馆	涂傅杰	重庆	今年二月复工
		474	大东书局印刷厂	杨锡荪	重庆	今年二月复工
		475	白鹤印书馆		重庆	
		476	汉光印书馆		重庆	
		477	劳益印刷所	葛少文	重庆	去年十月复工
		478	时代日报印刷所	胡秋原	重庆	去年十一月复工
		479	申江印刷所	周文赋	重庆	去年底复工
		480	汉口正报馆	谢正字	重庆	今年一月复工

续表

省份	业别	编号	厂名	负责人	地址	复工情形
四川省	教育用具工业	481	七七印刷厂	程远	重庆	今年一月复工
		482	振明印务局	周振明	重庆	去年十月复工
		483	汉口新快报		重庆	今年一月复工
		484	中国铅笔厂	吴羹梅	重庆	本年一月复工
	其他工业	491	丽华制版所	王汉仁	重庆	
		490	华成印书馆	张叔良	重庆	
		511	六合建筑公司	李祖贤	重庆	现正建筑天原及龙章厂房
		512	馥记营造厂	陶桂林	重庆	现正承造綦江船用
		513	大同五金号	俞兆麒	重庆	五金材料
		514	建业营造厂	周敬熙	重庆	承造金城大楼工程
		515	杨子建筑公司	陈星坦	重庆	承造建筑工程
		516	寿康祥锯木厂	王佑霖	重庆	今年二月复工
		517	梁新记牙刷厂	梁守德	重庆	
		518	华兴制帽厂	余国柱	合川	去年九月在渝复工,现已迁往合川
		519	中兴珠轴公司	黄铁明	重庆	运售钢□珠轴
		520	精益眼镜公司	王翔欣	重庆	本年一月复工,磨镜片制眼镜
		521	孙丹眼镜公司	应顺祺	重庆	本年一月复工,磨镜片
	矿业	541	中福煤矿	孙越崎	白庙子	与天府合作现月产煤约三百五十吨
		542	利华煤矿	黄师让	重庆	
		543	湘潭煤矿	孙越崎	犍为	
		544	湘江煤矿	陆苍吾	重庆	

续表

省份	业别	编号	厂名	负责人	地址	复工情形
湖南省	机械工业	71	赵金记机器厂	赵金元	衡阳	
		72	胡尊记机器厂	胡仲芳	常德	
		73	福顺机器厂	萧专廷	沅陵	去年先在常德复工,近迁沅陵
		74	仲桐机器厂	王杏凡	沅陵	去年先在常德复工,近迁沅陵
		76	张鸿兴机器厂	张鹄臣	沅陵	去年底复工,造织布机及军用品
		77	山泰翻砂厂	周志卿	沅陵	去年十一月复工,现正在辰溪设分厂
		78	中国机器厂	吴燕亭	沅陵	
		80	精益机器厂	钱贯之	沅陵	去年复工,制造兵工器物及工字镐
		81	美丰机器厂	毛学广	常德	去年十月复工,精于制纽扣
		82	仁昌机器厂	杜益善	沅陵	去年十一月复工
		85	实泰机器厂	张则明	衡阳	去年十一月复工,承造燃烧弹壳及军用锅
		87	鸿泰机器厂	葛祺增	沅陵	先迁常德复工,造海军品,最近迁沅陵
		88	谢洪兴机器厂	谢华亭	沅陵	先迁常德造织布机,最近迁沅陵
		89	亚洲制刀厂	岳奎璧	辰溪	本年一月复工,制各种小刀
		90	大荣机器厂	周根祥	祁阳	
		91	和兴机器厂	陈惠卿	沅陵	去年底复工,最近承造弹花机
		92	金炳记机器厂	金华庆	沅陵	去年一月复工
		93	徐顺兴机器厂	徐士泉	常德	去年十月复工,承接军用品工作
		94	顺丰机器厂	谭金桃	常德	本年一月复工,为海军部造水雷
		95	陶国记翻砂厂	陶国余	常德	本年一月复工,为海军部造水雷

续表

省份	业别	编号	厂名	负责人	地址	复工情形
湖南省	机械工业	96	汤义兴机器厂	汤善夫	沅陵	先在常德复工,现迁沅陵
		97	谢元泰机器厂	谢冬至	沅陵	先在常德复工,现迁沅陵
		100	正昌机器厂	周昌茂	常德	今年二月复工,承造海军用品
		101	华森翻砂厂	厉华荣	沅陵	
		103	苏裕泰机器厂	苏海卿	常德	今年一月复工,承造海军用品
		104	李胜兴机器厂	李云卿	沅陵	本年一月复工,造刺刀
		105	义复昌机器厂	周寿山	常德	今年二月复工,承造海军用品
		107	韩云记机器厂	韩云卿	沅陵	去年十一月复工,包做缝纫机脚架
		108	华协兴铁工厂	华阿本	常德	
		110	陈东记机器厂	陈东亭	沅陵	
		111	范兴昌翻砂厂	范华山	沅陵	选在常德复工,现迁沅陵
		112	吴善兴机器厂	何学明	常德	今年二月复工,造海军用品
		113	张乾泰机器厂	张才	常德	今年二月复工,造海军用品
		114	李兴发机器厂	李汉卿	沅陵	今年三月在常德复工,近迁沅陵
		115	瑞生机器厂		常德	
		116	永泰铁工厂	王根荣	常德	
		117	恒兴益铁工厂	钱恒丰	常德	
		118	聂兴隆铁工厂	聂正明	沅陵	先在常德复工,近迁沅陵
		119	江源昌机器厂	江源生	常德	去年十月复工,承接海军部工作
		121	周锦昌翻砂厂	周贤益	常德	去年十月复工,承造手榴弹
		122	合记铁工厂	朱金生	常德	今年三月复工,承造海军用品

续表

省份	业别	编号	厂名	负责人	地址	复工情形
湖南省	机械工业	126	隆泰工厂	王继尧	常德	今年二月复工,接做海军部工作
		128	李锦泰五金厂		常德	去年十一月复工,承造大批军用品
		129	胜泰机器厂	谭善存	常德	
		130	刘洪盛机器厂	刘汉华	常德	今年二月复工,造海军用品并造警报机
		131	大丰马鞍机器厂		衡阳	
		132	黄福记铁厂	钱文奎	沅陵	今年二月在常德复工,近迁沅陵
		133	兴顺机器厂		沅陵	去年底复工,修理机器零件并造军用品
		141	德昌永铁工厂	刘清山	常德	今年二月复工,承造军用锅并造海军用品
		142	周庆记翻砂厂	周庆蓬	沅陵	今年在常德复工,近迁沅陵
	电器制造工业	228	亚浦耳电器厂	胡西园	辰溪	
		229	义华电器厂	刘锦章	沅陵	曾迁常德,造大批军用电话,近迁沅陵复工
	化学工业	286	华中水泥厂	卢开瑗	辰溪	
		287	中国窑业公司	胡佐高	零陵	去年二月复工,制火砖火泥
		288	华中制药厂	刘件府	沅陵	去年三月复工,制脱脂棉及西药等
		289	民营电木厂	陈东熙	沅陵	先在长沙复工,后迁沅陵,最近可复工
		283	宝华玻璃厂	翁希仲	辰溪	最近复工
		284	万利药棉厂	喻会孝	浦市	最近复工
		285	建国药棉厂	万蕴巢	泸溪	二十八年五月复工

续表

省份	业别	编号	厂名	负责人	地址	复工情形
湖南省	纺织工业	341	华商军服厂	毛剑炳	沅陵	现复工,专制军服
		343	林裕丰五布厂	林协臣等	祁阳	去年五布厂联合复工,制军用民用布带
		344	华兴布厂		祁阳	
		345	国华布厂	戚玉成	祁阳	去年复工,制造军用民用布带
		346	仁记布厂	吴仁山	祁阳	去年复工,制造军用民用布带
		347	王记布厂	孙玉山	祁阳	去年复工,制造军用民用布带
		348	正记布厂	张正堂	祁阳	去年复工,制造军用民用布带
		349	兴记布厂	陈家修	祁阳	去年复工,制造军用民用布带
		350	保记布厂	汪保山	祁阳	去年复工,制造军用民用布带
		351	富记布厂	段兴富	祁阳	去年复工,制造军用民用布带
		352	汉记布厂	梅汉卿	祁阳	去年复工,制造军用民用布带
		353	同兴布厂	王子平	祁阳	去年复工,制造军用民用布带
		354	宏昇布厂	王润甫	祁阳	去年复工,制造军用民用布带
		355	洪兴布厂	徐汉民	祁阳	去年复工,制造军用民用布带
		356	协兴布厂	傅美田	祁阳	去年复工,制造军用民用布带
		357	祥泰布厂	徐椿林	祁阳	去年复工,制造军用民用布带
		358	王四记布厂	王盛卿	祁阳	去年复工,制造军用民用布带
		359	宏升四记布厂	王焕章	祁阳	去年复工,制造军用民用布带
		360	李二记布厂	李二记	祁阳	去年复工,制造军用民用布带

续表

省份	业别	编号	厂名	负责人	地址	复工情形
湖南省	纺织工业	361	林胜利布厂	林孝齐	祁阳	去年复工,制造军用民用布带
		362	吴在明带厂	吴在明	祁阳	去年复工,制造军用民用布带
		363	马春记布厂	马春山	祁阳	去年复工,制造军用民用布带
		364	张合记布厂	张合记	祁阳	去年复工,制造军用民用布带
		365	殷合记布厂	殷合记	祁阳	去年复工,制造军用民用布带
		366	傅春记布厂	傅左廷	祁阳	去年复工,制造军用民用布带
		367	杨福盛布厂	杨志明	祁阳	去年复工,制造军用民用布带
		376	新盛布厂	王汉昌	沅陵	
		340	林森军服厂	江干庭	沅陵	二十七年十二月复工
		388	江苏难民纺织厂	许振	浦市	本年三月复工
	饮食品	446	五丰面粉厂	施葛证	桃源	
	其他	526	金钢机制鞋厂	胡觉清	沅陵	今年四月复工,制造军鞋
广西省	机械工业	151	新中国工程公司	支秉渊	桂林	先在祁阳复工,现已将机器陆续运桂
		152	中华铁工厂	王佐才	柳州	去年九月复工,出品为工具机
		153	慎昌翻砂厂	黄生茂	桂林	翻制铜铁等件,已于本年二月开始工作
		154	中华辗铜厂	卢焕文	桂林	
		155	希孟氏历钟厂	丁希孟	桂林	本年四月复工
		156	陈信记翻砂厂	陈德泉	柳州	本年二月复工,代兵工厂翻制手榴弹壳
		157	中兴铁工厂	陈炳勋	桂林	去年底复工,造木炭发动机
		158	华中铁工厂	卢焕文	桂林	本年二月复工,承造驮骑架尺、马鞍
		159	强华机器厂	梁金才	桂林	去年底在全州复工后又迁桂复工

续表

省份	业别	编号	厂名	负责人	地址	复工情形
广西省	电器	226	华成电器厂	周锦水	桂林	去年底在衡阳复工造电动机等,现正在迁桂中
		236	永利电机厂	刘振声	桂林	今年一月复工,承制植物油灯头
	化学	297	大新荣橡胶厂	刘福勋	桂林	今年三月复工,造胶鞋
	教育用具	501	科学印刷所	宋乃公	桂林	今年一月复工
		502	国光印刷厂	蓝昌农	桂林	今年三月复工
	其他	531	大新车木厂	王国良	柳州	今年三月复工,制手榴弹木柄
陕西省	机械工业	171	洪顺机器厂	张毫生	宝鸡	去年三月复工,近装原动机设备
		172	吕方记机器厂	吕方根	西安	
		173	利用五金厂	沈鸿	蚨施	去年三月复工
	化学工业	301	秦昌火柴公司	段连岑	宝鸡	去年五月复工
		302	德记药棉厂	李仲平	南郑	本年五月复工,易名"汉光",除制药棉外并织布
		303	民康药棉厂	王时康	宝鸡	本年二月复工
	纺织工业	401	申新纱厂	瞿冠英	宝鸡	
		402	震寰纱厂	欧阳开定	西安	
		403	束华染厂	施永生	西安	
		404	善昌新染厂	陈良甫	宝鸡	
		405	隆昌染厂	黄继堂	宝鸡	
		406	同济轧花厂	□清祥	宝鸡	今年三月复工
		407	成功袜厂	成秋芳	宝鸡	去年十二月复工
	饮食工业	451	福新面粉厂	瞿冠英	宝鸡	
		452	大新面粉厂	杨靖宇	宝鸡	最近复工日产粉1,000袋
		453	和合面粉厂	孔子杰	西安	本年三月复工,现日出500袋
		454	同兴面粉厂	徐宏志	西安	最近复工

续表

省份	业别	编号	厂名	负责人	地址	复工情形
其他省	机械工业	181	中国煤气机厂	李葆和	贵阳	先在全州复工,现正由桂林迁筑中
		182	瑞丰汽车修理厂	常凯生	贵阳	先在全州,现拟迁筑与西南公路局合作
		183	毓蒙联华公司	林宗成	均县	去年底复工,主要产品为弹花机
		184	中国制钉厂	钱祥标	昆明	
		17	康元制罐厂	项康元	昆明	
	电器	241	谭泮电池厂	霍伯华	香港	去年复工
	化学工业	296	江西大瓷业公司	汤之屏	昆明	
		306	工商谊记橡胶厂	阮觉施	九龙昆明	在九龙正赶制军用橡皮船,一部分机器陆续迁滇复工
		292	大中华橡胶厂	洪念祖	昆明	
		308	中央化学玻璃厂	徐新之	昆明	
		309	允利化学公司	薛明剑	康定	
	饮食品	456	中国机茶公司		恩施	去年底复工
	其他	506	长兴印刷公司	汪幼云	贵阳	今年三月复工,易名西南印刷所
		522	精益眼镜公司	王翔欣	昆明	

附记

一、复工情形栏内未加说明者均未复工

二、此外尚有八十七家情形特殊者另列于后

甲、与本处联络中断之工厂共五十一家

利泰翻砂厂　荣昌桐记机器厂　润新工厂　汉昌铁工厂　孙立记电器厂　普通工业社电池厂　通艺无线电公司　三星工业社　光原锰粉厂　汉光玻璃厂　沪汉玻璃厂　民生制药厂　应城石膏厂　精益布厂　远东布厂　名利布厂　张兴发布厂　张宏发布厂　张福记布厂　张正记布厂　张春记布厂　新成布厂　国成布厂　魏福记布厂　冯兴发布厂　彭兴发布厂　陈炳记布厂　陈鹏记布厂　王顺记布厂　震华布厂　永顺布厂　光明布厂

华中染厂　协昌布厂　义泰布厂　正大布厂　同泰布厂　必茂布厂　协昶布厂　昆明迪安针织厂　胜新面粉厂　青年卷烟厂　汉益印书馆　杨子印务局　京城印刷公司　美丰祥印刷公司　福源油饼厂　万城酱油厂

乙、租让或无复工能力之工厂共五家

公信金属品厂　汇明电池厂　既济水电公司　生活书店　开明书店

丙、另有主管机关之内迁工厂共十四家

重庆六河沟炼铁厂　招商局机器厂　河南农工器械制造厂　桂林六河沟炼铁厂　重庆中国植物油料厂　重庆资委会电机厂电池部　湖南电厂　桂林资委会电机厂　植物油提炼轻油厂　沅陵中国植物油料厂　湖北省纱布局　淮南煤矿　源华煤矿　中兴煤矿

丁、受本处协迁机料之本地工厂共二家

民生实业公司　华西兴业公司

戊、本处拆迁或自办之工厂共九家

重庆铸亚铁工厂　广西纺织机械工厂(机械厂)　汉口特四区电厂　财政部造纸厂　重庆福星染厂　本处鄂建厅合办麻织工厂　汉口特四区水厂　广西纺织机械工厂(纺织厂)　广西福星染厂

己、受本处协迁之新创工厂共六家

新昌实业公司　光华油漆厂　大金火砖厂　七七袜厂　永润袜厂　业精纺织公司

19. 工矿调整处专员宋毓华陈报龙章纸厂建设厂房设备装置进展情形呈(1940年2月17日)

签呈　廿九年二月十七日
　　　字第　　号　　　　　签呈者　宋毓华

谨呈者:职于本月十六日赴龙章纸厂视察,谨将该厂工程进展情形报告于后:

(一)原动室

该厂动力设备计有1,000千克透平发电机1座,锅炉2座。透平机为中途泄汽式(pissout type),利用透平机泄出之低压蒸汽,供给造纸需用,发电量与蒸汽泄出量二者可自行随时调整,以适应需求。

甲、工程进度

锅炉间　房屋建筑、锅炉机件均已安装完竣。

透平间　透平发电机已安装竣事,馈电设备尚未完成,一部机件在添配制造中,一部材料尚待购运。

给水设备　原动室需用水量,系由该厂总水池供给,现该总供水设备正在开始建筑,预计3个月后始可完成。

乙、材料困难

原动室部分有下列材料尚未购妥:

1. 铅包橡皮高压电缆　　350尺。

6.6kV Lead Covered rubber inoulated single core cable (0.05 sg. in)…350升。

2. 出线匣用绝缘油体　　10加仑。

3. 水管用生铁　　40吨。

给水设备需用水管,一部分已在翻制中,一部分因生铁无着,无法进行。

丙、馈电及用电情形

馈电设备计有发电机总电钥板1,及馈电钥板4,分4路供电,其3路经由方棚供给纸厂及原动厂用电,其他1路拟与电力公司及天原电化厂相连,估计该厂全部用电约为650千瓦,可有余力(350kW)供给邻厂,惟实际情形与制纸蒸汽用量有关。

原动室各项机器设备均适实际应用,惟冷水池面积太小,将来凝汽器真空难于提高,该透平机为中途泄汽式(possout type),原则上在纸厂采用颇为适宜。锅炉容量现有2座,适可应付,惟乏备炉。

(二)纸厂部分

甲、纸车间　纸车间设计及整理工作大体已竣事,厂屋亦已完成,现正在进行底脚挖土工程,预计三月中旬底脚落成可开始安装,纸车添配机件大部已着手,惟一部购自外洋者,如毡、铜丝布等尚未到达。

乙、制浆楼　该部土石工程进行较为迟缓，工程设计已就绪，惟厂屋底脚石工甚繁，房屋尚在建筑中。谨呈

处长　翁
　　　张

职宋毓华签呈

[经济部工矿调整处档案]

20. 何应钦为海运封锁军需纱线布匹不敷请饬迁川陕各厂未装设备限期装配开工的代电(1942年3—4月)

(1)3月19日代电

军政部代电　渝需(制)字第4116号　中华民国卅一年三月十九日发

经济部翁部长勋鉴：查自太平洋战事爆发之后，海外运输线悉被敌人封锁，国外物资业已无法内运供给，故对于今后所需材料，势必在国内设法筹办，以图自给。本年用制服装布料不敷尚巨，已饬各主管机关尽量觅求补给之方，重庆一区虽经军需署商妥贵部物资局增加收购军纱数量，惟该项纱支现系分交各商户承织木机布，不特流弊甚多，且管理稍一不严，其所织布尺品质粗疏，难以供用。损耗资源，即影响抗战力量，自应予以改善，以求给与之满足。兹闻迁川各纱厂其所有织布机均未装设，似此情形，一方既减少物资生产，而机件久存不用，亦易生锈烂损废，缩退使用年限。本部有鉴于此，拟请贵部通饬各纱厂，迅将未装织布机限期装置完成，制织布匹，以供军需急用。设各纱厂如不愿装置者，则可将该项机件由本部酌价收购或租用，交与本部军纺厂办理。相应电请察照饬办见复为荷。何应钦。皓。储制渝。

(2)4月13日代电

军政部代电　渝需丙(三一)(制)字第5333号　中华民国三十一年四月十三日发

经济部翁部长勋鉴：据西北各战区经理会议提案称，现西北大军麇集，为

制备服装所需之纱线、布匹为数日增,极感资源不敷供应,目前在陕之大华、申新等各厂即将全部产量拨供亦尚不足,且需酌留一部以为民用,似应从事扩增生产力量,以谋补给之满足。查现存西北未开之纱锭、布机尚多,计纱锭大华尚有1.8万枚、申新5,000枚、咸阳工厂5,000枚、蔡家坡纱厂4,000枚;布机大华尚有400台、申新400台、咸阳工厂150台,均未装设。兹抗战军事已达严重阶段,物资供应为最后胜利之先决条件,以上各厂纱、布生产工具若任其弃置不用,实自损国力,影响西北军需补给关系甚大,亟应督饬全部装设以增生产,呈请本部会商贵部,查明各厂未装纱锭、布机等实数,督饬各厂负责人限期装置开工,否则由本部将此机器全部接收利用。等情到部。查所拟议各节,关系军需资源补给,实为当前急需解决之问题,用特转电查照,请赐转知切实遵办,以利军需,并盼示复为荷。弟何应钦。元。需储制渝。

[经济部档案]

21. 工矿调整处等陈报裕华申新豫丰等纱厂残存织布机数量及筹划装配开工情形呈(1942年5—7月)

(1)工矿调整处呈(5月11日)

经济部工矿调整处呈 工矿(31)业字第 号 中华民国三十一年五月十一日发

案奉钧部本年三月二十五日(卅一)工字第5077号训令,以准军政部电令,仰查明各纱厂织布机实在装设情形,规定迅速增装办法及时期具报等因,遵将办理情形分陈如下:(一)裕华纱厂迁川之纱布机,曾在宜昌招商货栈被炸,损失甚重、转辗运输又多锈坏,前以纱机装置未竣,故未着手修配布机,现估计可能修复之布机约合120台,尽先将勉能修复之台数,赶建临时厂房一所,已在积极筹备。(二)豫丰纱厂自郑拆迁时,原有布机234台,迁运来渝,船只迭次出险,沉失机件甚多,历年复遭被炸损失,尤以浆纱机大滚筒沉失,无法修配,只可用土法浆纱。该厂已着手积极将机件清理,一面腾空厂房一所,安装布机,全在先装,缺在修配,总期在最短时间内开工。(三)申新纱厂迁渝布机共 80 台，浆纱机之大滚筒于迁运宜昌途中炸毁，目前已装 20 台，准备全部用手工，其余 60 台正在清理机件，设法修配，陆续装置中。综上所陈，迁川各纱厂织布机虽在修配困难之中，亦正积极筹备开工，除随时督促并将开工时期再行具报外，理合先将各厂存机数量及筹备开工情形备文呈复，仰祈鉴核。谨呈

经济部

工矿调整处处长翁文灏谨呈

(2) 工矿调整处呈（6月24日）

经济部工矿调整处呈　工矿(31)业3330号　中华民国三十一年六月廿四日发

案奉钧部本年五月二十日(卅一)工字第8419号指令，本处呈一件，为呈复迁川各纱厂所存织布机数量及筹备开工情形开：呈悉。业经转电军政部查照，仍仰迅将各厂增装完成开工时期具报为要。等因。奉此。遵经分令各厂知照，兹据裕华纺织公司本年六月十五日呈复称：查商厂于迁川以前原有布机504台，因仓卒撤迁，未能全部运出，由汉口运至宜昌后，两次被炸，损失亦重，破碎残缺无法计其数字。自奉令后，即于四月中旬雇用小工多名，专事清厘机箱，复派布厂机匠数名检点零件，于四月底始清厘完毕，约计完整者只有120部，能于先行配装，其余须俟开工后赓续设法修理。五月初即以布机120部及附属机器，如整经、浆缸、刮布、折叠等都绘置机器平面图后，交建筑师绘厂屋构造图，迨五月中旬，始将图样交出，复以该图分发各营造厂估价。因购买材料困难，承造者颇多考虑，又恐物价高涨赔累，踌躇多日，始送标单前来。经于六月十日开标，今正迁拆布厂基地上之临时房屋，施行凿石、平土工作，搭建临时工作场所，逐次推行建造工作，倘无警报阴雨耽延，大约五六个月可以完成，然后积极安装布机，以利生产，藉副钧长属望之至意。奉令前因，理合据实呈复，伏乞鉴核转呈。至为公便。等情到处。理合具文转请鉴核备查。谨呈

经济部

工矿调整处处长翁文灏谨呈

(3) 工矿调整处呈(7月7日)

经济部工矿调整处呈　工矿(31)业字第3335号　中华民国三十一年七月七日发

案奉钧部本年五月二十日(卅一)工字第8419号指令,以据本处呈报迁川各纱厂所存布机数量及筹备开工情形一案,业转电军政部查照,仍仰将开工时期具报等因。奉此。案经分饬各厂知照,除裕华纱厂呈复情形业已于六月二十四日本处发文工矿(卅一)业字第3330号呈报在案外,仅将:

(一)申新纱厂呈复情形节称:商厂布机零件大多于迁川途中为敌机炸毁,除少数自行竭力设法修配外,其余均在多方搜购配造中,然现时五金材料甚为缺乏,故修配颇感困难。更兼商厂资力有限,预计修理费用约须法币150万元之巨,迄今尚无着落,已在呈请物资局拨借中。如进行顺利,可于6个月后复工。

(二)豫丰纱厂呈复情形节称:查本厂布机因迁运时沉失太多,又加历次轰炸之损失,故修配倍感困难。且渝址狭窄,不合疏散原则,原拟改设立之第一分厂房屋,现查不能适用,兹拟将机件清理后运往合支厂建屋开织,屈计建筑与修装各工程约须来年一月完竣,即可开工。各等情到处。奉令前因,理合具文呈请鉴核备查。谨呈

经济部

　　　　　　　　　　　　　工矿调整处处长翁文灏谨呈

(4) 物资局呈(7月16日)

经济部物资局呈　卅一(督)工字第8761号　民国三十一年七月十六日发

案奉钧部三十一年六月八日(卅一)工字第9501号训令开,以准军政部代电请转饬渝市各厂依照储备司与厂方会商情形进行,并饬遵照前令,迅将迁川各厂布机增装完成开工时期具报等因。奉此。业经分别转饬各驻厂专员遵照办理具报去后,兹据驻申新纱厂专员易天爵三十一年六月二

十二申字第89号呈称:顷准申新纱厂六月十九日申字第88号函称:径启者:敝厂自迭奉钧局令饬将原有织布机装设织制布□以供军民服用需要后,即行遵令积极整理修理装置,迅谋复工生产。乃值兹生活程度高涨物资供应艰困之际,诸凡筹备期间之房屋修建、机件配制、材料购置、薪资支给,以及一切杂项开缴,靡不费用浩大。敝厂原有资力已深感不敷周转,经营方面复告入不敷出,日常生活既难于维持,今布厂复工更需巨款,实有无法筹划之苦。设或因是将原有计划停顿,则似与政府法令及敝厂生产救国初衷又相违悖,为使工作顺利计,拟商呈钧局准予拨借法币150万元,俾资采购材料、修配机件、添建房屋。用特专函奉达,随附配料预算表1份,即祈察照,并恳俞允转呈上峰,赐准照借,以利生产,至纫公谊。等由。准此。理合据情转呈钧局鉴核示遵。等情。附配料预算表一份。据此。查所报尚属实情,惟贷款部分本局物价平准基金内未到此项预算无法拨垫,拟请钧部依照"非常时期工矿业奖助条例"俯予协助向银行请贷,俾早开工而利生产。是否有当,谨检同配料预算表一份[缺],呈请鉴核。又据驻裕华、豫丰两厂专员呈称,均以各该驻在厂所有布机因搁置日久,锈坏不堪,加之零件缺乏,须待大加修配。同时建造厂屋,训练技工等种种困难,短期内恐难开工,惟仍积极修装,以期早日完成。各等情。据此。经查尚属事实,理合合并声复,敬乞鉴核示遵。谨呈

经济部

物资局局长何浩若

[经济部档案]

22. 工矿调整处陈报沙市纱厂增装纱锭情形呈(1942年9月2日)

经济部工矿调整处呈　工矿(31)业字第4851号　中华民国三十一年九月二日发

案查渝市各纱厂未开纱锭迭奉钧部令饬督促赶装,并先将豫丰纱厂等筹装情形转呈鉴核各在案,兹复据沙市纱厂本年八月十五日呈复:查商厂自迁

渝以来，举债复工，以事生产，每一期装设纱锭 6,400 枚，经于去年五月开始运转，旋即继续借款，急谋扩充，加造厂房，添置设备，增装纱锭 4,400 枚，业于本年七月初开始试车，陆续增开，稍假时日，即可开齐。盖仰体钧处意旨，思有以勉尽为国增产之责，积极进行，不遗余力，谅为钧处所洞察。现商厂尚有数千未装纱锭，虽亟思完全装设，无如因西迁时装运木船沉没多艘，损失重要机件颇多，残缺不全，非短时间所能修复，且其中有在国内难以添配者，即如钢丝布一项，该商厂分寸无存，国内无法觅购，但无此即无法开工。且工料奇昂奇缺，更需巨额资金方能将机件修配齐全，附属设备补充完备。值此制造棉纱成本日高之际，流动资金已日感不敷周转，以言扩充，确属重重困难，力不从心。但商厂仍决苦力支撑，尽其在我，于事实许可之情况下，将未装纱锭陆续修配，积有成数，可以配合时即设法装设，以增生产。等情。查该厂增装之纱锭 4,400 锭，现已正式工作，其未装纱锭，已饬赶修另装，其所缺钢丝针布，已由本处材料库设法采购，以供各该厂之需。据呈前情，理合具文报请鉴核备查。谨呈

经济部

工矿调整处处长翁文灏谨呈

[经济部档案]

23. 工矿调整处关于 1941 年度下半年推进工厂疏建工程情况报告① (1942 年)

工厂疏建工程之推进

本处前为谋各工厂安全，避免空袭损害起见，曾于二十九年八月拟定：(一)建筑地下工场；(二)建筑重要机件保护工程及(三)疏建分厂三种方案，并请准指拨专款，由处低息贷给各厂，为经营此项疏建保护工程之用。

---

①节录自《经济部工矿调整处三十年度下半年工作报告》。

本期仍继续推进,计核准贷款办理疏建工作者,有中国汽车制造公司华西分厂、鼎丰制造厂、李家沱工业区公共事业筹备处、上川实业公司、上海机器厂等。

工厂疏建及保护工程之进行,其已完成者,有中国兴业公司等18家,其工程尚未完成者,只有中国汽车公司、李家沱工业区及利民肥皂厂等三处,均在督促进行中。除本处协助疏建保护贷款各厂外,其他工厂自行开凿地下工厂者尚多,其规模较大者,再申新纱厂宝鸡分厂,其容积计达1.03万余立方公尺,广元大华纱厂容积为5,200余立方公尺,重庆电力公司鹅公岩分厂为6,500余立方公尺。连同本处协助开凿防空洞工场各厂,计有上川实业公司容积为4,500立方公尺,大明染织厂为3,316立方公尺,民生机器厂为2,620立方公尺,恒顺机器厂为1,500立方公尺,顺昌铁工厂为1,250立方公尺,其他容积在1,000立方公尺者,尚有渝鑫等14家。合计以上各厂防空洞工场容积,共超过5万立方公尺。此外开凿防空洞、仓库及加强保安工程以减少空袭损失者,有四川水泥厂等50家。兹将各厂疏建工程进度表列后:

工厂疏建保护工程及进度表

厂名	保护工程	本年十二月底工程进度
中国兴业公司	开凿钢铁部机器厂、动力厂、轧钢厂、电炉厂等防空洞工场	钢铁部机器厂防空洞工场经早已竣工,机器亦已安装完毕,照常工作。动力厂、轧钢厂、电炉厂等防空洞工场均已竣工,机器亦已安装妥竣
渝鑫钢铁厂	建筑江北及长寿分厂,及在原厂开凿防空洞工场,建筑护墙	已竣工
民生机器厂	疏建唐家沱等分厂,及在原厂凿防空洞工场	工程均已完成
顺昌铁工厂	开凿动力厂及机器厂防空洞工场	已完成,并已将机器移装完竣,照常工作
上海机器厂	开凿防空洞工场	已竣工

续表

厂名	保护工程	本年十二月底工程进度
新民机器厂	开凿防空洞工场	已竣工
中国实业机器厂	开凿防空洞工场	已竣工
建国机器厂	开凿防空洞工场	已竣工
恒顺机器厂	开凿防空洞工场	工程已完竣,俟通电后即可将机件运入安装
大公铁工厂	开凿防空洞工场	已竣工
上川实业公司	开凿防空洞工场	已竣工
大川实业公司	开凿防空洞工场	已竣工
新昌实业公司	开凿防空洞工场	已竣工
中国汽车制造公司	开凿防空洞工场	工程在积极进行中
广和机器厂	在郊外疏建分厂及开凿防空洞工场	已竣工
鼎丰制造厂	疏建分厂	已竣工
中国建设工程公司	开凿防空洞工场	已竣工
合作五金公司	疏建分厂及开凿防空洞仓库	已竣工
李家沱工业区	保护600千伏安变压器	工程在进行中
四川水泥厂	建筑主要机器护墙14处	已竣工
天原电化厂	建筑重要设备保护工程,及开凿防空洞仓库	已竣工
汉中制造厂	建筑保护锅炉设备,及开凿防空洞仓库	已竣工
利民肥皂厂	疏建郊外分厂	工程在进行中
光华化学制造厂	开凿防空洞仓库	已竣工
华中化工制造厂	开凿防空洞仓库	已竣工
大明染整厂	开凿防空洞仓库	已竣工
申新纱厂重庆厂	疏建分厂	已竣工
沙市纱厂	建筑保护主要机器工程	已竣工
中国标准铅笔厂	疏建分厂,及在原厂开凿防空洞工场	已竣工
西南化学工业制造厂	建筑保护主要设备工程,及开凿防空洞仓库	已竣工

[经济部档案]

24. 经济部为奉节县商会呈请令饬沙市纱厂将存奉机件就地筹备开工仰查明核办的训令(1944年4月20日)

经济部训令　(卅三)工字第15970号　中华民国三十三年四月廿日

令工矿调整处

案准奉节警备司令部三十三年三月警(33)秘字第81号代电开：案据奉节县商会商字第156号呈称：查奉节滨临大江，为川楚门户，商贾辐辏，出产丰盈。讵知改革而后轮运畅通，海关设立于万县夔关，税厘无形裁汰，木船上下亦渐凋零，生意为之减色，市厘因而萧条，良堪概也。溯自民国二十六年抗日军兴，奉地虽紧接前线，但持有瞿塘、滟预之险，白盐、赤甲之雄，大军扼守要隘，后方安若磐石。其他沦陷区域之难胞尤复逗留不少，人口骤增，商业繁荣，市容恢复，有胜昔日多多矣。职会同人每以资力薄弱，不能建设工厂，增加生产，助长抗战力量，引为大恨。窃以沙市纱厂于民二十八年运机后，迁至奉节，继遵经济部令运去十分之六，在渝设厂开工。厂方得其工价，政府得其资源，成绩优良，大收效果。其余机件十分之四存奉如恒，兹按职会调查，此机如果在奉设厂开工，比较重庆利更倍蓰，谨略述管见如次：1.奉节地土平稳，地价低廉，创修厂址轻而易举，成功尤速。2.奉节炭水方便，食粮充足，本处易办，可免向外采买之劳。3.奉节人口增多，觅工者众，只要招收不难罗致。4.奉节食料价值向比上下低廉，工厂一切开支自亦减少。5.奉节产棉丰多，一年色白绒细号称上品，大宗原料不得仰求于他处。6.奉节东连归巴，西达渝万，轮运畅通；南抵湘黔，北通陕、甘，骡马康壮，肩挑背负，不绝于道。水陆交通毫无阻碍，采办原料，推销出品，俱称便利。7.此机存于奉节，若果不就奉节设厂，搬移之损失甚大，运输为难，耗费尤多。若果久延而不开工，任其荒废，不独厂方受损，是亦抗战建国之一大损失也。以上七端皆就荦荦之大者，显明者言之其他利国福民之处尤多，岂仅关乎工厂之损益与奉节之兴衰而已者哉。时机迫切，难安容忍，除径函重庆沙市纱厂，并分呈县政府县党部外，理合具文呈请钧部鉴核，准予转请令饬沙市纱厂就奉节筹备开工，以应抗战建国之需要。等情。谨电转请，俯念地方仰望情殷，恳准转饬沙市纱厂就地筹备开工,俾资救济一般贫民生活,以增进地方生产力量。所请是否有当,敬社核示。等由。嗣复接四川省奉节县政府以同情呈请到部,究竟沙市纱厂存留奉节机件尚有若干,是否完整可以应用,及奉节地方是否宜于设厂各节,合行令仰该处查明核办具报。此令

部长翁文灏

[经济部工矿调整处档案]

25. 工矿处中南区办事处转达中国全国工业协会中南分会请拨款救济内迁各厂复工呈(1944年9月20日)①

案据中国全国工业协会中南区分会三十三年九月总字第370号代电呈称,窃查此次敌寇犯湘,长沙、醴陵、衡阳等工业荟萃之地相继沦陷,本会会员厂矿,因事变仓卒,处敌人炮火狂炸下无法抢救,其冒险抢救后迁者,亦仅少数工厂,且因经济、运输及时间等困难,机器材料什九一存,矿区则损毁迨尽。而邻接战区,如曲江、祁阳、桂林、柳州等地,过去亦系工厂林立之区,战事紧迫,当局明令疏散,该地各会员工厂不得不纷纷停工后迁。然每有因受银行头寸紧缩,流动资金短绌,运输工具缺乏等重重困难,以致束手无措。中间虽蒙钧处协助疏运,并贷给各厂搬运费,惜生活过高,为数较少,以故湘、桂、粤各会员工厂,至今尚滞留于湘桂、黔桂铁路沿线中途者甚多。其幸已抵安全地区者,实已历尽艰苦,精疲力竭,非但流动资金用罄,甚且负债累累。而因工厂停闭失业之技术员工,何止万千,流离失所,尤惨不忍睹。我中南区之工业,原在萌芽时期,年来受物价、税捐等影响,已成普遍之不景气现象,至此几将全部凋敝。言念之下,痛心曷极。窃思工业为抗战命脉,建国基础,为民族前途计,此幼稚之萌芽,岂能任其萎折。为特电恳钧处迅赐救济,拨给大量贷款,俾后迁工厂得以重建复工,继续生产,万千员工亦可复业,以培植工业萌芽于不堕,非特工厂及员工之福,抑亦国家社会之利也。谨此电呈,伏乞登核

---

①该时间为发文时间。

示遵,不胜迫切待命之至。等情。据此。查该会所称各项困难情形,尚属实在,惟迄今各厂器材已内迁至独山者尚少,职处意见仍以遵照钧处七月(17.17)电令指示方针,俟各厂器材运至独山后,再拟复工贷款为宜。除已指饬该会遵照并转饬各会员工厂从速内运外,是否有当,理合备文呈请鉴核示遵。谨呈

处长翁、张

中南区办事处主任姚文林公出
华凤翔代理

[经济部工矿调整处档案]

26. 资委会关于中央电工器材厂桂林二、四厂迁渝筑复工经费签呈稿(1945年3月1日)

签呈　字第305号　34年3月1日

　　查中央电工器材厂桂林二、四厂迁移渝、筑两地筹备复工,所需复工重建费用,据该总厂核估共为国币四千五百万元。现该两分厂亟待进行,需用殊急,惟是项经费,本年度原未列入预算,兹拟酌列为四千二百万元,暂由工贷项下先行借垫,一次拨发济用,付由该厂总处就该项总额内酌核两厂需要情形,切实分配转发,并将分配数额呈报备案。俟核定追加预算,再以库款拨款归垫。在垫借期内,比照流动金计算利息。是否可行,理合签请鉴核示遵。谨呈

主任委员翁

副主任委员钱

[资源委员会档案]

27. 胡厥文附送中南区疏迁各厂复厂概况一览代电(1945年5月17日)

中国全国工业协会中南区分会代电　渝字第　号　民国卅四年五月

　　战时生产局局长翁钧鉴:案奉钧局训令饬填报中南区各厂在渝复工情

形,兹造县中南区疏迁各厂复厂概况一览,随电送请鉴核备查为祷。中国全国工业协会中南区分会理事长胡厥文呈。辰霰。附件如文。

中南区疏迁各厂复厂概况一览

厂名	负责人	原厂地址	新厂地址	复厂概况	备注
华成电器制造厂	周锦水	衡阳	重庆窍角坨	业已开工	本会会员
金钱牌热水瓶厂	董之英	衡阳	重庆沙坪坝	正筹设中	本会会员
华中实业公司油料厂	张宗祜	衡阳	江北	正筹设中	本会会员
湖南第三纺织厂	聂光清	衡阳	长寿	正筹设中	本会会员
北新工厂	张万祥	衡阳	重庆五桂□36号	以下七厂合组衡联	
庆大机器厂	龚维庆	衡阳		机器厂已开工	
彭宝泰机器厂	彭锡臣	衡阳			
众成铁厂	黄仲清	衡阳			
民生机器厂	叶估阶	衡阳			本会会员
李运记银箱库门机厂	李江运	衡阳			
徐协丰五金翻砂厂	徐声清	衡阳			
益丰搪瓷公司衡阳厂	张德润 董之英	衡阳	江北歇台子	试验中	
三角牌自由橡胶厂	董之英	衡阳	江北沙湾	正筹设中	
新民机器厂湘厂	胡厥文	祁阳	重庆小龙坎	与渝厂合并扩大组织	本会会员
新中工程公司	支秉渊	祁阳	江北	业已开工	本会会员
湖南剑力动力油厂	黄克力	零陵	涪陵	正筹设中	本会会员
张仁美冶工铸造厂	张治民	湘潭	江北黄家溪	正筹设中	
大中机器厂	樊景云	桂林	重庆小龙坎	业已开工	本会会员
永生实业社	陈子笛	桂林	觅址中	正筹设中	本会会员
明新机器厂	魏振金	桂林	沙坪坝庙湾	正筹设中	本会会员
国光印刷厂	蓝昌农	桂林	重庆菜园坝	正筹设中	
中一机械厂	张云乔	桂林	贵阳雷炉桥	业已开工	本会会员
利华橡胶厂	肖伯修	桂林	江北头□	正筹设中	本会会员
建成化工厂	朱永剑	桂林	觅址中	正筹设中	
新支企业公司桂林厂	李向云	桂林	长寿乃公桥	正筹设中	本会会员
沈宜甲工厂	沈宜甲	桂林	沙坪坝	正筹设中	本会会员
六河沟制铁公司机厂	李祖绅	桂林	江北	正筹设中	本会会员
循规机厂	吴贤哲	桂林	江北陈家馆	已业开工	本会会员

续表

厂名	负责人	原厂地址	新厂地址	复厂概况	备注
西南骨粉厂	顾西苍	桂林	柏溪	正筹设中	
西南炼油厂	顾西苍	桂林	柏溪	正筹设中	
中兴铁工厂	陈炳动	桂林	重庆化龙桥	以下十厂合组中南联	本会会员
华中铁厂	郁人龙	桂林	觅址中	合工厂业已大部开工	本会会员
复兴机械厂	过昆源	桂林	觅址中		
大光机械厂	蓝昌农	桂林	觅址中		本会会员
大华铁工厂	过泉宝	桂林	重庆国府路120号		
强生机器厂	叶树新	桂林	重庆化龙桥华林		
培成机器厂	薛培章	桂林	重庆明府路60号		
中南铸冶厂	刘泽民	桂林	重庆明府路60号		
陈信记翻砂厂	陈德泉	桂林	重庆小龙坎374号		
大新机器车木厂	何方良	桂林	野猫溪石溪路		
捷和钢铁厂	郑植之	柳州	重庆独山	重庆厂筹设中,独山厂已开工	本会会员
中华铁工厂		柳州	野猫溪	正筹设中	本会会员
经纬纺织机厂		柳州	化龙桥	正筹设中	本会会员

[战时生产局档案]

二、国营厂企的经营

1. 兵工署各厂新拟名称表(1938年2月12日)

原名	拟改称	所在地	备注
汉阳兵工厂	第一工厂	湖北汉阳	
汉阳火药厂	第二工厂	仝	
上海炼钢厂	第三工厂	仝	
炮兵技术研究处	第十工厂	湖南株洲辰溪	广东第一兵工厂炮厂并入
巩县兵工厂	第十一工厂	湖南	临时工厂设长沙
四川第一兵工厂	第二十工厂	四川重庆	
金陵兵工厂	第二十一工厂	仝	
军用光学器材工厂	第二十二工厂	仝	
巩县兵工分厂	第二十三工厂	四川重庆	面具厂在重庆,化学厂拟在泸州
重庆炼钢厂	第二十四工厂	仝	
陕西第一兵工厂	第三十工厂	陕西西安	
广西第一兵工厂	第四十工厂	广西柳州	
广东第一兵工厂	第四十一工厂	广西融县	
广州面具厂	第四十二工厂	广西柳州	
广州第二兵工厂(炮弹厂)	第五十工厂	云南昆明	

中华民国二十七年二月十二日

[第二十三兵工厂档案]

2. 兵工署重庆办事处关于川区兵工厂制造能力及存料情形的说明书①(1938年3月18日)

（一）四川第一兵工厂（即第二十工厂）：该厂原系川康绥靖主任公署之子弹厂，每月单工出产子弹约100万发，经本署接收后加以整理，每月单工出产子弹增至150万发。继因金陵兵工厂移川将子弹厂全部归并该厂，积极进行安装机器，业已完竣，产量大增，近又增制飞机炸弹引信。此外，商办华西公司之华兴机厂，经本署征用后亦隶属该厂，为机枪部制造启拉里式轻机拖，所有每月出品数量及现存材料另详附表。

（二）金陵兵工厂（即第二十一工厂）：该厂奉令迁川，首将子弹厂机器及半成品并材料等赶运入川归并川一厂内，其他各部分如重机枪、迫击炮及炮弹厂等之机器材料已陆续运川。该厂购妥江北裕蜀丝厂为厂址，积极修理厂房，安装机器，准备复工。将来每月出品数量及现存材料情形另详附表。

（三）光学器材厂（即第二十二工厂）：该厂在南京成立时有一小规模之修理厂，从事修理炮上描[瞄]准镜、剪形镜等军用光学器材，并训练工匠及学徒。新厂机器业经向德国订妥正在运输中，修理厂移渝后租用民房业已复工。现因重庆气候于光学器材不宜，且机件运输不易，现决定改迁云南昆明建厂制造。

（四）巩县兵工分厂（即第二十三工厂）：该厂奉令移川，勘定厂址于泸县。关于各化学工场部分因机件笨重，体积庞大，江水枯竭，输运艰难，所有大部分机件尚在汉宜万渝间节节运输赴泸中，且各工场性质特殊，必须新筑厂房自建电厂供给蒸汽约计在一年半内事实上难望复工。至于防毒面具工场现正急谋开工，所有每月出品数量及现存材料情形另详附表。

（五）重庆炼钢厂（即第二十四工厂）：该厂系刘故主席湘所创办，继交由本署接办，其出品以铸钢飞机炸弹弹壳为大宗。以前此项弹壳制就后尚须运交南昌火工作业厂装配炸药，现在火工厂移渝归并该厂业已安装完竣，以后

---

①此件系兵工署驻重庆办事处1938年3月18日处(二七)呈字第30号文的附件。

炸弹装药工作即由该厂承办。惟关于炸弹引信向由巩县兵工厂承造,现巩厂移湘尚未全部复工,此项引信改由四川第一兵工厂制造,此后飞机炸弹全部均在重庆完成。该厂现又筹备制造铸铁迫击炮弹,其每月出品数量及现存材料情形另详附表。

（六）武品修理所：该所属于川康绥靖主任公署,因该署需要修理各部队武器,不允交给中央接收,但该所制造之捷克式轻机枪尚有相当成绩。此项武器前方需要甚急,由本署向该所订制此种轻机枪1,000支陆续将交收半数,预计本年六月底可以交齐,至于该所制造军实种类及能力,因隶属关系,不甚明了。

（七）成都兵工厂：该厂停工已久,所有机件为川中各军分散。民国二十四年本署曾派员来川考察并将分散机件调查完毕,列表呈报有案,并由行营饬令各军缴还,事隔经年,除有一小部分机器封存待运外,各军多未遵令办理。最近本署又派员赴该厂考察,并列计划运集机器筹谋复工。

附表8份

一、四川第一兵工厂制弹种类表

7.9尖机弹

7.9尖步弹

7.9元机弹

7.9元步弹

7.62尖弹

二、四川第一兵工厂存渝枪弹用正料数量表

名称	存渝总量	能制枪弹数量	备考
紫铜	170吨	1,700万	是项存造枪弹用
白铅	200吨	4,700万	正料数量能敷二月底止之用,合并声明
青铅	497吨	4,700万	
钢盂	100吨	5,300万	
枪药	285吨	10,000万	

三、四川第一兵工厂每月制造启拉利轻机枪、飞机炸弹引信能力表

	启拉利轻机枪	飞机炸弹引信
每月单工制造能力	100 支	1,500 套
每月双工制造能力	200 支	3,000 套
现有材料	可用至六月底止	可用至七月底止

四、四川第一兵工厂每日制弹能力表

	单工	双工	通宵
工作时间	8	14	24
工作日数	28	28	26
每月出品能力	450 万	780 万	1,250 万

五、金陵兵工厂二十七年三月至六月每月主要出品产量表

出品名称	单位	每月产量	
		单工	加工
马克沁机关枪	挺	50	75
82 迫击炮	门	33	50
82 迫击炮弹	颗	17,000	25,000
附记	一、本厂自二十六年十一月奉令迁移当时京市情形混乱，车船既不够用，伕力亦不易得，加以时间匆促，故零星及笨重之机料不免稍有遗弃，而员工亦以当时未蒙拨得船只分散逃出，现尚未到渝者亦多皆须加以补充整理。 二、上列数量皆系额造，所有临时奉令加造及兵工器材与机枪修理等项皆未计入。 三、各项主要材料除本地购办者外，本年内当可敷用。			

六、巩县兵工厂每月制造防毒面具能力表

名 称 \ 产量	单工产量	双工产量
防毒面具	6,000 副	11,000 副

续表

产量\名称	单工产量	双工产量
备考	1. 本厂机械工场部分之防毒面具工场现拨借泸县体仁堂全部房屋为临时工场，所需电力暂就当地水电厂供给，正在接收整理赶运机料前往安装，估计三四个月以后当可开始工作制造面具。 2. 现存材料能敷单工3个月之用，合并声明。	

七、重庆炼钢厂每月制造能力表

产量\种类		单工产量	双工产量
各种铸钢航弹	50公斤弹体	2,500枚	5,000枚
	或500磅弹体	600枚	1,200枚
	或100公斤弹体	1,500枚	3,000枚
82铸铁迫击炮		10,000枚	20,000枚

八、重庆炼钢厂现存材料表

物料名称	单位	每月平均用量	每月最高用量	库存数量	备考
废钢	吨	98	196	62	汉厂□拨230吨，运存宜昌川一厂约有400吨
生铁	吨	9.8	19.6	313	
苦土	吨	4.5	9	6	尚有20余吨运存宜昌
弗石	吨	1.5	3	8	尚有40余吨运存宜昌
锰铁	吨	3	6	2	尚有10桶运存宜昌
矽铁	吨	4	8	13	尚有6吨已运抵渝
炭精柱	根	9	18	86	尚有100根运存宜昌
炉顶	套	0.5	1	/	4套运存宜昌
炉墙	套	0.5	1	/	六套运存宜昌
耐火塞	副	42	84	110	
3/32″铁板	张	215	430	/	300张运抵渝
1/8″铁板	张	25	50	/	80张运抵渝
1/16″铁板	张	270	540	20	400张运存宜昌
3m/m电焊丝	磅	100	200	/	电焊条已购3吨在港尚未运出
4m/m电焊丝	磅	500	1,000	/	
5m/m电焊丝	磅	400	800	/	

备考：一部分材料以伤造种类为转移。

[兵工署驻川南办事处档案]

3. 钢铁厂迁建委员会1939年度事业报告书[①]（1940年）

钢铁厂迁建委员会廿八年度事业报告

（1）原定计划：

本会最初之迁建计划，极形宏大，惟以拆迁之始，时局已紧，不久武汉告陷，拆卸数量，未臻预拟程度。开运以后，长途转运，极感困难，大部分机件，不能悉数如期到达，故为适应环境起见，廿八年度计划，不得不略予变更，而终其极，仍与最初期望，无甚径庭。兹将本年各项重大建设工程，分述如下：

（A）完成廿吨炼铁厂及临时发电厂。

（B）完成百吨炼铁厂炼炉装置。

（C）设计小规模炼钢炉及轧钢条厂。

（D）设计正式动力厂、炼钢厂、轧钢板厂、轧钢条厂、轧钢轨厂、修造厂等。

（E）建设耐火材料厂。

以上（B）（C）（D）三项工程，统希于廿九年度内完竣，届时钢铁厂之成就，虽不极尽伟大，而已具相当规模矣。

（2）设备之规划及装置：

本廿八年度工程方面之规划为：

（A）完成廿吨炼铁炉及与此炉有关之 a. 动力设备，b. 给水设备。

（B）安装百吨炼铁炉。

（C）建设耐火材料厂。

兹分陈各项概要于后：

（A）完成廿吨炼铁炉：该炉土石方工程二月间完成，其底脚与炉架，三月筑成，炉身外部耐火砖石砌筑工程，六月初开始，七月底完竣，炉内火砖砌筑工程，炉外围带、风管、水管及其他各种铁工工程，炉身下部之洋灰围墙，炉顶

[①]附表均略。

之装料设备,以及运料桥、鼓风机、清灰器、凉水池、出铁场、烟囱与烟道,统于十一月底全部完成。该炉周折最多之工程,为管式热风炉,为求迅速起见,在高白式炉未装置以前,采用此式热风炉,其风管系向他厂订制,到后发现漏处甚多,经多方焊补,始能合用,但炼炉全部工程,已因此延迟两月有余,始告完成。

(a)动力设备:原定计划,拟设一总发电厂,内装400kW及1,500kW交流发电机两座,利用百吨炼铁炉发生之废煤气,作水管式锅炉之燃料。后因防空及疏散关系,更改计划,即将交流发电机另行择地安装。为适应廿吨炼炉之需要,设一临时发电厂,包括六河沟水管式锅炉两具,兰开夏锅炉一具,给水泵两座,200kW及400kW直流发电机各一座。以上设备,均已装竣,足敷该炼炉、鼓风及目前其他动力之用。

(b)给水设备:原定计划,装置每分钟十立方公尺(即十分吨)直流抽水机于进水码头之斜坡上,将江水打入沉淀池,另以打水机再将清水打上五百公吨之水塔内,供给百吨炼铁炉及其他各处之用。但工程浩大,未能及早实现,因此又建临时给水设备,用木囤船,上装小型立式锅炉一具、蒸汽抽水机二座。该项工程,于六月底开始,十月终完成。

(B)安装百吨炼铁炉:该炉土石方工程,于廿七年十月间动工,廿八年春完竣。混泥土底脚工程,于廿八年春开始,五月底完竣。惟该炉系购自六河沟铁厂,所有机件,已使用数十年,复经长途转运,其损坏残缺之处甚多,须加以修配与整理,而全部机件之到达,又费相当时间,故直至七月底,方开始安装机件。截至年底,除零星小件外,可称装置完竣。至炼铁炉及热风炉内部砌筑火砖工程,因材料尚未齐全,须于来年进行。

(C)建设耐火材料厂:即火砖厂,廿八年上半年,为该厂筹备时期,办理各项设计及调查耐火原料等事,下半年开始工作:

(a)工程方面:计完成方窑、熟料窑、烘胚房、烘炉及烟囱等项。

(b)机器方面:计装就磨粉机、筛机及马达等项。

(c)制造方面:因机器尚未装全,不能运用,暂以工人、牛力代之,每日出货有限,来年机器装毕,即可大量制造。

(D)伪装工程:本会廿八年度防空计划,系将目标最显露之百吨及廿吨两炼铁炉,置设伪装:

(a)廿吨炉方面:业于十一月间动工,其计划,即将炉之全部,用麻绳布网,幻成山谷形,四围植以假树,烟囱装成树形,屋顶则涂以适于环境之彩色,使在数千呎之高空下望,丘陵一片,树木数丛,莫测机械设备之所在。第二步计划,设法将出铁时之火光遮蔽,全部工程,预定于廿九年四月完成。

(b)百吨炉方面:百吨炼铁炉,除本身包括吊矿机、上料桥、热风炉、清灰器、铁烟囱、出铁场外,其附属建筑物,尚有锅炉房、砖烟囱及鼓风房,约共占地 2,620 平方公尺。上述各项设备及建筑物,因限于技术、工作、构造应用、布置、地位、地质及材料上种种问题,惟有采用清极防空之伪装法,各建筑物盖以绳网,使成一不规则之山形,更涂以彩色,使与附近地面之景物相称。伪装网因风力及牢度等关系,仅盖至厂房为止。55 公尺高之烟囱,上部任其外露,惟涂以与伪装网相似之彩色,使其在高空俯视之投影,均落网上,不易察觉。至铁烟囱,因热度甚高,涂色甚易损落,则伪装成树形以遮蔽之。此项伪装工程为减少建筑物本身之抗力起见,特设钢架三座,支柱 11 座,以系钢索及承托伪装网,网以密嵌竹麻系棕绳编成,总面积约 18 万平方公尺,上涂彩色,起伏成小形。全部工程,约需钢铁 60 吨、钢索 8 吨、棕绳与麻绳系 6 吨、油漆 6,000 加仑。

(3)原料采购:

本会所需材料,项目繁多,用量巨大,设购料委员会,专司采购之职。兹将采购手续及廿八年度采购情形,分述如下:

(A)材料采购手续:

(a)需料部分,填写需料单,经核准后,缮具采购单,送交购料委员会。

(b)购料委员会,接到采购单,指派采购员,填写报价单,送请商号报价,并制物价比较表,经该会常务委员核定,由货价最低,料质最优之商号承办。重要之材料,须先送样品,经需料部分检验合格后,始行订购。

(c)商号送交材料时,先用送料单通知,经需料部分派员验讫后,始由购料委员会付款。

(d)五百元以下之材料,用现金零星采购;五百元以上者,用订购单购置;三千元以上者,用合同购置。

(B)廿八年度材料采购情形,如附表(1)。

(4)器材运输:

本会迁运汉冶萍及六河沟铁厂器材,凡37,252.238吨,廿七年终运抵重庆者,仅4,135.815吨,外加战事损失1,057.417吨。廿八年度开始时,沿江各埠自万县起,至塔市驿止,囤待运渝之器材,仍有32,059.006吨之多。六月间,兵工署第三十工厂等,又拨交废铁1,000吨,废旧机件97.200吨,至年底止,除快利轮装载之139.040吨,因试航不果,淹滞浅滩,及万县剩余3,250吨,待开年提运外,所有下游器材,全部运竣,其抵达、囤转及损耗情形,如附表(2)(3)。

自本年四月份起,綦江及南桐两矿之矿砂、焦煤、烟煤及建筑材料,开始运输,总计九个月间,其运17,305.468吨,其种类及卸运吨数,如附表(4)(5)。

本会在湘订购锰矿4,000吨,自十一月份起,分批运渝,至本年底止,共计由湘运出3,284.000吨,抵宜者371.000吨,由宜转渝者113.500吨。

本会以外,本年内尚代运兵工署第三工厂及陶馥记营造厂机材四百余吨,第三厂机材抵宜后,与本会笨重器材,赓雇木驳345只,上拖三斗坪散泊,再由彼此分装民元、本风等轮,暨公私铁驳九艘,直航或接运来渝。三厂部分,于本年十一月十四日以前运到,陶馥记机材,大部分已于上年起,分运巫、万,本年八月卅一日以前,全部转完,分批移交无讹。

本会本年度利用之运输工具,计江轮23艘,共航249次;拖轮,本会19艘,会外6艘,共航4,074次;铁驳17只,承拖19次;木驳327只,柏木船416只,共航1,096次;其航行地点与次数,如附表(6)(7)(8)(9)。

本年度关于会内起运设备之建设,计完成铁道2.7公里、临时码头五处,码头趸船(长一二〇公尺,宽二四公尺)一只,并造机吊平车一五辆。其建造日期及完成百分率,如附表(10)。

本年办理运输,困难重重,举其荦然大者,计有两端:

(A)抢救封锁线下轮驳:本会十余小轮,分拖重载木驳二百余只,而煤滩湍急,千气万力,始驶上一步。廿七年杪铁狮、铁龙、北平、和利、楚利五轮,抢拖最后两批 75 只上驶之际,江防部队事前未予通知,突在石首一段,加布水雷,增强江防,一切船只举禁通行。几经折冲,始允由本会自行摸索通过。奈水雷炸力奇强,敌廷渔划触雷罹炸者过多,员工等相顾破胆,经本会最[勖]以大义,晓以利害,员工等亦共喻此不仅关系本厂成败,抑亦影响抗战大局。铁狮轮大副钱安益,首告奋勇,犯险不顾,通路既获,余轮驳得以鱼贯而前,三千吨重要器材,克获保全。

(B)扫运滞宜器材:廿七年杪滞宜军品,奉最高当局严令,应尽可能迅速后运,万一不及,须作破坏准备。其时宜昌两岸,尚存二万二千余吨,下游待到,亦有四千余吨。枯水期间,川江大轮如民元、本风等,相继停航。本会租用轮只中之有吊桿设备者,仅民俭一艘,而其起重能力,不过五吨,载旦不过百三十吨,杯水车薪,于事何济。加以川江轮只,舱口本小,宜埠又属邻近战区,空袭频数,装舱工作,只能于晚间行之。器材笨重,时限迫促,其困难非笔墨所能形容。然以如许大好器材,施加破坏,则前功尽弃,不予准备,则一旦有警,资敌堪虞。虽然迁运困难,破坏亦属不易,不成套之机铁件,爆为碎小,实更使于敌用。或埋或沉,粗略估计,至少需要熟练之起重工匠五百名,昼夜工作四十五日夜。不计装舱过档工力驳租,工资一项,即需四万五千元,若照鄂湘川黔四省边区公署所定四十八小时之时限,至少需要工人二万名,外加大量之扛抬工具,实非咄嗟所能措办者也。本会乃决定以加紧抢运,代准备破坏。一面商请边署征发所需海轮、木驳、人夫、工具,一面加租铁驳、木驳,添雇匠工,昼夜抢搬。其未及时移运万、渝者,第一步先予徙移至离宜百二十里之三斗坪,一以减免空袭之威胁,一以峡江天堑,我军事当局部署有方,敌寇绝无法飞越也。

不料即以抢运关系,本年凡损失器材 1,737.837 吨,其中轮船、柏木船之触礁失事,计损失了 1,688.510 吨,空炸损失 49.327 吨。川江柏木船运输之采用,本会实然费踟蹰,徒以轮船装运火砖、钢轨,既占其他贵重器材之舱吨位,而火砖由轮船辗转搬迁,损耗率亦殊巨。鄂中战事,既时弛时张,本会为预防万一起见,不得不借重以为辅佐工具,盖亦两害取轻之意。讵料直航安全到达者,只191艘,自雇者,失事14只,署拨者,失事110只。损失率如此之高,实出意料,所幸开年水落,尚可赓续办理营救耳。

(5)财务概况:如附表(11)。

(6)人事变动:如附表(12)(13)。

(7)一年来之回顾与展望:

本会廿八年度工作,未能完全按照原定计划实施及未能推进至预定程度之原因有五:(A)缺乏适宜之运输工具,未克将存宜之急要机件及时运到,以资安装。

(B)损失之机件,设计时缺乏参考材料,致配制费时。

(C)附近无设备完善之修造厂,订购机件,颇费周折。

(D)已使用数十年之旧机件,经长途转运,耗损颇重,整理修配,甚费工时。

(E)有经验之技工,不易招致。

本会虽因上列种种困难,时间与经济上受有相当损失,然经多方策划,对于出品方面之影响,尚不十分严重,倘无意外阻碍发生,预计廿九年度出品如下:

翻砂生铁,6,000吨;钢条,2,000吨;钩钉螺钉等,40吨;火砖,3,000吨。

[资源委员会档案]

4. 川康经济建设委员会编制钢迁会綦江铁矿调查表(1941年6月27日)

30年6月27日

名称:	军政部兵工署 经济部资源委员会	钢铁厂迁建委员会綦江铁矿	
所在地:四川綦江		性质:国营	
资本额定:建设费预算截至卅年度止为410万元,资本估值2,400万元		实收:截至五月底止已领用295万元	
注册期	公司职业	执照号	公司:本矿奉经济部颁布国营矿区委托矿字第24号计5纸 职业:

创办经过:民国二十七年二月五日,经济部、兵工署奉委员会蒋手令限期拆迁汉阳铁厂,钢铁厂迁建委员会即于是日成立。同年三月,本矿筹备处奉钢铁厂迁建委员会令,在汉口组织成立,嗣于廿九年三月一日正式改为綦江铁矿。

主要职员	矿长:黄典华	略历	曾任慎昌洋行工程师,行政院管理中英庚款董事会技术干事,教育部推广小工业设计委员会委员,中央建设事业专款审核委员会专门委员等职
	秘书:徐季梁		曾任烈山煤矿矿长,大中煤矿董事兼事务长,西康省党部委员,建设厅主任秘书等职

职工	职员 男111人 女6人	薪工	最高每月 460元 (另有津贴)	最低每月 40元 (另有津贴)	待遇	宿:由矿供给;食:自炊,发给廉价食米;学:子弟学校
	工人 男2,143人 女4人		最高每月 日资4.6元 (另有津贴)	最低每月 日资1.2元 (另有津贴)		宿:由矿供给;食:自炊,发给廉价食米;学:子弟学校童工补习班

矿藏	面积	矿层	厚度	各层距离	已采面积
	土台矿藏:354公顷零13公厘 麻柳滩矿场:222公顷63公亩43公厘	层状赤铁矿矿层,仅1层属陆地存积物走向自东北至西南,平均为73°,倾向西北平均20°	土台矿场:平均1公尺 麻柳滩矿场:平均0.5公尺	仅有1层	土台矿藏:约80公顷 麻柳滩矿场126公顷97公亩57公厘

续表

矿质化验表	土台矿场：铁——56.7%、硫——痕迹、磷——0.334%、矽酸及不溶物——13.94% 麻柳滩矿场：铁——46.25%、硫——痕迹、磷——0.302%、矽酸及不溶物——14.2%	地质说明	矿床位于侏罗纪顶部砂岩之内，属原生沉积层，矿层分布成长条形
设备及价值	坑道说明		通风排水设备
	土台矿场：有直井3座，井深由28公尺至60公尺，各井下顺走向开平巷沿倾斜有上下山以为运输通风排水之备 麻柳滩矿场：由山坡上开平硐□个，直达矿层，然后再依走向开□平巷，复由各平巷内每隔相当□□开凿上下以便与上段□□□之平巷凿通，以利通风排水□□□		通风：两场均系利用自然通风 排水： 土台矿场：井身之水用磨车绞出或用手压泵排入泄水硐二个自然流出 麻柳滩矿场：因矿层在山坡上向下倾斜，故水可顺下山流至下段平巷之水沟内，而由下段平硐流出
	动力起重机械设备	坑内运输	对外运输概况
	本矿由大冶征用之动力起重机械，因运输困难迄本年始克运抵矿区，现正积极在土台矿场3号直井安装汽动绞车	本矿坑内运输现均系用人力或背至平巷，然后用铁斗车运至硐外或装入平车推至井底以磨车绞出硐外	本矿对外运输输系用轻便铁路由麻柳滩矿场以迄赶水共约7.84公里，矿砂系用铁制矿车装载每车载重1公吨，以人力推运抵赶水后交由綦江水道运输管理处，以木船装运至重庆钢铁厂迁建委员会
年度产量		生产成本	运费	消场概况

需要附件：1.年度资产负债表；2.年度营业报告书；3.年度营业计划书。①

[钢铁厂迁建委员会档案]

①此件后有产量、生产成本、运费、消场概况等栏，由于原件已破损，故略去。

5. 资委会重庆炼铜厂固定资产目录表(1941年6月30日)

民国三十年六月三十日

名称	编号 字号	数量单位	金额	备注
房屋及设备			151,909.88	
土地			23,835.50	
綦厂土地		188.25亩	23,835.50	
厂房			71,778.21	
电解房		1座	22,232.90	
綦厂电解房		1座	33,586.70	
冶炼房		1座	13,749.02	
蒸馏水房		1座	512.47	
分厂房屋		1座	906.58	
其他厂房		1所	790.54	
管理处房屋			1,430.90	
传达卫兵室		1所	1,430.90	
仓库栈房房屋			25,738.62	
材料库房屋		1座	8,933.21	
綦厂材料库		1座	16,499.23	
藏柏油硫酸房		1座	306.18	
宿舍			14,955.96	
职员宿舍		1座	4,571.78	
工人宿舍		2座	10,384.18	
厂内马路			6,902.54	
厂内马路		1条	6,902.54	
围墙			6,068.14	
围墙		1周	6,068.14	
其他			1,200.01	
石路		1条	78.93	
园圃设备		1所	1,121.08	
机器及设备			129,218.46	

续表

名称	编号字号	数量单位	金额	备注
十吨反射炉		2座	27,404.42	
三吨反射炉		2座	17,871.54	
烟囱烟道		1所	3,625.19	
綦厂电解房烟囱烟道		1所	3,199.35	
熔炉		1所	987.90	
铸模场		1所	5,061.04	
压气机设备		1具	528.00	
鼓风机设备		1具	3,808.44	
铸阳极板设备		1具	1,564.80	
冶炼工具设备		1部	6,077.54	
电解池		11座	35,566.35	
清洗池		4座	301.78	
热液炉		2座	2,632.08	
耐酸机器设备		1具	15,896.52	
蒸馏设备		1具	1,718.75	
分厂机器设备		1部	2,974.76	
运输工程及设备			38,217.72	
卡车		3部	35,846.04	
自行车		2部	920.00	
起重机		1部	1,101.68	
临时码头		1所	350.00	
杂项设备			122,679.05	
供电设备			64,439.92	
发电及导电设备		1部	64,439.92	
修理设备			4,875.82	
机器间设备		1部	2,010.95	
电焊机设备		1部	116.62	
其他修理设备		1部	2,748.25	
合　计			442,025.11	

［电化冶炼厂档案］

6. 川康经济建设委员会编制钢迁会南桐煤矿调查表(1941年6月)

三十年六月

名称:	军政部兵工署 经济部资源委员会	钢铁厂迁建委员会南桐煤矿				
所在地:綦江桃子荡				性质:国营煤矿		
资本额定:$ 6,800,000.00				实收:$ 5,110,000.00		
注册期	公司:民国28年4月14日		执照号	公司:矿字第25号		
	职业:			职业:		
创办经过:民国27年3月,在汉口奉令来川调查煤矿,6月间返汉,成立南桐煤矿筹备处着手组织,7月间移川兴工,29年3月筹备完成,正式开采						
主要职员	董事长:	略历				
	总经理:侯德均		国立北洋大学校采矿冶金科毕业,曾会河北省矿业监理委员会委员,河北井陉煤矿矿长			
	总技员:张伯平		天津国立北洋大学采矿科,曾任河北井陉矿务局矿师,经济部矿冶研究所荐任技士			
职工	职员 男:144人 女:5人	薪工	最高每月:$ 490.00 最低每月:$ 35.00		待遇	宿食学
	工人 男:4,390人 女:1人		最高每月:$ 240.00 最低每月:$ 54.00			宿食学
矿藏	面积	矿层	厚度	各层距离		已采面积
	矿区面积1,012公顷14亩7公分7公厘	四层:第一层土名窄连子;第二层名大连子;第三层名矿子洞;第四层名楼板洞	第一层厚0.5公尺 第二层厚2.5公尺 第三层厚0.8公尺 第四层厚1.0公尺 共厚4.8公尺	第一层距第二层10公尺,第二层距第三层28公尺,第三层距第四层15公尺		连旧日土窑,已采面积约10公顷
矿质化验表	水分	挥发分	固定炭	灰分	硫分	粘结性
	%	%	%	%	%	%
	1.55	16.46	65.04	16.95	3.41	粘膨
地质说明	二叠纪乐平煤系中间系—背斜层,走向约为南北西翼倾斜,约成垂直,东翼倾斜平均约35°向东					

续表

设备及价值	坑道说明	通风排水设备	动力起重机械设备
	第一分厂凿有直井2口,第二号井已完成,产煤深50公尺;第二分厂有直井2口,第三号井已出煤;总厂开穿平巷长700公尺,已出煤	各厂暂均利用老窑作通风口利用自然通风,各井均装有水泵排水	第一、二两分厂各装有锅炉3部,井口绞均装有汽动绞车
	坑内运输	对外运输概况	
	坑内铺有铁轨,用0.5吨煤车推送	本矿运输分陆运、水运两种,陆运筑有轻便路长17.2公里,由王家坝起至蒲河、杨柳湾码头止,水运由碰头崖至鲁峡峒约长8公里	

年度	产量		成本	生产	煤每吨 $40.26 焦每吨 $78.53	运费	运费由王家坝至杨柳湾约每吨15元左右
	消场概况	本矿所产煤焦完全供给钢铁厂迁建委员会化铁炼钢之用,对外尚无营业					

需要附件:①1. 年度资产负债表;2. 年度营业报告书;3. 年度营业计划书

[钢铁厂迁建委员会档案]

7. 工矿调整处陈复谌家矶纸厂拨交建国造纸厂利用情形函稿（1942年6月19日）

案准贵司本年六月一日渝钱币发850号笺函。以谌家矶纸厂拆装机件,除加光机一具、干燥筒二十八只外,尚有何种机件。又该项机件拆迁运渝之后,拨交何厂应用,又如何作价,嘱查明见复等由。准此。查谌家矶造纸厂废置机件,经本处拆迁部分,计有造纸机烘缸二十只(另八只先由湖北省造纸厂拆运,未经本处核准)、轧光机、加光机、切纸机、打包机及马达各一件,于运达川省后,在二十九年间本处与中国银行重庆分行措资筹设成都建国造纸厂,即拨交该厂应用。以系属公物,故依照当时一般价格作价50万元(连同拆运费1.7万余元在内)。此项机件因废置已久,残缺极多,均经修理补充,至主要之艰巨工程,如蒸煮、打浆、锅炉及整个传动部分,均由本处另行派员设计配制,始克设厂。所以各项机器设备数量倍于谌家矶拆迁之机件,所需资金

---

①此表附件略。

为数甚巨。该厂实收资本600万元,内中国银行股份390万元,本处股份210万元(其中汉口拆迁机件作价50万元在内)。最近以工程费用增加及预备流动资金,复经本处贷款100万元,中国银行贷款500万元。估计工程约在三个月内当可开工。准函前由,相应函复,即希查照为荷。此致
财政部钱币司

[经济部工矿调整处档案]

8. 交通部材料司编制电信机料修造厂一九四一年度工作概况①
(1942年8月6日)②

(一)沿革

该厂于民国二十三年五月在南京成立,自建厂房,设备完全。二十六年抗战军兴,遂于斯年十一月西迁宜昌,至二十七年八月,又因武汉形势紧张,乃迁至泸县。该厂之机械设备虽较陈旧,然出品尚佳一,仍能照常供给,以应战时需要。

(二)厂址

该厂之地址在四川泸县沱江北岸小市,系租民房,计占地4.6亩,共有厂房40余间。因扩充设备不敷应用,尚须另觅厂址。

(三)经费

该厂于创办时,由本部先后拨给资金6万元,□□本部前上海电信机械制造厂所存机器材料约值6万元,发给该厂应用,至二十八年四月,该厂资产已达40万元。照目前估计,全部资产已超过100万元。三十年度经核准扩充经费150万元尚未领到,三十一年度又核准扩充经费100万元。至本年年终,则全部资产可达350万元。

(四)组织[略]

(五)设备

该厂厂房有工具间一间,车床间一幢,钳床间一幢,冲床间一幢,电镀间

---

①此节录自《交通部材料司所属各工厂三十年度工作概况》。
②此系中央电瓷制造厂收文日期。

一间,检验室一间。至机械及检验设备,分列如下:

机器设备

1. 8呎螺丝车床	1部	2. 6呎螺丝车床	1部
3. 4呎螺丝车床	8部	4. 3呎螺丝车床	5部
5. 六角小车床	3部	6. 3呎抬上小车床	15部
7. 四头钻床	1部	8. 公螺丝钻床	1部
9. 小钻床	3部	10. 普通钻床	2部
11. 万能铣床	2部	12. 平面铣床	1部
13. 小铣床	1部	14. 车床式铣床	3部
15. 牛头刨床	1部	16. 锯床	4部
17. 万能工具磨床	1部	18. 吸铁磨床	1部
19. 铡床	1部	20. 铣床	3部
21. 开牙齿床	1部	22. 刨滚纸轮车	1部
23. 滚边车	1部	24. 刻字车	1部
25. 自动绕线车	1部	26. 编织车	1部
27. 手扳压力机	1部	28. 喷漆机	1部
29. 发电机	2座	30. 19H.P马达	1座
31. 15H.P马达	1座	32. 10H.P马达	1座
33. 5H.P马达	1座	34. 3/4H.P马达	2座

检验设备

1. 韦氏桥式测量器	1套	2. 西门子桥式测量器	2套
3. 2,000V梅格表	1具	4. 240V梅格表	1具
5. D.C.、A.C. 20A电流表	1具	6. 300V电压表	1具
7. D.C. 3anp电流表	1具	8. D.C. 15V电压表	1具
9. D.C.、A.C.电压表	1具	10. 电感测量器	1具
11. 电容测量器	1具	12. 电感电容两用测量器	1具
13.①	1具	14. 电镀较验尺寸器	1具

(六)现有员工人数

该厂除经理及主任工程司[师]外,计有帮工程司[师]2人,工务员3人,会计员3人,事务员2人,司事2人,共14人。至工人方面,计有机工31人,艺徒71人,共102人。目前尚感人员缺乏,应按组织章程酌予增加。

---

①原稿英文不清。

(七)产量

该厂出品逐年增加,三十年度之出品计有:莫尔斯机165部,韦氏发报机70部,波纹收报机15部,三柱凿孔机200部,各种继电器230具,各种交换机7具,各种话机54部。其他数量见附表二。

(八)营业

该厂所用之原料,多系由南京移来,故出品价值尚较低廉。该厂营业,二十九年度收入约为20万元,三十年度营业已达50余万元,见附表三。将来机器设备增加,则每年营业可达百余万元。

(九)艺徒教育[略]

(十)组织规程[略]

电信机料修造厂组织系统表(附表一)[略]

电信机料修造厂三十年度产量统计表(附表二)

名称 \ 月份 \ 数量 单位	1	2	3	4	5	6	7	8	9	10	11	12	共计
韦氏发报机	部	20				20			20		10		70
凿孔机	部			50		50				50	20	30	200
凿孔机座架	副					50							50
波纹纪录器	具		20					30					50
波纹机钟机	部											15	15
波纹机底座	副				30							15	45
莫氏机钟机	部					50				100			150
莫氏机底座	副					50			50	70			170
各式继电器	具		80			50	50	50					230
各式显电表	只		100							20		25	150 [145]
单双流电键	具		19								100	30	149
警铃	只	30											30
五十门交换机	部								1				1
五门交换机	部										2	2	2	6
长途话机	部			4									4

续表

名称 \ 月份 数量 单位	1	2	3	4	5	6	7	8	9	10	11	12	共计
市内话机 部		20				30							50
单线搬闸 只						200							200
电报机零件 件	5,828	6,784	10,978	13,678	9,766	18,600	11,566	14,518	9,609	6,283	12,160	8,498	128,268
电话机零件 件	2,061	1,605	7,070	1,000		95	310	77		1,326	105	586	1,4235
其他零件 件	25					12	60	15	30				142

电信机料修造厂三十年度营业统计表（附表三甲）［略］

电信机料修造厂三十年度营业统计表（附表三乙）

月份	营业数值	
一月份	$ 14,050	00
二月份	24,393	57
三月份	39,928	40
四月份	41,032	26
五月份	34,929	14
六月份	101,774	60
七月份	4,957	89
八月份	43,533	70
九月份	6,713	62
十月份	56,116	00
十一月份	55,262	40
十二月份	141,825	78
三十年度营业总数	$ 564,511	38

［中央电瓷厂档案］

9. 第二十三兵工厂情形（1942年10月—1947年8月）

（1）第二十三兵工厂研究成绩摘要（1942年10月12日）

二十三厂研究成绩摘要

（三十一年十月十二日送呈李检阅主任委员省）

一、光气　化学战剂按其性质可分为催泪、喷嚏、糜烂、窒息等四大类。

本厂原来设计对于化学战剂仅有催泪、喷嚏、糜烂等三类,窒息性者尚付缺如。查光气与双光气为窒息性毒气中之最主要者,本厂在孝义时,曾将光气与双光气研究试制成功。光气之大规模制造,现正建设安装中,产量每日1吨。

二、黄磷 黄磷为最有效之燃烧性烟幕剂,经研究试制成功,现已奉令在滇筹设工厂,产量每日1吨。

三、烟雾酸 为空军及化学兵种主要烟雾剂。本厂前在孝义时,已研究完成;现有设备,产量为每日0.5吨。

四、氯酸钾 在煤膏工业未发达之国家,制造主要高级炸药梯恩梯之原料,取给异常困难,前欧战时期,法国曾大量采用氯酸盐类以作炸药。本厂鉴于吾国炸药问题之严重,迁建后即着手氯酸钾之制造,于十八年正式出品,目前产量为每日300公斤,可供装填地雷及手榴弹用,以资代替一部分之梯恩梯。

五、双氯氨丁 为预防及治疗糜烂性毒剂对皮肤侵害之有效药剂。本厂经多度研究,制成此项药剂配为油膏,曾以8,000盒交学兵队应用。

六、六氯乙烷 为制造烟幕罐之主要药料,廿九年试制成功,明春建设完成,每日可产200公斤。

七、石炭酸 为制苦味酸、氯化苦及电木等之重要原料,廿八年秋试制完成,造成1吨余,现已设备完成,每日产量400公斤。苦味酸可用作高级炸药,氯化苦为窒息性兼催泪性化学战剂,本厂均已试制成功。现在安装中氯化苦设备,每日产量为200公斤。

谨按军用化学品之制造,各国辄多严守秘密;向国外延聘专家,购制专利,不特物色非易,抑且索酬奇昂。本厂人员服务军用化学制造机关,日常工作之余,对于有关兵工化学之各项研究,恒群策群力,黾勉探索……

[第二十五兵工厂档案]

（2）第二十三兵工厂1941年度出品数量报告表（1942年）

产品类列	品名	产品工场	30年预定出品数量	30年实在出品数量	31年预定出品数量	备考
火药炸药类	步枪药	第十工场		13,569 吨		本厂所产硝酸遵令供给署属各厂处外，所余无多，致影响无烟药产量
	手枪药	第十工场		1,215 吨		
	榴弹炮药	第十工场	100 吨	1,169 吨	20 吨	
	特种枪药			3,501 吨		
	榴弹枪药			3,964 吨		
	氯酸钾	第二工场	36 吨	36 吨	50 吨	
防毒器具类	P24式防毒面具	第九工场	120,000 副	92,000 副	120,000 副	三十年十月至三十一年一月因材料罄，暂无成品
	防毒衣	油布工场	50,000 套	9,960 套	24,000 套	材料不断，时有停工
	防毒手套	油布工场	50,000 双	73,032 双	24,000 双	
	防毒袜	油布工场			10,000 双	
	防毒斗篷	油布工场			10,000 套	
	防毒口罩	口罩工场	1,000,000 个			缺乏原料停工
	漂白粉消毒罐	口罩工场			500,000 具	三十一年六月起开始制造
	漂白粉	第二工场	360 吨	96 吨	250 吨	三十年五月起奉署令停造，三十一年起继续制造
	修防毒面具	第九工场		7,745 副		奉署令修理
	修保明膏	第九工场		4,200 盒		奉署令修理
	修滤毒器	第九工场		6 具		奉署令修理
制药原料类	硫酸	第一工场	600 吨	495 吨	840 吨	需用无多，不必长期开工
	盐酸	第二工场	30 吨	49 吨	50 吨	
	硝酸	第十工场	120 吨	67 吨	150 吨	用旧酸锅损坏，改装设备，产量减低
	液氯	第二工场	30 吨			三十年度因无需要暂停制造，如有需要随时制造
	氧气	氧气工场	50,000 立方公尺	12,442 立方公尺	15,000 立方公尺	需要无多，不必长期开工
	以脱	第十工场	100 吨	24 吨	150 吨	
	酒精	第十工场	100,000 加仑	42,612 加仑	150,000 加仑	
	石灰酸	第六工场			20 吨	三十一年九月起可开始制造

续表

产品类列	品名	产品工场	30年预定出品数量	30年实在出品数量	31年预定出品数量	备考
工业原料及其他	苏打	第二工场	40 吨	43 吨	50 吨	
	烧碱	第二工场	200 吨	167 吨	200 吨	
	汽油	油脂试验场			10,000 加仑	三十一年六月起开始制造
	柴油	油脂试验场			15,000 加仑	三十一年六月起开始制造
	煤油	油脂试验场			10,000 加仑	三十一年六月起开始制造
	电石	高温试验场		2 吨	10 吨	目前电极缺乏，实际产量须视电极供应情形而定
普通军需品	俄造步枪刺刀皮鞘	制革工场	30,000 只	3,679 只	16,435 只	三十一年四月共制缴 20,114 只，余数奉令停造
化学战亮剂类	黄磷	高温试验场		110 公斤		为原料取给便利，在昆明筹备设厂制造

[第二十三兵工厂档案]

(3) 第二十三兵工厂史略及业务概况(1947年8月)①

一、本厂沿革

本厂于民二十二年七月奉兵工署总两字第4197号令成立巩县化学厂筹备处，任理化研究所吴所长钦烈兼筹备处处长，假首都理化研究所房屋办公，设工程处于河南巩县之孝义。同年九月奉令更名为石河兵工分厂筹备处，翌年五月复更名为巩县兵工分厂筹备处。二十三年十月厂房大部落成，筹备处人员全部由京移驻厂地工作。同年十二月防毒面具厂奉令筹设于孝义，由吴处长钦烈兼任面具厂筹备处主任。二十四年二月奉颁布试行编制，二十五年二月一日正式成立巩县兵工分厂，将面具厂归并为本厂第九工场。二十六年七七事变后于十一月奉兵工署电令；将全厂机件星夜拆迁装车转汉运川，勘定四川泸县罗汉场为厂址，并接收泸县小市体仁堂房屋改建为第九工场，征用洞窝地亩建设第三、四、五、六、七等工场(简称五场)。二十七年四月奉令

① 此件节录自1947年8月，联勤总部兵工署第二十三厂史略及业务概况。

更名为军政部兵工署第二十三工厂，迄三十五年五月军政部改组为国防部，本厂层隶国防部联合勤务总司令部兵工署管辖，乃称今名。三十一年四月在昆明设立昆明分厂，利用就近磷酸钙矿石制造黄磷。三十二年五月收购汉中制革厂成立重庆分厂，制造军用皮革。三十四年十二月昆明分厂结束。三十五年十月第四十二工厂奉令结束，由本厂接收成立遵义保管处。三十五年十月厂长吴钦烈调任国防部第六厅副厅长，由第二十六兵工厂厂长方志远调任本厂厂长。

二、本厂现行编制［略］

三、本厂设备情况

本厂为国内唯一之军用化学厂，产品计有：火药炸药、化学战剂、防毒器材、制药原料、工业原料、军用皮件等项，主要机器设备颇为繁杂，约可列为下列三种：

（一）制造部门　第一工场（硫酸），第二工场（食盐电解厂，产品有液氯盐酸、烧碱、氯酸钾、氯酸钾炸药），第三、四、五、六、七工场（化学战剂），第八工场（活性炭），因战事关系交通梗阻仅一小部分运抵国内；第九工场（防毒面具）等，各场设备，均系购自美、德两国，仅小部分系自行设计，在国内配造。第十工场（无烟药、硝酸、以脱、酒精、二硝基氯化苯）机件，则系接收兵工署所属前济南、成都、四川第一及广东第一、二等兵工厂旧有无烟药及制酒精设备，拼凑而成。氧气工场（氧气）机件，系购自上海中国炼气公司。重庆分厂（制革）设备，系收购汉中制革厂及接收应化所开封实验工场者，油布工场（防毒衣）、口罩工场（防毒口罩）、高温试验场（黄磷）设备，系自行设计，在国内订造。

（二）公用部门　水电所原有750千瓦透平发电机1座，系购自英国，迁建后因制造部门增加，动力不敷应用，于二十八年收购洞窝水力发电厂后，复接收钢铁厂迁建委员会1,880kW透平发电机1座。修理工场设备，系向国内外购来。

（三）研究部门　计有化验室、化工实验室、图书室等。化验室专事研究分析事宜，化工实验室则将研究之结果从事小量试造工作，所有图书仪器及机件设备,均系购自欧美各国。

四、本厂生产情形

本厂自筹建以来,已达14年以上,计可分为三个阶段,兹将每个阶段生产情形略述于下:

(一)孝义时期(二十二年七月至二十六年十二月)

本厂于二十二年七月奉令筹备,二十四、五年各场机件陆续安装完竣,开始试造。在此时期,试造品计有:硫酸、液氯、盐酸、漂白粉、烧碱、烟雾酸、16公斤方药、圆药、飞机炸药、方药、锥药、圆药等。

(二)迁厂时期(二十七年一月至二十七年十二月)

"七七"抗战发生,本厂奉令迁川,大部工作为迁运整理,建筑厂房及安装机器。在此时期,产品仅有2公斤烟幕罐及防毒面具两项。

(三)泸县时期(二十八年一月至三十五年十二月)

本厂各工场,除三、四、五、六等工场,因再度奉令疏建洞窝龙溪;同时因工程浩大,完成较迟外,其余各工场,均于二十八年先后安装完竣,开始制造。在此期间,出品计有:硫酸、液氯、盐酸、漂白粉、烧碱、氯酸钾、碳酸钠、氯酸钾炸药、2公斤烟幕罐、防毒面具、滤毒罐、保明膏、通风机用滤毒罐、无烟药等。三十四年九月抗战胜利后,防毒器材等一部分军用品因无需要,已奉令停造;经常制造者计为:硫酸、漂白粉、盐酸、烧碱、氯酸钾、液氯、石炭酸、硝酸、酒精、二硝基氯化苯、氧气及无烟火药等。

五、本厂经费来源

本厂经费,前在孝义时,计有试造费、建设费两种。试造费系由兵工署拨发,员工薪津办公费等均在此项费用内开支;建设费系属专款,由前军事委员会核拨。迁川后,计有迁地建设费、制造费两种。关于制造经费,先由兵工署填发饬造命令,本厂将制品造缴后,照制品单价核发给领,全厂员工薪饷工资及购制零星器材、办公用品等,均开制造费项下开支;关于迁建费等,须先事拟具计划,编列预算,呈由兵工署核转,俟奉准后,发款给领。

[第二十三兵工厂档案]

10. 吴光大拟钢铁厂迁建委员会概况(1942年)

资源委员会、兵工署钢铁厂迁建委员会概况

吴光大拟

(一)拆迁经过

抗战军兴,武汉一带钢铁工厂急待内迁,爰即成立钢铁厂迁建委员会。该会系由本会与军政部兵工署合办,各派委员组织之。该会于廿七年六月五日起,即由汉阳、汉口、武昌、谌家矶、大冶、岳州、监利、长沙、香港等处迁运器材。其中除纯属该会各股矿室者外,并与兵工署各厂处库及有关厂商迁运。殆廿八年底,迁移部分工作已大部完成,该会拆迁工作截至退出武汉时止,所运已达56,819.195公吨,远逾原定数量。惟尚有汉阳旧铁厂大部分不拟利用之钢铁料、设备及钢废铁,经在武汉钢铁迁运会议提出讨论抢运办法,因无充分时间,与工具未及扫数上运。

该会按照计划拆卸汉阳、大冶、汉口、谌家矶等处机件,进行尚称顺利,惟运输方面受运输工具、吨位、水位及燃料诸关系,未能尽量发挥也。

(二)厂址勘定

该会自廿七年九月起征收厂地,开始土方石方工程,凡码头、铁路、给水、排水、动力厂及炼铁厂等次第举办,自廿九年十一月起,建筑炼钢厂、轧钢厂及一切附属设备。该会厂址位于扬子江畔,在重庆上游约二十公里,地属巴县,与大渡口镇毘连。该地优点计有以下数端:(1)重笨机件可自宜昌直接运到,(2)各种烟煤可自嘉陵江、綦江及扬子江上游各处运来,备供各项用途,(3)全川工商业之中心重庆距厂不远,各种工程材料之供给,出品之运销,颇为便利,(4)成渝铁路路线迁在厂外,将来如接轨后,运输至便,(5)地势高出洪水位约十多公尺,可无淹没之虞,(6)就近主管机关,督导便利。

但该厂所需铁矿及一部分用煤之运输,须凭藉綦江河及其支流,殊多困难,厂址内丘溪纷列,地形不甚平坦,故建筑费之支出势必增多。

(三)经费

该会成立时拟具概算一千万元,除由兵工署将原拟在川建设化铁炉之款及资源委员会于建设事业专款内各拨一万元外,其余八百万元另行由国库指拨。附钢铁厂迁建委员经费概算表：

拆运二万五千吨	三百万元
安装建设补充	二百万元
铁矿	一百五十万元
煤矿	一百五十万元
水道改善（松坎河蒲河）	一百五十万元
周转金	一百万元
共计	一千万元

本会担任该迁建委员会经费一百万元，已于廿七年四月十二日及六月十一日先后拨付五十万元，共计六十五万元外，尚有余款三十五万元亦已于该年付讫。

该迁建委员会原列概算一千万元，除二十六、七年度核定共四百五十万元外，分配于二十八年度之五百五十万元，已准列入廿八年度建设事业专款预算，廿九年度并追加经费三百万元。

该迁建委员会于经费之支配应用时，略有调整，列表如左：

科　　目	概算数
钢铁厂迁建委员会迁建经费	10,000,000元
第一款　钢铁厂迁建费	7,100,000元
第一项　拆运费	3,450,000元
第二项　建设费	3,350,000元
第三项　预备费	300,000元
第二款　所属机关经费（綦江、南桐）	2,000,000元
第三款　水道改善费	900,000元
第四款　周转金	无

（四）原料

一、铁矿（详綦江铁矿）

二、煤矿（详南桐煤矿）

三、石灰石　石灰石为炼铁必需之熔滓剂，上大渡口上游猫儿峡处，相距约二十里,该会设有猫跳采石处,属于购料委员会,因产量甚丰,运输亦便,不成问题。

四、锰矿　化铁炼钢所需之锰矿为量不多,借用以补充铁矿内所含锰质之不足,每年约需二千余吨,湖南湘潭方面有公司开采成分百分之四十余,该会新购汽车十辆,专作是项运输工具。又涪陵长宁县亦有锰矿,尚在调查。其他如镁白石材料,亦设法解决。初期开炼,尚能用由汉口运来之存货。

(五)组织及人员

(A)该会组织初成立之时,下设二室七股一队,计有:技术室、会计室、总务股、铁炉股、钢炉股、轧机股、动力股、建筑股、运输股及护运队,迄廿九年元旦,该会更改组织,其系统大致照旧。兹立表如下:[略]

(B)该会委员人选如下:

主任委员　　　杨继曾(现任兵工署制造司司长)

副主任委员　　张连科(原任上海炼钢厂厂长)

委　　员　　　杨公兆　恽震　程义法　严恩棫　胡蔚

该会各部主管人员名单[略]

(六)工程概况

该会廿九年度元旦起改组各单位情况,依类分述如下:

1. 动力厂

该厂由汉口迁来机件计有大冶交流一千五百千瓦透平发电机二座,锅炉四座,交流高低压大小马达三十余只。又汉阳交流二千千瓦透平发电机全套直流四百千瓦蒸气发电机二座,直流五百千瓦蒸气发电机一座,锅炉十一座,四百千瓦交流机四座,大小直流马达二百余只,汉阳鼓风机三座,蒸气鼓风机三座。以上皆动力厂之重要机器。二十七年办理运输及新厂地土石工程,并无动务之建设。二十八年为另建二十吨化铁炉,建临时直流发电厂,装二百千瓦及四百千瓦蒸气直流发电机各一座,锅炉三座,以供鼓风、造砖及其他动力之用。廿八年五月兴工,是年底完工。二十吨铁炉二十九年三月出铁所需动力皆赖于此。卅年一月锅炉损坏迄三月份始行恢复前后,计发电四十四万度,供给马达二十余只。卅年度并赶建交流发电厂,计有一千五百千瓦透平发电机二座,锅炉七座,供给炼钢、轧钢及其他直流马达之四百千瓦横流机之用。其他五百吨水塔、打水房、江边进水机房、水管等,于卅年二月兴工,该年年底可已完成。

2. 炼铁厂

百吨炼铁炉,二十八年度春开始装置,二十九年铁工工程全部完成。惟高白式热风炉因缺乏火砖,前由汉口运来火砖失吉二千余吨,延至卅年三月由该会自行制造。时开始砌筑,业于卅年五月完成,并整理各部机件,已于九月间出铁。至于二十吨炼铁炉,在二十八年春因百吨铁炉一时不能开炼,为求迅速产铁起见,临时设计建造,二十九年三月一日开炉,计产铁三千余吨。卅年一月停工,三月二十二日重行开炼,约每日可出铁十二吨。卅一年廿吨炉又拆卸重行修理。

二十吨炼铁炉未能达到预计产量,原因计有:(一)鼓风机风量不足,(二)焦炭含硫灰太高,(三)铁矿含杂质亦多,(四)热风炉温度较低。上列诸原因,亦足使百吨炉出铁之时,不能达到预计之生产量。

3. 炼钢厂

该所内部设施计有十吨碱性平炉二座,煤气炉四座,一吨半碱性电炉一座,储热式坩埚炉一座,立式汽炉三座,碎石机一部,磨砂机一部,三十吨及三吨电吊车各一部,三吨半柏塞麦炉一座,鼓风储热式坩埚炉各一座,四吨半熔铁炉四座,烘模房一座,退火炉一座。该厂建筑于卅年初,尚未全部完竣,尚有各种炉座及修造机件须安装,平炉机件已完成一座,鼓风式坩埚炉于卅年五月份安装完竣,煤气炉装竣两座,电炉熔铁炉安装亦于卅年完毕,烘模房退火炉于卅年开掘地脚,年底可盼完成,炼钢厂全部工程于该年完成。

4. 轧钢厂

轧钢部分分为三组,即钢条厂、钢轨厂、钢板厂。钢条厂内部设施计有500厘米直径三重轧滚【轧】钢机各二座,300厘米直径三重轧滚轧钢机四座,由400马力双汽缸卧式蒸汽机交换带动之。另有热锯机、冷剪机、鱼尾板剪机、剪钢头机各一座,均用蒸汽转动。

其他整理成品者,设有冷却床三座,专供成品冷却之用,十五吨连续式再热炉二座,附设煤汽发生炉、强力通风机及螺旋式上料机全套,附近该厂高处设30吨循环水柜一座,备供轧滚轴及再热炉冷却之需,轧钢机顶上装有自造三吨手拉起动吊车一部,备起重之用。其他尚有汽炉房及车辘房等,该厂工作因厂房一度被炸,建筑工程以致延迟,原有工人患病者多,乃由第五制造所(前钩钉厂)调来大部分工人,始将修配工作大部就绪,卅一年初已全部完成。

钢轨厂、钢板厂由汉口运来之机器亦甚多,照原计划设置于钢条厂附近,因疏散关系,另行择地建设,着手进行上方石方工作。

5. 炼焦厂

第五制造所原系钩钉厂,本年度起,该厂归并改设为炼焦厂。前钩钉厂原系临时设在第二十四工厂附近,但该厂两遭狂炸,所受影响甚巨,廿九年七月遂拆迁运回大渡口。

炼焦厂建筑于本年度,现正建造炼焦炉及房屋等。

6. 耐火材料厂

该厂分烘泥、熟料、磨细、分筛、配料制坯、烧砖等部门,设备方面有烘泥房二所、熟料窑一座、碎石机一部、磨细机一部、分筛机两部、配料房一所、干湿和料机各一部、自动压砖机一部、手压砖机三部、烘坯房七所、倒焰式方窑一座、圆窑二座。上项设备均已于二十九年春季完成,同年五月开始出品,每日可产出火砖十吨。资料尚佳,能耐热一千七百度之谱,专供给汽锅炉、炼铁厂、高百式热风炉及炼钢炉之用。所需原料,系滑石六成,矸子土四成,皆出南川崇林沟一带,每月需用原料三百六十吨,均由南桐煤矿代办之。

7. 机器修造厂

该厂各项工具机械,系自汉阳、大冶二厂拆卸后所安装,为数不少,不徒足敷自用,且有余力以协助一般之机械工业。

该厂厂房建筑于本年度初,已全部完成。

8. 其他附属机关

甲、綦江铁矿

矿砂来源,采用綦江、土台场、麻柳滩、白石塘等处,二十七年已将綦江铁矿区划为国营,民营铁厂矿砂仍归该矿供给。同年三月开始筹备,八月接收矿区，先以包采制开掘，其后在麻柳滩开辟平硐，在土台开辟直井。至二十九年三月一日正式改为綦江铁矿，地址设麻柳滩。

麻柳滩有平硐二十余个，矿工六百余人，土木、养路、运输杂工亦六七百人。现在每日可出矿砂七十吨，农闲之时，雇工较易，产量可增至百吨。

土台场有直井三个，最深者达六十公尺，每井皆有斜坑，工人由此背运出口（此处矿工及杂工共约七百人，每日可出矿砂五十吨）。现谋增加出产，拟装设原动力，但此部机械拆至大冶铁矿，匆促迁移，遗失颇多，又因环境所限，配置安装颇不容易，即使完成后，所需燃料等项亦不易接济，此项建设难于实现。在教化沟底开凿平硐，一端伸入矿层，一端修筑轻便支路衔接至小鱼沱，如此可减省动力之困难，且可资浅水，并可避免大坡道之意外，此计划已早拟设实施。

麻柳滩距赶水计八公里，土台场距麻柳滩计六公里半，皆自筑有宽六十□的之铁路，用人力推运，每车可装矿砂一吨。由麻柳滩到赶水一小时可达，回程需一时半，中有义道回避。每日担任百吨之运输，尚不成问题，惟由土台湾到麻柳滩因差高二百余公尺，筑有大斜道坡，高几四十度，用人绞车经常运输，恐不免发生困难。

白石塘用包采制，计有矿工百余人，每日可出矿砂二三十吨，由河道到赶水距八公里。

以上三处开采至卅年四月，已出矿砂二十万六千余吨，运往迁建会者，约五分之一，销售于当地土炉者，约占半数弱，余均积存矿区。其产矿量不丰，出产量供给迁建会及民营铁厂用，尚不成问题。矿砂成分不等，大约低者百分之三十五，高者约百分之五十。该矿经济全恃建设费及售砂收入两项。建设费在二十八年度额定为一百万元，二十九年度六十万元，三十年度为二百五十万元，但未全数领足，而实际该矿已完成建设如铁道、房屋、机器安装、井工设施等所耗费用，实已超过所领之数，凡此皆以售砂价为之挹注。民营铁厂原有六十余家，现因钢铁统制，规定价额不足成本，亏折过巨而停者已不少，售砂之数目日益减少。又因水道运输未能解决，不但迁建会所需矿砂发生问题，而所有矿砂不能变成现金，产量有不能增加之苦。经费开支捉襟见肘,工作进行每为之顿挫。

又以设施大部利用人力,目前生活高涨,经济所限,待遇不能提高,人工不易招致,此皆该矿之困难。为解决经济之困难,并请迁建委员会于出开或运到赶水时,按吨付价,以资周转。

兹将该矿组织立表于左:[略]

该矿职员约一百数人名,工人二百五十余人。

乙、南桐煤矿

迁建会所用煤可分为三种:

一、炼焦用煤;

二、炼钢厂煤气发生炉用煤;

三、动力厂用煤。

以上三种,以炼焦用煤与煤质之关系最为严重,其量亦最多,炼钢用煤次之,动力用煤又次之。川省煤田分布甚广,大约分二叠纪及侏罗纪二种。该会在綦江南川桐梓交界之桃子场附近,设南桐煤矿,开采二叠纪煤。该矿区有四千余万吨之煤量,以年产七十万吨计,可供六十余年之开采,惟硫质、焦质颇有问题。该矿二十七年度开始将煤除改用土窑两座外,并新设三厂,开直流井五个。兹分述如左:

一、王家坝称第一分厂;

二、传家嘴称第二分厂;

三、新厂地设总厂。

现有土窑两座:1. 在王家坝系收置土窑从事修整,又辟斜坡路以达地表,装手摇车,每日产煤约百吨;2. 在总厂另辟平巷排水,改善运道,现长七百公尺,每日产煤五十吨。

第一分厂一号直井,以动力及排水设备两感不足,自开工后,旋停旋作者数次,今年四月,凿深至五十公尺,发现大连炭,每日产煤八十吨。

第二分厂第三号井,于二十七年十一月开工,亦因水量过大,排水设备不完,向下开凿极感困难,遂于三十八公尺处,开穿石门以期早日采煤。二十八年十一月起,开始采矿,最近以上层藏无多,乃将直井继续深凿,已达六十七公尺,辟有平巷采煤,每日产煤一百吨。余第四号直井,亦因动力排水等问题,未能解决,于凿深至二十公尺后,未能复工。总厂第五号直井,因动力排水等设备不足,于三十六公尺后,未能复工。

炼焦设备:

南桐煤矿含流量达百分之二点五,现用土法洗炼,先用煤筛(筛眼为八公厘)筛过,次则采用固旧锡砂淘洗法,洗后乃有硫1.7之多,炼焦炉则兼用圆形方形土法,现已制有煤筛三十余部,洗煤池十六座,每座日可洗得净煤卅吨,长方形炼焦炉九十座,圆形炼焦炉三十座,现每座日产焦约七十吨。

查用煤百吨经筛洗后,可炼焦二十吨,所余烟煤五十七吨,可供他用。该矿为改进洗筛工作,计划造五十吨筛煤机及五吨洗煤机各一部。

运输设备:

自第一分厂至蒲河镇筑有轻便路道十七公里,路基宽二公尺,轨距六公寸。因铁轻不易购置,有用三角铁及木轨代替者,颇不整齐。车辆载重一吨,箱以木制,用人力推送。现有车辆二百五十余部,每日可运一百三十吨。

动力设备:

自汉阳拆迁兰克希式锅炉九部,并拨用六河沟铁厂管子锅炉四部,总计动力约二千马力。现已安装使用中者,仅及半数,其余则积极修配装理。

南桐煤矿组织系统表:[略]

(七)运输及原料

查钢铁事业所需原料为数至巨,就百吨炉开工以后及其他全部所需原料之重量作一分析:

百吨炉每日出铁六十吨:1. 矿砂,一百六十吨;2. 焦炭,一百吨;3. 石灰石,八十吨;4. 锰矿,五吨;共计三百四十五吨。

原动力及炼钢厂共需烟煤三百吨。

其他如二十吨炉及耐火材料、建筑材料等,需一百余吨,约共计八百吨。

若以各项材料来路之不一致发,水道有枯涨之分,一切设施如求充裕,应以千吨为率。

现该厂运输机构计分三处:一为厂外运输课,属于购料委员会;一为厂内运输课,属于工务课;一为綦江水道运输管理处,为该会之附属机关。

甲、厂内运输课

材料原料运抵厂区码头,即由工务处之厂内运输课起卸上岸,并转送至用料各处,并设有斜坡轨道四条。每日起卸平均量尚不到二百吨,以致河边物料有经常积压之情况。卅年六月初旬,尚有四千吨未运用起卸,船只停用空耗开支。七月份有吊杆囤船之设备,有此机械,能力可相当补助,但对于每日五百吨以上之起卸能力,尚不能确定。

乙、厂外运输课

自汉口以至于厂区,属于购料委员会厂外运输课之管辖范围,该段因系大河运输,尚无困难。现上游船只约一百五十只,每只平均可装四十吨。自厂至江口往返连起卸、过档在内,须时七日,故平均运量每日可八百吨,必要时尚可增加船只。此外尚有汽轮四艘及木船五十只专运砖瓦、水泥及在重庆市面与国外采购所得之各项材料机器等,每日约有六十余吨,尚能应付裕如。

丙、綦江水道运输管理处

该处组织系统立表如左:[略]

该处负綦江水道整个运输之责任。

一、由赶水站经大信闸、大严闸,经三溪到江口,此线专运綦江铁矿之矿砂。

二、由蒲河站经大仁、大智、大勇、三水闸到三溪后到江口,此线专运南桐煤矿之烟煤、焦炭、滑石、矸子土等。

查该处控制船只能力如下:

一、大盘舢板公船有二百二十七只。能载十六吨,因水浅关系,只能装五吨。

二、小舢板公船有五十六只。能载六吨,因水浅,只能装三吨。

三、柳叶公船有四十只。能装七吨,现只装四吨。

四、綦江商船三百五十只。能二十吨,现只装八吨。

五、柳叶商船二百六十三只。能装六吨,现只装四吨。

照最近整个计划(二)、(三)、(五)号船共约三百只,全用在赶水线,每月希走两次,每日或可到八十吨。(一)、(四)号船只共五百七十只,每日希望到百九十吨。该处并赶制柳叶船二百只,卅年度已完成百只,其余材料成问题。该处希望达到之成绩,系每日平均有运输量二百五十吨。

(八)产量

该会廿吨炼铁炉于二十九年三月开炼,百吨炼铁炉于卅年十一月开炼。兹将二十九年度后逐月产量记录如下:

年　月	产　量	
	生铁(公斤)	标准砖(块)
二十九年　五	307,940	63,800
二十九年　六	194,421	
二十九年　七	253,998	
二十九年　八	224,584	
二十九年　九	237,541	
二十九年　十	214,064	
二十九年　十一	288,987	
二十九年　十二	327,526	
三十年　一	83,739 567,884(粹)	96,115
三十年　二		14,780
三十年　三	98,252	13,745
三十年　四	354,653	232,560
三十年　五	244,957 28,145(粹)	267,932
三十年　六	216,857	139,950
三十年　七	149,275 19,748	
三十年　八	78,003 8,663	
三十年　九	190,067 17,554	19,980
三十年　十	151,517 14,195	369,676 公斤
三十年　十一	897,805 24,560	86,125 公斤
三十年　十二	1,717,611 37,668	98,977 公斤

续表

年　月	产　　　量			
	生铁(公斤)	标准砖(块)		
三十一年　一	2,035.680	61	75.993 吨 64.849 吨 18.715 吨	钢锭 铸铁 条
三十一年　二	1,561.799	118	70.811 吨 90.816 吨	锭 条
三十一年　三	1,587.456	44.8	65.047 吨 28.712 吨	锭 条
三十一年　四	1,557.193	35	79.8 吨 62.1 吨	锭 条
三十一年　五	1,626.257	216	78.113 吨 63.1 吨	锭 条
三十一年　六	1,709.329	211	43.35 吨 99.53 吨	锭 条
三十一年　七	1,658.377	154	25.5 吨	锭
三十一年　八	1,258.392	243	115 吨 49 吨	锭 条

[资源委员会档案]

11. 1942年钢铁厂迁建委员会编各属厂成立日期及人数表(1942年)

部　分	成立日期	主持人		现有官佐人数 卅一年底	现在士兵人数 卅一年底	合计	其　他	现有工人人数 卅一年底
		职衔	姓名					
本会	二十七年三月	主任委员 副主任委员	杨继曾 张连科	784	486	6,850	二十九年一月奉令与第三工厂合并	5,580
南桐煤矿	二十七年三月	矿长	侯德均	198	142	5,770	二十九年三月取消筹备名义	5,430
綦江铁矿	二十七年三月	矿长	黄典华	155	101	1,403	二十九年三月取消筹备名义	1,147
綦江水道运输管理处	二十八年九月	处长	翁德熏	189	96	905	二十九年二月取消筹备名义	620
大建分厂筹备处	三十年三月	处长	王拓洲	95	75	414		244

续表

部 分	成立日期	主持人		现有官佐人数卅一年底	现在士兵人数卅一年底	合计	其 他	现有工人人数卅一年底
		职衔	姓名					
新厂建设工程处	三十年十一月	处长	张九成	76		119		43
煤铁两矿联络铁路工程处	三十年三月	处长	李仲强	63	94	238		81
遵义锰矿筹备处	三十二年一月	处长	陈培铨					

注：遵义锰矿筹备处尚未填报正式成立，故官佐士兵人数暂缺，于卅一年十二月五日派定处长一员。

[钢铁厂迁建委员会档案]

12. 第五十兵工厂厂情概况①(1942年)

本厂为制炮及炮弹工厂，原设广东港江，系广东省府所创办，民国二十五年始由兵工署接收。机器设备，因原计划多系采购半成品零件以供制造，故缺乏设备颇多。兵工署以本厂为国内惟一制造火炮之工厂，曾详拟扩充计划，交德国合步楼公司承办，嗣以抗战军兴，机件大部未能交货，为图加强机力及精密出品计，旋将株洲炮厂及首都百水桥样板厂机器暨精确测验仪器先后归并本厂。二十七年春，本厂奉命迁川，初则忙于建筑厂房，继则忙于赶制炮弹及修配火炮，致中心工作计划一时未能确定。嗣以三七战车防御炮为国军所迫切需要之武器，及整绘图样，订购材料，筹制刀具、夹头等俾便制造，三十年春第一门样炮告成，试验结果，堪称合格，积极筹备，大量制造，遂为本厂技术方面最主要之工作。同年七月，一切计划始告完成。八月起，三七炮陆续得有成品，初则每月可产2门，旋以工作制度改进，出品续有增加，目前每月产量，可达5门之谱。除三七炮外，本厂于上年夏季同时奉命积极筹制六公分迫击炮，随即参照法国布朗特迫击炮设计绘制全套图样，并筹制样板工具，以利制造，同年秋试造成功。本年七月，始由大量出品，目前月出100门，可无问题。炮弹方面，本厂先后设计制造者，有各种七五炮弹，计三八式野炮弹、十年式及克式山炮弹及十五公分迫击炮弹等。上年七月并经呈准部署，将本厂成都技工学校改为分厂，专造六

---

①此件系第五十兵工厂为兵工署1942年春季检阅准备的工作报告。

公分迫击炮弹,经多方研究积极筹制之下,该项炮弹,今亦已有大量出品。此本厂设施及工作之大概情形也。……

[第五十兵工厂档案]

13. 第五十兵工厂一九三九、一九四〇年度各种出品缴欠表(1941年)

饬造令	品名	饬造数量	饬缴月份	已缴数量	12月份可缴数量	欠缴数	备考
额字289号	十年式山炮弹	4,600	28年8月份	4,600	—	—	
额字301号	十年式山炮弹	3,000	28年9月份	3,000	—	—	
额字345号	十年式山炮弹	4,000	28年10月份	4,000	—	—	
额字352号	十年式山炮弹	4,000	28年12月份	4,000	—	—	
额字348号	十年式山炮弹	2,500	29年1月份	2,500	—	—	
额字365号	十年式山炮弹	4,000	不详	4,000	—	—	
额字415号	十年式山炮弹	3,000	29年6月份	3,000	—	—	
额字429号	十年式山炮弹	1,000	29年7月份	1,000	—	—	
额字448号	十年式山炮弹	10,000	不详	2,286	1,714	6,000	欠缴数拟请取消
额字351号	三八式野炮弹	3,000	28年11月份	3,000	—	—	
额字348号	三八式野炮弹	2,500	29年1月份	2,500	—	—	
额字429号	三八式野炮弹	2,000	29年7月份	1,576	424	—	
额字38号	15公分迫击炮	8,000		8,000	—	—	
额字420号	15公分迫击炮	6,000		351	—	5,649	欠缴数拟请取消
额字1018号	15公分迫击炮	4,000		—	—	4,000	欠缴数拟请取消
额字1017号	15公分练习弹	3,200		100	300	2,800	欠缴数拟请取消
额字978号	105公分榴弹	4,000		—	—	4,000	欠缴数据请取消
代字350号	俄式时间引信	5,000		—	—	5,000	欠缴数据请取消

续表

饬造令	品名	饬造数量	饬缴月份	已缴数量	12月份可缴数量	欠缴数	备考
加字890号	6公分迫击炮	20,000	—	—	—	—	此两项归成都艺校制造，详细情形，请函询该校
加字890号	6公分迫击炮	100门	—	—	—	—	此两项归成都艺校制造，详细情形，请函询该校

[第五十兵工厂档案]

14. 兵工署各属技术人员编制实有及悬缺人数一览表（1943年1月31日）

三十二年一月卅一日于第五十工厂

机关名称	编列人数	实有人数	悬缺人数	备考
第一工厂	232	126	104	
第二工厂	170	114	56	
第十工厂	177	129	48	
第十一工厂	254	180	74	
第二十工厂	319	206	113	材料储整处在内
第二十一工厂	381	163	218	安宁分厂在内
第二十三工厂	179	123	56	昆明分厂在内
第二十四工厂	136	90	46	
第二十五工厂	152	124	28	
第二十六工厂储备处	83	25	58	
第二十七工厂	142	91	51	
第三十工厂	194	76	118	
第四十工厂	149	74	75	
第四十一工厂	150	81	69	
第四十二工厂	56	26	30	
第四十三工厂	104	82	22	
第五十工厂	266	160	106	成都分厂在内

续表

机关名称	编列人数	实有人数	悬缺人数	备考
第五十二工厂	108	64	44	
第五十三工厂	276	213	63	
废品整理工厂	59	32	27	
中央修械厂	113	75	38	
西北修械厂	83	42	41	
第二材料总库	16	5	11	
第三材料总库	12	4	8	
总计	3,811	2,307	1,504	

[第十兵工厂档案]

15. 四联总处秘书处编:湖南第一纺织厂(1943年9月23日)

一、沿革

该厂于民国初年设立长沙银盆岭,实收股本240万元,陆续扩展,有纱机5万锭,布机248台。嗣因抗战关系,于二十七年秋奉令以纱机1万锭(余4万锭据称毁于长沙大火),布机248台迁移沅陵属之柳林汊筹设分厂,旋奉令再迁黔阳县属安江镇设厂复工,由省府各厅、处派员会同该厂厂长组织迁建委员会,负责进行,并设立工程处,专负建筑事宜。至二十九年十一月正式成立复工。

二、组织及人事

该厂现有职员212,技工1,062,粗工124,伕役176人。组织系及职员略历如次:[以下略]

三、设备情形

该厂长沙旧址占地22.63亩又2,718方丈;安江厂占地42,422平方公尺,均自购。其原动主要机器设备如下表:

原动力

名称	式样	能力	制造者			购进年月	原购价	已用年限
			国别	厂名	年份			
锅炉	水管卧式	热面3.852平方呎	英	B.C.W		民初年	56,850.00	廿二年
锅炉	火管卧式	1,200平方呎	英			民十九年	25,568.00	十三年
蒸汽机	直立式	60kW	英			民初年		廿二年
蒸汽透平	直立式	550kW	英		1913	民初年		廿二年
直流发电机	卧式	60kW	德	A.E.G	1929	民初年	9,500.00	廿二年
交流发电机	卧式	550kW	瑞士	A.E.G B.B.C		民初年	30,858.00	廿二年
黑油机		10HO	瑞士			民初年	6,600.00	廿二年
泵部	离心式		瑞士	B.D.W		民十九年	4,730.78	十三年
泵部	垂直式		德	A.E.G		民十九年	2,682.00	十三年
泵部	离心式		德	A.E.G		民初年	1,950.00	廿二年

主要机器如下表：

名 称	数量	制 造 者			购进年月	原购价	已用年限
		国别	厂名	年份			
松花机	2部	英	亚西利士公司	1936	民十九年	3,637.17	十三年
开棉机	3部	英	亚西利士公司	1936	民十九年	9,576.79	十三年
头道弹花机	3部	英	亚西利士公司	1930	民初年	4,026.40	廿二年
二道弹花机	3部	英	亚西利士公司	1930 1914	民初年	1,573.60	廿二年
钢丝机	40部	英	亚西利士公司	1936	民十九年	4,494.55	十三年
并条机	6部	英	亚西利士公司	1922 1930	民十九年	5,753.05	十三年
头道粗纺机	4部	英	亚西利士公司		民初年	2,066.10	廿二年
二道粗纺机	9部	英	亚西利士公司	1914	民初年	2,756.00	廿二年
三道粗纺机	13部	英	亚西利士公司	1914	民十九年	7,388.44	十三年
细纺机	26部	英	亚西利士公司	1914 1930	民十九年	9,569.53	十三年
摇纱机	43部	英	亚西利士公司	1914	民十九年 民卅三年	96.60	十三年 半年
打大包机	1部	英	亚西利士公司	1914	民初年	1,680.00	廿二年
打小包机	2部	英	亚西利士公司	1914	民初年	56.00	廿二年
力织机	240部	中、英	亚西利士公司	1930	民十八年	385.55至 933.23	十四年
卷纬机	18部	上海	大隆厂	1930	民十八年	555.16	十四年

续表

名称	数量	制造者			购进年月	原购价	已用年限
		国别	厂名	年份			
打筒机	2部	英	亚西利士公司	1930	民十八年	5,220.15	十四年
整经机	4部	英	亚西利士公司	1930	民十八年	2,024.14	十四年
浆纱机	1部	英	亚西利士公司	1930	民十八年	16,065.26	十四年
和浆机	1部	英	亚西利士公司	1930	民十八年	5,284.07	十四年
验布机	1部	英	亚西利士公司	1930	民十八年	415.49	十四年
折布机	1部	英	亚西利士公司	1930	民十八年	4,704.51	十四年

补助机器如下表：

名称	尺寸	数量	制造者			购进年月	原购价	已用年限
			国别	厂名	年份			
重式双杠车床	5至16呎	13部	英德中	西亚利士公司	1930	民初十七年	660至1,600	廿二年
铣齿床	4呎5呎	2部	德	西亚利士公司	1930	民初年	1,450	廿二年
万能铣床		1部	德	西亚利士公司	1930	民十九年	7,265	十三年
龙门刨床	6呎	1部	德	西亚利士公司	1930	民初年	1,500	廿二年
牛头刨床	7呎	1部	德	西亚利士公司	1930	民初年		廿二年
插床	1呎	1部	德	西亚利士公司	1930	民十九年	1,650	十三年
落地钻床	$1\frac{1}{4}$呎	1部	德	西亚利士公司	1930	民初年	350	廿二年
落地钻床	$\frac{7}{8}$呎	1部	德	西亚利士公司	1930	民十九年	654	十三年
打磨机		1部	德	西亚利士公司	1930	民十九年		十三年
砂轮机		1部	德	西亚利士公司	1930	民十九年		
电焊机		1具	德	西亚利士公司	1930	民十九年		
压机	1~3吋	3部	德	西亚利士公司	1930	民十九年		

四、业务概况

产品棉纱专供给各民生工厂及军需局被服厂，棉布则多供各机关、学校制服购用，但均由湖南建设厅统筹指定拨售。

燃料用烟煤，每吨600元，来自辰溪，帆船运送至厂。

原料（棉花）每担8,000元，来自南县、津市、常德等处，帆船运厂。

月产廿支双十牌及十四支宝塔牌棉纱360件，十四磅岳麓牌棉布580件。

成本计算　该厂采用分步成本会计制度,每月计算成本一次,共分生产、厂务两部。生产部分依照生产程序,纱厂分为清花、梳并、粗纱、摇纱、成包5部;布厂分为准备、制造、整理、成包4部。厂务部分则以对生产部分财务之关系,分为仓库、工务、修机、电机、纱厂保全、布厂保全6部,依照间接及直接人工工作时间,将各部费用,逐次分配于各生产部之内。至各生产部成本计算之方法,则自清花部起,将材料、人工费用按各部产品完成次序,用前部转后部遗留在制品计算之,迨至最后一部加工完毕,即为该月产品之成本。

[经济部档案]

16. 资源委员会电化冶炼厂沿革概况(1943年9月)

电化冶炼厂沿革

一九四三年九月

本会为供应兵工及电工器材之需要,先后分设炼铜、纯铁、炼锌各厂于昆明、重庆、綦江等地。三十年六月,本会以各厂性质相同,设备相仿;惟分处工作,人力物力分散,管理尤感困难,为提高效率起见,特将设于重庆綦江者合而为一,改称电化冶炼厂,兹将各厂设立及合并经过略述于后:

一、重庆炼铜厂:二十六年下半年,本会在长沙举办临时炼铜厂,将粗铜(含铜约95%)以及射炉精炼纯铜至含铜99.5%,惟其纯度尚不合兵工及电工器材之需要。是时本会冶炼室因七七事变由京迁湘,乃令冶金室主任叶渚沛以原有设备,在长沙筹设精铜炼厂。由湖南临时炼铜厂供给纯铜铜板,加以电炼,日出电铜(含铜99.94%)1吨,于二十七年春季设备就绪开工出货,计开工一月余,出货20余吨。嗣以时局紧张,计划迁渝。于二十七年三月,本会开始筹设重庆炼铜厂电炼精铜,暂定日出电铜3吨。于二十七年六月将长沙1吨铜厂结束,除将一切机件材料装运渝市外,并襄助湖南临时炼铜厂赶铸大号阳极铜板,以备运渝电炼。一面在化龙桥进行建厂,兴筑土木工程,就地设计制造并向国外订购必需之技术设备。后因湘铜厂原料供应有限,由本会川康铜业管理处收购土铜粗铜,亦交换厂精炼,故该厂又增加炉炼设备,自铸阳极铜板。二十八年三月二日本会公布该厂暂行组织章程,并派叶渚沛为厂长。二十八年初该厂工程设备大致就绪,是年四月即行开工出货。技术上毫无问题,每日可产电铜 3 吨以上,电铜含铜在 99.95% 左右。但因原料缺乏及电力供给不断诸关系,遂使产量不能达到预期之结果。

二、纯铁炼厂:本会以创设钢铁厂需资庞巨,建设费时兼以交通不便,产销困难,爰于二十七年六月议定筹设纯铁炼厂,以气体在回旋窑炉内还原铁矿而炼纯铁,藉以补救后方需要。二十八年五月勘定綦江三溪大田坝为该厂厂址,其地水陆俱通,煤矿取给均便,运销亦无困难。二十八年三月十四日本会公布该厂暂行组织章程并派重庆炼铜厂厂长叶渚沛兼该厂厂长,从事建厂工作,关于土木工程方面,二十八年七月招标兴工,后因经费所限,先建重要厂房及工作室,次建员工宿舍,前者已于二十九年六月完工。关于机器设备方面,决定能自制者即自行制造,无法自制者则厘定规范向国外订购。但初因滇越铁路封锁,滇缅公路停运 3 月,后因仰光、腊戍相继沦陷,致所需机件器材未能悉数运抵綦江。该厂遂于极端困难中设计改良,将所缺机件自行竭力设法制造,以谋补足完全。工作既生阻碍,而设计制造费时亦久,以至于三十二年一月始行开工试炼。

三、炼锌厂:本会应兵工之需要,于二十九年春,令重庆炼铜厂兼炼纯锌,溶电炼法冶炼化锌(含锌 99.99%)。当即从事筹备,勘定綦江三溪纯铁厂附近为厂址。二十九年五月二十日与湖南建设厅订购水口山锌整砂 8,000 吨,锰砂 3,000 吨,一并运宜昌转至綦江。矿砂装船后,因宜昌沦陷,交通断绝,乃即运往常德抢运沅陵,拟改道保靖—龙潭—龚滩—涪陵—重庆而至綦江。惟以路线较长,运输艰难,需费甚巨,暂将矿砂堆存沅陵。预定先在沅陵设置浮游选矿场,将原矿加以精选,以硫化锌取出运川,以节运费。綦江本厂按原定计划,系将锌砂煅烧后浸溶电解以炼纯锌,并提硫磺副产品。除直流发电机及少数必要机件仰给国外,其余均自行设计制造。本订三十一年内均可次第完成,惟因该厂所有 2,000 千瓦发电机一部分在滇缅战事损失,炼锌电源供给无着,其计划遂行搁置。现经与兵工署重新商定,减低纯锌含锌成分,决定仍以火炼蒸馏炉炼锌,再将一部分毛锌电炼,而达兵工署所需之纯度。该厂并以湖南炼锌厂及西康毛锌,利用铜厂原有设备略加改造电炼纯锌(含锌

99.95%),已于三十一年底出货,于三十二年春开始销售。惟产量甚少,颇感供不应求。

四、电化冶炼厂:三十年六月,本会以重庆炼铜厂纯铁炼厂及炼锌厂均属电化冶炼性质,分三厂进行似感散漫,为谋统一管理起见,特将以上三厂合并改称电化冶炼厂,公布该厂暂行组织章程,并派原任铜铁二厂厂长叶渚沛为总经理。该厂因綦江三溪大田坝原有铁锌二厂产销亦甚便利,故仍择定该地为厂址,积极兴筑厂房,装配机器,采购原料器材,以期从速完成生产任务,并筹设炼铜部分与原有各厂另行组织,分别成立为第一、二、三、四厂。

第一厂冶炼电铜及纯锌。其尚未迁綦之重庆炼铜厂改为第一厂重庆分厂,第一厂除将粗铜精炼电铜并浇铸铜线、铜锭外,并利用黄铜作原料冶炼电铜及纯锌。前者业已开工,其铜线、铜锭并于三十二年四月开始出货,后者亦已于三十二年九月开始试车,至重庆分厂则始终照常生产,三十一年九月电炼纯锌部分,亦开始出货。

第二厂以低温还原方法冶炼纯铁,即前纯铁炼厂。炼炉设备于三十一年十二月全部装配完成,三十二年一月起开始试炼。惟以自制机件未能尽善,数度试炉,除产制少量成品外,辄中途被迫停炉,故迄尚在改进试炼过程中。

……

第三厂即高周率电炉炼钢厂,于三十年六月积极筹备并向国外订购器材装置就绪。已于三十二年六月二日开炉出货各种合金钢。

第四厂即平炉炼钢厂,系于三十一年初开始筹备,以碱性平炉方法,利用第二厂所产纯铁以及綦江区土法生铁为原料,制炼低磷之炭铜之合金钢,并设置轧钢设备,将所产钢锭轧制钢皮、钢轨以及各种型钢。炼钢部分全部设备悉系该厂自行设计制造,轧钢设备则一部分系英货,而由该厂加以改造者。

研究室冶金室成立于军事委员会国防设计委员会时期,嗣改称资源委员会冶金室。抗战军兴,资源委员会设立重庆炼铜厂,所有冶金室设备即并入炼铜厂。三十年电化冶炼厂成立,即设立现在三研究室。

……

[电化冶炼厂档案]

17. 兵工署第二工厂一九四三年度设施及制造情形报告书①（1943年10月）

甲、沿革

本厂原属汉阳兵工厂之钢药厂，创立于逊清光绪廿四年，至民国六年改为汉阳兵工厂，廿一年改组为汉阳火药厂，行政独立，廿七年奉令迁移湖南辰溪，遂更名为兵工署第二工厂。廿八年十一月奉令由湘迁渝。

乙、建厂经过

本厂于廿九年间由湘迁渝后，所有厂房原拟开凿山洞将全部机器装入工作，因石质欠佳，时凿时圮。且工程浩大，不能迅速完成，更因缅甸沦陷敌手，我国国际通路阻塞，军火来源断绝；奉令赶速出品以济军需，遂变更计划，将坚固山洞尽量利用，另加筑半临时式厂房，疏散分布，经交商赶建，均于卅一年底次第完成。同时复增设炼油厂、酒精厂各一所，业经提前开工，按月生产。惟以近年来物价波动甚大，建设预算难期平衡，因之各项建设不免因陋就简。本年度将动力所全部工程装建完成，试车良好，奉令扩充之新汽油厂已亦于本年八月间装配就绪，开始工作。再本厂于迁渝之初适宜昌战事危急，交通困难，致未及完全搬迁，其未迁来渝部分仍留辰溪原厂复工制造黑药。现在黑药一项业已在渝制造，该处办理结束，所有一部分机器奉令就近移交第十一工厂应用，厂房一部分移交第十一工厂，一部分移交兵工署汽车运输处辰溪炼油厂接收，均经分别交接清楚，现正整理其他机料分别装箱，请拨车辆陆续运渝。

丙、制造情形

本厂经积极迁建后，制造部分业经先后开工，本年度复将无烟药厂赶装就绪开始工作，现在每月各项出品均能依照饬造数额分别造缴（产品详细数字附出品概况表）。扩充之新汽油厂亦经装建完成，增加裂解锅10只经常制造。此后每月产量当可依照比率分别增【加】材料部分因近年来交通梗阻来源不易，除一部分主要原料因受限制由署拨用外，其余各项材料均储备3个

---

① 此件沿用原标题。

月之需用量,以资周转。

丁、组织

本厂内部组织依照编制计分办公厅、工务处、会计处、煤矿工程筹备处等部分。办公厅掌理全厂一切行政事宜;工务处管理制造工作及有关技术改进事宜;会计处办理全厂会计及制品成本计算事宜;煤矿处筹备开采煤矿事宜;另设警卫稽查组担任厂防警戒及一切稽查事宜。

……

附件一

军政部兵工署第二工厂三十二年出品数量报告表(1943年10月)

数量 品名	单位	三十一年预定 出品数量	三十一年实在 出品数量	三十二年预定 出品数量	备考
无烟药	公吨	无	无	48,000	
黑药	公吨	240,000	343,495	93,720	
酒精	加仑	92,000,000	21,200,000	77,136,000	
代汽油	加仑	12,750,000	13,350,000	15,420,000	
代煤油	加仑	7,590,000	6,670,000	7,704,000	
代柴油	加仑	50,900,000	45,573,000	69,420,000	
擦枪油	加仑	2,000,000	2,035,000	24,000,000	
以脱	公吨	无	无	48,000	
硝酸	公吨	45,000	26,854	120,000	
青砖	块	600,000,000	524,800,000	240,000,000	
耐火砖	块	10,000,000	7,600,000	12,000,000	
青瓦	片	1,000,000,000	924,450,000	480,000,000	
石灰	市担	6,000,000	5,200,000	6,000,000	

附件二

军政部兵工署第二工厂三十二年十月出品效力报告表(厂长:熊梦莘)

品名	单位	依现有机器设备能力满足每月最高产量	备考
无烟药	公吨	20,000	
黑药	公吨	30,000	
酒精	加仑	15,000,000	

续表

品名	单位	依现有机器设备能力满足每月最高产量	备考
代汽油	加仑	6,000,000	
代煤油	加仑	300,000	
代柴油	加仑	12,000,000	
擦枪油	加仑		机器现由辰迁渝中
以脱	公吨	5,000	
硝酸	公吨	30,000	
青砖	块	100,000,000	
耐火砖	块	10,000,000	
青瓦	片	1,000,000,000	
石灰	市担	2,000,000	

[第五十兵工厂档案]

18. 兵工署第二工厂业务情况表(1943年10月)[①]

部别	出品种类	制造能力	现有员工	建设经过	现在制造情形
第一制造所	(1)79枪药 (2)75陆炮药 (3)75山炮药 (4)57快炮药 (5)迫击炮药 (6)猛性枪药	每日夜轮班制造,最大产量每月可造无烟药20公吨(以79枪药为准)	职员14人 工人369人	二十七年七月奉令由汉迁辰,二十八年十月复奉令迁渝,三十一年建厂房集中全力装置机器,本年一月开工,五月开始出品	每月制造无烟枪药4公吨
第二制造所	(1)开山炸药 (2)小粒信号枪药	每日可造开山炸药1吨	职员2人 工人74名	二十八年新建厂房机器已开工出品,同年十月奉令迁渝,所有机器留辰继续工作,渝地另建简便机器补充出品原有辰溪机器现在迁运中	每月10公吨
第三制造所	硝酸	每月30吨	职员4人 工人52名	三十年建筑厂房,开挖山洞,三十一年开始先装成机器1套,同年十月复工,现又赶装第2套机器,预计本年十一月底可以装设完成	每月10公吨
第四制造所	修理		职员4人 工人137名	二十八年十月奉令迁渝,先建厂房赶装机器,修理运渝机机件及安装工作	

---

① 据考证,此件时间应为1943年10月。

续表

部别	出品种类	制造能力	现有员工	建设经过	现在制造情形
第五制造所	(1)青砖 (2)耐火砖 (3)青瓦 (4)块石灰	每月可造青砖10万块,耐火砖1万块,青瓦100万块,石灰2,000担	职员3人 工人38名		每月制造青砖5万块,耐火砖300块,青瓦13万片,块石灰500担
动力所	三相交流	500启罗	职员5人 工人77名	三十一年建筑房屋安装机器工作,于本年8月完成	
汽油厂	(1)代汽油 (2)代煤油 (3)代柴油	每月可产代汽油2,000加仑,代煤油1,000加仑,代柴油1.2万加仑	职员7人 工人132名	本厂迁渝后即着手研究裂化植物油,至三十年研究成功,即开始装设裂化设备,于同年9月开工,当时只有裂化锅5只,后因所造出品供不应求,添设新厂,增加裂化锅10只,于本年7月装设完成,现共有裂化锅15只	代汽油1,500加仑,代柴油500加仑,代汽油9,000加仑
酒精厂	(1)酒精 (2)以脱	每月可产酒精1.5万加仑,以脱5,000公斤	职员6人 工人69名	三十年开始准备机器建设厂房,至三十一年四月一切设备均已完成,即于是月开工	酒精9,000加仑,以脱2,700公斤

[第五十兵工厂档案]

19. 天府矿业公司概况①(1944年1月)

一、沿革纪要

观音峡煤田于太平天国时业经开采,历史颇久,但因通风排水纯恃人力,故矿峒未能深掘,而肩挑背负,远赴江岸,运输尤为困难。民国十六年,江北、合川等县士绅卢作孚、张艺耘、唐建章等创议组设北川民业铁路公司,聘丹麦人寿尔慈为筑路工程师,自嘉陵江岸之白庙子,经水岚垭、麻柳湾、万家湾、文星场、后峰岩、郑家湾、土地垭、戴家沟、大岩湾,以迄大田坎。先筑白庙子到戴家沟一段,于民国十七年十一月六日开工,十九年六月告竣;嗣于民国二十二年六月再将路线延展至大田坎,二十三年三月底完成;同时白庙子码头及

---

①此件节录自《天府煤矿概况》。

斜坡道,亦分别布置竣事。

铁路完成后,更进一步促成各矿同业之组合,进行较大规模之开采,以求产运之相济。民国二十二年,枧漕沟之同兴厂,老龙洞之福利厂,石笋沟之又新厂,芦梯沟之天泰厂,后峰岩之和泰厂,麻柳湾之公和厂均相约各就矿厂资产作为股份,并邀集民生实业公司及北川铁路公司投资,于是年六月二十四日组织天府煤矿股份有限公司,举卢作孚为董事长,聘刘宗涛、邓少琴、黄云龙等相继为经理。

迨七七事变,抗战军兴,国都西迁,工厂内移。卢董事长作孚鉴于重庆燃料之需要激增,而煤矿事业非预筹整理,相为因应不为功;复因天府矿用机械配备之不足,对于通风、排水、搬运各项工作,均有待于补充与改善。时适河南焦作中福煤矿公司在敌骑迫境之前,大批矿用器材经员工努力抢运到汉;卢董事长作孚乃与中福公司孙总经理越崎在汉协议,邀请中福与天府合作,并洽商天府、北川矿路两公司合并经营,以薪产运相济。该项协议于二十七年五月成立,旧天府及北川公司均以原有资产作为股本,中福公司亦以由河南焦作迁运入川之机器材料作为股本,合资450万元,改名天府矿业股份有限公司,举卢作孚为董事长,文化成、杜扶东、李云根、张艺耘、胡石青、秦慧伽、贝安澜、米力干为董事,唐建章、张丽门、赵资生为监察人,孙越崎任总经理,黄云龙任协理,张莘夫任矿长,唐瑞五任工程师。二十八年秋张莘夫辞职,改由程宗阳继任矿长,谢毓忠任工程师。

二、矿区一览表

	公顷	公亩	公厘
江北县观音峡煤田:			
(1)江北县文星场老龙洞、石笋沟一带	9	57	22
(2)江北县文星场枧槽沟、后峰岩、鹰耳岩一带	75	18	
(3)江北县文得场麻柳湾、芦梯沟一带	62	55	
(4)江北县龙冒水、万家山、牛草坪一带	120	75	4
(5)江北县桃子坪、骆耳沟、水竹塘一带	136	95	6
(6)江北县新窑子、天灯堡、香炉石、波萝坡一带	155	31	33
(7)江北县白庙子、波萝坡、螃蟹井、廖家嘴、育刚嘴一带	311	95	94

合川县沥鼻峡煤田：	公顷	公亩	公厘
(1) 合川县盐井溪、芭蕉石、跑马岗、观音坝一带	500	0	38
(2) 合川县九塘场、油沙土、迎福庵、硝峒湾一带	500	0	38
共　计	1,934	28	94

三、设备简介

本矿机电设备，几全部利用河南焦作中福煤矿迁川之机械，自民国二十七年起，加紧提运装置，是年年底，即经配备完成。兹将现在矿厂之机电设备分述如左：

(一) 电厂设备

本矿电厂设备计350kW立式蒸汽发电机1部，125kW立式蒸汽发电机3部。B&W水管锅炉共3具，250马力者2具，150马力者1具，发电总量计725kW。

(二) 输电配电设备

本矿输电线路，计架空路线长5.4公里；电缆输电线路1.3公里，共长6.7公里。

配电线路，计架空线路输电线[?]公里，电缆输电线路0.80公里。设备方面计200kVA变压器1具；80kVA变压器1具；50kVA变压器1具，20kVA变压器2具。共计570kVA。

(三) 修机厂设备

机械种类	数量	机械种类	数量
70马力卧式火管锅炉	1具	钻孔经7/8"电钻	1具
20马力电动机	1具	5CWT汽锤	1具
3马力电鼓风机	2具	10马力鼓风机	1具
化铜炉	1座	1吨化铁炉	1座
行程18"牛头刨床	1具	行程6'龙门刨床	1具
钻孔径$1\frac{1}{4}$"钻床	2具	行程20'牛头刨床	1具
万能铣床	1具	钻孔径3"钻床	1具
6'长车床	3具	4'长车床	2具
10'长车床	2具	8'长车床	3具
砂轮2"×16"磨刀机	1具	11'长车床	1具
套丝$1\frac{1}{4}$"螺丝机	1具	200安培电焊机	1具

(四)矿用机械设备

本矿峒内斜井绞煤上升,系用电力卷扬机;排水用电力离心式电泵;通风,用电力鼓风机或抽风机,均已于产煤设备内述及,不再另述。自采煤地点起至正石门峒,内外均敷设钢轨,以利谋车推行。轨距为24英吋,钢轨重量不一,大致主要坑道及斜井均为24磅及20磅;次要运输道则为16磅及12磅。峰、枧、龙三厂矿峒内外所敷设钢轨,共计3万余公尺。煤车共计252辆。

四、煤区储量约估表

地段	煤层	倾斜（度）	厚度（公尺）	长度（公尺）	深度（公尺）	比重	储量（公吨）
(1)江北观音峡煤区	正连	55°	6.60	10,070	300	1.3	31,634,000
	反连	55°	4.00	10,070	200~300	1.3	12,803,400
(2)合川盐井溪九塘场煤区	矿区计有1,000公顷,其储藏量尚未经精确估计						

五、历年产运销吨数表

年份＼类别	产	运	销
二十八	71,484.22	154,850.00	49,682.70
二十九	107,172.54	183,705.00	93,042.44
三十	168,878.55	219,357.50	140,290.52
三十一	222,287.01	277,076.70	192,410.91
三十二	352,131.06	367,697.50	302,060.80
三十三	379,953.928	413,□67.33	350,942.004
三十四	451,681.20	466,573.50	389,390.820
三十五	466,304.12	443,116.00	393,252.718
三十六	486,320.199	442,740.00	401,022.008

［天府煤矿档案］

20. 资委会重庆炼铜厂历年销售状况表(1944年1月)

名称＼年份	电精铜		R铜锭（让出材料）		纯锌锭		黄铜元（让出材料）		硫酸铜（副产品）	
	数量	价值	数量	价值	数量	价值	数量	价值	数量	价值
二十八	2,100	444,720								
二十九	901,793	4,669,951	6,399.5	49,112					150	450

续表

名称\量与值\年份	电精铜		R铜锭（让出材料）		纯锌锭		黄铜元（让出材料）		硫酸铜（副产品）	
	数量	价值	数量	价值	数量	价值	数量	价值	数量	价值
三十	203,750	2,260,750	3,250	46,600					299	867
三十一	417,350	14,839,000	26,044.5	1,250,622			1,000	10,000		
三十二	604,505	43,585,750	11,300	1,336,000	2,025	182,250				
总计	1,529,498	22,800,171	46,994	2,682,334	2,025	182,250	1,000	10,000	449	1,317

[资委会电化冶炼厂档案]

21. 资委会电化冶炼厂第一厂填工业技术进步调查表（1944年6月15日）

1944年6月15日填报

厂名	资源委员会电化冶炼厂第一厂
工业原料或器材名称	铜及锌
从事工作人员	总经理兼总工程师叶渚沛 厂长陈定閶
场所	四川綦江三溪
时间	三十二年七月至三十三年六月
原料	黄铜、焦炭、煤、电解液等
器材设备	鼓风炉、除尘器、冷却器、回旋集尘器、喷水塔、湿式集尘器、回转炉、鼓风机、反射炉、蒸馏炉、电解池等
试验情形	(1)由各地搜集之废黄铜含有大量锌质,设法收回此项锌质以增加生产。(2)所得之锌质,加以精炼,适合高纯度需要
改进经过	(1)初期以黄铜在鼓风炉内熔融,同时吸入空气使锌质挥发,而收集氧化锌,再将氧化锌在蒸馏炉内炼成毛件锌。(2)所得毛锌用硫酸锌电解液精炼成电锌。(3)因黄铜内所含锌质太多,所有本厂集尘设备仍不能全部收集,遂改将黄铜直接蒸馏,蒸馏所余之铜(仍含少量锌质),再入鼓风炉等内以空气使锌质氧化,最后之粗铜入反射炉精炼。(4)改良蒸馏技术使毛锌品质提高至99%
最近制造情形	(1)由黄铜所得之粗铜品质较高,除能增加反射炉之寿命及易于精炼外,并能得较优之阳极铜(纯度可达99%)。(2)电解纯铜仍继续生产,纯度可达99.5%。(3)毛锌纯度可达99%,现正加工赶制。(4)电锌纯度可达99.97%,极合电池及兵工之用,本厂所供供不应求

[电化冶炼厂档案]

22. 军政部电信机械修造厂概况①(1944年8月31日)

一、沿革

军事交通机械修造厂于中华民国十八年十月在南京三十四标内成立,隶属陆海空军总司令部交通处,该厂内之无线电工场,即系本厂之前身。当时无线电工场,职员仅6人,工匠仅10余人,设备亦极简陋。十九年一月与有线电工场合并,改称电信工场。二十年十二月,该厂改隶军政部,电信工场亦扩编为电信工厂,厂址自三十四标迁至三牌楼三十三标,仍隶属于交通机械修造厂。工作因机等并经一度添购,然限于经费,为数极鲜。

抗战军兴　电信工厂奉令于二十六年八月迁往长沙,在南门外租用民房,继续赶工制造,复以电信机械需要激增,原有范围无法应付,于二十七年元旦脱离交通机械修造厂而改组为电信机械修造厂,直隶军政部,分工务、事务两科及材料库工场等部门。同年春,西迁重庆,在西郊化龙桥租地建筑临时厂房,同年五月正式复工。

二十八年冬,奉令增设电池厂、有线电厂及修理厂等三厂,经积极筹划,修改编制,呈司请向英美两国订购工作用机及原料,于二十九年元旦正式改组,分工务处、总务处、会计科、技卫队、合作社、子弟小学等亦经陆续组织成立,其第一、二、三、四等四厂之工作支配如下:

第一厂　制造无线电机及其配件;

第二厂　制造干电池及蓄电池;

第三厂　制造有线电机及其配件;

第四厂　修理各种通信器材。

第二厂所需工作用机较为简单,大部分原料亦可采用土产,经积极自制用机,搜购土产原料,加以精炼,即于同年(二十九年)内开始生产,三、四两厂则以工作用机及原料之在外洋定购者未能到达,尚难正式开工。

三十年六月奉令将会计科改为会计室,由部派会计主任主持之。

三十二年间,以化龙桥厂址无法扩充,经于南岸土桥苦竹坝征购民地130

---

①此件沿用原标题。

余亩,扩建分厂厂房,随即迁装工作用机,增设炭精棒制造设备等等,兹已开始将电池厂迁往该处。尚有铜线厂、真空管厂、绝缘材料厂、配件厂、动力厂等厂虽经缜密筹划,惟受财力物力之限制,未见实施。

本厂于二十九年六月及三十年八月间,两度遭受敌机轰炸,办公室、技术室、工场等均经被炸,惟损失尚轻,短期内即恢复正常工作。

隶属本厂之十二个修理所,除第十一、第十二两所尚在筹备中外,余均分配各战区工作,修理前方各部队各种通信器材,又旧料修整所两所专司修整军政部器材总库所有废旧通信器材,分驻贵阳宝鸡两地,其配属及详细驻地等见后表。

二、组织系统[略]

三、设施

(一)第一厂(无线电机制造厂)分下列各部门:

(1)车工场;(2)钳工场;(3)模子工场;(4)锻工场;(5)铸工场;(6)接线工场;(7)电机工场;(8)电话工场;(9)电镀室;(10)抛光室;(11)漆工场;(12)木工场;(13)锯工场;(14)工具室;(15)检验室。

(二)第二厂(电池制造厂)分下列各部门:

(1)化工分析室;(2)炭精棒制造工场;(3)金工场;(4)纸工部;(5)调液室;(6)调粉室;(7)打心室;(8)加浆包扎室;(9)锌筒制备室;(10)封口焊接室;(11)氯化铔精炼室;(12)氯化锌制备室;(13)蒸溜[馏]水制备室;(14)蓄电池工场;(15)装箱工场。

(三)技术研究室分下列各部门:

(1)电源室;(2)试验室;(3)研究室;(4)金工部;(5)图书仪器室。

上列厂室现有设备,如机器、仪器等另详附册。

四、员工人数

(一)职员及兵役

厂长	技术职员	总务职员	会计职员	医务职员	警卫队官佐	警卫兵	公役	总计
1	71	62	25	9	5	120	70	363

(二)匠工

	第一厂	第二厂	技术室	材料库	成品库	合计
工匠	273	63	4	0	0	340
工徒	24	25	0	0	0	49
小工	21	25	5	21	3	75
总计						464

五、制品种类

(一)500W、250W、150W、100W、50W、15W、5W、$2\frac{1}{2}$W 各式军用无线电报机；

(二)15W、5W、$2\frac{1}{2}$W、$\frac{1}{2}$W 各式军用无线电话报两用机；

(三)小型超短波军用无线电话报两用机；

(四)手摇或脚踏发电机；

(五)无线电配件(各种电容器、电阻器、变压器、真空管座子、精细分度盘、精密继电器、电键等)；

(六)有线电配件(各种送话器、受话器、感应线圈、塞子、号牌、磁石发电机齿轮等)；

(七)甲种干电池；

(八)乙种干电池；

(九)单节干电池；

(十)皮匣电话机用加水干电池；

(十一)蓄电池。

六、历年出品数量

年份＼数量＼品名	十八年至二十六年	二十七年	二十八年	二十九年	三十年	三十一年	三十二年	三十三年一月至八月	总计
500W 无线电报机	4								4
250W 无线电报机	6								6
150W 无线电报机	8								8
100W 无线电报机	99	5	20	10	5	10	10		159
50W 无线电报机	110	17	109	14	20	20	20		310
15W 无线电报机	516	93	184	345	300	200	160	60	1,858
5W 无线电报机	587	263	127	50	200	430	469	420	2,546
15W 无线电话报两用机				3		15			18
5W 无线电话报两用机					2			10	12
$2\frac{1}{2}$W 无线电话报两用机					2				2
$\frac{1}{2}$W 无线电话报两用机					2				2
小型超短波无线电话报两用机					2				2
四灯收报机			58		21				79
三灯收报机	300				5				305
手摇发电机	150	343	590		610				1,693
脚踏发电机	200	164	605	50	60				1,079
甲种干电池				1,600	4,950	42,500	120,000	80,000	249,050
乙种干电池				384	1,130	950	400		2,864
蓄电池	350								350
无线电配件	4,750	2,050	1,500	1,850	1,900	2,550	3,260		17,860
有线电配件	1,580	845	650	420	960	1,200	1,490	16,000	23,145

七、制造能力

（一）照现有设备增添工人，如材料能源供应，每月最高生产量为：

(1) 无线电报机　　100 架

(2) 甲种干电池　　2 万只

(3) 乙种干电池　　2,000 只

(4) 无线电配件　　2,000 件

(5) 有线电配件　　3,000 件

（二）本年度预算规定每月生产量为

(1) 无线电报机　　60 架

(2) 甲种干电池　　1 万只

(3) 有线电配件　　2,000 件

（三）现存各项材料，除一小部分另须就地添购配用外，尚能制：

(1) 无线电报机　　800 架

(2) 甲种干电池　　10 万只（包括已抵印度材料）

(3) 有线电配件　　3 万件

上列无线电报机及干电池，每架或每千只所需之材料数量，以及本厂现存材料数量，详见附册。

制造费分配及机件单价表（三十三年一月至六月份）

品名	单位	数量	单价	合价	备注
无线电报机	架	60	50,000.00	3,000,000.00	各公商厂价格现已达每架150,000 元
甲种干电池	只	10,000	200.00	2,000,000.00	各公商厂价格现已达每只约 440 元
送话器	只	1,000	800.00	800,000.00	
塞子	只	1,000	200.00	200,000.00	
修理工料费				200,000.00	
每月总共制造费				6,200,000.00	

附注：上列单价系照去年物价指数编列，因工料价格逐月上涨，商厂价格已超过本厂数倍，本年下半年度本厂无法再照原预算维持，已呈司请求追加预算，尚未指复。

八、历年来研究改进（略）

九、目前困难（略）

十、附属单位

名称	配属	驻地	成立年月	员工人数			备注
				职员	工匠	兵役	
贵阳修整所	本厂	贵州贵阳富水路	三十二年九月	13	16	0	
宝鸡修整所	本厂	陕西宝鸡龙泉巷摩天院	三十二年九月	12	13	2	
第一修理所	军政部第一交通分处	陕西西安南关外东火巷	二十六年一月	5	11	14	

续表

名称	配属	驻地	成立年月	员工人数 职员	员工人数 工匠	员工人数 兵役	备注
第二修理所	第四战区	广西柳州水南路	二十六年一月	5	15	11	
第三修理所	军政部第三交通三处	云南昆明东郊大麻苴	二十六年一月	10	25	7	分所驻云南祥云建水
第四修理所	第一战区		二十六年一月	7	16	27	适奉调第一战区工作尚在出发中
第五修理所	第五战区	湖南老河口南门外	二十七年一月	5	15	15	
第六修理所	第九战区	湖南宜章白石渡	二十七年八月	7	14	7	
第七修理所	第三战区	江西铅山石溪	二十八年三月	7	18	23	分所驻安徽屯溪新林
第八修理所	第六战区	湖北巴东信陵镇	二十九年一月	7	19	15	分所驻湖北恩施土桥坝龙洞月亮坝
第九修理所	军政部器材总库	四川重庆南岸大树湾	三十年九月	6	16	7	
第十修理所	第七战区	江西大庾	三十年七月	5	16	7	

[军政部电信机修厂档案]

23. 嘉阳煤矿公司填报有关资本产量设备等状况调查表(1945年1月15日)

机关名称：嘉阳煤矿股份有限公司

工矿事业机关之资本产量与成本调查表

(民国三十四年一月十五日)

经过略史	本公司于民国二十八年一月由经济部资源委员会与中福公司、民生公司、美丰银行、川康银行合资组织成立，受经济部委托开发四川犍屏国营矿区，在犍为、屏山(现改沐川)两县交界处芭蕉沟设立矿厂，自民国二十八年二月份起开始凿井，继修矿厂与马边河码头轻便铁路及所需之机器房、锅炉、铁工房等，同年六月中旬完成直井2口中，一深45公尺，一深35公尺，六月底铁路之桥梁涵洞及铺路工作均建设竣工，二十九年夏完成南朱轻便铁路，同年11月16日在朱石滩成立营运处

资本及周转资金	初次资本（注明年月）	加增资本（注明年月）	银行贷款（注明年月）	
	二十七年十二月资本120万元	三十年五月加增资本80万元	截至三十三年十二月底止向交通银行借款1,000万元	

设备	机器总部数（注明来源及种类）	动力总数（以马力单位计）	总价值		厂址面积
			购买时之价值	折合廿六年之价值	
	40HP、20HP 汽机各1部 10HP 鼓风机及40HP 卧式抽风机各1部 12′及16′车床共3部 8″刨床、冲剪机及立式钻机各1部 18$\frac{1}{2}$ kW 直流发电机2部,40HP 绞车1部（由河南中福公司运来）	五节卧式锅炉2部 四节卧式锅炉1部 立式锅炉1部 总计144HP			137.23市亩

员工	主管人员名额	技术人员名额	工人名额
	170人	14人	4,335人

原料（矿业免填）	主要原料（注明运输距离）	数量	价值

单位成本并说明其构成原素	每公吨:采煤＄2,700.00,芭蕉路运＄600.00,马南河运＄1,400.00,南朱路运＄500.00,朱石滩管理费用＄900.00,总计到出口地朱石滩每公吨成本＄6,100.00

每年产量	最大限度之可能产量		实际产量		两者相差之原因	
	主产量	副产量	主产量	副产量	主产量	副产量
	每年10万公吨	无	本年1至12月份共产95,260.14公吨	无	因马边河运输困难,产运不能配合,故难达到,全年预计10万公吨产量	

产品	主要品种类名称	副产品种类名称	运销主要地点	现在存货数量
	半烟煤		成都、嘉定、犍为、宜宾、泸县、重庆	本年12月底存煤2,820.67公吨

管理费分配	上年度分配情形	本年度分配情形
	薪金工资、津贴福利费、文具费及杂费等总计3,264,863.26元	薪金工资、津贴福利费、文具费及杂费等总计6,757,717.72元

续表

事业费分配	上年度分配情形		本年度分配情形	
	成本费用 93,464,230.22 业务费用 9,833,790.24 总计 103,298,020.46 元		成本费用 257,181,262.89 业务费用 21,634,059.74 总计 278,815,322.63 元	
事业费流用情形	流用数额		流用原因	
	上年度	本年度	上年度	本年度
	本公司全部经费自筹,不编预算向国库支领经费			
管理费对营业总值之比率	32 年度 2.9%		33 年度 2.3%	
事业费对营业总值之比率	32 年度 92%		33 年度 94%	
矿床存量	25,000,000 公吨			
三种计政推行情形	审计 (有无驻审,有何困难)	会计 (主管人员是否由主计处委派)		公库(收支是否照规定办理,有何困难)
	无驻审,每年由审计部派员查账	由总经理委派报资委会		矿厂所在地尚无公库,每月派警押运大批现钞,感到十分困难
对三种计政有何意见及建议	审计	会计		公库
		采用资委会颁发之重工业建设基金所属机关统一会计制度,年终编会计报告送资源委员会审计部,由审计部派员查核账目,施行颇为顺利		
备考				

附注:

(1)本表所称"本年度"系指本年度过去月份而言。

(2)嘉阳公司注:"本年度"金额系指三十三年一至十一月份之合。

[嘉阳煤矿档案]

24. 第二十兵工厂填报工矿事业机关之产量与成本调查表(1945 年 3 月)

民国三十四年三月

经过略史	本厂于二十六年八月六日奉兵工署电令,派制造司考工科长李维城接收川康绥署子弹厂,遵于同年八月十八日接收竣事,奉令改称四川第一兵工厂,即行开工制造,并先后拨入宁陕两厂枪弹机器,嗣于二十七年七月间奉令改为兵工署第二十工厂,即现在本厂番号。二十八年奉令疏散,即行征地疏建各项厂房,经已次第完成。现厂区范围较原来扩大约 10 倍,主要出品为枪弹、甲雷及轧制铜皮料件

续表

资本及周转金	初次资本（注明年月）	照饬造令数量发给制造费
	增加资本（注明年月）	如有增产，补发饬造令，补给制造费
	银行借款（注明年月）	无

设备	机器总部数（叙明来源及种类）	共计机器1,131部，系川康绥靖公署及金陵、济南等兵工厂三处合并而成
	动力总数（以马力单位计）	1,000匹
	总价值	
	厂地面积	2,343,088市亩

员工	管理人员名额	技术人员名额	工人名额
	编制员数168，现有员数171（1.内有警卫稽查组人员30员，警卫大队官佐26员；2.以现有人数三十四年三月十五日为准）	编制员数286员，现有员数173员（以上现有人数系以三十四年三月十五日为准）	3,254名（以上现有人数系以三十四年十二月为准）

原料（矿业免填）	主要原料（注明运输距离）	数量	价值
	1.紫铜（自材料储整处运厂约8里）	1.每百万枪弹需用9,700公斤	1.每公斤 $180.00
	2.白铅（自材料储整处运厂约8里）	2.每百万枪弹需用4,200公斤	2.每公斤 $180.00
	3.青铅（自材料储整处运厂约8里）	3.每百万枪弹需用9,000公斤	3.每公斤 $180.00
	4.枪药（自材料储整处运厂约8里）	4.每百万枪弹需用3,000公斤	4.每公斤 $240.00
	5.铜盂	5.每百万枪弹需用3,000公斤	5.每公斤 $290.00
	6.子夹钢皮（自材料储整处运厂约8里）	6.每百万枪弹需用1,870公斤（步枪用）	6.每公斤 $210.00

原料（矿业免填）	主要原料（注明运输距离）	数量	价值
	7.生铁（自大渡口迁建会运厂约35里）	7.每千甲雷需用6,000公斤	7.每公斤 75.00
	8.梯恩梯（自材料储整处运厂约8里）	8.每千甲雷需用1,500公斤	8.每公斤 145.00

单位成本并说明其构成因素	子弹单位成本每粒11.60元，材料占50.87%，人工占8.17%，费用占40.96%，内间接料23.17%，间接工6.59%，其他费用11.20%。甲雷单位成本每个1.980元，材料占57.41%，人工占6.56%，费用占36.03%，内间接料16.65%，间接工4.71%，其他费用14.67%

续表

	最大限度之可能产量		实际产量		两者相差之原因	
	主产量	副产量	主产量	副产量	主产量	副产量
每年产量	枪弹 9,600万粒	铜皮 60吨	枪弹 7,200万粒	铜皮 50吨	材料缺乏，故少枪弹2,400万粒	材料缺乏故少10吨
	甲雷 162,000个	铜件 900万件	甲雷 120,000个	铜件 750万件	材料缺乏故少甲雷42,000个	材料缺乏故少150万件
产品	主产品种类名称		副产品种类名称		运销主要地点	现在存货数量
	79枪弹 4号甲雷		各种铜皮 各种铜件		军械库及各友厂	无
管理费分配	上年度分配情形			本年度分配情形		
	三十二年度制造费用总额 $ 26,055,591.23，管理费用为 $ 2,735,837.05，占全部费用之10.5%			三十三年度制造费用总额 $ 70,832,101.10，管理费用为 $ 7,342,581.75，占全部费用之10.37%		
事业费分配	上年度分配情形			去年度分配情形		
	三十二年度制造费用总额 $ 26,055,591.23，管理费用为 $ 2,735,837.05，占全部费用之10.5%			三十三年度制造费用总额 $ 70,832,101.10，管理费用为 $ 7,342,581.75，占全部费用之10.37%		
	三十二年度制造费用总额 $ 26,055,591.23，事业费（包括管理费以外之各种费用）为 $ 23,319,754.18 占全部费用之89.5%			三十三年度制造费用总额 $ 70,832,101.10，事业费（包括管理费用以外之各种费用）为 $ 63,489,591.35，占全部费用之89.63%		
事业费流用情形	流用数额			流用原因		
	上年度		本年度	上年度		本年度
管理费对营业总值之比率	三十二年度成品解缴总额 $ 175,451,190.39，管理费占总值1.56%；三十三年度成品解缴总额 $ 746,980,072.59，管理费占0.98%					
事业费对营业总值之比率	三十二年度成品解缴总额 $ 175,451,190.39，事业费占总值13.3%；三十三年度成品解缴总额 $ 746,980,072.59，事业费占8.5%					
矿床存量						
三种计政推行情形	审计（有无驻审，有何困难）		会计（主管人员是否由主计处委派）		公库（收支是否照规定办理，有何困难）	
	审计部时时派员来厂巡回审计		由军政部核妥		施行公库法人以有邮汇局驻厂办事处，尚无困难	

续表

对三种计政有何意见及建议	审计	会计	公库
备考	本厂现有额外聘用人员系包括：1. 子弟小学教员 45 员；2. 临时建筑技术员 2 员；3. 医务运输人员 15 员；4. 技工训练班教职员 5 员；共计 67 员		

附注：(1) 请附送上年度资产负债表、损益表及盈亏拨补表。

(2) 凡数量以量计者以公吨为单位，不能以量计者以件为单位。

(3) 如本表不敷填写时可用另纸粘填之。

(4) 本表所称"本年度"系指本年度过去月份而言。

　　主管人员姓名　厂长　陈哲生

[第二十兵工厂档案]

25. 汪公旭填报建国造纸公司经营事业概况报告呈（1945 年 5 月 28 日）

建国造纸股份有限公司呈　国总字第 1805 号　中华民国卅四年五月廿八日发

案奉钧部（卅四）企字第 45420 号训令检发投资事业概况报告，饬照填报等因。奉此。遵造本公司概况报告 1 份，连同组织规程、卅四年度业务计划及概算、本年度股东常会暨董监联席会议记录、卅三年度资产负债表、损益计算表各 1 份，备文赍请鉴核。谨呈

经济部

　　附件［取 1 份］

　　　　　　　　　　建国造纸股份有限公司经理　汪公旭

经济部投资经营事业概况报告

（一）事业名称

建国造纸股份有限公司

（二）地址

成都外东高板桥

(三)创立日期

三十年三月

(四)资本额

甲、官股　经济部投资国币1,400万元整

乙、商股　中国银行投资国币2,600万元整

总计资本国币4,000万元整

(五)生产量

卅二年度　六月份1,396吨　七月份7,753吨　八月份13,275吨　九月份14,022吨　十月份12,772吨　十一月份15,478吨　十二月份22,274吨

卅三年度　一月份20,371吨　二月份29,537吨　三月份32,354吨　四月份28,238吨　五月份33,824吨　六月份30,201吨　七月份31,599吨　八月份26,513吨　九月份3,335吨　十月份30,075吨　十一月份33,419吨　十二月份28,15吨

(六)负责人

甲、董事长　徐广迟

乙、董事　左其鹏　欧阳崙　杨薇斋　霍亚民　王君韧　沈镇南　孔士谔　杨康祖

丙、监察人　陈宗襄　陈安性　刘敷五

丁、经理　汪公旭

戊、副经理　吴英蕃(以下略)

(七)概况

甲、创办情形　经济部工矿调整处于武汉撤退时,拆迁汉口谌家矶造纸厂造纸车之烘缸压光机等件到渝,惟皆残缺不齐,约仅占全部造纸机器20%。翁兼处长为谋后方造纸工业之发展,乃于廿九年春令派熊组长祖同,陈专门委员彭年负责筹备成都纸厂,并绘图设计,添配机件,及觅定成都高板桥地址建筑厂房。卅年三月,商由中国银行加入,合组建国造纸股份有限公司,七月

开始装置机器,卅一年九月主要机器装置完成,十月试车出纸,卅二年四月正式出品,六月开始营业。

乙、历年情形　本公司于卅年三月组织成立,聘熊祖同为经理,陈彭年为厂长。额定资本400万元。十月熊经理因事辞职,聘杨康祖代理经理任务。十一月公司经济困难,增加股本为600万元。卅一年二月聘赵学海为经理,卅二年四月陈厂长彭年因事辞职,七月改聘汪泰基为总工程师,卅三年八月赵经理因病逝世,由沈常董钰南暂行代理,十月聘汪公旭继任经理。十二月公司因资金周转及添购物料,增置小型造纸机等需款,增加资本为4,000万元。本公司自开始营业以来,计卅二年度盈余1,271,682.99元,卅三年度盈余5,383,663.99元。

丙、现在情形　本公司目前之最感困难者,厥为启明电力之常停,及间接原料漂粉等之不能如所希之分配数量及时济用,以致难达最高产量。尤以物价节节上涨,原料购价日高,产品限价不敷制造成本,连月辄有亏折。最近正赶装新购造纸机及发电机、柴油机等件,俾能增加产量,庶无负于抗建之本旨也。

(八)投资于其他事业简况

卅四年四月廿九日,投资重庆安益运销公司股款25万元整。

[经济部档案]

26. 华新水泥公司填送经营事业概况报告①(1945年6月13日)

经济部投资经营事业概况报告

(一)事业名称　华新水泥股份有限公司

(二)地　址　总公司:昆明三节桥昆明地产营业公司大楼四楼

昆明厂:云南昆阳海口

华中厂:湖南辰溪

---

①此件系1945年6月13日资委会昆明办事处函送经济部企业司之附件。

(三)创立日期　民国卅二年五月一日

(四)资本额

甲、官股

　　子、本部投资数额　国币 2,605,400 元整

　　丑、其化官股数额　无

乙、商股数额

中国银行　国币 7,328,100 元

交通银行　国币 529,400 元

富滇银行　国币 4,235,200 元

启新洋灰公司　国币 11,242,300 元

零户　国币 3,000,800 元

总计　国币 300,000,000 元整

(五)生产量

昆明厂(水泥)　三十二年度　三十三年度

　　　　　　　14,148 桶　　31,489 桶

华中厂(水泥)　三十二年度　三十三年度

　　　　　　　42,147 桶　　41,943 桶

(六)负责人

甲、董事长　翁文灏(官股)

　　副董事长　缪云台(商股)

　　霍亚民(商股)

乙、董事　吴鼎昌(商股)

　　　　　张兹闿(官股)

　　　　　卢开瑗(商股)

　　　　　钱新之(商股)

　　　　　郑达如(商股)

　　　　　[以下略 9 人]

丙、监察人　陈汉清（商股）

　　　　　　张大煜（商股）

　　　　　　刘润之（商股）

　　　　　　洪锡九（商股）

　　　　　　张峻（商股）

丁、厂长或总经理

总经理　王松波

副总经理　施念远

　　　　　茅伯笙

昆明厂经理　茅伯笙兼

华中厂经理　张兰阁

昆明厂厂长　陈作新

昆明厂副厂长　裘燮蕃

戊、内部各单位主管人员职衔姓名［略］

（七）概况

甲、创办情形

本公司系由前华中水泥厂股份有限公司与前昆明水泥股份有限公司合并组成，于卅二年五月一日正式成立，集中两旧公司之人力、财力，应付战时工业上之一切困难，并推进制造水泥之业务，供应当前军事及交通等重要工程之急需。

乙、历年情形

历年盈余如下：

卅二年度盈余国币 10,930,442.57 元

卅三年度盈余国币 18,390,917.59 元

丙、现在情形

华中厂在卅三年度因湘桂战事发生后接近前线，致被迫停工达四阅月，今岁以还，湘西渐告稳定，而盟空军因建筑特种工程急需巨量水泥，该厂遂局

部复工,尽量供应盟空军之需要。现正筹备全部复工之中。

昆明厂因在昆,盟军需要水泥甚多,而滇省各公私建设事业亦需要水泥颇殷,该厂原产不足供应,经向重庆顺昌机器厂订制球磨机一座,正在运输途中。预期今年度下半期当可增加产量。

(八)投资于其他事业简况

江西水泥厂股份有限公司　该公司系由江西省政府与前工矿调整处及本公司合资创立,共计资本国币540万元,本公司投资国币200万元。自去岁湘桂战事发生后,该厂所在地(吉安天河)邻近战线,被迫停工,今岁敌犯赣西、赣南,该厂几陷敌手,幸吾战事转稳,该公司主管人员亦由四乡返归吉安,现正等待时机筹备复工之中。

贵州水泥股份有限公司　该公司原为贵州企业公司所创办,于卅三年春由前工矿调整处及本公司三方合资接办。本公司投资国币350万元。

利滇化工厂　该厂系由云南省经济委员会创办,旋由云南纺织厂裕滇纺织公司及本公司参加投资,共计资本为国币4,000万元,本公司投资国币180万元。该厂主要业务为褐煤低温蒸馏,惟目前限于设备,不能大量生产,致营业以副产品为主。其所产之柏油、机油及肥皂等销路均佳。

(九)应附送各件

甲、本公司章程壹份[略]

乙、本公司内部组织规程壹份[略]

丙、本年度股东大会决议录壹份[略]

丁、卅三年度决算报告1册

资产负债表[略]

损益计算书[略]

财产目录(中华民国三十三年十二月三十一日)

项目	总公司	华中厂	昆明厂	合计	总计
固定资产:					
土地房屋					

续表

项目	总公司	华中厂	昆明厂	合计	总计
地产		127,480.86	20,800.00	148,280.86	
房屋		1,298,555.71	450,000.41	1,748,556.12	1,896,836.98
机器工具					
原动力及电气设备		183,150.25	85,005.83	268,156.08	
制造水泥机件		275,659.01	518,587.04	794,246.05	
其他机器设备		140,799.65	84,900.43	225,700.08	
工具仪器		35,257.15		35,257.15	1,323,359.36
其他设备					
防护设备		20,142.13		20,142.13	
交通设备		386,534.94		386,534.94	
杂项设备	3,202.97	28,284.53		31,487.50	438,164.57
投资					
江西水泥厂	2,000,000.00			2,000,000.00	
利滇化工厂	900,000.00			900,000.00	
中南木业公司	200,000.00			200,000.00	
贵州水泥公司	3,500,000.00			3,500,000.00	
辰溪国库粮仓	600.00			600.00	6,600,600.00
流动资产					
现金及银行存款					
库存现金	476,211.36	833,932.35	112,660.86	1,422,804.57	
备用金	115,651.90	193,044.38		308,696.28	
银行存款	8,245,400.64	5,953,154.90	3,110,095.60	17,308,851.14	19,040,351.99
合计	15,441,066.87	9,475,995.86	4,382,250.17	29,299,312.90	29,299,312.90
扩充专款					
库存美金储券	4,090,000.00			4,090,000.00	
衡交行美金户	1,000,000.00			1,000,000.00	
昆多行美金户	19,500,000.00			19,500,000.00	
美金汇票	2,014,000.00			2,014,000.00	26,604,000.00

续表

项目	总公司	华中厂	昆明厂	合计	总计
同仁储金专款	519,203.78			519,203.78	519,203.78
有价证券					
国币公债	120,700.00			120,700.00	
国币储券	529,128.00	71,633.00		600,761.00	
美金公债	72,000.00	108,000.00		180,000.00	901,461.00
应收账款					
销货客户欠账	3,982,844.90	8,726,349.55		12,709,194.45	
存出保证金	1,687,955.00	37,250.00		1,725,205.00	
贵州水泥公司	36,299.28			36,299.28	
启新公司		23,566.76		23,566.76	
五十三厂			45,425.95	45,425.95	
职员借支	119,025.47	132,753.18	23,259.37	275,038.02	
工友借支	11,825.00	54,900.00		66,725.00	
其他	1,656,721.96	389,945.53	139,515.04	2,186,182.53	17,067,636.99
存货存料					
熟料		2,804,820.48	433,000.00	3,237,820.48	
散泥		175,560.00	296,400.00	471,960.00	
桶泥		2,701,960.74	1,373,500.00	4,075,460.74	
合计	50,780,770.26	24,702,735.10	6,693,350.53	82,176,855.89	74,391,614.67
存料	348,369.75	235,717.97	3,165,676.39	3,749,764.11	
运送中材料	126,202.47	689,985.74	471,940.00	1,288,128.21	12,823,133.54
杂项资产					
预付暂付款					
渝通讯处	251,624.34			251,624.34	
华厂驻渝处	3,279,073.67			3,279,073.67	
预支旅费	18,000.00	91,440.00		109,440.00	
房地租	42,936.00			42,936.00	
预付税款	1,409,625.00	12,145.04		1,421,770.04	
预付运费		2,779.69		2,779.69	
预付工程款		26,570.00		26,570.00	
预付薪津		33,880.00		33,880.00	
明良煤矿公司	3,900,000.00			3,900,000.00	
昆华煤铁公司	404,570.00			404,570.00	

续表

项目	总公司	华中厂	昆明厂	合计	总计
川滇铁路公司	300,000.00			300,000.00	
扬子公司		4,596.21		4,596.21	
其他	4,255,349.40	468,750.49	332,120.00	5,056,219.89	
暂付款项	5,000.00	392,819.46	64,440.67	462,260.13	15,295,719.97
未完工程		223,992.30		223,992.30	223,992.30
合 计	65,121,520.89	26,885,412.00	10,727,527.59	102,734,460.48	102,734,460.48
流动负债					
银行透支	7,882,681.30	1,550,000.00		9,432,681.30	9,432,681.30
应付账款					
直接税	3,716,300.58	537,881.81		4,254,182.39	
应付统税		4,555,093.20		4,555,093.20	
福利基金	5,498,457.59	273,648.55		5,772,106.14	
存入保证金	870,508.00	2,760.00	133,424.30	1,006,692.30	
职工储金	528,986.74		20,229.68	549,216.42	
应付工津	44,621.25	408,539.50	966,147.60	1,419,308.35	
启新公司	1,362,073.63			1,362,073.63	
江西水泥厂	292,536.13			292,536.13	
工友特贴		800,000.00	480,000.00	1280,000.00	
应付料款		780.00	161,183.95	161,963.95	
应付票据		3,883,400.00		3,883,400.00	
其他	3,083,218.24	3,184,067.89	181,782.09	6,449,068.22	
销货额定银	40,800.00			40,800.00	31,026,440.73
未解栈单	245,000.00			245,000.00	245,000.00
杂项负责[债]					
预收暂收款项					
预收货料款	1,970,503.00	9,868.00		1,980,371.00	
预收其他		223,085.00		223,085.00	
暂收款项	2,544,477.11	2,012,038.26	51,176.50	4,607,691.87	6,811,147.87
股本	30,000,000.00			30,000,000.00	30,000,000.00
公积及准备					
过次页	58,080,163.57	17,441,162.21	1,993,944.12	77,515,269.90	77,515,269.90
承前页	58,089,163.57	17,441,162.21	1,993,944.12	77,515,269.90	77,515,269.90
法定公积	1,093,044.26			1,093,044.26	

续表

项目	总公司	华中厂	昆明厂	合计	总计
准备	5,122,434.93			5,122,434.93	6,215,479.19
盈余					
盈余滚存	612,793.80			612,793.80	612,793.80
本期纯益[红字]	18,390,917.59			18,390,917.59	18,390,917.59
共　计	83,299,354.15	17,441,162.21	1,993,944.12	102,734,460.48	102,734,460.48

[经济部档案]

27. 资委会昆明电冶厂填送经营事业概况报告①(1945年6月13日)

经济部投资经营事业概况报告

(一)事业名称　　资源委员会昆明电冶厂

(二)地址　　昆明马街子

(三)创立日期　　二十八年三月二十二日

(四)资本额

甲、官股

子、本部投资数额　　国币11,399,237.78元(卅三年十二月资本额)

丑、其他官股数额　　无

乙、商股数额　　无

总计　国币11,399,237.78元

(五)生产量(附表)

资源委员会昆明电冶厂各项产品历年统计表

年度	品名及产量 电积铜	电积锌	纯银	火砖	备注
二十八年	198,771.0公斤			247,245件	
二十九年	442,468.0公斤			190,402件	
三十年	299,937.0公斤		45.734公斤	259,806件	
三十一年	209,022.0公斤	7,074.0公斤	62.817公斤	254,008件	
三十二年	312,782.0公斤	41,449.0公斤	21.379公斤	197,822件	

---

①此件系1945年6月13日资委会昆明办事处函送经济部企业司之附件。

续表

品名及产量 年　度	电积铜	电积锌	纯银	火砖	备注
三十三年	391,581.2 公斤	22,926.0 公斤	23.023 公斤	131,345 件	
三十四年	111,980.1 公斤		8.105 公斤	31,038 件	本年度各项生产数字系算至四月份止
合计	1,966,541.3 公斤	71,449.0 公斤	161.058 公斤	1,311,666 件	

(六)负责人

甲、董事长　无

乙、董事　无

丙、监察人　无

丁、厂长或总经理　厂长阮鸿仪

　　　　　　　　　副厂长施家福

戊、内部各单位主管人员职衔姓名［略］

(七)概况

甲、创办情形

二十八年八月,本厂奉命设筹备处于南京,定名为 资源委员会／军事委员会 中央炼铜厂,旋因抗战军兴,转辗迁移,由长沙而昆明,设厂于西郊外9公里之马街子。廿八年三月廿二日,昆明炼铜厂正式成立。

乙、历年情形

(1)资本之增减

二十八年 $ 883,422.94　　　　三十一年 $ 1,688,496.66

二十九年 $ 888,469.66　　　　三十二年 $ 6,201,469.66

三十年 $ 1,188,469.66　　　　三十三年 $ 11,399,237.78

(2)业务之变更

本厂最初产品仅有电铜一种,其后增有耐火材料,嗣又兼事冶锌。卅二年冬开始电炼纯银。

(3)历年盈亏情形

二十八年度　盈　$ 169,561.84

二十九年度　盈　$ 687,039.50

三十年度　盈　$ 431,147.68

三十一年度　盈　$ 1,980,963.64

三十二年度　亏　$ 1,511,960.12

三十三年度　盈　$ 3,869,068.66

丙、现在情形

本厂于卅四年四月五日奉命更名为昆明电冶厂,并奉大会核定内部分为4课1厂1室。

[经济部档案]

28. 资委会中央机器厂填送经营事业概况报告①(1945年6月13日)

经济部投资经营事业概况报告

(一)事业名称　资源委员会中央机器厂

(二)地址　昆明茨坝

(三)创立日期　廿八年九月九日

(四)资本额　国币57,158,049.73元

(五)生产量　附表一(卅三年度主要产品产量表)

(六)负责人　总经理王守竞奉派赴美,由协理费福寿代理,协理职务由第五厂厂长贝季瑶兼代。

附表二(内部各单位主管人员)[略]

(七)概况

本厂原名机器制造厂,为资源委员会独资经营之一,筹备于民国廿五年秋,初与航委会合作筹制航空发动机,设筹备处于南京,由现总经理王守竞主

---

① 此件系1945年6月13日资委会昆明办事处致经济部企业司函之附件。

持筹备事宜,积极推进,一面与外商接洽仿造,一面在国内征收土地,兴建厂房。后以种种关系,该项制造发动机之计划变更,然以机厂筹设已达相当阶段,经呈奉当局核示,改由资源委员会单独主办,制造范围亦随之更改,以制造原动机、工具机精密工具、纺织机等为主。廿六年秋,并派费专门委员福寿、施专门委员伯安赴欧与瑞士卜朗比及瑞士机车厂商洽动力机及发电机之仿造问题,于廿七年间正式签订合约,于是本厂制造工作于焉决定。是时厂设湖南下摄司,迨后战局西移,湘鄂渐受威齐,本厂为求发展安全计,一方面将存港沪器材赶运入云南,一方面在滇勘择厂址七百余亩于昆明北部茨坝,同时下摄司制造工作亦加工限期结束。廿八年二月新建厂房次第完成,是年九月由资源委员会正式任命王守竞为总经理,夏彦儒为协理。至廿九年,各制造部门亦俱有相当出品,综计是年产品价值为国币306.7万余元,又美金5.2万余元。迨至三十年,协理夏彦儒因事辞职,仍承继廿九年工作,赓续进行。惟材料补充不易,技工招募艰难,再加以春夏两季空袭频仍,工作时受影响,是年八月厂区又被集中轰炸,全部损失计值280余万元,直至九月间始渐复旧观。卅一年缅边失陷,材料来源愈益艰难,所幸于卅年秋季预筹炼钢设备1座已可自行炼铸,工作仍能照常进行。因空袭减少,人事变动不复往年之流动。卅二年五月,王总经理奉派赴美,由协理费福寿代理其职务,仍本过去生产计划,赓续推动,同时总务、业务两处并聘专人负责,对于营业方针尤力求发展。综计全年生产价值为16,000余万元,较上年增产几达5倍,接收官货价值为国币9,000余万元,较上年增加3倍。惟物价步步上涨,影响产品成本至巨。至卅三年,物价波动益烈,同时因社会之特殊情形,机器销路不畅,而本厂生产价值,接收定货及销售价值约为26,000万元,尚称平衡。本年来除对于正规出品之制造外,现集中全力从事兵工器材之制造,俾直接有裨抗战。至历年资本增减及盈亏情形,另附表三、四以表明之。

(八)附送

(甲)组织章程一份

(乙)卅四年度业务计划及概算各一份[略]

(丙)卅三年度决算报告一份［略］

资源委员会中央机器厂组织规程

第一条　资源委员会为制造工业机械设备起见，特设中央机器厂。

第二条　本厂设总经理及协理各1人，由资源委员会派充之。

第三条　总经理承资源委员会之命，综理厂务，并指挥监督所属人员。协理辅助总经理，处理厂务。

第四条　本厂设总办事处，承总经理之命，统筹总务、业务、技术、会计及其他管理事宜。

第五条　总办事处分设左列各处：

一、总务处；

二、业务处；

三、会计处。

第六条　总办事处各处各设处长1人，必要时得各设副处长1人，均由资源委员会派充之。但会计处长、副处长之服务任免，应依经济部资源委员会所属机关办理会计人员规程办理。

第七条　总办事处各处经资源委员会之核准，得分课办事，各课设课长1人，除会计处各课长依前条但书之规定办理处，其余均由总经理呈请资源委员会派充之。

第八条　总办事处设秘书2人至4人，专员4人至8人，工程师3人至6人，副工程师5人至10人，助理工程师8人至16人，课员26人至36人，工务员、事务员、雇员、实习员各若干人。除会计佐理人员应依第六条但书之规定办理外，其余秘书、专员、工程师、副工程师均由总经理呈请资源委员会派充之，助理工程师、课员、工务员、事务员、雇员、实习员由总经理派充，呈报资源委员会备案。

第九条　本厂分设7厂，制造各种机械设备，其职掌如左：

一、第一厂金属冶炼厂，掌理钢铁、五金之冶炼，锻制及其他有关工作事项。

二、第二厂锅炉厂，掌理蒸汽锅炉及其有关器材之设计制造事项。

三、第三厂内燃机厂,掌理固定使用或船舶使用之内燃机及其有关器材之设计制造事项。

四、第四厂发电机厂,掌理巨型发电机及其有关器材之设计制造事项。

五、第五厂工具机厂,掌理工具机及其有关器材之设计制造事项。

六、第六厂纺纱机厂,掌理纺纱机械及其有关器材之设计制造事项。

七、第七厂普通机械厂,掌理不属以上各厂之一般工业机械器材之设计制造事项。

各厂之组织规程另订之。

第十条　总办事处之办事细则由总经理拟订,呈请资源委员会核定之。

第十一条　本规程自经资源委员会呈准公布之日施行。

资源委员会中央机器厂
三十三年度主要产品各月产量表

产品名称 月份	六尺车床 (单位:部)	牛头刨床 (单位:部)	14'龙门刨床 (单位:部)	万能铣床 (单位:部)	12"精密抬钻 (单位:部)	10m/m 手摇抬钻 (单位:部)	备注
一月	0	5.0	0	0.4	0.5	2	
二月	0	2.5	0	0.4	0.5	0	
三月	2.5	2.5	0.08	0.3	1	2	
四月	2.5	2.5	0.08	0.4	0	0	
五月	2.5	5.0	0.08	0.2	0	0	
六月	2.5	7.5	0.16	1.0	0	0	
七月	2.5	7.5	0.2	1.0	0	0	
八月	2.5	5.0	0.2	2.0	0	0	
九月	2.5	2.5	0.4	2.7	0	0	
十月	2.5	2.5	0.2	2.4	0	0	
十一月	2.5	2.5	0.4	0.6	0	0	
十二月	5.0	2.5	0.4	3.0	0	0	
合计	27.5	47.5	2.2	14.4	2	4	

三十三年度主要产品各月产量表

产品名称 月份	220HP 煤气机 (单位:马力)	60HP 柴油机 (单位:马力)	150HP 柴油机 (单位:马力)	150HP 水轮机 (单位:马力)	HF40 水轮机 (单位:马力)	2,000HP 水轮机 (单位:马力)	备注
一月	33	12	27	4.5	0	0	
二月	6.6	12	27	7.5	0	0	
三月	15.4	24	10.5	3	0	0	
四月	19.8	30	3	0	0	0	
五月	28.6	30	4.5	37.5	0	0	
六月	17.6	30	7.5	22.5	0	0	
七月	17.6	60	3	22.5	6	200	
八月	19.8	30	3	0	12	200	
九月	2.2	30	3	22.5	12	240	
十月	6.6	30	3	30	6	60	
十一月	6.6	30	3	22.5	6	0	
十二月	22	30	0	22.5	6	0	
合计	195.8	348	94.5	195	48	700	

三十三年度主要产品各月产量表

产品名称 月份	四开铅印机 (单位:部)	六角元印机 (单位:部)	人力轧花机 (单位:部)	拉线机 (单位:部)	压气机 (单位:部)	2,500kVA 汽轮发电机 (单位:千瓦)	备注
一月	0	0	0	0.2	1.5	40	
二月	0	0	0	0.08	2	80	
三月	0	0	0	0.06	2	0	
四月	0	0	0	0.2	0.5	0	
五月	0	0	0	0.4	0.5	0	
六月	0	0	0	0.72	3	0	
七月	0	0	0	0.78	0	0	
八月	0.08	0	0	0.8	0	60	
九月	0.12	0	0	0	0.21	100	
十月	0.2	0	0	0	0.35	60	
十一月	0	1.0	4	0	0.35	100	
十二月	0	0.5	2	0	0.42	40	
合计	0.4	1.5	6	3.24	10.83	480	

三十三年度主要产品各月产量表

产品名称＼月份	活塞式抽水机（单位:部）	活瓣式抽水机（单位:部）	21.5 离心抽水机（单位:部）	2" 离心抽水机（单位:部）	$13\frac{1}{2}$ 离心抽水机（单位:部）	罗茨鼓风机（单位:部）	备 注
一月	7.5	10	0	0	0	0.4	
二月	10	14	0.5	0	0	0.52	
三月	5	2	0.5	12.5	0	0.52	
四月	5	0	0.5	6.25	0	0.7	
五月	10	0	0.5	6.25	0	0.5	
六月	0	0	1.0	0	0	0.5	
七月	0	0	1.0	0	0	1	
八月	0	0	1.0	1	2	0.5	
九月	0	0	1.25	0	0	0.5	
十月	0	0	1.25	0	0	1.8	
十一月	0	0	1.25	0	0	0.1	
十二月	0	0	1.25	1	0	0.1	
合计	37.5	26	10	27	2	7.14	

三十三年度主要产品各月产量表

产品名称＼月份	锯床（单位:部）	小型纺纱机（单位:部）	四十锭摇纱机（单位:部）	大型梳棉机（单位:部）	大型碾米机（单位:部）	切面机（单位:部）	备 注
一月	0	0.4	0.24	1.38	0.8	0	
二月	0	0	0.24	0.42	1.6	0	
三月	0	0	0.24	0.6	0.4	0	
四月	0	0	0.24	0.9	0.8	0	
五月	0	0	0	0.6	1.2	0	
六月	0	0	0	0.6	1.2	0.4	
七月	0.5	0	0	0.9	0.4	0.6	
八月	0.5	0	0	0.9	0	1	
九月	1	0	0	1.5	0	2	
十月	1	0	0	0	0	7	
十一月	1	0	0	4.2	0	0	
十二月	1	0	0	0.36	0	2	
合计	5	0.4	0.96	12.36	6.4	13	

三十三年度主要产品各月产量表

产品名称\月份	160kW发电机（单位:千瓦）	125kW发电机（单位:千瓦）	50kW发电机（单位:千瓦）	50kVA发电机（单位:千伏安）	铸铜（单位:吨）	火砖（单位:吨）	备注
一月	1.6	15	7.5	0	17.119	0	
二月	24	45	5.0	0	4.738	0	
三月	51.2	40	0	0	15.095	2.16	
四月	48	25	12.5	0	5.129	16.516	
五月	48	0	25	0	11.770	16.036	
六月	48	0	30	10	11.305	0.4	
七月	16	0	15	10	4.867	14.484	
八月	16	0	12.5	20	8.789	1	
九月	14	60	2.5	20	15.480	4.08	
十月	16	10	12.5	20	13.980	20.00	
十一月	8	10	0	30	21.785	10.00	
十二月	4.8	5	7.5	6	17.142	12.00	
合计	295.6	210	130.0	116	147.199	96.68	

资源委员会中央机器厂历年资本增加表（三十四年四月三十日）

年份	科目	增加数额	累计金额	备注
二十六	筹备经费	3,801,897.00	3,801,897.00	（1）本厂于廿六年尚在筹备时期，以后两年虽稍有经营，然规模未具，由资委会拨来之经费皆以"会拨经费"科目入账，迨廿九年正式成立始改为"资本"科目，嗣于三十年终改为"资委会重工业建设基金资本"，三十四年度起复改为"资委会资本"。 （2）三十四年度本厂创业经费（即资委会增加之资本）经核定为1,500万元，截至四月底止，实收到1,100万元，故三十四年度资本连未收计算在内应为61,158,049.73元
二十七	会拨经费	998,640.42	4,800,537.42	
二十八	会拨经费	2,082,353.37	6,882,890.79	
二十九	资本	3,780,442.84	10,663,333.63	
三十	资委会重工业建设基金资本	4,109,385.24	14,772,718.87	
三十一	资委会重工业建设基金资本	2,697,809.21	17,470,528.08	
三十二	资委会重工业建设基金资本	18,694,502.85	36,165,030.93	
三十三	资委会重工业建设基金资本	9,993,018.80	46,158,049.73	
三十四	资委会资本	11,000,000.00	57,158,049.73	
合计		57,158,049.73	57,158,049.73	

资源委员会中央机器厂历年盈亏表

年份	盈亏数额	以前年度盈亏整理数额	提拨公积及解会官息等金额	累积盈亏金额	备注
二十七	19,801.92				表内盈余用蓝字,亏损用红字表示
二十八	73,579.85 [红字]	3,320.05 [红字]		57,097.98 [红字]	
二十九	143,952.11	8,633.18 [红字]		78,220.95	
三十	106,025.20	144.00		184,390.15	
三十一	826,485.60	189,376.62	373,766.77		
三十二	1,929,909.49	2,001,656.34	2,035,934.69	2,269,397.91	提拨公积及解会官息等,内计三十二年度 $ 1,929,909.49,三十年度 $ 106,025.20
三十三	5,136,588.75	934,957.00	78,364.95	6,392,664.71	三十三年度盈亏拨补尚未奉核准,所有公积、官息等均未经提拨
合计	8,089,183.22	1,244,266.73	2,940,785.24	6,392,664.71	

[经济部档案]

29. 资委会中央电工器材厂填送经营事业概况报告①(1945年6月13日)

(一)事业名称 资源委员会中央电工器材厂

(二)地址

1. 总办事处 昆明

2. 第一厂 昆明

3. 第二厂 重庆

4. 第二厂昆明支厂 昆明

5. 第三厂 云南安宁

6. 昆明第四厂 昆明

---

①此件系1945年6月13日资委会昆明办事处致经济部企业司函之附件。

7. 重庆第四厂　　昆明

8. 第四厂兰州电池支厂　　兰州

9. 第四厂贵阳电池支厂　　贵阳

10. 重庆办事处　　重庆

11. 兰州事务所　　兰州

12. 贵阳事务所　　贵阳

(三)创立日期　民国二十五年开始筹备

　　　　　　　民国二十八年七月一日正式成立

(四)资本额

官股

本部投资额　截至三十三年十二月三十一日止,资源委员会投资额75,144,178.78元。

(五)生产量　附本厂历年产量表(附表一)

(六)负责人

甲、总经理　恽震(现赴美考察)

协理　代理总经理职务　郑家觉

乙、秘书室主任　陈绍琳

业务室主任　沈良骅

会计室主任　周杰铭

技术室主任　顾谷同

运输处主任　朱璆

第一厂厂长　张承祜　兼

第二厂厂长　冯家铮(在假)

副厂长代理厂长　汪经镕

第三厂厂长　黄修青

昆明第四厂厂长　张承祜　兼

重庆第四厂厂长　许应期(现赴美考察)

副厂长代理厂长　王宗素

第二厂昆明支厂主任　张朝汉

第四厂兰州电池支厂主任　陶永明

第四厂贵阳电池支厂主任　魏彦章

重庆办事处主任　沈家桢

贵阳事务所主任　俞绍麒

兰州事务所主任　邹味韶

(七)概况

甲、创办情况　本厂系于二十五年七月间始筹备,厂址初设湖南湘潭附近。迨二十七年十月汉口沦陷,湘潭逼近前方,感受威胁,本厂奉令迁移,一部分迁桂林,一部分迁昆明,几经困难,各厂先后出货,遂于二十八年七月一日正式宣告成立。频年以来,昆、桂各厂并行发展,并于重庆、兰州二地分设支厂。三十年秋湘桂战局演变,本厂桂林部分复奉令内迁,一部迁渝与支厂合并,一部分迁昆明,一部分迁贵阳。

乙、历年情形

一、资本之增减

二十八年十二月卅日止资本额　7,803,807.85元

二十九年十二月卅一日止资本额　13,296,860.08元

三十年十二月卅一日止资本额　17,275,893.21元

三十一年十二月卅一日止资本额　30,962,448.19元

三十二年十二月卅一日止资本额　43,893,478.96元

三十三年十二月卅一日止资本额　75,144,178.78元

二、历年盈亏情形

二十八年盈余净额　951,769.61元

二十九年盈余净额　1,895,116.79元

三十年盈余净额　5,367,259.19元

三十一年盈余净额　9,198,325.11元

三十二年盈余净额　3,000,658.76元

三十三年亏损净额　14,179,053.91元

三、厂址之迁移

总办事处、第一厂及昆明第四厂自二十八年七月一日正式成立日起,即设昆明现址。

第三厂初在昆明,三十一年七月迁安宁现址。

第二厂由湘潭迁桂林后,三十三年七月因战事拆迁,三十四年一月迁渝,将前第二厂重庆支厂并入,另设第二厂昆明支厂于昆明。

桂林第四厂于三十三年七月因战事拆迁,三十四年一月迁渝,将前重庆电池支厂并入,改称重庆第四厂。

兰州电池支厂向设兰州。

贵阳电池支厂系前桂林第四厂电池组迁筑设立,于三十四年一月成立。

丙、现在情形

一、组织　制造方面,现共有第一厂(制造电线)、第二厂(制造电灯泡)、第二厂昆明支厂(制造电子管及氧气)、第三厂(制造电话机)、昆四厂(制造电机变压器开关设备及电表)、渝四厂(制造电机及电池)兰州电池支厂及贵阳电池支厂等8个单位。

管理方面,设总办事处于昆明,为管理服务之中枢,分秘书、业务、会计、技术四室及运输处5部分。其在各地办理营运事宜者,现设重庆办事处及贵阳、兰州事务所。

二、制造　本厂主要产品,第一厂现有裸铜线、镀锌铁线、军用被覆线、绝缘皮线、花线、铅包线、漆包线、纱包线及钢丝绳等。第二厂现有收信电子管40余种,发信电子管10余种,整流电子管数种,各种照明灯泡及氧气等。第三厂现有军用电话机、普通磁石式电话机、共电式电话机、自动电话机、磁石式交换机、共电式交换机、载波电话、转电线圈及保安设备等。昆明第四厂制造电动机、变压器、开关设备及电表。重庆第四厂制造电动机、发电机及电池。

三、营业　本厂各项出品均为军用及建设所必需,各方需要极殷,销售客户以军政机关为主,如战时生产局、军政部交通司、航空委员会、兵工署各厂、驻华美空军及交通部等。普通工矿事业次之,如各处电厂。各公营民营厂矿等,至普通需要之品,如皮线、花线、灯泡、电池等,则于昆明、重庆、贵阳自设门市部发售,以应一般市民需要。

(八)投资于其他事业简况(截至三十三年十二月三十一日止)。

甲、投资湘江电厂200,000元。

乙、本厂各单位投资员工消费供应社总额2,454,106元。

丙、购买节约建国储蓄券、军需公债、同明胜利公债等证券投资766,913元。

(九)应附送各件

甲、组织章程　附资源委员会中央电工器材厂组织规程汇编一册[均略]

乙、三十四年度业务计划及概算1份[略]

丁、三十三年度决算报告1份[略]

本厂历年产量表(自廿七年至卅三年)

厂别	产品名称	单位	二十七年	二十八年	二十九年	三十年	三十一年	三十二年	三十三年
第一厂	裸铜线	吨	/	308	273	577	455	353	255
	镀锌铁线	吨	/	/	28	71	/	11	12
	绝缘皮线	圈	/	/	4,263	25,545	26,631	33,488	59,082
	花线	圈	/	/	525	2,235	4,375	5,915	5,271
	铅皮线	圈	/	/	/	236	784	578	363
	纱漆丝包线	吨	/	/	2	10	15	29	44
	钢丝绳	吨	/	/	/	/	/	/	28
第二厂	收信电子管	只	505	5,722	35,485	1,388	12,735	17,511	9,145
	发信电子管	只	67	1,756	1,505	2,300	4,323	6,264	2,248
	电灯泡	只	68,640	192,647	264,372	199,690	436,990	443,721	301,248
渝支二厂	电灯泡	只	/	/	/	31,694	201,389	242,165	634,531

续表

厂别	产品名称	单位	二十七年	二十八年	二十九年	三十年	三十一年	三十二年	三十三年
第三厂	军用电话机	具	/	3,500	/	2,705	366	2,011	2,201
	电话机	具	/	/	/	464	900	1,790	2,724
	交换机	门	/	/	2,770 (275 具)	1,110 (91 具)	6,500 (492 具)	3,990 (224 具)	4,570 (225 具)
	转电线圈	只	/	/	/	/	614	117	433
	保安设备	门	/	/	/	328 (328 具)	5,352 (4261 具)	836 (46 具)	4,975 (1646 具)
	载波电话终端器	部	/	/	/	/	/	/	2
	滤波器	具	/	/	/	/	/	/	20
昆四厂	电动机	HP	/	/	243 (99 具)	2,303 (528 具)	5,437 (872 具)	4,718 (876 具)	4,118 (934 具)
	手摇发电机	具	/	/	91	92	335	198	80
	变压器	kVA	/	11 (61 具)	1,340 (88 具)	6,970 (118 具)	10,210 (262 具)	4,285 (210 具)	4,720 (231 具)
	开关设备及电表	件	/	43	249	893	2,899	3,117	4,605
桂四厂	电动机	HP	/	2,184 (419 具)	1,307 (127 具)	1,299 (118 具)	1,516 (96 具)	1,934 (157 具)	994 (62 具)
	发电机	kVA	/	89 (7 具)	1,289 (47 具)	1,519 (70 具)	2,079 (80 具)	2,100 (68 具)	347 (13 具)
	甲电池	只	19,430	*80,717	81,580	92,492	102,433	121,406	35,969
	乙电池	只	5,840	*20,366	16,531	21,233	24,953	21,156	12,089
	单节电池	打	6,264	*9,887	7,136	12,872	4,140	3,183	5,510
	蓄电池	只		45	183	433	621	554	317
渝池支厂	甲电池	只	/	*/	39,718	57,265	24,677	65,844	30,825
	乙电池	只	/	*/	7,340	10,850	14,347	13,620	12,217
	单节电池	打	/	*/	13,714	38,772	15,775	18,511	32,433
	蓄电池	只	/	/	/	131	163	360	566
兰池支厂	甲电池	只	/	/	/	3,318	14,740	22,884	21,974
	乙电池	只	/	/	/	1,401	4,703	6,742	6,202
	单节电池	打	/	/	/	777	952	3,751	2,370

＊渝池支厂产量与桂四厂电池产量合并计算

34 年 4 月 26 日

[经济部档案]

30. 中央无线电器材厂昆明分厂填送经营事业概况报告①（1945年6月13日）

经济部投资经营事业概况报告

（一）事业名称　中央无线电器材厂昆明分厂

（二）地址　昆明蓝龙潭

（三）创立日期　二十九年四月

（四）资本额

官股

1. 本部投资数额

2. 其他官股数额

　　中央广播事业管理处

　　湖南省政府

（五）生产量　本厂一向秉遵规定制造大型固定式无线电发送机，故数年来均以此项为主要产品。兹将本厂产品量分别如左：

甲、三十三年度主要产品产量表

产品名称	单位	数量
收发报机	部	5
收发话机	部	30
报话两用机	部	25
发报机	部	10
收报机	部	6
收音收报机	部	5
扩音机	部	12
终端器	套	3
变压器	只	416
耳机	付	550
电容器	只	19,145
石英片	个	160

---

①此件系1945年6月13日资委会昆明办事处致经济部企业司函之附件。

乙、三十四年度产量计划表

产品名称	单位	数量
15W 报话收发报机	部	200
15W 短波收发报机	部	200
超短波步声机	部	250
2,000W 发报机	部	10
1,000W 发报机	部	10
100W 发报机	部	100
1,000W 报话发送机	部	5
500W 报话发送机	部	30
200W 报话发送机	部	50
100W 报话发送机	部	30
通讯接收机	部	300
广播收音机	部	200
750W 电动发电机	部	100
手摇发电机	部	1,000
扩音机	部	100
耳机	付	3,000
石英振荡片	个	2,000

(六)负责人

甲、理事长　杜殿英

乙、理事　恽震　冯君策　罗宗炜　周维榦　陆以灏　雷通鼎　刘振清　周伯桢

丙、总经理　周维榦

丁、内部各单位主管人员职衔姓名：

厂长　金贤藻

副厂长　光德坤

[以下略]

(七)概况

甲、创办情形　本厂于廿五年九月间开始筹备,设厂于长沙,廿七年四月正式成立,同年十一月长沙大火,遂迁桂林,廿八年春分别筹设昆明、重庆两

分厂,廿九年四月昆明分厂正式成立。

本厂筹设之初,致力于收音机之制造,抗战军兴,军用通讯机件需要激增,而京沪等地原有厂家迁移停顿,供应几断,本厂以全力制造军用机件,使军事通讯赖以维持。零件配件更为大量供应,虽觉材料来源困难,而均能一一设法自制,例如电表、听筒、话筒、拾音器、轻型内燃机、电动发电机、手摇发电机、滤波器、电话秘密终端器、香蕉水、各种绉纹漆、裂绉漆、各种油漆、玻璃刻度盘、云母电容器、纸质电容器等。

昆明分厂以制造大型无线电报话发送机及收讯收音机等为主,交通部、军政部、航委会及美空军等均有大批机件之定制。最近并仿制美国步声机,应反攻通讯之需,出品以来,军政各界均极乐于购用。本厂更时时警惕,扩充设备,力求产品精良,对人才培养及生产效率亦时在增进中,故能奠定本厂制造之信誉与基础也。

乙、历年情形

1. 资本之增减　本厂资本额年有增加,兹将历年政府资本增加数分列如左:

年度	金额(元)
二十九	800,000.00
三十	800,000.00
三十一	3,986,666.66
三十二	5,967,401.00
三十三	17,053,333.00

2. 厂址之迁移　本厂于廿八年春择定昆明市北郊之蓝龙潭设厂,至今从未迁移。

3. 业务之变更(无变更)

4. 负责人之更动(无变动)

5. 历年盈亏情形　兹将本厂历年盈亏情形分列如左:

年度	金额（元）	备注
二十九	2,688.35	亏
三十	509,643.42	盈
三十一	3,043,042.66	盈
三十二	1,472,150.01	盈
三十三	1,982,408.30	盈

丙、现在情形

1. 厂房　本厂四周群山环抱，给水充分，树木茂盛，环境优美，现有厂房57幢。此项建筑以避免空袭目标为范，故均属平房而四散，兹将本厂厂址及房屋面积表列左：

	厂址面积	207市亩
房屋面积（平方公尺）	厂房	2,339.8
	库房	347.69
	办公室	509.1
	宿舍	1,750.01
	住宅	966.7
	厨房膳堂	1,065.5
	其他	197.49
	合计	7,257.29

2. 组织系统　本厂组织根据组织规程，设厂长、副厂长各1人，下分总务课、工务课、业务课、会计课4课，各设课长1人。课下视实际需要，分股办事，各股股长1人。

3. 员工人数　本厂为国营生产事业机关，组织名额悉遵照核定办理，兹将本厂现有员工人数（卅四年四月份）列表如左：

类别		人数
职员	技术人员	80
	管理人员	47
工友	技工	192
	帮工	52
	艺徒	22
警役	公役	14
	普通工	65
	警卫	21
总计		493

4. 生产设备 本厂现有各种机械设备尚敷应用,兹将现有主要工作机列表如左:

种类	数量	单位
车床	41	部
钻床	35	部
冲床	5	部
剪刀床	3	部
刨床	14	部
压胶机	3	部
刻字机	1	部
自动绕线机	1	部
水压机	1	部
铣床	2	部
12"锯床	2	部
磨床	2	部

5. 运输工具 本厂运输设备足敷材料运输及员工公出客车之需,兹将现有车辆列表如左:

牌　号	厂牌及年份	车别	吨位	使用燃料
国滇 5533	雪佛兰 1937	卡车	$2\frac{1}{2}$ 下	汽油
国滇 8554	道奇 1941	卡车	3 下	汽油
国滇 10228	道奇 1941	卡车	3 下	汽油
国滇 11207	道奇 1941	卡车	3 下	汽油
国滇 12353	福特 1941	卡车	3 下	汽油
国滇 5684	道奇 1939	卡车	2 下	木炭
国滇 6299	道奇 1939	卡车	2 下	木炭
国桂 6157	道奇 1939	卡车	2 下	木炭
国滇 2658	道奇 1939	客车	2 下	汽油
国滇 1211	别克 1934	轿车	1/2 下	汽油

6. 原料产品之供销 本厂需要之主要原料为各种五金、电线、电器绝缘器、电子管、电表、电阻、电容器、油漆电镀材料等,大部分为国产原料,其中一部分如电子管、电表、电容器等均需赖美国空运供给。

本厂产品均系订货为主，其最大订户为交通部、军政部、航委会、美空军及其他军政机关，兹将三十三年度客户分析表列后：

客户类别	百分比
交通机关	63.3%
军事机关	26.7%
实业机关	3.4%
其他	1.8%

7. 员工福利　本厂员工福利事业系遵照资源委员会颁令组织中央无线电器材厂员工励进会昆明厂分会，设常务委员1人，由厂长兼任，委员7人由常务委员指派，第一级人员为当然委员，余就员工中选定之。每月开常会1次。下设教育、消费、娱乐、体育、膳食、交通6组，各组设总干事1人，干事若干人，分别办理各该组进行事业。

（八）投资于其他事业简况（无）

（九）其他　无线电科学之进步日新月异，在此抗战期间，本厂现正集中全力研究制造与抗战最迫切之各种无线电器材，以配合抗战上之各种需要，而促胜利之早日来临。战后本厂自当利用战时经验，以制造民用各种无线电器材，以供建国期间对于航空、航海、广播、教育、医药及其他科学工业之用，而促社会文化之迅速进步，谋大众之幸福。故本厂同仁鉴于我国无线电工业责任之重大，必尽最大努力，与近代欧美诸国并驱也。

（十）应附送各种

甲、组织规程［略］

乙、卅四年度业务计划及概算［略］

丙、本年度理事会议之纪录（未开会）

丁、卅三年决算报告［略］

［经济部档案］

31. 嘉阳煤矿公司成立经过①(1945年11月29日)

嘉阳煤矿于民国二十八年一月一日成立,是时四川已成为抗战之根据地、国防工业之中心,解决工业原动力煤之供应成为迫不及待之重要问题。犍屏国营矿区所产之煤适合于炼钢及化工等等特种工业之用,民国二十六、二十七两年经四川省政府勘划,先后报经前实业部及经济部依法设立国营矿业权。政府竭力鼓励后方生产,又值河南焦作中福煤矿运川机料甚多,一部分系就焦作原地运存汉口,另一部分从已迁湘南湘潭再度拆卸,均于敌机不断轰炸中,经宜昌三峡抢运入川。政府为利用该项材料,并为与川实业界、金融界合作,共谋生产起见,依照经济部国营矿区管理规则第三条,由经济部资源委员会及中福公司及民生公司、美丰银行等合组嘉阳煤矿公司,资本总额国币120万元(内经济部资源委员会官股按照管理规则占34%,由经济部将已设立之犍屏国营矿区委托开发,以谋燃料之充足)。公司受委托后即由各项技术员工开始分头工作,员工大部分亦系由河南焦作中福煤矿随机料内迁者,测勘工作中心,钻探煤层,运装机器,廿八年一月下旬即开凿直井,筹修运道,修建房屋,是年七月煤层凿透,轻便路大部竣工,电力厂开始发电,正式绞煤出井。三十年五月需用流动资金,由原来股户比例增资国币80万元。按照管理规则,公司董事长系由部派,由翁部长兼任,钱昌照、许本纯、刘燧昌、周树声、贝安澜、卢作孚、宗师度等7人为董事,杜扶东、康心之、宁芷邨等3人为监察,孙越崎为总经理,汤子珍为矿长。

[嘉阳煤矿档案]

32. 军政部军需署第一纺织厂沿革②(1946年1月31日)

本厂原为日商在汉口设立之泰安纱厂,原有纺纱机25,000锭,力织机300台。抗战军兴,日侨撤走,交汉市府保管。二十六年十二月由军政部接办,名军政部汉口临时军用纺织厂;二十七年五月更名军政部纺织厂;同年八月,奉令迁移(是年春奉令派员来渝会同四川军需局勘定小龙坎土湾厂址),

---

① 此件节录自《嘉阳煤矿股份有限公司》。
② 此件节录自1946年1月31日《联合勤务总司令部重庆被服总厂纺织厂概况》。

当将全部机件材料运送至渝。因厂房建筑未果,经厂址旁建筑临时布场一所,安装力织机 100 台,利用市电,以汉口运来纱支织布;并呈准购置南岸弹子石大有丝厂房屋,安装纺纱机 1 万锭。同年,土湾临时布场被炸,损失颇重。三十年春,土湾厂房完成,开始安装机件;同年七月奉令改组土湾厂为第一纺织厂(即本厂),弹子石为第二纺织厂。惟机件因炸后残余,仅有纺织机 1 万锭,力织机 280 台及原动发电设备。为避免敌人轰炸,复呈准购置杨公桥三十六军妇女职业社场房,分装纺织机 5,000 锭,并将临时布场之力织机 80 台移装大场,将临时布场安装木织机,改为手织场。三十二年冬,因空袭减少,呈准将杨公桥纺机迁并土湾厂,手织厂改为工人宿舍,将木织机装于杨公桥场,名为本厂杨公桥布场;三十四年春,奉令接收军政部抗属工厂,改装手织机,名为本厂覃家岗纺布场;五月奉令本厂番号改为军政部军需署第一纺织厂;九月奉令将覃家岗场房借与第五仓库,将该场织机迁并于杨公桥,三十五年一月奉令将第二纺织厂归并本厂;七月奉令更改番号为联合勤务总司令部重庆被服总厂纺织厂;十月底,将第二厂机件迁并完成,并奉准将该厂原有手织场撤销,将全部房屋移交江津被服厂第一分厂,同时,并奉准将杨公桥织布场撤销,将房屋移交与重庆被服总厂染织厂。

[重庆被服总厂档案]

33. 中央造纸厂重庆工厂沿革概况①(1946 年 8 月 31 日)

战前上海龙章造纸公司,以制造道林纸、连史纸等钦誉 30 余年。"八一三"日寇侵沪,该公司经理庞赞臣,不愿资敌,乃接受资源委员会、财政部、军政部、实业部会同组织之上海工厂迁移监督委员会之劝导及协助,冒炮火,排万难,将所有造纸机件拆卸内迁,于二十七年十一月运抵重庆,计运出之机件材料约 2,000 吨,抵渝后尚不足 800 吨。该公司董事长兼总经理为张静江先生,经理为庞赞臣先生,迁渝后由张剑鸣任代总经理,庞赞臣任副总经理兼厂经理,并聘尤巽照为总工程师,筹备两年,方告复工。当时海运尚通,政府钞

---

①此件节录自 1946 年 8 月 31 日《中央造纸厂重庆工厂纪念册》。

券,均印于国外,对于在国内造纸及印制钞券等,均无必需;但国际局势紧张,剑拔弩张,固已岌岌可危矣。兼财长庸之孔公,及钱币司戴立庵先生,目光如炬,洞悉先机,知日本必然响应德意,以进攻英美,而我国国外交通线,将濒于断绝也,乃未雨绸缪,大量订购钞纸及印钞油墨,暨收购后方印刷工厂,以备自印钞券,同时筹建纸厂,以备自行制造钞纸。而当时后方纸厂之设备最精良者首推龙章造纸厂,拥有后方唯一之 100 寸宽长网式造纸机一座,充其量月可产纸 200 吨,并备有水电二厂,拟将该厂收归国营,改制钞券,及其他政府用纸,以期自给。经数度洽商,决由中央银行投资 2,000 万元,交中央信托局经营,本厂遂于三十年十二月一日正式成立,由张剑鸣任厂长,尤巽照任副厂长兼总工程师,聘庞赞臣为顾问、于桂馨为工程顾问。并由中央银行孔前总裁指派财政部、中央银行、中央信托局有关人员,暨本厂正副厂长九人组织监理委员会,以董其事。委员为戴司长立庵(财政部钱币司)、杨帮办幼赓(财政部钱币司)、范副秘书长鹤言(中央银行秘书处)、李局长骏权(中央银行发行局)、陈副局长钟声(中央信托局)、翟总会计克恭(中央信托局)、凌经理宪扬(中央信托局印制处)、张厂长剑鸣、尤副厂长巽照,以凌经理为主任委员。厂内组织,有秘书 1 人,并分总务、造纸、工务、材料、业务五科、设计、化验、会计三室,及购料委员会等,总务科下设文书、事务、出纳三股,工务科下设建筑、发电、供水、修理四股,造纸科下设拣料、制浆、造纸三股,材料科下设五金、原料两库,业务科设成品库及批发所。任秘书者为唐翰章,并兼总务、业务两科,工务科由罗志泽暂代,造纸科长肖连波未到前由总工程师兼任,材料科由郑宗燮暂代,于桂馨、汪泰基、裴立民分任设计、化验、会计三室主任,购料委员会主任委员则由厂长自兼。

本厂成立后,即积极添装机件,致力试制钞券用纸,屡经研究,卒于三十一年十一月正式出货。按钞券用纸,国内尚属草创,在战时后方物资极度贫乏之中,惨淡经营,终得仿制成功,差可应用,使国家金融政策得以顺利推行,奠立抗战基石,获致最后胜利,主其事者,乃今厂长当时总工程师尤公。财政部曾于三十一年冬及三十四年夏,两度传令嘉奖,并对张、尤两厂长分别给予奖状。

本厂生产对象,除钞券纸系属主要产品外,仍就原有设备之余力,兼制白报纸、米色报纸、印书纸、道林纸、书面纸、绘图纸、包扎纸等,供给一般用户。而全国印花税票、粮食库券、火柴专卖印花及各文化团体出版刊物所需之纸张,本厂无不力求供应。嗣以国外交通全断,钞券纸需要量增加,奉令全力产制钞纸,文化用纸产量减少,外界供应每感供不应求。直至本年一月增设之小型纸机出货后,始又大量产制,供应一般需要。

按小型纸机之增设,系因当时国产纸张求过于供,为适应需要计,故有增加产量之计划。原计划中,拟以该小型纸机制造打字纸、卷烟纸、电报纸、邮票纸、蚕种纸、滤纸及牛皮纸等,并可同时制钞券纸,连同补充原有长网机、打浆及烘缸暨轧光设备等,约共需费4,000万元,当经呈准拨给,即作为央行增加本厂之资本,只以房屋工程及机件设备,为各承制厂商一再延误,荏苒年余,始告出货。差幸胜利后交通梗阻,后方需要仍殷,故所产纸张,尚能随时脱售。至该小型纸车间添建前,曾就本厂毗连地亩,续购30余市亩,除建筑小型纸车间外,并增建员工住宅数幢,及新原料库、新拣料间、新净料间、400吨水塔1座、100吨水柜1座及积谷仓等工程。

三十四年八月,日本投降,张厂长赴京,就任工务局局长。所遗厂长一职,由尤副厂长代理,旋即奉令真除,并以造纸科曹科长理卿,升充副厂长。至总工程师一职,则改聘汪顾问泰基接充,仍兼化验室主任。监理委员会方面,主任委员凌宪扬,于三十四年六月辞职后,一度由中央银行总务处处长王钟兼任。同年八月,复改由中央银行秘书处处长张度继任,以迄于今。又委员陈钟声、翟克恭,先后辞职;奉派田福进(中央银行发行局副局长)、罗吟圃(中央信托局副局长)、邹曾侯(中央信托局会计处长)补充,计较原额增加1人。

本厂在抗战至胜利之五年中,因物价步步上升,成本较高,而本厂周转资金,则时感不敷,虽迭向中央银行作少额透支,然杯水车薪,仍属无济于事。在此时期,筹划经营,煞费苦心,终因资金欠充,未能作远大计划。胜利后,今厂长尤公,曾努力整饬图存,于八个月内,提高生产效率达4倍之多。并拟有扩建计划书,分呈财部及本厂监委会核示,惟因种种原因,一时未能核准。致使抗战时期,最有贡献、规模最大之国营纸厂,以使命完成,而暂告结束焉。

[重庆中央造纸厂档案]

34. 刘曾箕拟军需署第一制呢厂沿革(1946年10月31日)

制呢厂沿革及现状

刘曾箕

本厂于民前五年,创设于北平清河镇,初为官商合办,名溥利呢革股份有限公司。民四年收归官加,改名陆军呢革厂;惟因制革机器未备,实际专织军呢;复于民六年,更名陆军制呢厂。其时,北方政局动荡,业务时辍。至民十五年,厂房被军队占据,员工星散,器具一空,以致全部停工。民十七年,国军奠定北平,军政部乃筹划恢复,改为军政部第一制呢厂,并委张乃恒先生为厂长。二十一年,奉令改名为军政部北平制呢厂。数年间,经张厂长之擘划,稍见规模。嗣为增加生产,筹设武昌分厂,于民二十四年,向英国订购哔叽纱锭1,080枚。二十五年春,哔叽机器运抵武昌,与前清张之洞创办之武昌毡呢厂合并,设分厂于武昌官布局旧址,派蔡德明先生主持。二十六年,武昌分厂方庆开工,而北平总厂,竟以七七事变,沦陷于敌,以时间仓卒,原有设备,未及西迁,损失颇巨。次年四月,奉准将武昌分厂,改为军政部制呢厂,仍由张厂长乃恒接办,蔡氏调兰州筹设第一分厂。斯时,日寇深入,国土日蹙,武昌时遭空袭,不复安全,遂将各项器材迁移重庆,租定磁器口谦吉祥丝厂为厂址,日夜赶装机器,恢复制造。二十八年六月,复在嘉定筹设第二分厂,以便增产,并以各种纺织机器采购不易,为图自给,乃于二十九年附设纺织机器制造厂于磁器口之斧头岩。同年十一月,张厂长调职,厂务由曹厂长述文接替。三十年四月,本厂奉令复名军政部第一制呢厂。兰州分厂,改称第二制呢厂。嘉定分厂,以该处交通不便,建厂不宜,奉令撤销,所有机件,运回本厂,但因川江滩险,木船失吉,机件损失不少。三十二年六月,曹厂长他调,梁厂长克鉴,继主厂务。在梁任内,正式收购谦吉祥厂房。三十四年元月,改派戴厂长郢为厂长。是时,附设纺织机器制造厂,改隶军需署;八月,本厂亦奉令改称军政部军需署第一制呢厂。三十五年七月,奉令更名为联合勤务总司令部重庆被服总厂制呢厂。在戴厂长任内,因感于厂房窄狭,及重庆电力公司时常停电,产量深受影响。经苦心擘划,遂在本厂隙地,及邻近地方,租用地皮,增建厂房多栋,将八年来弃置未装之大中型梳毛走锭机器,陆续添配零件,均一一安装,产量较之过去,确有增加;然终因停电关系,仍未能达到预期目的。本年十月,戴厂长奉调他职,曾箕奉派主持厂务,所遇困难,一如上述,仍无法扩展。惟既荷重任,自当秉承层峰意旨,就现有规模,加强管理;并继续整理旧有未用机器,注意改良品质,增加生产,减低成本。此本厂沿革之大概,兹再略述现状如后:

一、组织　本厂分设总务、工务、会计、营业四课。总务课主管人事、文书、粮服、营缮、医疗、警卫、福利及其他不属于各课事宜。工务课主管工场管理、成品制造,与技术方面事宜;分设机器、预备、练纺、机织、整染、运毯等六场,分步制造;并设计工试验两室,办理计工与试验工作。会计课主管账籍登记、本成计算、薪资发放、财务审核、金钱出纳等事宜。营业课主管原料物料之筹办,与成品物品之保管收发事宜。以上各课,除工务课外,余均分股办事。又本厂为谋员工密切联系见,特组织工运协进会,办理职工组训、教育及各种剧社等精神训练事宜,俾各职工得以明了上峰之政令,各厂务现状,然后上下情愫不致隔阂,且各职工在工余时间,获有正当之娱乐,并接受精神之教育,其生活正常,思想正确,则不致在外滋事,或受不良分子之煽惑,杜一切意外事变于未萌。

二、人员[略]

三、机器设备　本厂各项机器,以目前国内情形言之,尚称完备;盖大部分俱购自欧美。惜数量不多,使用年龄过久,现已装运者,哗叽纺纱机1,080锭,呢绒纺纱机480锭,织机3台,整染机器全套;又新添呢绒梳毛机2台,改造中型梳毛机6台;此外尚有呢绒机480锭,织机6台,正在赶制中。总之,本厂因受地形之限制,无法扩展,已如前述;惟经历任厂长悉心改革,较之初时,已有卓越之进步。曾箕奉命甫长厂务,今后自当遵照各级长官之指示,及既定方针,努力以赴,庶不负层峰之期望也。

民国三十五年十月三十一日
[重庆被服总厂制呢厂档案]

35. 军政部第一被服厂重庆分厂沿革及业务概况①（1946年10月31日）

一、组织及沿革

本厂于民国元年十月创设于北平，直隶陆军部，名曰陆军部北平被服厂。五年二月，改隶总统府，经费充裕，业务扩充，并设班训练艺徒。七年八月复隶陆军部，经费渐绌，产量减少。自十年以迄十五年，政局迭变，人事频更，业务几陷停顿；嗣陆军第二被服厂迁并，始招工复业。十七年六月改由平津卫戍司令部接办，勉强维持；十一月划归军政部军需署直辖，经费来源有着，复征录工徒回厂工作，并在天津增设支厂，业务始行重振。十八年十月又奉令停办；十一月间仍由军政部收回，改革成规，设总务、工务、会计、筹办、检验5课，分掌业务。二十一年实行简政，紧缩为总务工务两课。二十二年六月，滦东军事吃紧，奉令南迁武昌，与湖北被服厂合并，又直隶军政部军需署，改设总务、工务、会计3课，置分场两所，承制大量服装，厂务日渐进展。迨二十六年七月，卢沟事起，抗战军兴，武汉成为敌机袭扰之目标；为避免损失计，乃于二十七年四月迁川江津现址，并奉令改名为军政部第一被服厂，仍直辖于军需署。时，全面动员，部队众多，服装需要激增，为扩大生产，乃在渝设立分场，增招临时工人，日夜赶制，并成立重庆办事处，以便与各方接洽。嗣以渝市迭遭轰炸，在渝各场及仓库乃疏散于巴县之铜罐驿及江津之德感坝。三十年间，以采办事务纂繁，爰将总务课筹办保管业务划出，另设材料课，在重庆办事处办公，以专责成。三十二年三月，感被服附属材料来源缺乏，采购困难，呈准设立制机场，筹谋自给；五月，渝南岸第四被服厂奉令归并本厂，定名为军政部第一被服厂重庆分厂；十月，奉令筹设制鞋场，供应川康部队军鞋。三十三年四月筹备就绪，正式成立。至是，本厂业务益形庞杂。三十四年一月，重庆分厂奉令独立，直隶军需署。三十五年四月奉令撤销重庆办事处，奉令再改隶本厂；五月以制扣场所制木扣不适时用，又不能改制他种纽扣，遂予以撤销；同月奉令接收万县直属第二被服分厂及成都第五被服厂；六月一日，国防部正式成立，奉联合勤务总司令部令，本厂遂改名为重庆被服总厂江

---

① 此件节录自1946年10月31日《重庆被服总厂》创刊号《江津被服厂业务概况》一文。

津被服厂。是为本厂三十五年来组织及沿革之概况也。

二、编制[略]

三、机器设备及厂房建筑

本厂现用主要机器仅有电力裁布机、电力缝纫机、人力缝纫机、动力机及弹棉机等数种,品质均多不良;且因购置年久,使用年限早经超过,陈旧不堪。前于抗战期间因来源困难,新件无法购置,遂因陋就简,勉强继续利用;并另征用工人自有人力缝纫机500余部参加工作。最近本厂因先后领到兴国新人力缝纫机599部,及接收蓉万两厂人力缝纫机523部,所有征用缝纫机乃分批发还。目前对于新式机器之添购,实为当务之急。

本厂迁川之初系将兵工署原几江丝厂旧址稍加修葺,作为厂房,地方狭小,房屋陈旧。嗣经二十八年及三十一年两次修建,规模始具;但以战时经费支绌,仍未能作长久之计划,所有建筑均甚简陋,使用迄今年限已超过,故本厂现有各处厂房不但破漏不堪,且有随时坍塌之虞。且本厂现有厂房不敷应用,工人既无完善宿舍,员工眷属宿舍,尚付阙如。诸此问题,均需设法以求彻底之解决。

四、工人及工资

……

本厂迁川时,因武昌原有工人随厂来川者人数不多,乃就蓉、渝、泸、万各地招募缝工及铺锁女工,以资补充;并另招临时工人,以扩大生产。数年以来,工人人数常保持在2,000至3,000人之间……

五、生产能力

……

又本厂战时,以负担制作数量庞大,自行生产不敷供应,故每季将一部服装交商制作,以补不足。胜利后,因感商厂工作粗滥,且管理不易,已予陆续取销。本厂自二十七年至三十四年各季服装生产数量,兹列如附表二。

再本厂于三十三年四月,制鞋场正式开工后先后所完成军鞋,计:三十三年8万双,三十四年13.81万双,三十五年13万双,短期即可全部完成。

六、福利设施[略]

附表一［略］

附表二

本厂自二十七年至三十四年各季服装生产数量表

年度	夏季（折合单衣裤）数量			冬季（折合棉衣裤）数量			备考
	自制数	商制数	合计	自制数	商制数	合计	
二十七	1,205,000	579,950	1,784,950	733,960	202,500	936,460	
二十八	605,938	397,060	1,002,998	370,334	332,740	703,074	
二十九	534,249	475,820	1,010,069	425,273	285,140	710,413	
三十	333,995	561,110	895,105	328,289	452,630	780,919	
三十一	416,206	934,840	1,351,046	445,424	792,520	1,237,944	
三十二	469,379	702,720	1,172,099	462,101	253,120	715,221	
三十三	679,786	100,000	779,286	518,799	231,790	750,589	
三十四	561,627	896,690	1,458,317	390,718	531,870	922,588	
总计	4,805,680	4,648,190	9,453,870	3,674,898	3,082,310	6,757,208	

附注：1. 表列折合数系按缝工工作标准折合。

2. 二十七年因厂在武昌及重庆两地工作故生产能力较强。

［重庆被服总厂档案］

36. 孙自舸报军政部第三被服厂沿革①（1946年10月31日）

本厂于十九年夏创始于南京。初系接收陆军教导第一师缝纫工场，编为首都被服厂第一工场，设总工二股，委林春瑶为主任。二十年春，添设电力缝纫机184乘；夏季筹设艺徒训练班，先后结业三期。二十一年夏，奉派刘新盘接办，添设制靴机，并由武昌被服厂拨交弹□、制扣、缝纫等机关200余部，另在汉西门加设临时工场。二十三年一月，改委林则瑞接办，增设会计股及机车600乘。二十四年秋，更名为实验工场，仍由林则瑞主持。二十六年七月，倭奴入寇，九月奉令西迁长沙，将电力缝纫机、制靴机运移湘潭东坪镇，设为湘潭工场。二十七年十月一日奉编为军政部第三被服厂，设总务、会计、工务三课，仍以林则瑞任厂长；时武汉不守，再迁桂林，并在祁阳设立工场。二十

---

① 此件节录自1946年10月31日《重庆被服总厂》创刊号《联合勤务总司令部被服总厂贵阳被服厂沿革》一文。

八年,在桂筹设染色工场;七月,增设审核室。三十年一月,派蒋厂长士亦接办;五月接收汉商军服厂;六月,就祁阳黎家坪华服织布厂原址,扩建纺织工场;十二月桂林工场移交第六军需局接办,同时奉命接收华商军装厂。三十一年一月全部迁祁阳,分第一、第二两缝纫及裁剪、染色、制扣、弹花、纺线、织带、纺织各工场。九月增设湘潭工场;十一月纺织工场改为第三纺织厂,直隶军需署。三十二年元月,改纺线织带两工场为线带工场;四月,接收第四颜料厂,改编为颜料工场;五月,成立学工训练班;六月,扩编湘潭工场为附属分厂,奉派自峒为主任;十月增设动力工场。三十三年六月,湘北告紧,迁建都匀;十一月下旬,寇侵黔南,再迁贵阳。三十四年一月,在筑复工,附属分厂,归并总厂办公,分设6个工厂:第一、第二工厂负缝纫裁剪之责;第三工厂管理染色(即颜料工厂)、制扣、修理机件;第四工厂弹花;第五工厂纺线织带;第六工厂制鞋,并接收贵阳中华被服厂。三月,蒋厂长奉调第一军需局襄助业务,厂务由自峒代理;十二月蒋厂长调任华北被服呢革总厂长,遗职由自峒接充。三十五年五月第六工厂撤销,其制鞋业务归并第五工厂办理;七月奉编为联合勤务总司令部重庆被服总厂贵阳被服厂。

附:组织系统表生产服装概算表各一份[略]

[重庆被服总厂档案]

37. 中国汽车制造公司华西分厂填报筹建迁移业务有关事项调查表①(1947年5月1日)

　　厂矿名称　　中国汽车制造公司
　　地　　址　　重庆飞来寺八十九号
　　电报挂号　8655　　电话号码　2683

类别	
成立日期	
经营方式	

---

① 此件节录自1947年5月1日《四联总处工矿调查表》。

筹备情形	发起时期	民国二十五年			
	主要发起人	曾养甫　张静江　宋子文　霍亚民　陈筜霖			
	发起章则	请将各种章则检附（各种章则存香港未带出）			
	筹备时期	民国二十五年			
	主要负责筹备人	曾养甫　陈筜霖　吴新炳			
	筹备经过	当时蒋委员长鉴于汽车工业有关军事国防，而国内尚无汽车制造厂之设立，爰交曾养甫拟具设立计划，由各部会及各省建设厅财政厅交国家银行集资，并加入商股，以公司方式经营，于廿五年十二月在南京开创立会议，先在上海设厂并择定湖南株洲为总厂厂址，一面向德国购置各项机器			

资本及股东	额定股本	筹备时额定为600万元，因业务扩充于卅年增加资本为3,000万元
	实收股本	3,000万元
	重要股本	中国银行，中国农民银行，各部会，各省府，各省府建设厅、财政厅及胡文虎，胡文豹，陈筜霖等

常务董事及监察	常务董事			监察		
	姓名	籍贯	略历	姓名	籍贯	略历
	曾养甫	广东	中央委员	刘航琛　张学良		
	霍亚民	广东	中国银行	相绵仲　胡文豹		
	陈体城			胡嘉诏　赵祖康		
	陈筜霖			秦慧伽　吴琢之		
	叶琢堂			刘贻燕		

组织系统	[略]

重要职员	职别	姓名	籍贯	年龄	略历
	董事长兼总经理	曾养甫			
	副经理	苏乐真　吴新炳			
	总工程师	张世纲			

职员及工人	职员	40人	备考	仅就本公司华西分厂一厂填列
	伕役	46人		
	工人	技工		
		粗工		

续表

成立后业务述要	本公司成立之后,以柴油汽车甚合我国需要,乃仿照德国朋驶厂柴油车式样制造。但以制造汽车决非一蹴而就,故在公司尚未出品之前,经呈请政府核准,所有德国朋驶汽车及其零件在国内市场由本公司专卖,一面积极筹备制造厂,期于五年之内全部出车问世。廿六年七月,中日战争发生,上海武汉相继失守,本公司株洲总厂厂房行将告成,但大部机器则尚未到,因受战事影响,乃将总厂原有机器迁移桂林设厂制造汽车零件。复因桂南战事紧急,又将较为精密机具,及拟在昆明设厂之机件运输,于廿九年四月成立华西分厂。厥复在国外订购机器运到香港,因本国海口尽失,无法内运,乃在港成立港厂。惟原拟制造计划,不免大受打击。后汽车引擎已在港厂出品,正拟大量制造,香港又复沦陷,桂林分厂又因湘桂战事后撤。惟桂厂全部机器则大部运来重庆,加入华西分厂。华西分厂过去制造汽车零件,在抗战时期供不应求,复因后方工业需要,并制造工作母机,出品精良之为社会人士所称许。胜利以后,后方纺织工业对于纺织机器亟待添补,要求制造者甚多,故目前华西分厂除继续制造汽车零件外,则从事纺织机件之制造,数月以来接受定货总值约50亿元。此本公司成立后业务大概情形也
成立后重要事项述要	1. 廿五年本公司成立后即于上海设立装配厂,湖南株洲设立制造总厂。2. 抗战军兴,湘沪沦陷后,总公司于廿七年移设香港,沪厂拆迁株洲。3. 武汉沦陷后,株洲感受威胁,乃将总厂机器于廿七年八月拆迁桂林,设立桂林分厂。4. 廿八年内,外国运存香港之机器因粤汉铁路中断,沿海口岸封镇,无法运进国内,乃在香港设立港厂,柴油引擎制造成功,并正大量出品,因太平洋之战而沦陷。5. 廿八年南宁沦陷,桂林感受威胁,乃将桂林分厂机器一部分疏散重庆设立华西分厂。6. 卅年总公司移设重庆。7. 桂林分厂于卅三年湘桂之战拆迁重庆,并入华西分厂。8. 卅三年副经理赴美,在美订购大量机器,准备胜利复员后大量生产之用,同时在美成立实验厂,并派大批技术人员留美实习。9. 抗战胜利结束后,派员赴上海香港收回各该处厂房

[四联总处重庆分处档案]

38. 中国植物油料厂股份有限公司抗战十年经过(1947年)①

前言

本公司承前实业部及川、湘、鄂、浙、皖、赣六省省政府及各埠油业界领袖发起筹设,以提高油料出口品质,划一标准,及改进生产运销为使命。自民国廿五年八月十五日成立迄今,正届十载。创设未及一载,中日战争爆发,沿海各厂处先后沦陷战区,厂业各务,遭逢莫大打击,旋将重心转移香港,而至西南内地,秉承创办初旨,继续促进产销并参加致力于后方战时工业之建设,对抗战经济,略尽绵薄。

在全面抗战期间,太平洋事变及湘桂后撤,本公司曾数蒙其难,惟均本不

---

① 时间据内容推测。

屈不挠之精神,再接再厉,卒除万难,恢复规模。兹谨就十年来艰苦奋斗之经过情形,简述于后:

一、初创时期(十五年八月至廿六年"八一三"沪战爆发)

(一)国内外环境 公司创立初期,贮炼及贸易同时推进。惟以一新兴事业,与各方利害关系,不无冲突,同业中人之嫉妒,流言中伤;国外商人,则认我为专卖组织,猜忌歧视,斯时唯有发挥大公无私之服务精神,以工作事实,争取各方之同情与合作。

(二)初遇困难 本公司沪、汉、川、湘各处,于廿五年十月起,方始营业。斯时购销方面,因九月份新油登场时,中外桐油业已在沪汉做大量抛货;自十月起,内地河流水浅,运输欠畅,交易转稀,复以岁值丰收,长江上游农民对于副产物之植物油料,不急于求售,索价亦昂,致国内售价超过海外行市。运输方面,国内适值四川旱灾,水涸情形,为八十年所未有,致川桐不能按期东运;国外又逢美国海员罢工,十一月起,货物运输,不但不能预订舱位,即已订妥者,均被取消退约,致业务推进,备感困难。

(三)"八一三"沪战爆发 上述种种挫折,于初期业务之打击非轻,经力排困难,并先后于各地成立厂处。方冀积极推进,不幸卢沟桥事变不久,沪战爆发,沿海机构,首先沦入战区,内地厂处,亦以货运不便,资金呆滞,债务累累,公司境况,困蹶不堪!此时一面亟于营救战区财产,一面努力于内地存货之疏运,业务重心,渐次由沪移港,俾寻补救之道。

1. 沪厂处财产之营救 沪战爆发之日,厂方在黄浦江驳船中存油达1,339吨,分盛铁驳5艘、木船5艘,其中铁驳停泊于杨树浦战区码头,木船泊于浦江东岸,经多方冒险设法,将以上各驳,拖往较安全地带,先后洽装轮船出口。八月下旬,日人有没收战区公私财产之企图。为上海厂产之保护,商得素有交往之德商礼和洋行,办理过户手续,以谋暂安。经多方设法搬运物料不果,直至十一月间,得德使馆及一荷兰人之力,领得护照入厂,并雇用白俄100余人,搬出各种油料1,800余吨、铁桶906只及炼油机16件。当搬运之际,该西人等乘机勒索,恐吓要挟,沪方同仁,几经折冲,身心双方,备受劳瘁。此次计耗费10万元,救获厂产价值100万元。尚有厂房机器与未及营救各货约值60万元,仍托礼和洋行以过户名义代为保管。

2. 内地积滞存货之疏通,因战事影响,交通受阻,川、湘各地所购桐油,无法运出者,数达1,000余吨,情形颇为严重。爰经张总经理亲赴汉口,主持国际贸易局出口货运管理处,打开运输路线,一路由汉口船运镇江,经苏州河转沪;外销油料,则利用粤汉、广九铁路,转往香港,并成立香港办事处,专办外销业务。其时正因我国油料出口困难,国外供需失调,市价高涨,外销利润增大。经数月之努力,不但债务偿清,本公司在港地位,于兹奠定。

(四)厂处设置　本公司初创时期,所设置贸易单位,计有上海、汉口、长沙、芜湖、杭州、温州、香港七处;榨炼工厂,计有上海、重庆、万县、常德、长沙、芜湖等七厂。期内因沪战先后结束者,有沪厂、杭处及芜湖厂处。业务重心先在上海,沪战发生,移往汉口及香港二地。

(五)财务概况　本公司实收资本100万元,而期内投资于厂基设备等,计达86万元,实际活动资本,颇属有限,然期内销售油料17,200吨,收炼油料17,300吨,贸易额达1,500余万元之巨。故金融周转,惟银行之贷款是赖,计与上海商业储蓄银行,于廿六年二月份,订妥川、湘、鄂、皖四省运销油料金融调剂办法;复向农本局以厂基作抵,押借50万元,订立运销合约;再与浙江兴业银行,订立透支合约,以100万元为度,为采购菜籽之用。

抗战爆发,公司业务阻滞,结欠银行垫款达400余万元,经公司同仁之努力,以公私交谊,斡旋其中,幸无过分催还之举,使得从容筹措,渡过难关。

二、抗战中生长(廿六年抗战至三十年十二月太平洋事变)

(一)巩固香港据点　香港办事处于廿六年九月成立,初仅转运湘、汉桐油,输送外洋,嗣随战事演变,我国对外贸易重心转移香港,由是本公司之港处,亦遂成对外业务之枢扭[纽]。前期贸易,以外销桐油为主,积极沟通运输,充裕来源,后因受国内政府统制等等影响,乃转变为香料油之出口。兹分述如下:

1. 开辟桐油来源

(1)粤汉广九路线　沪战后油料运输,以粤汉广九铁路为主要命脉。惟至廿七年下期起,军运倥偬,敌机沿路轰炸,油料运输,渐感不便。十月间,华南战起,广州沦陷,长江敌军进迫武汉,国军西撤,本公司汉口办事处结束,此路运输,于是断绝。

(2)沿海口岸　温州为沿海出口要埠,沪战后,湘、皖、浙各省油料,由温外运者,为数颇多。廿七年下期,以贸易委员会及中央信托局先后统筹购运,本公司业务活动乃受阻制。嗣在宁波、福州设立办事处,分区收购,装运沪港外销,为数亦颇可观。惟温甬闽各海口,时被封锁,总以不能充分利用为憾。

(3)湘黔桂路线　廿七年七月间,黔省当局鉴于桐油无法外运,价格日跌,影响农民经济至巨,为谋设法救济,与本公司及农本局合作,成立贵州桐油运销委员会,经黔省当局与桂省政府商妥,准许黔油假道,经柳梧循珠江运粤赴港。本公司斯时添设贵阳、梧州、柳州各办事处及收购转运分支处站多所,并在湘省成立衡阳、沅陵各处,策动黔桂、湘桂业务。迨广州沦陷,珠江封锁,遂改由柳州车运广州湾出口。旋以公路被毁,广州湾路线亦断。间或有高贩挑赴北海出口者,但为数有限。于是设法开辟桂越路线,成立龙州、海防分处,办理桂、越、港之转运事宜,直至廿九年底桂南沦陷为止。数年之间,经广西出口之湘、桂、黔各省桐油,占港处外销油料之最大来源。

(4)川滇越路线　昆明南通缅越,北接川黔,为西南交通孔道。因粤汉路既被遮断,广州湾公路复被破坏,内外交通,益形隔绝,乃于廿七年十二月成立昆明办事处,使滇、黔油料能由滇越铁路经海防至港。与滇省政府并介绍本厂股东杨典章氏合组贸兴公司桐油厂,办理滇省桐油出口业务。廿九年底,越南向敌人屈服,滇越交通,因而中断。

自抗战发生,随战事失利,海口封锁,内地交通阻梗,惟同仁等多方设法,克服困难,使油料继续出口,换取外汇,期内先后由港外销油料,仍达33,000吨之巨,廿七、廿八两年各达万吨以上。二十九、三十两年,以国内统制桐油购销,及内外运输之日益困难,致销货量锐减,并以此时港处贸易转于香料油出口,价值高贵,其数量自不能与桐油相比拟。

2. 转变香料油出口　自桐油统制,海口封锁后,本公司桐油之出口贸易被迫停顿。惟此时各地军政商人,私运桐油至港者仍多,港处乃就地收买,转运英美,免资敌用。同时转变于香料油业务之开拓,以桂省特产桂油、茴油,转销国外,从洋商手中挽回利权,统计二十九、三十两年中,外销数量达 5,000 市担,执各种香料油出口贸易之牛耳。

(二)贸易委员会统制桐油后之影响　廿八年初,贸委会设立复兴公司,统制桐油购销,本公司桐油出口贸易,乃暂时停顿,改变方针,致力于内销及制造成品业务,按省分区,各自发展,数年内之惨淡经营,皆能在当地建立基础。

1. 推进省际贸易　贸委会因本公司有完备之贮炼设备、购运机构与贸易经验,于统制桐油之初期曾与我方签订合作契约,由该会委托我内地厂处,代理购炼桐油。嗣以会方未能推诚合作,难以达到预期目标。代会收购桐油,前后约四月,万、渝、筑、湘四处,总计代购约 1 万吨,合约满期,本公司即停止代办。此时本公司在国内机构,已遍于川、湘、黔、桂、滇、浙诸省,分支处站不下 30 余所,乃积极策动其他油料之省际贸易,以沟通货源,各谋自给。内销业务之兴起,四年之销货量共达 14,500 余吨,中以三十年度为最盛,计达 4,800 余吨。

2. 建立工业基础　当武汉紧张,本厂随军西撤,并奉命拆移敌厂机件,于烽火弥天中,抢运至川、湘等地,继而长沙大火,常厂被迫拆迁,乃令各厂同仁分途内移,并利用原有机件,于沅陵、衡阳、贵阳各地恢复炼油工厂。迨桐油统制,海口被阻,植物油料出口困难,海外工业品进口锐减,乃成立研究室,试验植物油料之加工利用,以应国内工业之需。于二十九年开始,改装各厂炼油设备,从事制品生产,两年之中,制产各种液体燃料 40 万加仑,润滑机油 57,000 余加仑,及其他油脂成品多种,开后方油料制炼工业之先锋。

此外复在重庆附设铁工机器厂,制造化工机械及修配榨机;更与贵州企业公司合办贵州油脂工业厂,制造油漆、油墨等成品;与工矿调整处及重庆中国银行合办四川榨油厂,以改进川省榨油事业;与上海耀华薄荷厂合作,改良薄荷油品质,办理直接外销,以与敌人竞争。查本厂资力有限,且以各地情形不同,故采取与各方试办合作办法,多面发展,期在抗建期间有所贡献。

(三)厂处设置　本公司创立初期,遭逢种种困难,抗战发生,更受打击,经同仁等之苦干,及外界之扶助,在抗战时间,逐渐生长,先后成立各单位,计有贵阳、柳州、衡阳、沅陵、重庆等办事处暨附属分支处站共30处,及九龙、丽水、沅陵、衡阳、贵阳、昆明及铁工厂等七工厂。先期重心,集中香港,嗣后分散内地各区,于内销及制造业务并谋发展。此期因受战事关系而结束者,计汉口、长沙、常德、福州、昆明等厂处及分处10余处。

(四)财务概况

1. 沪战后财务困难之克服　沪战爆发时,公司结欠各银行债务,达四百余万元。当时境况之困蹶,几至无以维持。幸于二十七年春,得汉口四行贴放会贷款50万元,聚兴诚银行贷款10万元,勉渡难关。嗣货运疏通,存货脱售,乃次第偿还债务。继续与各行办理打包借款,并与中国实业银行洽订沪、温、闽各地押款及押汇契约,在港与安达银行、国货银行及交通银行订立合作办法。各方感情融洽,手续简便,乃得周转灵活。虽战事转烈,交通日益艰难,公司业务财务,反能与时俱进,当得力于金融上之合作。逐年借入款项,平均二十七年约200万元,二十八年约300万元,二十九年约700万元;三十年度,各区营业皆粗具规模,业务发达,所需资金增多,故借入款增至1,700余万元。

2. 工矿处贷款　武汉沦陷前,奉命拆迁敌厂机件,由工矿调整处借款60万元,帮助不少。后该项借款本息,移作工矿处对四川榨油厂之股本。

3. 四年来之营业额　四年来之营业额,总计1.24亿余元。其中油料销货,二十七年1,300余万元,二十八年2,400余万元,二十九、三十年各3,700余万元,内销业务占3/10,外销占7/10。制造业务于二十九年开始,两年间,制品销货额共计800余万元。

4. 期末资金运用情况　至三十年底止,公司实收资本160万元,积聚资金833万元,连同长期借款20万元,全部资金共计1,013万元,计投入固定资产289万元,附属事业及合营事业之投资156万元,陷于战区之资产180万元,充作营运资金者计388万元。

三、转变工业时期(三十年十二月八日太平洋事变至三十三年秋湘桂沦陷)

(一)港处沦陷　三十年十二月,太平洋战事爆发,香港陷入敌手,本公司历年外销工作顿受挫折,总计陷港固定设备原值国币14万元,存货总值港币

90余万元。关于向银行押汇,运往国外货物提单,价值美金30余万元,于翌年十一月间,经财务处主任朱孔惠君冒险赴港,接洽取回,送渝清理。至以运出国外货物,押予交行,所借港币140万元,因押品关系,迄未清结。

(二)业务转变　港变发生,本公司资力大受打击,业务随之转变。此时烽火遍及全球,国际贸易完全停顿,矿物油料来源断绝,军事交通及工业上所需润滑燃料,端赖国产供应。本公司内地各厂,在二十九年即已开始制炼,粗具规模,至是扩充产量,需款甚巨,因感资力不足,经与交通部及西南公路局订约炼油,采贷款建厂方式,由对方供给应用资金,本厂担任制造。计先后成立及增置设备之裂化汽柴油工厂,有头塘(重庆)、万县、中曹司(贵阳)、长安、辰溪、衡阳、丽水等七厂;制炼酒精者有贞丰、马场坪及沅陵三厂。各厂大多兼制润滑机油,产品品质优良,足与舶来品媲美。计在二十九年至三十三年五年之中,制产燃料油达190余万加仑,润滑油达39万余加仑,对后方军公需要及公路运输不无贡献。

此外对于肥皂、颜料、油漆、油墨、松香、松节油、三酸等油脂化学品之制造,亦略有成绩。肥皂厂初设昆明,嗣以时局关系,迁筑制造,颇获畅销。三十一年柳州成立皂厂,有条皂、联皂、软皂及黑皂等,远销湘、粤、赣、黔四省。制造颜料必需之原料,如铅、锌、锑、钡等,盛产于湖南,故在衡阳厂专设颜料油漆部,所制红丹、黄丹、群青、石黄及灰漆、黑漆等为数颇多。嗣本厂股东曹莘耕君要求合作,乃合办国泰颜料厂于衡阳,将衡阳厂颜料油漆部分归并该厂,以资扩充。松香与松节油为油漆、油墨及肥皂、造纸等工业原料,本公司先后在四川南川及广东禄步设厂制炼。又在贵阳大宅吉设厂制造三酸,以应本厂及各地工业上之切需。并在邵阳、柳州二地附设铁工厂,便利生产设备之增添修配,以辅助湘桂二区工业之发展。

(三)湘桂战事失利　总观本公司制造工业,始创于二十九年,至三十二年为最盛。此期中,本公司浙区业务,于三十一年间,因浙赣战事失利,被迫停顿外,其他战区,则成拉锯局面,独湘北战事,长沙三战三胜,军威远震,时局乐观。张总经理于三十三年春,亲赴各单位视察各地工业,尤注重于赣粤二省。正谋增设机构,扩充业务,不料三月间长沙四次会战失利,桂柳相继失陷,敌骑乘势,窜达黔南,秩序紊乱,湘桂、黔桂途上,难民络绎,货车拥塞,公私物资之损毁,军民之死伤,不计其数。

(四)厂处设置 太平洋战后,本公司致力于工业建设,先增设柳州、头塘、遵义、大宅吉、中曹司、马场坪、贞丰、辰溪、长安、桂林、南川、禄步、柳铁厂、邰铁厂等14工厂,连原存万县、沅陵、衡阳、贵阳、渝铁厂等共有工厂19所,制造单位以黔区最多,工业重心则偏于湘桂二区。战事发生,湘桂厂处首当其冲,相继撤退,黔区单位亦被迫紧缩,各厂先后停工,惟有川区及湘西厂处继续营业,然业务亦受极大影响,购销制炼,皆形锐减。

(五)财务概况

1. 借入款项 制造业务之周转较缓,所需资金较多,复以年来货币贬值,故借入款项,逐年增加,其平均数,三十一年为3,700万元,三十二年为5,000万元,三十三年为6,800万元。

2. 三年来之营业额 三年来营业总额为8.65亿元,计制品销货5.9亿元,占7/10,油料销货2.75亿元,占3/10;以年度分,计三十一年营业额6,300万元,三十二年度2.07亿元,三十三年5.95亿元,逐年皆为几何级数之增加。

3. 期末资产实况 三十三年底止,公司资产总额3.458,2亿元,其中流动资产占76%,计2.617,6亿元,固定资产占16%,计5,434万元,其他资产占8%,计2,972万元。

四、艰苦奋斗(三十三年秋湘桂沦陷至三十四年胜利前夕)

(一)湘桂撤退 本公司工业偏重于湘桂二区,尤以桂区财产,因年来经营顺利,蕴蓄较丰,不幸遭逢战乱,被迫拆迁,损失不赀,殊堪痛惜。各同仁爱厂情深,在炮火漫天声中,敌机轰炸之下,舍生救厂,尤足追念。当时抢运撤退情形,略述如后:

衡厂于危急时,因军运充塞,湘桂铁路无法利用,乃由水道辗转驳载,全厂设备物资,全部运至冷水滩及零陵,共计28船,约重210余吨。当时在冷、零陆续脱售之货料,计有50余吨。嗣局势日迫,乃分别转运,计(1)将笨重机件运存零陵唐公庙者约36吨;(2)重要仪器、药品、账册,由卡车直运贵阳者约2吨;(3)可售货物,如茶桐油及润滑油料等,运桂林约50余吨;(4)机件、颜料运柳州转运内地者,约58吨。旋桂柳相继沦陷,而黔桂铁路运输能力之低微,几难想象,故上开物资,除在桂林售出20余吨外,余均存贮于转运途中(金城江、六甲、加必囤、独山),先后沦陷,或遭我军自行炸毁,共计损失物资130余吨,抢出及沿途脱售者70余吨,抢运费用,在当时为1,700余万元。其他损失,无法估计。

桂属物资,分路抢运:(1)由黔桂铁路运独山经都匀至筑,共有物资约170吨,独山沦陷时,略有损失;(2)由水道上运至融县长安镇,疏存富禄、榕江等地物资约80吨,此线因敌至长安,未再进迫,故损失甚微;(3)梧州、南宁两处物资,因交通至难,乃命梧处疏散藤县乡间,南宁疏运百色,此路损失亦少;(4)柳处无法运出之笨重器材约10吨,投置水池中,以免资敌,不动产及家具等,则留职员1人、工友2人看守。

(二)紧缩机构勉维时艰　湘桂战事,波及黔南,本厂损失巨大,此时业务锐减,厂况陷于万分艰难之境。先后因战事撤销及为紧缩而停办之厂,计有衡阳、柳州、长安、桂林、禄步、马场坪、中曹司、贞丰、邵铁厂及柳铁厂等10厂,及衡阳、长沙、零陵、道县、曲江、邵江、洪江、冷水滩、泰和、吉安、柳州、桂林、梧州、南宁、桂平、鹿寨、长安、古宜、独山、宜山、永兴等办事处及分处站21单位,遣散职工几达半数以上。所幸公路局贷款所建特约工厂,只须按原来贷款金额偿还,在币值贬降之情形下,公司方面颇获裨助。同时战时生产局成立,重庆铁工厂接得大批定货,并获巨额贷款,又以空运外销业务之开拓,颇有利润,在艰苦中勉以维持。

(三)空运香料油出口　溯自太平洋战起,本公司外销业务虽暂停顿,惟与国外行家经常通讯,保持联络,清算港处账目,互达商情。曾于三十三、三十四年中,利用中印航线,先后由昆明空运桂油、茴油出口,外商视为珍品,争相购买,本公司敬业精神,亦誉满英美。三十三年十月,张总经理赴美出席国际通商会议,历时七月有余,对国际市场之联系,更进一步,归国后,加强对外工作组织,广事联络外商,于战后外销业务,预作广远之布置。

(四)胜利前之部署　胜利前夕,通货恶性膨胀,物价直线上升,后方各工厂不但再生产成本难以维持,日常开支浩大,即无法应付。本公司有鉴于此,一面紧缩开支,一面清售不用资产,偿还债务,订立战后复员计划,积极加强对外工作,以博取国际友谊。

(五)厂处设置　在兹紧缩时期,一为安置战区内移各重要干部,一为试用自制榨机,提倡机榨工业,曾在成都筹设榨油厂,惟以运输困难,装置费时,胜利后,即让售川省府主办之农业公司。

(六)财务概况

1. 营业额与开支　三十四年度乃本公司营业过程中最艰苦时期,业务萎缩,支出浩繁,年内营业额虽达18亿余元,但以数量计,不及前数年者远甚,正是表现通货膨胀之严重现象。再观全年各项开支达6.1亿元,支出利息7,000万元,负担之大,殊足惊人。

2. 借入款项　期内金融合作,以重庆交通银行抵押借款2,500万元,及四联总处成都购料贷款6,300万元,为数最巨,为期亦较长。期末黔、滇、渝铁厂各单位结束,各借入款项先后还清。统计年底止,向各地银行押借、信透、贴现及押汇等各种方式,共计借入款项达2.34亿余元。

3. 期末资产实况　至三十四年底止,公司资产总额为8.804,3亿元,流动资产占76%,计6.671,6亿元,固定资产占13%,计1.150,8亿元,其他资产占11%,计9,819万元。流动及其他负债共计7.744,3亿元,占总额88%。估计资本公积及准备为1.06亿元。

五、复员时期(三十四年八月抗战胜利至三十五年六月)

(一)战事胜利厂处复员　三十四年八月,敌人无条件投降,八年苦战,卒获胜利。惟当复员还乡呼声中,人心转向,信用骤形收缩,银根奇紧,物价直线下落,金融经济,陷于极度恐慌状态,社会情形紊乱。本公司幸财务稳健,且筹划在先,故应变裕如,按照既定计划,裁撤不必要各单位,如贵阳、遵义、安顺、镇远、晃县、辰溪、昆明、昭道、头塘、合川、遂宁等厂处及重庆铁工厂;各合营事业,除四川榨油厂继续经营外,亦相继停办。同时指派高级职员,分赴收复区,相机布置,先后在上海、汉口、梧州、柳州、南宁、长安(广西)、广州、香港、芜湖、杭州、温州、长沙、衡阳、邵阳、天津、青岛各地,恢复及设置机构。战前存汉口厂产,全部收回。沪港劫余资产,亦各收复。经半年来之部署,厂业各务,俱入正常。出口贸易,完全恢复。运输路线,计华南方面,桂粤油料运港出口,华中方面,川、湘、鄂之桐油运沪出口。自三十五年一月至六月份止,各地收购共达1.5万余吨,超过开办以来历年记录。将来业务运输通畅,或能更加发展。

(二)接受敌伪工厂　本公司在收复区,奉经济部命,代理接管敌伪工厂,在沪计有涂料会社、吉田油厂、泰山油厂,在津有兴元工厂,在穗有三菱工厂,均能及先开工,以副嘱托,并获舆论称许。上海接管各厂,原为敌人自华商手中掠夺所得者,旋经先后发还。本公司因自有机件被拆迁大德新油厂内,故向该厂租用厂基设备,继续开工。此期内最可足述者,为受敌伪产业处理局之委托,接收各仓库封存油籽,代为榨炼配售,数月之中,处理得法,于平抑油价颇收实效。

(三)财务概况

1. 营业情形及资金活动　复员以来,本公司业务孟晋,半年之中,进货总额达136.3亿元,销货总额达134.2亿元。业务之扩展,需要资金,自更增多,连同四联总处贷款5亿元及各地银行借款短期贴票等,截至三十五年五月止,共计借入资金达34亿元,然以各地货价工缴不断上涨,与夫长途之输运,仍时感短绌。最近四联总处核准本公司借款及押汇总额为50亿元,则今后经营,当可益趋灵活。

2. 期末资产实况　截至三十五年五月止,全厂资产总额计124.97亿元,其中流动资金占90%,计111.88亿元,固定资产占5%,计6.54亿元,其他资产亦占5%,计6.55亿元。各种存货及固定设备,皆按购入时之原价列账。

[中国植物油料厂档案]

39. 兵工署汽车制造厂沿革(1947年11月)

本厂前身为前陆海空总司令部交通兵团修理所,民国十八年改组为总司令部交通处机械修造厂。不列编制,厂中人员由交通处调用,经费在交通处经费内开支。隶属主管处长邱炜并兼任厂长职务。二十年十二月总司令部结束,改归军政部直辖,更名为军政部交通机械修造厂,受交通司司长王景禄指挥。二十六年抗战军兴,奉令增设4个修车分厂及4个电信移动修理所,因军事紧急赶于同年八月一日编组完竣,分派在各战区担任修理汽车及有无线电机等工作,并受后勤部兵站总监部指挥。二十七年一月感于业务繁重,曾呈准将电信工厂划分独立建制,另行成立为本部电信机械修造厂,则专任军用汽车修理制造工作。本厂自二十六年十一月间奉令出京迁移长沙,嗣随局势转进由长沙至沅陵,由沅陵至贵阳,播迁靡定。在敌机遍炸之下,赖员工努力随地设厂工作,幸无停顿,而各式区修理分厂亦能发挥力量,维持军运,稍具贡献。二十八年十月奉令迁移四川綦江集中建设。三十年五月奉令将修理制造业务划分,除修理汽车业务另行成立军政部军用汽车修理总厂外,本厂则改编为军政部交通机械制造总厂,专司军车配件及修车工具之制造厂【等】。此时艰初受滇湎路封锁影响,继因珍珠港事变发生,国际路线中断,原料机器来源两感缺乏,国内供应亦感困难,仰赖层峰支持,员工艰苦支撑,数年以来供应军事配件数达275吨,贡献军运,勉达抗建任务。三十三年十月奉令随同交通司划隶后方勤务部,改称为后方勤务部交通机械制造总厂。三十四年三月交通司改组为交辎兵司,又改称为军政部第一交辎器材制造厂,隶属主管为交通辎兵司司长王镇。同年五月奉令改隶兵工署,改称为兵工署汽车制造厂,直隶主管为署长俞大维。同年十二月奉令自三十五年元月起归隶后方勤务总司令部,改称为后方勤务总司令部第二汽车机件修造厂,并受第四补给区司令白雨生指挥。同年六月奉令改称联合勤务总司令部第二汽车机件制造厂,直辖总部运输署,并受本部美资运输处指挥,业务范围除继续从事汽车机件及修车机具之制造外,逐谋扩展,以达整个汽车之自制。

中华民国三十六年十一月

[綦江汽车配件二厂档案]

40. 第二十五兵工厂成立及其历年业务概况①（1948年2月17日）

一、本厂成立经过

本厂之原始

本厂原系湖南株洲炮兵技术研究处之枪弹厂。二十七年四月该处处长龚积成奉署令将该处枪弹机器运渝安装，划分独立，始成立第二十五工厂，专造枪弹及木柄手榴弹，遵于同年四月十二日在重庆成立筹备处开始筹备。经勘定张家溪一带为厂址，同时办理征收地亩，设计建筑，并由湖南株洲迁运机器等工作。

本厂之成立

本厂之筹备原定最短期间为十个月，因抗战之需要，努力工作，仅八阅月而最切需之厂房、办公厅、宿舍、食堂、厨房等工程已次第完竣，机器由株洲运厂者亦达3,500余吨，并于筹备期内择要安装。至二十八年元旦奉令正式成厂，委任筹备处长龚积成为厂长。

本厂之扩充

本厂厂基第一、二两次在张家溪先后征地1,600余亩。嗣于二十八年五月奉兵工署令饬将重要部分机件早日移设于山洞内以策安全，又于同年八月奉署令饬将熔铜、轧铜两部分山洞厂房先行兴筑，遵在毗连厂址之挂榜山地段又先后征地1,200余亩，兴建山洞厂房及工人宿舍，经于三十一年五月内完成山洞8座，并安装机器，开始兴工。三十年七月，复呈奉署令准将第一厂在二层岩山洞各项工程由本厂接收继续建筑，亦于三十一年五月先后完成山洞32座，合计连挂榜山山洞共计完成40座，即从事安装，统于十月内一律完成，开工制造。

本厂厂长之更迭［略］

本厂之组织［略］

二、历年业务概况

制造情形

本厂制造枪弹机器系由前沪、赣、湘各厂及前炮兵技术研究处向德国

---

① 此件节录自兵工署第二十五工厂1948年2月17日拟本厂厂史草案。

订购者汇集而来。抗战军兴,始由湖南株洲迁渝,于二十八年元旦成厂开工。复于是年秋季接收成都厂少数枪弹机器,连同本厂所有者凑足枪弹机器千套。出品以枪弹为主,因抗战需要并加造木柄手榴弹。他如代造之各种铜皮为数颇巨,雷管、拉火帽亦月以数十万计。所用主要材料如紫铜、白铝、工具钢等由署拨发,其他副料杂料大多由厂自购。兹将每年制造概况简述如下:

二十八年度

本厂于是年四月起正式开工,出品以79圆步弹为多,尖步弹较少,机弹则未能制造,并整理库交废旧子弹而利用之,八月间增造木柄手榴弹。自四月起至本年底统计出品圆步弹1,020余万发,尖步弹500余万发,木柄手榴弹计8.1万余枚。

二十九年度

枪弹制造技术自本年度起积极改进,惟至秋季方臻成效,除能出品机弹外即步弹品质亦属良好,统计本年度制成圆步弹1,410余万发,尖步弹1,900余万发,机弹100万发,空包弹160万发,木柄手榴弹18.5万余枚。

三十年度

本年出品因夏秋两季空袭频繁,影响甚巨,但较去年仍有增多,每月出品已能超过600万发,弹头精度经加改进已堪与德造比美。八月间奉令疏散,乃择效率优良、型式新颖之机器迁入山洞厂房,实际工作机器不足5套,且多陈旧,虽通宵工作而效率相差甚大,产量遂形锐减。统计本年出品计圆头弹1,300余万发,尖头弹2,050余万发,11公厘手榴弹10万发,空包弹10万发,木柄手榴弹35.9万余枚。

三十一年度

本年在十月份前仅就所留机器5套赶制出品外,一面督建山洞安装机器,直至十月始将山洞各项机器安装完成开工赶制转手,计从十二月起新旧厂可月造各种枪弹600万以上,如将接收第一厂移交枪弹机器内制造铜壳机器修配装好,则每月产量可达800万以上,除制造子弹外尚代各友厂制造各种铜皮及手榴弹雷管,为数亦巨。

三十二年度

(一)迁建

本年度本厂迁建区厂房均已次第完成,除不宜于洞内工作者仍在地面建筑一部分厂房外,其余共建造山洞40座,迁装之机器计电流变压器2套,电气熔铜炉2部,大轧片机3部,制造枪弹铜壳机器5套,其余弹头装较等约计10套,制造工具及修造用机器100余部,除枪弹机中有4套因系接收第一厂由湘宜辗转抢运来渝者致损坏甚大,配合不齐,须俟有相当之整理修配补充时间始能应用外,余均开工制造。

……

三十三年度

本厂三月间奉令裁减工人一批,约达1/10。四月间调整工人工资,增加25%。六月本厂在挂榜山新建之射击场落成,试射枪弹改在该场举行。本厂原造之79圆步弹前于三十年八月间奉令停造,本年七月又奉令制造一批计200万粒。关于研究改进枪弹之实验工场,七月间开始筹备。十月调整工人工资增加40%,领到硬度试验机1部,对于到厂之原料及制造钢壳之铜板均施以硬度试验;又领到79压力枪一支,试验完成枪弹膛压。其他员工福利方面及附属事业亦逐步改进,日完备完。

三十四年度

本年四月五日兵工署制造司为关于复员计划调查各厂技术员工一般情形,检附各项表式及说明,嘱予填报。八月日本宣布无条件投降。我国抗战遂告胜利。九月二十九日奉大署代电为各厂员工在抗战期间从事军需生产工作备著勤劳,经签奉部长批准核发胜利奖金,其服务五年以上之职员并发抗战胜利纪念章,关于本厂其他事项因人事变迁无从查考,无法叙述。

三十五年度

本年三月间奉兵工署令,为抗战期间各厂员工备极辛劳,现抗战胜利,为顾念各员工离乡岁久,怀归心切,特规定资遣员工办法。本厂于四月间成立"资遣员工还乡交通服务委员会"开始办理资遣事宜。四月十六日复奉署令将第二十五工厂名义裁撤,成立保管处归并第二十工厂,至六月底全厂员工除留用少数外,大部均经资遣完竣。七月一日成立第二十工厂张家溪保管处接管第二十五厂房屋、地产、机器等各项设备;另留一部员工成立第九制造所隶属第二十厂工务处,继续制造79枪弹,十月一日又成立美式枪弹筹造处,利用第二十五厂停用机器及其他设备开始筹备试造美式枪弹工作。

……

[第二十五兵工厂档案]

41. 第二十五兵工厂历年出品数量表(1947年)

品名 年度	单位	79圆步弹	79尖步弹	79尖机弹	65尖步弹	65圆步弹	冲锋枪弹	木柄手榴弹
28	粒	10,260,750	5,077,000					81,450
29	粒	14,139,750	19,054,050	1,000,500				185,475
30	粒	13,045,250	20,511,710	14,333,120	751,000		100,250	359,530
31	粒	100,250	24,766,230	14,076,360	627,800			42,225
32	粒		34,127,730	15,512,080	2,905,500	701,750		
33	粒	2,003,600	21,699,960	24,280,860	5,308,700			
34	粒	11,600,000	14,400,000	5,900,000	4,200,000			20,000
35	粒	1,700,000	4,400,000	5,200,000				42,420
合计	粒	52,849,600	144,006,680	80,302,920	13,793,000	701,750	100,250	731,100

[第二十五兵工厂档案]

42. 第二十一兵工厂简史稿①(1948年2月)

  本厂之创立,议起于曾国藩,而实促厥成者则为李鸿章。当李氏任两江总督时,命顾问英人马可尼筹设机器局,厂址初在苏州西门外,继迁南京乌龙山,清同治三年南京聚宝门(现称中华门)外雨花台山阴新厂房竣工,始全部迁入,定名为金陵机器局。规模未阔,技术人员缺乏,出品亦少。清廷例以道

---

①此件节录自1948年2月《联勤总部兵工署第二十一工厂厂史》。

员主持厂务,名曰总办,历任鲜见其发展之迹象。

至民国光复后,改称为金陵制造局。以政局波荡,主持人更调频数,多以五日京兆为心,亦少改进。其自开创以来之文件档案,以历经兵燹,均散佚无存,于其历届总办或局长人名及出品员工等情形,今已无法确知。以上所述仅据之口述,其可知之主持人名录于附纸(见附件一),历年员工人数增加情形其为确实可考之数目(见附件二)。民国十六年国民革命军克复南京,十七年初将本厂改名为上海兵工厂金陵分厂,由上海兵工厂统辖。十八年以京沪远隔不便遥制,遂更名为金陵兵工厂,厂长为黄公柱氏。二十年七月由今副署长李承干接任厂长,历行廉洁,竭力整顿。二十二、三年间节余公款200余万元,奉准将厂房翻新盖造,并增购机器设备,技术员工亦随时增加训练。迄民国二十六年,主要出品计有(一)马克沁重机关枪;(二)82迫击炮;(三)82迫击炮弹;(四)79步机枪;(五)各项军用器材及武器附件,如驮鞍、圆锹、十字镐等;(六)防毒面具,出产数量既年有增加,各项出品之精度尤多改进。历年产品及产量之变迁情形见附件三[略],而有关技术改进之详情见附件四[略]第五节。方十八年划归兵工署直辖改称金陵兵工厂时,奉准修正编制,其概况约为:十七年四月上海兵工厂金陵分厂时之原编制为(一)总务科,下设文书、会计、庶务、医务各股、警卫队;(二)工务科,下设制枪、制弹、制药三厂;(三)审计科。十八年七月金陵兵工厂修订之新编制则改科为处,改股为课,增设购料课及军械库于总务处之下,增设图案室及物料库于工务处之下。至二十五年二月,又增设会计处,下设簿记、成本计算、审计等三课,总务处下又增设一出纳课。

民国二十六年七月七日战起,"八一三"沪战继之,本厂于空袭频繁、战事紧张时仍加紧赶造。九月中旬奉令将枪弹厂西迁重庆,与四川第一兵工厂合并(即今之第二十工厂)。十月十五日又奉明令将所余厂部一律西迁,十二月一日全部撤离南京,二十七年三月一日在重庆市江北簸箕石全部复工。而本厂编制在二十六年五月又奉前军政部令改订为厂长、主任、秘书,总务处改称办公厅,由主任秘书兼掌,又将原隶总务处之职工福利课扩编为职工福利处。其组织系统表如附件五[略]。计旧编制仅有职员100余人,新编制扩充为

400余人,约为旧制之3倍,至同年十一月止,确定新编制总人数497员。职工福利课扩编为处后,设立训育、供应两课,农场、米厂、合作社等经办福利设施之机构亦相继设立。历年来以员工刻苦自求生活之改进,精神重于物质,勉能于安定中倍加努力,报效国家。其有关福利设施详况见附件六。[略]

二十七年三月在渝复工后,维时员工均痛感困难之严重,努力工作,故出品反较在京时增多。旋奉令改称为第二十一工厂,且于二十七年七月接收汉阳兵工厂之步枪厂,至次年一月亦在渝复工。二十八年一月十四日接管第二十工厂之轻机关枪厂,赓续开工。同年二月奉准增设步枪厂、轻机关枪厂,员额编制717员。同年三月奉令接收在德购置之新式制炮及炮弹机器,在云南安宁县始甸村成立本厂安宁分厂,至三十年十一月正式开工出品制造炮弹及甲雷等。同年七月接收重庆武器修理所,合并于本厂之轻枪厂内。二十九年十一月开始将轻机枪、迫击炮、工具三厂疏散至铜罐驿,利用成渝路山洞隧道为工场,至三十年三月迁装竣事,在铜罐驿开工。现又因成渝路索还隧道于三十六年四月将轻机枪及迫击炮两厂迁至鹅公岩第一工厂旧址开工,工具厂迁回江北。二十九年七月在江北藕塘湾设立本厂医院,原医务课名义废止。再三十年六月奉署令在厂设置警卫稽查组,三十二年一月设立热处理所,同年九月试办宁和中学,同年十月设重迫炮厂,以应事实与业务之需要。三十三年七月在会计处之下呈准增设新工计算课,同年十一月奉令将四十工厂归并本厂,改称本厂綦江分厂,仍在原地开工,编制照原第四十工厂者暂未更改。三十四年四月奉令接并兵工署废品整理工厂,改称为本厂火工厂,其编制及员额暂并附本厂利用。同年七月兵工署材料储整处自第二十工厂拨移本厂管辖,十月间又将署属汽车运输处交本厂接收。因抗战胜利,由本厂及綦江分厂于十月间调派员工赴京沪接收敌伪兵工场所,至三十五年九月在金陵兵工厂原址成立第六十工厂,并奉令以綦江分厂厂长孙学斌为厂长,随厂迁川之员工陆续调至第六十工厂者,约已500余人。三十五年六月奉令撤消所属安宁与綦江两个分厂,又接并第一、第二十七、第四十一工厂,将以上五个工厂之机料迁运至渝,以供本厂利用。暂在各该厂设立保管处办理交接迁运及保管等事宜,现任已次第完成,各保管处已先后结束,刻又奉令将第二十三工厂之重庆分厂改隶本厂,正洽办交接中。

三十六年三月十五日李副署长承干辞去厂长兼职,赴美考察,厂长职务奉令由俞濯之继任。现编制仍为二十六年所奉准,经历年略事增订勉资应用者,实有人员尚未超过本厂及附属机构全部编制总定额。此本厂简要之历史,今后厂务之发展尚仰赖层峰之督导与兵工同人群策群力,合作互助,庶共期其有成耳。

附件一:

兵工署第二十一工厂历任厂长姓名清单

名称	姓名	别号	籍贯	到差年月	附 记
金陵机器局	刘佐玉		江西		
	桂香庭		湖南		
	段晓虎		安徽合肥		修理军械、造田鸡炮反炮弹
	龚丙鸾	照谖	安徽合肥		
	郭道直	月楼	安徽合肥	清光绪二十年	一、二磅炮及炮弹钳头、独子弹10门枪,4门枪快枪、□□,工人四五百人,员司20余人
	吴学廉	清泉	安徽庐江	清光绪二十六年	79圆头枪弹,火箭,工人四五百人,员司20余人
	刘体乾		安徽庐江		
	徐乃光		江苏扬州	清光绪三十一年	修配代造子弹,以造当小铜元
	李				名不详
	郑				名不详
	赵				名不详
	潘学祖		安徽		
金陵制造局	宾步程		湖南	民三年	修理各师旅损坏武器、造枪弹,工人四五百人,员司20余人
	王者化		山东	民二年	开始造机关枪、65炮弹,工人300余人,员司56人
	范				名不详
	王金海		河北天津		

续表

名称	姓名	别号	籍贯	到差年月	附记
金陵制造局	咸瑶圃	笔农	河北交河	十年四月	马克沁机枪月出3架,79圆子弹、勃朗宁手枪,工人约四五百人,员司28人
	刘玉昆	景山	河北沧县	十年十月	
	王烈			十四年六月	
	尹凤鸣			十四年九月	
	李斐然	成章	河北保定	十五年四月	试造炮顶炸弹
	成桄			十六年四月	
上海兵工厂金陵分厂	陈钦		浙江兰溪	十六年五月	无烟药造机器
金陵兵工厂	黄公柱	公石	广东惠阳	十七年九月	82追炮,30、80磅飞机炸弹,重机枪……子弹……等
	李承干	直卿	湖南长沙	二十年七月八日	
第二十一工厂	愈濯之	逢汉	河北宁河	三十六年三月十五日	

附件二：

第二十一工厂历年员工兵佚人数一览表

类别 人数 年份	职员	工人	士兵	佚役	合计	备考
16		961				1.职员兵佚人数在二十三年以前无正确统计资料故以阙。
17		1,017				
18		1,035				
19		1,138				
20		1,258				
21		1,247				
22		1,376				
23	158	1,477	268	48	1,951	
24	155	1,934	268	54	2,411	

续表

类别　人数　年份	职员	工人	士兵	伕役	合计	备考
25	152	2,324	245	71	2,792	2. 工人人数在十六年以前无正确统计资料亦从阙。
26	135	2,404	224	71	2,834	
27	133	3,520	224	72	3,949	
28	225	4,648	315	73	5,261	
29	247	4,792	407	78	5,524	
30	290	4,810	395	84	5,579	
31	463	5,335	406	90	6,294	
32	463	5,562	423	85	6,533	
33	539	6,943	399	87	7,968	
34	798	7,971	583	97	9,449	
35	724	7,643	744	97	9,208	
36	786	8,231	951	97	10,065	

［第二十一兵工厂档案］

43. 第二十一兵工厂綦江分厂概况稿(1948年2月26日)

前军政部兵工署第二十一工厂綦江分厂史料

一、简要之沿革

本厂原为广西南宁、柳州、梧州、融县各兵工厂归并而成。桂当局于十九年筹设制械厂于南宁,后改称第二厂,二十年续设第一工厂,二十四年续设制弹厂于柳州,复于梧州设科学研究所,二十六年设立南宁第三机械厂,旋复于梧州设立火药制造厂。二十六年秋,抗战军兴,桂当局以军火有统筹之必要,经呈准中央于九月间由兵工署派员前往接收。初就柳州制弹厂设军政部广西兵工厂筹备处,是年冬呈准将南宁一、二两厂迁于距柳市十里之独登山雨岩洞内,更名为机枪厂、炸弹厂。同时将无出品欠设备之第三厂、科学研究所、梧州火药厂等三机构撤并。至此计有三厂员工约共2,000人,二十七年二月改称第四十工厂。二十八年十月改行新编制(即现沿用者),并奉授隐名为柳丝农场。十一月桂南战事吃紧，奉令迁川，并将机枪厂与第四十一厂枪弹部互并，全部机料7,000吨，除机枪厂机料运交四十一厂，及至三十三年底尚滞存湘黔两省2,000余吨，经总厂陆续运渝。又本分厂厂址卜筑，于二十九年五月原为第五工程处岩洞库房，初建临时厂房等若干栋，至三十年六月续行添建现用之厂房等185栋，刻在建筑中者为龙溪河水力发电及小鱼沱至厂内岩洞之轻便铁道两工程。三十三年十二月二十六日遵照署令接收前第四十工厂，改为第二十一工厂綦江分厂，编制暂仍照旧，三十五年七月奉令结束归并总厂，至三十六年底迁运完毕，本分厂遂告撤销矣。

二、厂地面积及租购情形

厂区全部面积计为136.703,4万市亩，系向人民征购。

三、厂房总数

岩洞厂房8,440平公，洞外厂房355.164,8万平公（办公及杂用房在内），合计439.564,8万平公。

四、机器总数及重量

本分厂安装在用之机器计有元车153部，铣车16部，刨车8部，舂车35部，铡床4部，钻床32部，磨机25部，锯床6部，枪弹机196部，马达213部，动力机14部，立式锅炉1套及附属装置105件，计12种，共780部，总计重量51.805,7万公斤。

五、编制人数

计编制军官佐属为391员，署准聘任医师、护士等7员，子弟学校教师视学生班次多寡聘任，名额无定，工人为2,600名，士兵为323名（警卫两中队及杂兵等），伕役为41名，以上合计为3,362员名。

六、主要出品及产量

以三十四年七月间情形而论，每月可造79重尖弹120万粒，82迫炮弹1万颗，各种铜件20吨，如材料能充分供应，可就现有机力人力增加生产。

一九四八年二月二十六日

［第二十一兵工厂档案］

44. 第十兵工厂迁并成立经过及其生产状况概况（1948年3月23日）①

甲　本厂成立动机与目的

本厂在筹备时期原名炮兵技术研究处,兵工署于民国二十五年三月十四日令派炮兵器材科科长庄权任处长,以筹建株洲兵工厂为主要任务。株厂厂址曾奉委员长蒋指定湖南株洲,经秉承意旨勘察地形,以在该地董家塅为适宜。遂签呈委员长核准（军委会高二字第1087号指令备案）,并饬迅即着手筹备。全厂面积共计圈购5,439亩,原拟作国内兵器制造规模最大之现代化工厂,主要出品在制造各种火炮供应国防需要,当为避免对外暂不公开起见,故以炮技处名义负筹备之责。

兵工署署长俞大维以现有各兵工厂制造出品以步兵兵器为多,关于火炮一项仅汉阳炮厂可月出克式7.5公分野炮2门,按之该厂机器、设备、建筑,对于制造轻类野战火炮尚称适宜,如能加以整理,增添机器,即可成一完整之炮厂。爰拟具自行筹造新式7.5公分野炮及10公分轻榴弹炮计划,并令炮技处自民国二十五年十一月一日起全部接管汉阳兵工厂所属炮厂,对外即揭橥驻汉办事处名义,以免各方注意。

乙　本厂当初设备及其迁建详情

（一）株厂之迁移

株厂厂房工程如动力厂、枪弹厂及材料库等房屋,自二十六年十一月份起均先后开工,并派员赴沪抢运枪弹机及一部分动力机,均于上海沦陷前冒险运出,运到株洲后即在临时建筑之简陋厂房中间开始安装。至二十七年五月一日株洲临时枪弹厂正式开工,日出枪弹4万发供应抗战急需。六月一日株厂机器奉令迁渝,另行在渝筹备建厂。经派员组设重庆办事处负责筹备,并勘定重庆江北忠恕沱为厂址。

（二）汉阳炮厂之改隶

二十七年六月本处所属汉阳炮厂奉准移沅陵,机料3,000余吨起运离

---

① 此件节录自1948年3月23日兵工署第十工厂编制本厂沿革史。

汉,员工300余随同转移,至九月间到达桃源,呈准暂在该县搭建临时厂房,安装机器,恢复工作,十二月武汉撤退,湘北局势紧张,汉阳炮厂复由桃源迁至湘西沅陵,成立修械工场,继续担任修炮工作。二十八年二月本处所属汉阳炮厂第一分厂由衡迁桂,专任前线火炮修理工作。为便利节制起见,遵照署令将该分厂改为炮技处桂林修炮厂。至同年六月本处驻沅陵修械工场奉署令归并辰溪第一工厂,当即造册移交清楚,驻汉办事处名义同时撤销。又桂林修炮厂亦遵令改隶由署直辖。

(三)株厂一部分械件之移交

二十七年七月本处所管一部分造炮机件及动力机件,遵照署令移交第五十工厂,分别在株洲、岳阳两地交接清楚。其时本处人员分散数地工作,关于株厂之迁移结束,全部机料之转运及渝厂之着手建设头绪纷繁,至八月中株厂迁移工作始大体完成,全部人员均陆续赴渝,并即时成立董家墩留守处,直隶本处,担任株厂未完建筑工程及零星材料之保管及守护厂地等事宜。同年九月中本处西运机料3,000余吨陆续抵渝,其中关于枪弹机全部遵照署令移归第二十五工厂筹备处接收。

(四)渝厂之筹建

重庆忠恕沱新厂共征地1,500市亩,办公房屋于二十七年九月杪建筑完工,炮技处正式迁入新厂,积极筹造,以2公分及3.7公分步兵炮弹为主要出品。翌年四月渝厂主要厂房大部建筑完工,遂即安装机器,惟以主要材料多滞留越、缅、昆明等地,运输迂缓,到达厂房者甚少,故无法正式开工。为尽量利用机力人力起见,乃代署属各厂制造零件及压制梯恩梯药包。二十九年九月本处以渝厂筹建已成,业务渐入制造阶段,而历次修正之编制运用不灵,窒碍实多,爰再予以修正,使其粗具一正式之厂型,以配合业务。

(五)第十工厂之成立与各种出品

三十年一月一日炮技处奉令结束,就其迁建之渝厂改组为第十工厂,仍任庄权为厂长。四月初首批苏罗通2公分电光榴弹1,400发试造成功,本厂主要出品从此开始。七月杪首批苏罗通2公分榴弹5,000发试造成功。此项榴弹之离心子料一项,原非国内所有,自来源断绝,本厂使用种种方法研究自制,始克有成,质料直与舶来品无异。三十一年四月杪首批欧力根 2 公分榴弹 1 万发试造成功。五月中首批苏罗通 3.7 公分榴弹 3,000 发试造成功。其时署令筹造 6 公分迫击炮(附图 1)与炮弹(附图 2)①及信号弹 3 种兵器,按本厂原为制造 2 公分与 3.7 公分炮弹之专厂,所有材料供自国外,因海运封锁,来源断绝,库存行将用罄,而原有机器除一部分留供原额出品制造外,其余均须重行改装,配备工场,以为制造新出品之准备,且须酌予添购以补不足。厂长庄权鉴于新旧制造须同时并筹,乃于五月中再度赴滇向昆明署属各库选配机料 3,000 吨,督行运渝,以资补充,使新旧出品得以衔接。至翌年二月杪,第一门 6 公分迫击炮试造成功。三十四年八月抗战胜利,增产无形停顿,本月份起,本厂出品奉令改为迫击炮 100 门,迫击炮弹 2.4 万发,擦机器具 800 套。十月间兵工署调派本厂厂长庄权为本署接收东北区各兵工厂接收委员会主任委员,并派第五十工厂厂长丁天雄兼代本厂厂长。

(六)本厂迁建所需经费

炮技处奉令由京迁湘,所有办公文具、家具等由京赴汉,迁长转株之旅什费等则另编预算请发。奉准核列 6,450 元,款在二十五年度经常费节余项下列支决算数为 5,916.70 元。嗣后本处奉令由株迁渝,当时存株之机料约 5,000 吨,其运费及员工兵伕之旅费、奖恤费、什费等预算奉准核列 41.5 万元,实支 36.341,719 万元。株厂迁渝后即于二十七年建设新厂,迄三十二年止,其所需之建设经费列表于后:

年度	预算数	实支数
二十一—二九年	1,219,005.00	1,204,848.86
三十年	2,500,000.00	2,448,506.01
三十一年	6,000,000.00	5,949,717.87
三十二年	5,000,000.00	4,997,830.42

三十四年各厂奉令增产并拨发增产建设费以充实厂方设备用建筑之用,兹将三十四年增产建设费预算及实支数列表如次:

---

① 此文附图全部删去。

年度	预算数	实支数
三十四年	106,830,000.00	105,372,329.86

（七）第五十工厂忠恕分厂时代之各种出品［略］

丙　兵工署　炮兵技术研究处　主官经历表（略）
　　　　　　第十工厂、第五十工厂忠恕分厂

丁　本厂历年官佐员额统计（略）

戊　本厂历年工人人数统计表

月份 年度	1	2	3	4	5	6	7	8	9	10	11	12	平均数
三十	855	924	1,047	1,222	1,238	1,235	1,259	1,224	1,191	1,189	1,195	1,297	$1,156\frac{4}{12}$
三十一	1,416	1,446	1,445	1,407	1,387	1,384	1,305	1,345	1,365	1,368	1,390	1,479	$1,394\frac{9}{12}$
三十二	1,535	1,528	1,629	1,666	1,655	1,606	1,586	1,598	1,688	1,795	1,958	2,083	$1,693\frac{11}{12}$
三十三	2,036	1,811	1,691	1,685	1,714	1,765	1,807	1,809	1,927	1,951	1,980	2,023	$1,849\frac{11}{12}$
三十四	2,082	2,122	2,198	2,190	2,165	2,181	2,262	2,287	2,219	2,145	2,121	2,090	$2,171\frac{10}{12}$
三十五	2,027	1,976	1,964	1,645	1,311	1,262	1,308	1,368	1,408	1,506	1,609	1,649	$1,586\frac{1}{12}$

己　本厂历年各种产品统计表

名称	单位	完成数量									备注
		28年	29年	30年	31年	32年	33年	34年	35年	36年	总计	
六公分迫击炮	门					400	950	1,420	1,525	2,080	6,375	
苏式二公分电光弹	颗			20,120	25,000	4,000					49,120	
苏式二公分电光榴弹	颗			80,753	90,000	5,000					175,753	

续表

名称	单位	完成数量									备注
		28年	29年	30年	31年	32年	33年	34年	35年	36年	总计	
苏式二公分榴弹	颗			80,108	95,000	7,000					183,108	
欧力根二公分电光榴弹	颗					30,000					30,000	
欧力根二公分榴弹	颗					54,000					54,000	
苏式三七榴弹	颗				30,000	75,000					105,000	
苏式三七甲弹	颗					85,000	44,600	25,000			154,000	
改造美式三七榴弹	颗								5,000		5,000	
六公分迫击炮弹	颗					90,000	207,500	447,000	360,000	638,000	1,742,500	
六公分迫炮填砂弹	颗						13,500	7,000	25,000	25,810	71,310	
六公分迫炮练习弹	颗							6,000			6,000	
信号枪弹	颗						60,000				60,000	
信号弹铜壳	只									240,000	240,000	

续表

名称	单位	完成数量									备注
		28年	29年	30年	31年	32年	33年	34年	35年	36年	总计	
擦枪器具	套				50,000	50,000	40,000	19,200	16,500	18,060	193,760	
四二重迫炮瞄准器	具									100	100	
六号雷管	只	50,000	50,000								100,000	
八号雷管	只		216,000		454,000					1,900	671,900	
十号雷管	只		94,000								94,000	
八号电气雷管	只							35,000			35,000	
方形药包	只		506,000	20,000	90,000	975,000					1,591,000	
圆形药包	只				51,000	1,000	60,000				112,000	
一公斤爆发罐	只						2,000				2,000	

庚　本厂各种出品在技术方面所有之改进（略）

辛　本厂之福利设施（略）

壬　附图（略）

[第十兵工厂档案]

45. 兵工署第四十一厂概况①（1948年上半年）

甲、沿革

本厂原始为广州石井制造西局，逊清光绪元年设于广州北郊30华里之石井地方，其机器大部分移自广州增埗制造东局及增埗黑药局，光绪十三年更名广东枪弹局。廿三年改称广东制造西局，时有工人370余名，制造单响

---

① 此件系节录自1948年上半年第二十一兵工厂桐梓保管处编造的《兵工署前第四十一工厂厂史》。

毛瑟马的力等子弹及格林炮弹。二十八年加设机器北厂,三十三年改称石井新厂,下设枪厂、弹厂、机器厂,开始制造水旱各式机关枪。同年于距石井6里之槎头地方设无烟药厂,至是全厂所属已有6个制造部分。先总理经之营之,煞费苦心,故本厂实占有革命性之光荣悠久历史。至民国十三年滇军入粤,曾遭焚毁,十四年更名广东兵器制造厂,制造部分一如旧观。二十三年加设炸弹厂,二十四年改称广东第一兵器制造厂,二十五年加设动力厂,是年十一月收归中央直辖,改称为广东第一兵工厂,兵工署令派金陵兵工厂工务处长钟道锠接收,于同年[？]月十日抵厂视事。二十六年加设木工厂,至是全厂工作部分计有步枪厂、机关枪厂、机关弹厂、无烟弹厂、机器厂、无烟药厂、炸弹厂、动力厂、木工厂等共有九所,工人增至2,300余名,各项成品产量日增。无如"七七"变起,日寇南侵,本厂奉令迁广西融县,二十七年一月奉令改称为第四十一工厂,并于同年五月将无烟药厂移交第二十三工厂接收,同年八月融县临时厂房抢建完竣,时工人达2,500余名,出品质量均有增加。旋以桂省吃紧,二十八年十二月复奉令迁移黔省桐梓,并奉令将子弹厂移交四十厂,炸弹厂移交桂林修炮厂分别接收,四十厂之造轻机枪部分交本厂接管,至是本厂遂为纯粹之造枪机关。二十九年设立水电工程组,利用天门河水发电,并在美订购新型发电机二部以解决动力。三十年一月奉令实行新编制,改称步枪厂等为第一至第八制造所,又先后改医务课为医院,庶务课为事务课,建设课为营缮课,审检课为检验课,军械课为成品库,同年三月添设工作准备课。三十三年冬钟道锠厂长以积劳患心脏病呈准休养,遗职调由四十厂刘厂长守愚接任。抗战胜利后,上峰鉴于本厂人员在抗战期间备极辛劳,为体恤各员工怀归心切计,于三十五年起特予依照服务年资发给资遣费及车船费,以助返乡。所有机料饬令移交第二十一工厂接收,于是本厂乃遵于同年六月杪办理蒇事,于焉结束。

乙、产品与产量之变迁[略]

丙、创办人及历次主持人姓名与经历及员工人数更动情形

一、创办人

为逊清光绪初年粤督张之洞。

二、历次主持人姓名与经历

1. 黄涛(不详)。

2. 钟道锠:美国及姆司机器厂又受拉斯强茂机器厂及雅芝机器厂实习生、金陵制造局总工程师、金陵兵工厂枪厂主任、工务处长、第四十一工厂厂长。

3. 刘守愚:陆军部巩厂炮弹厂管理员、炮弹厂主任、巩厂工务处长、兵工署兵工研究委员会专任委员、济南兵工厂厂长、兵工署购料委员会主任委员、广西兵工厂筹备处处长、第四十工厂厂长、第四十一工厂厂长。

三、员工人数更动情形

1. 光绪二十二年称谓广东制造西局,时有工人370余名。

2. 民国二十五年改称广东第一兵工厂,时有工人2,300余名。

3. 民国二十七年改称第四十一工厂,三十三年实有官员318员,工人2,993名,兵355名,共计3,666名。

[第二十一兵工厂档案]

46. 钢迁会历年实际产量表(1948年11月)

时期	发电度数(kWh)	生铁(吨)	钢锭(吨)	铸品(吨)	各型钢材(吨)	螺钉(吨)	铆钉(吨)	道钉(吨)	洋钉(吨)	锉刀(把)	耐火材料(吨)
卅年		4,444.611	113.000							21.615	1,053.761
卅一年	3,454.200	12,994.483	1,230.080	877.271	960.457				0.012	43.726	2,024.800
卅二年	5,893.450	13,392.924	4,088.943	1,137.474	2,416.262	15.822		26.319	27.224	27.092	1,771.414
卅三年	6,022.870	2,254.989	6,559.274	1,632.964	2,892.668	38.419	7.657	2.221	10.707	24.859	1,771.325
卅四年	8,456.754	12,987.823	7,815.835	1,512.653	6,523.299	33.857	16.77	29.356	8.995	20.000	1,381.656
卅五年	7,851.825	1,326.413	7,034.771	1,664.875	5,822.101	13.846		73.333	7.826	4.538	1,363.072
卅六年	6,094.304	9,169.732	8,803.916	1,599.328	6,649.295	20.967	2.576	30.716	4.525	4.709	2,084.513
卅七年一月	740.150	1,753.622	448.153	153.945	746.193	0.151	3.000			550	134.800
二月	678.600	1,494.506	806.019	124.657	470.414	0.924				500	182.523
三月	742.700	1,593.482	1,149.220	135.858	396.236	3.890				600	49.286
四月	504.800	1,176.738	765.129	184.463	462.188	2.212	0.052	1.067		600	174.632
五月	734.300	200.848	1,072.150	196.664	776.516	4.054				600	137.447

续表

时期	发电度数(kWh)	生铁(吨)	钢锭(吨)	铸品(吨)	各型钢材(吨)	螺钉(吨)	铆钉(吨)	道钉(吨)	洋钉(吨)	锉刀(把)	耐火材料(吨)
六月	603.000		820.893	164.101	531.361	3.874				550	78.368
七月	633.200		1,047.658	201.958	672.537	1.096	0.214	0.276		600	184.540
八月	629.200	201.830	666.449	126.770	277.423	2.735		0.184		574	83.211
九月	598.600	411.162	890.512	105.626	497.693	1.270	0.109			500	116.464
十月	626.000	483.095	555.237	125.259	619.349	0.653	2.200			500	161.581
附注	(1)20吨及100吨炼铁炉原料以车船不足,运输困难,供不应求,工作时有停顿,目前南桐煤矿设备亟待补充,所产焦炭难敷所需,妨碍生铁产量。(2)平电炉以设备能力有限,所产钢锭(月产量高额为800吨)难供轧钢之需要,而冶炼所需之生板碱性铁、废钢等来源不能源接济,致轧钢厂工作不时有待料之虞。(3)洋钉因无原料自三十六年九月份起业已停制。											

[钢铁厂迁建委员会档案]

47. 第二十兵工厂一九三七年九月至一九四八年底止各种出品数量统计表（1949年）

出品名称	单位	26	27	28	29	30	31	32	33	34	35	36	37	总计	附记
	粒	2,000	101,345,600	63,568,000	46,701,500	48,727,500	61,984,750	52,647,500	68,553,030	64,049,310	70,588,805	135,251,430	155,400,000	876,741,325	
79空炮弹	粒			100,000		870,000	950,000	200,000			1,100,000		4,200	3,226,200	
70猛性弹	粒			112,000	100,000	210,500	186,500	30,000	34,000	12,000	210,000	130,000	40,000	1,031,000	
79假子弹	粒			100,000				20,000		65,000		20,000		239,000	
79木箭弹	粒			50,000	23,000	540,000	520,500	400,000	1,605,200	430,500	2,000,000	200,000		5,769,200	
79爆炸弹	粒			10,000										10,000	系代航委会试造
79高压弹	粒					20,000	46,500				320,000	170,000	338,000	894,500	
79碱药弹	粒			8,060,000	4,895,000	3,900,000	11,446,250	11,752,500		2,000				40,055,750	
79特种子弹	粒										50,000	163,000	12,700	225,700	
79重尖步机弹	粒											1,503,000	9,400,000	10,903,000	
762俄式尖机弹	粒			400,000										400,000	系代航委会试造
762爆炸弹	粒			25,000	183,500									208,500	系代航委会改装试造
762俄式空炮弹	粒					250,000		69,600	24,800					344,400	

续表

出品名称	单位数量	26	27	28	29	30	31	32	33	34	35	36	37	总计	附记
762尖步弹	粒								20,000		212,500			232,500	35年212,500粒系上子夹装箱
763手枪弹	粒				1,000,000	3,039,550	3,052,500	2,107,500	720,800				2,000	9,922,350	
763空炮弹	粒									500	200	1,100		1,800	
比造枪弹	粒											35,000		35,000	
79抽武尖弹	粒												3,400,000	3,400,000	
79抽武重庆弹	粒												621,135	621,135	
0.3美式步机弹	粒												28,240	28,240	二十一厂送修
79厚底高压弹	粒												21,800,000	21,800,000	
0.45冲锋枪弹	粒											55,400	2,409,500	55,400 2,409,500	

续表

品名	单位	数量\年度	26	27	28	29	30	31	32	33	34	35	36	37	总计	附记
2.3捕试尖弹	粒													61,390	61,390	
合计	粒		7,915,000	101,345,600	72,425,000	52,913,000	57,557,550	78,187,000	67,227,100	70,958,730	64,559,310	74,481,505	166,057,480	193,572,565	1,007,199,840	36年12月份未装药枪弹在内11,040,840粒
机弹百分率	%		39.3	43.1	32.7	38.9	24.7	37.9	45.5	52.9	35.7	60.4	69.9	63.4	历年平均45.3	包括试枪筒重尖弹等
代造零件及其他	件			17,566,284	5,106,898	7,620,255	2,901,125	4,856,188	7,393,190	6,748,345	8,453,850	2,157,120	10,385,000	42,800,000.95	115,988,255.95	
代造各种铜锡锌皮	公斤			56,282.7	82,799.2	36,912	5,245	49,438	12,274.8	160,635.5	174,084	84,352	764,631.5	266,402.53	1,693,057.23	
四号甲雷	个			13,100	21,650	30,200	38,200	81,500	55,000	63,510	94,224	9,116		40,000	446,500	31年度内有空雷36,500个 35年度全系空雷
启拉利轻机枪	挺			1,900											1,900	

摘要 1.二十六年接收川厂,九月份始正式工作,开用枪弹机4套,十月份迁并金陵厂枪弹机,于二十七年二月开工制造。2.陕厂筹备处枪弹机于二十七年四月迁并本厂。3.三十五年八月份接收二十厂之枪弹机组成第九所及0.3尖弹筹造处,三十六年十二月改并为制造处,三十六年十一月份接收二十厂之枪弹机组成第五所,于三十六年八月出产79重尖弹。4.资料来源:支配课件奖成品统计表。

[第二十兵工厂档案]

三、民营厂企的经营

1. 苏州实业社陈述苏纶纺织厂内迁复工生产呈（1938年6月14日）

为呈报事：窃苏纶纺织厂于去年十一月十日遭敌破坏，被迫停工，厂当轴正谋将机器等迁至安全地带，讵知是月十九日寇军进据苏垣，情形混乱，嗣后一再设法，冀将机器运出迁川复业，终以敌人蓄意霸占吾国生产机关无法实现。属社系苏纶纺织厂职工所组织，附设厂内，专制棉布及棉织日用品，以供全厂职工暨附近居民之需要。以生产工具比较简单，故于苏垣危急时先行迁移出厂，随一部分职员暨工友等迁运来渝。今苏纶迁渝事既已绝望，同人等乃将属社迁来之机器暨工具等加以整理，兼事补充（机器名称、数量见登记表），租屋于本市南岸龙门浩葡萄院街56至58号，从事生产，已于五月二日开始制造。额定资本为法币5,000元整，分作500股，每股法币10元，股本均已收齐。并推定严欣淇、徐治、戴文伯、丁履尊、池养龙、黄璧卿、张少云、官雨苍、汤伯谋等九人为董事，互推严欣淇为董事长，组织董事会。并经董事会聘任徐治为经理，戴文伯为工程师，黄璧卿为营业主任，丁履尊为总务主务。目前出品计有各种棉布、医用纱布及其他棉纺织物等。属社原附设苏纶厂内，故迄未单独向任何机关注册，今既得迁移来渝，从事生产，势须补行注册，以符法令。惟属社系迁川来渝工厂中之一细胞，与其他新设工厂性质不同，为此恳请钧处登记，并请指示关于注册之变通办法，而予以便利，俾属社迅受法令之保障，尽全力于生产。素仰钧处维护实业不遗余力，属社遭敌人破坏之

余,努力更生,深望在钧处指导下迅复旧观,且日益精进,岂仅属社之幸,亦后方生产之一助也。理合备文呈报,尚祈指示祗遵。谨呈
经济部工矿调整处重庆办事处

苏州实业社经理徐治谨呈

附到川工厂登记表一张[缺]

中华民国二十七年六月十四日

[经济部工矿调整处档案]

2. 刘铮陈报大公铁工厂迁川后生产情况呈(1939年3月1日)

谨查大公铁工厂于上年十月间因调整人事及整顿内部,曾告停工。直至十二月中旬始整理就绪,渐次恢复。当于本年一月三日正式照常工作矣。兹谨将该厂最近工作情况,查明如次:

一、工作人数:查该厂现有机工十七人,铸工十二人,木工一人,新旧学徒四十六人,近日又由迁川工厂联合会派往技工七人。到厂后因工资问题,又走开四人。总计该厂现有技工三十三人,学徒四十六人。

二、工作物品:查该厂在上年停工时,尚有六呎车床十二部,四呎车床十六部,牛头刨床十部。经已铸成毛坯,未施其他工作,故在此次复工时,即以此项工作母机为第一批之工作物,大约两个月内可以全部完成。至于该厂增设之翻砂车间,亦以翻铸工作母机为现时主要之工作物,翻铸能力每日以一吨铁水为标准(该厂添置半吨与一吨三节炉各一座)。

三、本年之工作计划:查该厂因复工不久,内部一切尚均在极急整顿中,故对于本年之中心工作,一时尚未能有所决定。惟大体上可在下列两端中选定之:(一)与豫丰纱厂之修械厂合作,以全力承接豫丰厂之工作,现在该大公、豫丰两厂主持人正在积极研讨中。(二)倘如上项计划不能实现。则本年仍以制造工作母机为主要工作。谨呈
处长翁、张、组长林

职刘铮谨呈

中华民国二十八年三月一日

附呈原文一件[缺]

[经济部工矿调整处档案]

3. 允利化学工业公司为请求援助陈报人才设备产品情形呈（1939年3月4日）

呈为请求资助允利化学工业股份有限公司迁川复工事：窃敝公司于民国三年成立于无锡西乡大帝巷，以制造改良石灰为基本工作，后于民国二十二年、二十四年先后扩充资本至10万元，以红心为商标，注册立案，并先后呈准实业部暨财政部拨给工业用盐，制造漂白粉、漂白水、盐酸、烧碱、碳酸钙及碳酸镁等出品，营业蒸蒸日上。方期挽回漏卮，富裕民生，惜因抗战骤起，所有较重机件，不克全部搬出，刻在重庆南岸海棠溪择定厂址，建造机械，积极筹备复工，先就下列三项工作着手：（一）提镁：利用自流井、五通桥等处熬盐所弃之卤巴（Bittonm）作原料，提炼碳酸镁及碘溴等副产品，以应工业及医药上之需要。（二）炼油：精制土产植物油，按其特点，制成各种性质之滑油及柴油，以应后方迫切之需要。（三）制造化学工业应用药料：利用废铁、铜屑及土产动植物弃材，制造钾碱、赤血盐、黄血盐、绿岩、胆岩、柠檬酸、铵、硫酸锌、氧化锌、鞣酸等，以供工业界之日常需要。上述三项工作，为目前我国建设西南工业基础，而敝公司之人才经验，均堪负责担任。敝公司原议炼焦，提取氨气苯液及甲苯等，因此项工作与敝公司另行集资钻探四川石油有关，拟另文呈请。为国生产，国民天职，因此积极筹备复工，尚须添加资金10万元，现已筹足半数，其不足之5万元，拟恳钧处本扶助生产，提倡实业之宗旨，准予拨借，西南建设前途实利赖焉。谨呈

经济部工矿调整处处长 张翁

附公司登记执照录本工宗

允利化学工业股份有限公司经理　薛明剑

中华民国二十八年三月四日

允利化学工业股份有限公司登记执照

所营事业　化学品类：碳酸钙、碳酸镁、碳酸钠、煅制镁、过氧化镁、苛性钠、过氧化钠、小苏打、漂粉、醋酸。

股份总银数　8万元，分八百股。

每股银数　100元。

每股已缴银数　缴足。

本店所在地　无锡。

董事　荣德生、薛明剑、华少庚、窦慕仪、张仁山。

监察人　丁春舫、张振千。

民国二十二年九月二十七日发　设字第530号

变更登记换发执照

所营事业　化学品类：碳酸钙、碳酸镁、苛性钠、漂白水、石灰、煅制镁、碳酸钠、过氧化钠、醋酸、小苏打、漂粉、液体碳酸、盐酸、氯化合物、过氧化镁、石粉。

股份总银数　10万元。

发给月日　民国二十四年十一月二十日。(新字第三七九号)

允利化学工业股份有限公司

制造种类

(一)碳酸钙、碳酸镁、煅制镁，并利用废弃之卤巴提炼碘溴。

(二)柴油及滑油　柴油、滑油来源缺少，国人虽已多制造其代替品，惟因粗制滥造，不合应用，且对于机械殊多损害。本公司为积省国力，补助工业，拟从事精制，以应抗建急需。

(三)钾碱、赤血盐、黄血盐、绿岩、胆岩、柠檬酸、铵硫酸锌、氧化锌、鞣酸。

工程师

(一)提钙镁　陈春痕，浙江籍，曾任家庭工业社所设中华第一制镁厂工程师5年，并在本公司制镁部随同德国工程师洛克制造碳酸钙镁七年。

(二)炼油　陆观益，江苏籍，美国麻省理工大学化学工程学士，犀州大学石油工程硕士，曾任经济委员会公路处油料工程师。

(三)制造化学工业应用药料　韦焕章,江苏籍,沪江大学理学士,曾任江苏省立教育学院讲师,兼本公司化学工程师七年。

制造数量

(一)每日合产50担。

(二)柴油,每日100加仑;滑油每日10加仑。

(三)视社会之需要而增减。

原料

(一)卤巴、白云石碱。

(二)菜子油、花生油、茶子油。

(三)废铜、废铁、废壳、废灰、酸碱、药材。

方法

(一)白云石烧炼成灰加压,通以二氧碳气。又自卤巴、石灰、土碱制造碳酸钙镁。

(二)去有机酸,去皂脚,去水分,去酵素。

(三)正在呈请专利中。

设备

(一)间歇窑、化粉池、压汽机、饱和器、干燥器、磨粉器。

(二)反应锅、拌搅器、离心机、过滤器、水塔、气帮、锅炉。

(三)耐酸锅、逆流塔、结晶器、钢碎磨、拌搅器、高压高温反应锅。

营业预算

(一)每担成本20元,现重庆市价每担40元,本公司拟售24元(本公司前在锡所制碳酸镁每担6元,成本之货以7.2元发售)。

(二)柴油成本每加仑4元,拟售4.5元;滑油成本每加仑4.5元,拟售5元。

(三)每月约制成本3万元之化学工业药料,以成本加工分息作售价。

[经济部工矿调整处档案]

4. 申新四厂宝鸡分厂章剑慧陈报目前生产与艰困情形及全部复工步骤函（1939年10月30日）

丽门处长勋鉴：

渝城揖别，瞬已兼旬，敬维政祺佳胜，适如下颂为慰。弟于十五日起行，沿途遇雨，迟至二十三日始抵宝，凡经行川、陕两省，计程1,400余公里。所经川省各地，山川之胜，物产之富，始信四川为天府之国为不虚矣。而陕南亦沃野千里，不让川北，兼之所历各地，山川之险要，民风之质朴及抗战空气之浓厚，在在可保证我最后胜利之必得无疑，当亦为钧座及渝埠后方人士所乐闻也。敝厂目前情形及宝地状况，大致可分别报告如下：（一）纱锭日班开2,000余锭，夜班因电灯关系，须少开400锭，每日出纱3件余。所用原动，计有75匹及25匹水汀引擎各1部，25匹、18匹、20匹木炭引擎各1部，均属陈旧之机。既鸡零狗碎，且时常损坏，可称困难已极。（二）宝鸡为越秦岭以后之一大平原，陇海路即及入川公路相交于此后，地位渐形重要。抗战后申新纱厂、大新粉厂、官纱局等相继迁来，因而中、中、交、农等银行亦来此设行，市面更形活跃。惟因西北生产工业素不发达，故各项需要之缺乏，实达于极点，又以纱布、面粉为尤甚。此次大华炸后，棉纱供给完全断绝，各方属望申四复工之情形，非言可喻。西安军政部、军需署西北分局汪局长，为统制纱布事，日前来宝，对于敝厂所产棉纱，允以1,450元归其尽数收买。然因本厂目前仅出3件余，于事亦无济，故谆嘱早日全部开工。弟当答以属为复工事，奉贵处命令来此，而数日来审度敝厂情形，已决定全步[部]复工。步骤如左：

一、现开2,000锭仍照旧在普通机房内开工，一面觅购木炭引擎、蒸汽引擎等动力，设法增开至6,000锭。

二、透平急待完成，否则万无全部复工可能，惟为抵抗敌机轰炸，免踏大华覆辙起见，决将透平间改做洋灰拱形，上堆二三丈泥土，以为保护。

三、现除在大华被毁4,400锭外，尚存16,000锭。6,000锭先照第一项方法复工，余1万决在窑洞内复工。已拟有计划，与贵处刘逸元君商讨，认为可行。

弟奉钧命来宝，目睹西北之大需要之殷，无论为国家为社会，均有积极努力之必要。上述计划6,000锭,希望能在2个月内开齐,而1万锭、6,000锭,则如各项材料齐备,希望能在5个月内开齐。弟既奉命而来,自当有以复命而去,决当留西北奋斗也。惟此间情形颇为艰困,愿以下列各点上渎左右,赐予协助。

一、建筑材料各项均形缺乏,以洋灰为甚。离渝时曾面请拨发洋灰500桶,幸蒙见允,即盼赐交敝厂厉无咎兄,俾便早日运空。

二、各项建筑费约计需100万元,除将渝厂稍有之盈利移用外,不敷甚巨,能否再拨借10万元,而前所到期应还之款则暂予免还。

三、愿短时间内开出6,000锭,尚缺少水汀引擎100匹马力者1台,能有50匹者2台,亦最好,可须连发电机。至于锅炉,则此间已有,不知能代为物色或介绍否。

钧座为国,宣劳朝夜,辛勤不遗余力,衷心钦佩,莫可名状。而敝厂此次得能迁渝、迁陕,保全实力,仍得为国效劳者,窃尝以为均出钧座及继庸组长所赐,当非虚语。敝渝厂既因钧座之督促协助,幸底于成,今后敝宝厂前途,更有所赖于大力之推动矣。贵处刘逸元君已晤见多次,并蒙其热忱相助,不胜感荷。其办事亦克苦努力,深得西北人士敬仰,顺此奉闻。书不尽意,宁候佳音。敬候大安!

弟章剑慧敬上
十月卅日

林组长先生前均此请等,不另。

[工矿调整处档案]

5. 上海机器厂总经理颜耀秋拟具自"七七"事变起至一九三九年度止厂务报告(1940年2月)

耀秋承股东诸君厚托,经理上海机器厂业务,于受职之初,即决心秉承股东诸君意旨,努力经营,数年以来,虽乏显著之成绩,然值兹变乱之秋,劫余之后,承常务董事胡选之先生在渝指导协助,并赖全体同人之刻苦努力,在财产及营业各方面,不无若干之进展。此耀秋所可告慰于股东诸君者也。惟是全厂情形,依照惯例,自应按年向股东诸君为一详尽之报告,奈事变骤起,本厂环境岌岌可危,耀秋既负全厂重责,对于本厂前途不能不以全力谨慎擘划,而年来迭经播迁,复多一番迁建工作,以致此项报告不免稽延。此又耀秋深引为惭疚者也。所幸局势业已初定,本厂业务业已正常进行,关于本厂历次迁建经过与财产营业等情形,以及将来营业计划,亟应编具报告,送陈股东诸君察核。耀秋力薄能鲜,深虞陨越,敬恳股东诸君对于本厂目前状况及将来方针,赐予详尽之指示,以资遵循。不胜企望之至。

(一)迁建经过

当七七事变爆发之初,本厂工作每日已达24小时,以营业情形而论,殊可乐观,惟时局紧张日甚一日,未几而沪地亦是风声鹤唳之现象。当时本厂以设备及制品关系,已惹敌人之注意,如不预谋安全之计,万一变起仓卒,必至全部尽遭损失;苟因此而停工迁移,则影响当时生产及将来营业,又属至巨。环境如此,动定具难。耀秋为兼筹并顾起见,乃商得董事会同意,将制造工作机器及制造防毒面具大批零件两部先行迁出,分别设厂于南市打浦桥及租界中区静安寺路兴和里。因此一方面仍可继续工作,无碍于当时之营业,一方面犹可疏散机器,纵遭不测,亦不致全盘损失也。

布置未几,南京分厂即行开工,当中区分厂甫将就绪之际,"八一三"沪战业已爆发,南、中两厂虽可保全,然杨树浦已为敌人所占领,故交通断绝,乃不复能往原厂将所存件种抢救运出。幸事先得外籍人吴德华氏代为保管,当时吴德华氏曾派外籍人2名,驻厂看守,嗣以秩序过于紊乱,难免于盗窃及掠夺,然大部分机器卒赖以保全,得不为敌人所尽掠耳。兹将彼时原厂及南市分厂、中区分厂所存机器工具与半成品等,分别制表报告如下:

(甲)杨树浦原厂

名称	部数	名称	部数
14呎龙门刨床	1部	15呎复式龙门刨床	1部
4呎普通龙门刨床	1部	16呎牛头刨床	1部
30吨手压床	1部	横占床	2部
3呎小车床	3部	4呎小车床	4部

续表

名称	部数	名称	部数
5呎小车床	2部	6呎车床	1部
8呎车床	1部	10呎车床	1部
汽缸磨床	1部	圆磨床	1部
3呎钻床	1部	万能铣床	1部
立铣床	1部	凿弹簧令机	1部
马达占床	1部	粉煤机	1部
柴油引擎	16部	吴德华引擎	1部
马达	3只	柴油机(半成品)	
工作机(半成品)		镀镍间(设备)	
洋元生铁及工具等			

(乙)中区分厂

名称	部数	名称	部数
万能铣床	2部	牛头刨床	2部
3呎车床	1部	3呎半车床	2部
4呎车床	6部	6呎车床	1部
7呎车床	2部	7呎半车床	1部
8呎车床	2部	10呎车床	1部
平磨床	1部	4分钻	1部
1寸钻床	1部	六角车床	1部
六角钻床	1部		

(丙)南市分厂

名称	部数	名称	部数
牛头刨床	1部	4呎车床	9部
7呎车床	5部	8呎车床	1部
圆磨床	1部	双头铣床	1部
小横铣床	1部	立铣床	1部
铣刀磨床	1部	1寸钻床	2部

迨沪战告急,政府为保全实力计,下令沪厂一律西迁,耀秋当时商得董事

会同意，遵令将南市及中区两分厂所有机件准备内运，于是拆卸装运，工作纷忙。迩时沪轮既被封锁，铁路军运又至为急迫，所恃为内运工具者仅苏州河内少数之船只而已，待迁之厂既多，装运乃益加困难。政府虽尽量予以便利，然其间所历艰苦，有非股东诸君所能想象者也。因此之故，本厂于二十六年八月底始雇妥船只，装卸完毕，由苏州河起椗上驶，至镇江改装江轮，转辗耽搁，直至九月底始抵武昌，旋得人介绍，以1,500元购得武胜门外沿河边之森昌厂厂址，更以1,000元添造厂房一幢，4,000元砌造防空洞一座，略加修葺，即于二十六年十月十日复工。计自到达武昌起至复工止，为时仅40日耳。

在鄂复工未及三月，敌人凶焰有进逼武汉之势，政府虽再令西迁，然本厂因已接定单数种，均须限期完成，爰将大部分机器材料先行运渝，其他一小部分机器则仍留武昌，完成未了工作。当时计划，原期在川、鄂两省各建根据地一处，互相呼应，武汉果危，则鄂厂迁川，不致无所依据，幸而转危为安，如有必要，则川厂仍可迁回武汉，苟川、鄂两厂能同时发展，则更为耀秋所切盼者矣。

第一批迁川机器自二十七年一月九日起运，至三月底始行到达，当以抗战期间，自应力求早日生产，乃于重庆市内东水门禹王庙租得空屋及隙地共4亩有余，匆匆布置，遂于四月廿五日开始复工。及七月间武汉告急，复遵令将留鄂机器于七月底西运来渝，十月底归并渝厂。至于武昌所购森昌厂屋，则以海军部要求借用，未便拒绝，遂交该部代为保管。盖本厂第二批迁出武昌时，海军部仍未撤退，惟沦陷以后，该屋情形则无消息矣。

二十八年五月初旬敌机狂炸重庆，本厂虽未遭破坏，然市内房屋鳞次栉比，危险殊甚，政府鉴于此次轰炸之惨，损失之大，遂下令各厂疏散乡间。本厂以命令所限，自不得不再度迁移，适沙坪坝中渡口之永利化学工业公司修理厂迁往他处，耀秋乃亲往该厂察勘，以中渡口离城约30华里，当可减少敌机之威胁，水陆交通又均称便利，遂以3.26万元购得全部厂屋、地皮及生财等，于是整理迁移，同时并进，计自五月五日由城内起运，卒于六月六日全部复工。惜该厂厂屋不多，仅有厂房1座，翻砂间1座，工人宿舍1座，膳堂1座，草屋2间，衡之本厂当时状况，厂屋、宿舍均不敷用，且乡间邻舍稀少，职员工人及其眷属均须设法安置,事实如此,势不得不从新添建也。

原有旧厂房1座,当时以急于复工,故布置为机器工作场所,惟该屋地面既小,建筑亦不坚固,乃新添厂屋3幢,于渐次告成后,遂将原有旧厂作为第一工场,专造工作机,另以新添厂屋2幢为第二工场及第三工场。第二工场专造煤气发动机及大批零件,第三工场专造水轮机、碾米机及邦浦等。其他新屋1幢,则作为总办公处及绘图室。至其余原有房屋,均已适当应用,另添有职员及工人宿舍3座,以补不足。如能再添建膳堂一幢,俾原有膳堂改为栈房之用,则规模可以粗备矣。

综计自沪奉令迁移起,迄二十八年底止,此两载有余期间,大半光阴均于辗转播迁中耗费殆尽,所幸每次迁移,赖全体职工之热忱协助,均能于短期间即行复工,故工作时期仍有十六阅月,而一切情形至最近复入正轨,是可谓不幸中之大幸也。

(二)营业情形

曩沪厂所制柴油引擎,原为本厂之基本出品,惟抗战起后,油价高涨达廿倍以上,柴油引擎自不能继续制销,故西迁以来,不得不赖公家生意以维常状。然此项生意,多属定货。本厂以往迁建各费,犹赖政府借款,勉强应付,自无大宗流动资金可预购低廉材料,渝市料价既在逐日高涨,故每批定货获利常微,良深遗憾。兹将在鄂在川营业概况,列表报告如下:

(甲)在武昌复工后

定货厂家	定制项目	造价(元)
南昌火工作业厂	机器零件	26,000
湖南防毒面具厂	面具零件	9,000
镇江电机学校	电开关	5,000
海钧机器厂	电开关	34,000
航托公司	机器零件	20,000
总计		9.4万元

(乙)在渝复工后

定货厂家	定制项目	造价(元)
念吾农圃	给水设备工程	70,000
	各种工作机	65,000
	车床	17,000
	生铁水管	42,000
	邦浦	10,000
川益公司	机器零件	107,800
济川公司	机器零件	30,000
总计		341,800元

以上在鄂在川两处营业计截至二十八年度末,总共造价约合43.5万余元。此外复于二十八年十一二月间,接到定单数批,计民生公司机器厂定造车床40部,22万元,中国兴业公司机器厂定造车床8部,3.8万元,中央大学定造调匀器炉栅等,2,400元,重庆大学定造拉力试验器,1,800元,大成糖厂定造蒸馏塔两座,2万元,甘肃油矿筹备处定造柴油引擎及邦浦,2.4万元,总计为30.62万元。以接受定单日期仍在二十八年度内,故亦一并于此报告之。

(三)财产概况

目前本厂所有财产可分下列各项报告:

(甲)机器 除杨树浦原厂遗留机器,已于二十七年五月间托由吴德华氏设法运往马尼拉暂不计算外(此项机器原拟请吴德华氏运出杨树浦后,再绕道香港运至武汉,奈敌人限制严密,美人财产仅能运往马尼拉,迨运马以后,仍拟由马运港,再行内运,惜武汉、广州相继放弃,以运费过巨,故迄今仍留存该处。最近已函吴德华氏,请其即速售出,将款汇来,如国内有适当办法,拟即运回),现在沙坪坝厂中应用者,计有50部,若以此间市价而论,约值25.5万元。

(乙)机器附件 约值2万元。

(丙)工具 约值2.5万元。

(丁)材料 约值22万元。

(戊)成品 约值7.5万元。

(己)半成品　约值7.5万元。

(庚)地皮　约值1.9万元。

(辛)厂房　约值4万元。

以上各项,总值约为729,000元。

本厂自沪西迁以来,迭经迁建,其所需经费均系向经济部工矿调整处呈准借用,总计各次所借迁移、建筑、添置机器与购料等款约在16.4万元左右,迄今尚未付还。又民生公司、中国兴业公司及其他各处所付定洋,总计约为20.7万元,以尚未交货,均应列为本厂现时负债项下。

照以上所开,本厂财产总值72.9万元,及负债项下共37.1万元计算,则本厂目前所有一切财产,除马尼拉所存一部分机器外,最少尚值35.8万元。兹将本厂财产及负债等项列表报告如下:

(甲)本厂现有机器估值

名　称	数　量	单位(元)	总价(元)
4呎车床	17部	2,000	34,000
3呎车床	3部	600	1,800
6呎车床	1部	3,000	3,000
7呎车床	7部	5,000	35,000
8呎车床	4部	5,000	20,000
10呎车床	1部	6,000	6,000
8呎六角车床	1部	8,000	8,000
1寸径钻床	4部	1,500	6,000
四头钻床	1部	2,500	2,500
小钻床	3部	400	1,200
1寸径六角钻床	1部	6,000	6,000
牛头刨床	3部	2,500	7,500
大刨床	1部	20,000	20,000
中号万能铣床	1部	20,000	20,000
中号万能铣床	1部	15,000	15,000
小铣床	1部	800	800
单头立铣床	1部	1,500	1,500

续表

名称	数量	单位(元)	总价(元)
双头立铣床	1部	3,000	3,000
桃子磨床	1部	25,000	25,000
平面磨床	1部	10,000	10,000
二具磨床	1部	4,000	4,000
大石车	1部	500	500
32匹马力马达	1只	3,200	3,200
9呎车床	1部	3,000	3,000
中刨床	1部	8,000	8,000
大车床	1部	10,000	10,000
总计约值			255,000元

(乙)本厂全部财产估值

项目	金额(元)
机器	255,000
机器附件	20,000
工具	25,000
材料	220,000
成品	75,000
半成品	75,000
地皮	19,000
厂房	40,000
总计约值	729,000元

(丙)本厂向经济部工矿调整处所借款项

日期	事由	收项(元)	付项(元)	余额(元)	总余额(元)
二七年一月一三日	迁移	10,000		10,000	
二七年五月一一日	迁移	18,000		28,000	
二七年七月三〇日	迁移	2,750		30,750	
二八年一月一一日	付还迁移		2,000	28,750	
	合计			28,750	28,750
二八年二月一八日	建筑	7,200		7,200	

续表

日期	事由	收项(元)	付项(元)	余额(元)	总余额(元)
二八年五月一三日	建筑迁移	50,000		57,200	
二八年七月二九日	建筑迁移	10,000		67,200	
二八年九月二八日	建筑	7,500		74,700	
二八年一〇月八日	建筑	20,300		95,000	
	合计			95,000	123,750
二八年五月八日	添置机件大车、大刨、立铣	9,200		9,200	
二八年一一月三〇日	添置机件中号刨床	4,000		13,200	
	合计			13,200	136,950
二八年五月八日	试造水透平	5,000		5,000	141,950
	购料	22,000		22,000	163,950
总计借款			163,950元		

附注：是项材料于二十七年六七月间购进，随即运港转渝，讵抵港后，敌人已进迫威胁粤汉，军运特忙，不复能运矣。如由海防转运，运费之昂，直使无力担负，故于二十八年秋间遂将全部交与工矿调整处，请其收账代为运渝，将来本厂有照原价加运费尽先购用之权，故是项材料想有盈余，似不能完全视为贷款也。

(丁)各顾主交来定洋

顾客名称	金额(元)	备注
民生公司	132,000	定制车床
中国兴业公司	25,600	定制车床
其他	50,000	
总计	207,000元	

(戊)本厂财产及负债对照

损益	金额(元)
现有各项财产	729,000
现有各项负债	371,000
净余财产	358,000

(四)将来计划

一厂营业之盛衰,与其营业方针,或计划之正确与否,关系至巨。耀秋根据已往之经验与目前之局势,对于二十九年度工作及营业计划,除按期将民生公司及中国兴业公司等定制货品工作完成外,当就社会需要、地方情形在可能范围内,努力迈进。希我股东诸君,不吝赐教为幸!

民国二十九年二月于重庆沙坪坝

[经济部工矿调整处档案]

6. 渝鑫钢铁厂股份有限公司略历(1940年4月11日)

渝鑫钢铁厂股份有限公司略历

二十九年四月十一日

大鑫钢铁工厂,系于民国二十二年八月在上海发起筹备,民国二十三年一月在上海杨树浦齐物浦路租地建厂,同年九月间布置完成,开始正式生产。当时主要设备有炼钢电炉、熔铁高炉及各种工作机,而附带设备有电焊、木工、锤炼等机件。主要出品,为铸钢、铸铁、马铁及耐火、耐酸、耐磨等各种合金钢铁原料及各种工业机器。经营数年,承各界提倡赞助,挽回在昔向国外订购利权不少。至民国二十五年,沪上之江南、瑞镕、耶松、合兴等各船厂,以及浚浦局、公共租界工部局、英商公共汽车公司、自来水厂、美商电力公司、法商水电厂、亚西亚修理厂等所需机件材料,皆向大鑫订购。国内京沪、沪杭、津浦、陇海、平汉、粤汉、平绥、胶济、湘黔、浙赣、淮南、正太、京市、成渝各路配件多由大鑫供给。至民国二十六年,协助上海金陵等厂制造国防要需,至七七事变之前一月呈请内迁,七月二十八日奉令迁鄂,九月间职工300余人抵汉,遂在武昌簸箕山圈地建厂,十月初机件运达汉皋,适在搬运机件,又奉令移炉大冶,限期产钢,十一月又奉令迁渝,于是中止移炉大冶,解散簸箕山建厂工程,重整全厂机件物资,办理西上运输手续。十一月终,复与民生实业公司订立合资营业合同,定名大鑫钢铁渝厂股份有限公司,继因部令更改,遂正名为渝鑫钢铁厂。十二月初,开始起运,至二十七年一月,人员机件络续抵渝,在民生江北堆栈成立临时工厂,继续工作。

渝鑫钢铁厂,勘觅厂址,费时三个月,至二十七年四月初,始经勘定现有厂址,兴工建造,七月间厂房次第完成,从事装设机件,九月间开始陆续复工。除原有电炉2具,熔铁炉2座,2吨起重机,及各工作机以制造国防需要,及各界委造机件外,新添钻床4部,车床22部,5吨电气起重机1部,碾石机3部,轧石机1部,1吨气锤1部,小型轧钢机1组,小型发电机5组,各式锅炉6座,制矽炉1座,大号熔铁炉1座,大小抽水机12部,大小鼓风机15部,拉丝机4部,造钉车9部。其正在赶造中而未完成者,有大刨车3部,小刨车7部,钻床4部,大轧钢机1组,炭精电极制造机1组,半吨气锤3座,铡床2部,造钉车12部,拉丝车9部,铆钉车1部,大车床5部,改造煤气发电机2组,剪刀车3部,拟在最近三四个月中完成,庶预期之月产钢料500吨,得以实践矣。惟炼钢需用生铁,除一面向市上收集外,同时与铜梁铁商合办清平炼铁厂,设木炭及焦炭炼炉各1座,月可产铁200至250吨。再在涪陵矿洞崖,承领国营矿区,业已着手开采,将来即在就地设炉,产铁运厂应用,以期生铁不致有缺乏之虞。因制炼钢铁,需要优良焦煤,遂与就地矿商,合办兴隆沟煤矿,现在凿井工作,已成十之七八,正在布置通风、排水等工程,一俟完成,日能产煤50至100吨,尚足以济目前之需要。电炉炼钢须用炭精电极向赖舶来,现在购运困难,本厂已专制机械,自造电板;对于耐火材料之供给,厂内自建煅炉、炼炉制造原料,又与外界合作,设火砖厂于北碚;锰与矽为炼钢之配合剂,向由国外运供,为自给计,业已设炉制炼;电焊须用电石,亦因现在无法采购,除一面多方应用电气焊接外,同时正在设炉制炼,此种电炉,除制造电石外,并可利用以制磨石,将来当附带生产,以供机工部之用。所产钢质,除一部分铸成钢件,一部分锤制成器外,大部分则轧成各式钢料,其圆形者,则拉成粗细钢丝,以应社会需要,并以制成各种钉类。厂内已有洋钉制造部,复与沪商合办木螺丝及机螺丝制造厂,以完成全部制钉工作。此外复以最少部分之钢料制造工具钢,在最低限度足使本厂工具自给,并由厂内同仁组成锉刀厂,派定人员专使其事。在最短期间中,全厂机构完成,则以矿炼铁,以铁炼钢,以钢制器,即能发生连系生产之效用矣。至目前生产能力,机工部分可车、刨、钳制各种轻重工业应用机器;熔铸部分,钢炉可铸重至500磅之钢件,铁炉可铸重至2万磅之铁件；炼钢部，现在炼制水泥厂之研粉机锰钢板，车件修理厂之铬镍钢料，及各业机件上应用之炭素钢铸件外，每日产钢3吨，轧制钢条。造钉部分，日可制钉30至50桶。惟机工、铸工、木模工、电焊工、煅工、电工、铆工等部，在以往一年中，有70%之工作，专为充实厂内设备，俟三四月后，布置完成，即当将各部工作能力，对社会各界服务，由设计、绘图、制模、翻铸、锤锻、焊接，以至制成机器，皆可代为办理矣。

[渝鑫钢铁厂档案]

渝鑫钢铁厂股份有限公司历年钢铁产量表（1946年6月1日）

品名\年度	二八	二九	三十	三十一	三十二	三十三	三十四	合计
生铁	350	410	487	1,235	1,265	1,460	850	6,057
钢品	141	454	660	774	1,120	1,260	1,174	5,586
备注	生铁系清平铁厂所产，三十四年产量迄9月为止							

[《资源委员会季刊》1946年第6卷一、二期]

7. 豫丰和记纱厂资料（1940年）

(1) 豫丰和记纱厂重庆分厂拆建概略①（1940年4月　日）

溯本厂于民八设厂河南郑县，原有发电机3,500千瓦，纺机56,448锭，并线机5,600锭，布机224台。时欧战方休，商争开始，纱价趋疲，花价步高，营业已少利得，时局复多内争，频年扰攘，几经兵戎，日在忧患之中，均幸安然渡过。不意七七事起，倭寇入侵，自国策抗战，群情激昂，各界一心，争取最后胜利。本厂为保全生产机构，加强抗战力量，不避艰险，迁来后方，幸荷经济部工矿调整处之协助，于运输困杂中为谋便利，得以短时期恢复工作，使出品登诸市场，藉应军用民需之切要。虽以力限，品出无多，而积土为山，或亦不无小补。所有拆迁、迁、建各情形，兹胪陈如次。

一、迁厂略历

本厂设郑历十有九年。自倭寇入兵迫黄河距郑不50里，敌机时来惊

---

① 本件沿用原标题。

扰，工作难安，且虞不测，有妨生产。正拟迁地为良，适于二十七年二月十九日，奉经济部工矿调整处劝告内迁，爰决定移来后方，幸达目的，差堪用慰。

二、拆迁经过

本厂遵令拆迁，原图生产实力保存，讵郑地工友不谅，遽启纠纷，始则怠工，继竟霸阻，嗣后要求党政军各机关强令本厂给予生活费、旅费，方许动拆。本厂理辩不得，忍痛承认，始得拆迁。综计本厂原动及纺织各机械，共重9,000余吨，分装大小机箱117,000余件。尔时军运正繁，无暇商运，幸平汉路局念平日本厂花纱交运之谊，并蒙经济部工矿调整处协助之殷，以两个月有零之时间，全数由陆运达汉口。当拆运时，敌机常在郑空轰炸，在事人员均能镇定冒险，不稍畏葸。器材既抵汉口，复从水道分运宜昌、沙市。二十七年四月，再由宜、沙转运入川。维时正值洪水渐发，木船行驶多险，每雇得木船或订妥轮船吨位，常为有力者霸去。迭经济部工矿调整处协助，始得以9,000余吨之器材，以一小部分交轮装运，其大多数陆续雇装木船360余艘，时历18个月之久，至二十八年九月始全到齐。上项木船因川江多险，中途被浪击毁或触礁沉没者，竟达110余艘之多，除捞回一部分外，统计沉失器材550余吨，内重要机件甚多。将来发电机已难开齐，纱锭只能勉配4万余锭，线锭亦难配足，布机尤难装织，影响生产，实非浅鲜。拆迁之困难既如此，而拆迁之费用更不赀计数240余万元，各保险费犹未计入也。

三、筹备概况

本厂内迁时出仓卒，初未预得迁地，故将器材分存宜、沙，一面即分赴鄂、湘、川各省相度地址，经月余之奔走，始于重庆土湾择得基地，即于二十七年七月开始筹备。因此尽山丘，崎岖不平，凿山平沟，费时甚多，所费亦巨。而厂屋建筑又以材料购办不易，未能急成，迄今工程阅二十月，仅纺厂原动间及一部分仓库甫告完工，其余织厂、办公室、码头及一部分仓库，尚待继续兴建。关于机用物料，从前郑存者除沉失外，所余无多，已积极添购。当地有国货可利用者，全求国货；当地所无者，则分向港、沪采办。至原料为生产之本，不容或缺，本厂虽自郑运到一部分，但为日需之品，必须日有备货，方免不继。昨、今两年已提价收买川省改良棉花,用示提倡,使棉农羡改良棉花之多利而群相改种,于推广川省植棉或可收事半功倍之效。查川省棉产出数有限,供不敷求,本厂为未雨计,已向秦省购办,惟运输多艰,至今尚多滞搁宝鸡,未能运出。虽承军委会运输总司令部允许利用回空车装运,惟为数有限,仍难缓急相需。兹幸渝地尚有外来原料可资购用,否将巧妇难饮矣。

四、复工情形

本厂以建筑工程艰巨,若全待厂屋观成而后装机开工,则迁延时日,有误生产。且鉴于军用民需之孔亟,因决定搭盖临时厂棚,借用重庆电力公司电流,安装纺机,先行复工,已于二十八年一月三十日正式开纺。自1,000锭陆续增加,今已开有15,000锭,日可出二十支纱20余件。惟此戋戋,对于求量相差甚远,拟于最近期内就运到纱锭,加以整理,续装增开。所感困难者,土著工友流动性大,综计本厂自复工至今,招工训练,先后应招到厂报名经过训练者,已有5,124人,其间大多数浅尝辄止,或学成见异思迁,托故旋去。现继续在厂工作者,仅毕业工868人,尚在训练期间之养成工741人,两共1,609人。以视苏、鄂、鲁、豫工友视同常业,乐此不疲者,殆不可同日而语。惟工性好动,于生产实受影响,本厂为欲安工人之心,居供宿舍膳给津贴,余暇授以教育,导以正当娱乐,期有以移性易情,而视厂如家,成为生产中坚分子。

五、生产说明

本厂系属机纺,选择自各地购进之适用原料,因原来包捆花紧,故先解包,以花放入松包机内,使花松散,除去尘屑。经过头、二、三道清花机,成为花卷,送梳棉机,使纤维拨直,再经一、二道并条车并成棉条,然后经初纺、再纺而至精纺,便成为纱。既成纱后,即送摇纱,摇扎成绞(如纺线则将纱送并线车并成为线,而后送摇纱摇扎成绞),经小打包机成包后,以40小包由大打包机打成大包,是为1件。惟川省以大件棉纱旱运困难,本厂为贩运便利起见,改分为4小件,每件10小包,亦因地制宜也。

本厂远道迁川,短期复工中间经过几许艰难,仰赖经济部工矿调整处殷勤协助,均得迎刃而解,获免顿挫。惟工虽复,因陋就简,一切设备憾多未周,虽努力生产,终愧贡献无多,尚祈不吝指教,以匡不逮,至所感幸。

郑县豫丰和记纱厂重庆分厂谨识
中华民国二十九年四月　日

[经济部档案]

(2)四联总处秘书处编：豫丰和记纱厂(1943年1月18日)

(一)沿革

豫丰和记纱厂现为后方最大规模纱厂,原设郑州,有纱锭5.6万。廿七年三月间厂奉令内迁,以1万余吨之机器陆续运渝,纱锭为4.5万枚,经毁损后可应用者4万锭。廿八年七月在重庆西郊土湾建筑厂房,历十一个月之筹备,而于廿九年六月开纺。鉴于渝市空袭堪虞,乃经廿九年七月间第6次董事会议决,选运纱锭1.5万枚往合川,设立支厂,余2.5万锭就渝厂分散3个工场装置,以数千锭为1单位。厂于廿九、卅两年度共被炸14次,尤以廿九年五六两月受损最巨,临时厂房曾被炸毁,又重事建筑,次第开工。至卅年度,计划已初步完成,4万锭完全开工。又豫丰机械厂设于渝郊之余家背,专事修制纺机。

豫丰原为商营,成立于民国八年,抗战发生后,厂由豫迁川,已完全由中国银行代管,盖厂透支中国银行款项,现时达12,000元之巨,其对中国【银】行财务有悠长之历史。

(二)组织及人事

豫丰既由中国银行代管,为有限公司组织,董事为卞寿荪、汪枋伯、束士方、沈钥、张武、宋汉章、潘世经,监事为林凤苞、杨毓琇、高兴魁。

总经理束士方(云章),江苏丹阳人,年五十七,现任中国银行西安分行经理。

经理潘世经(仰山),浙江杭县人,年四十八,现任中国银行西安分行副理,兼豫丰纱厂经理。

副经理兼厂长郑彦之,湖南常德人,年四十四。

副经理毛端梧,湖南常德人,年四十七,现任中国银行西安分行襄理。

稽核兼襄理钱乾榕(健庵),浙江杭县人,年卅九,中国银行郑州支行会计主任。

渝厂现有职员119人,夫役40人,技工男性163人,女性1,566人,粗工男653人,女117人,总计职工2,685人。渝厂若连合川支厂及渝郊余家背机械厂合并计算,职工总数约为4,000。

组织系统如下表:[略]

(三)设备情形

豫丰渝厂设土湾,厂基455亩,系廿七年以185,594元购得。其建筑、原动力、机器等设备如下:

1. 建筑

类别	形式	材料	建筑费
纱厂	锯齿形	砖墙木柱	152万
原动部及水塔	方顶楼房	钢骨水泥	48万
职员宿舍	瓦顶平房	砖墙木柱	53万
办公室及男女宿舍	瓦顶平房	竹编泥墙木柱	75万

2. 原动力

名称	式样	能力	国别	厂名	年份
透平发电机	冲击式	1500kW	美	奇异公司	1924
锅炉	水管	a.345 B.H.P	美	司德令锅炉公司	1919
凝汽缸	三路水管	5000pt	美		1924

3. 主要机器

式样及名称	尺寸	数量	能力及用途	国别	年份
水框卧式拆包机		1台	日拆包30,000P	本国	民二十八
卧式松花机	40″	2台	日松花30,000P	美	1919
立式和花机	40″	4台	日和花30,000P	本国	民二十四
双斩刀式头道清花机	40″	5套	日清花卷30,000P	美	1920
单斩刀式二道清花机	40″	5台	日清花卷30,000P	美	1920
维罗机	40″	1台	日打花10,000P	美	1920
粗纱头机	36″	1台	日打花1,000P	美	1920

续表

式样及名称	尺寸	数量	能力及用途	国别	年份
皮辊花机	36"	1台	日打花2,000P	美	1920
梳棉机	40"	100台	日产生条28,000P	美	1921
(每台四眼)头道并条机	80"	23台	日产头条27,000P	美	1921
(每台四眼)二道并条机	80"	23台	日产熟条26,000P	美	1921
(每台80锭)初纺机	384"	17台	日产粗纱25,000P	美	1921
(每台120锭)再纺机	474"	25台	日产粗纱24,500P	美	1921
(每台176锭)三纺机	508"	12台	日产粗纱6,000P	美	1921
(每台288锭)精纺机	420"	87台	日产细纱2,200P	美	1921
(40HPS)摇纱机		198台	日摇纱22,000P	本国	1923
小包机		5台	日打小包2,400只	本国	1923
大包机		1台	日成大包60只	本国	1923

三十年度由仰光运到纱锭3万枚，尚未装纺。

(四)业务情形

渝厂每廿四小时产绿飞艇牌廿支纱42件(每件重420磅)，产品均送由物资局统购。厂系昼夜开工，行两班制，各为12小时；每月休息4次，各为12小时。

每月需用燃料：

种类	单价	来源地	运输方法	每日消耗量
天府泡合	650.00	白庙子天府矿	木船	1,400吨
焦煤	1,800.00	白庙子各矿	木船	50吨
岚炭	1,200.00	白庙子各矿	木船	50吨

每月所需原料(棉花)约6,000担，运自陕西，官价每担1,350元。据称实际情形棉花由陕运输每件运费约为4,500至5,000元。

该厂所需储用重要材料如下表：

种类	单位价格	来源地
各种机器备件	各种价不等	本地各机厂配制
钢丝针布	每套约20万	英国
棉条筒	每只约200元	本地制
筒管	各种价不等	本地制

续表

皮辊料白呢	每码约1,300元	英国
皮辊料羊皮	每打约3,000元	英国
皮辊料胶料	各种价不等	阿拉伯
钢丝圈	每盒约1,000元	英国
牛皮带	每寸□约12.50元	本地制
机器油	每加仑约200元	英国及本地制

成本计算：

原料　棉花

直接费　薪津、膳宿、工资、物料、原动费用等。

间接费　薪津、膳宿、警卫、杂务、物料、装运等。

财务费　借用银行资金利息及汇水等。

计算时将以上各种费用按各支纱所占锭子分配拨入。

制造程序：[略]

(五)财务情形

豫丰股本原为420万元，现升值为1,470万元，资产总值达10万万元左右。

豫丰年需流动资金约为2万万至3万万元，现透支中国银行12,000万元。

存储原料至少可供1年之用。

兹将豫丰廿九、卅两年度决算表附列如下。所可注意研究者，为卅年度损益计算书列本期盈益10,648,928.50元，又列迁川机器运费7,215,964.35元，直接税处人员对此持不同见解，谓机器运费系资本支出，应作5年摊清云。

廿九年度决算资产负债平衡表

借方科目	金额	贷方科目	金额
现金	96,801.11	应付花价	489,072.01
存放银行号	1,791,764.86	应付料款	165,772.48
应收票据	7,531.00	应付利息	415,688.46
应收利息	5,573.36	应付款项	760,506.75
暂记欠款	2,740,541.82	应付成品	1,234,372.55
办事处往来	5,114.02	暂时存款	3,689,962.02

续表

借方科目	金额	贷方科目	金额
棉花	8,452,359.55	活期信用借款	787,781.88
物料	5,582,229.97	抵押借款	14,591,832.51
建筑材料	175,745.43	定期信用借款	972,896.06
棉纱	1,901,597.80	厂机押款	6,600,000.00
在制品	449,563.27	预收款项	66,308.03
废花布脚	77,912.28	期付花款	1,103,104.20
厂地	371,992.18	清偿大款准备	787,422.00
建筑物	4,680,797.99	备抵呆账	40,000.00
机器	6,369,431.71	折旧准备	3,343,298.98
生财器具	592,814.57	公积金	217,638.61
预付款项	2,901,938.33	股本总额	4,200,000.00
押租	7,326.11	本期盈益	1,724,779.70
开办费	200,000.00		
拆机费	50,000.00		
催收款项	36,790.02		
期收棉花	1,103,104.20		
廿八年以前亏损	3,589,506.66		
合计	41,190,436.24	合计	41,190,436.24

廿九年度损益计算表

收益	摘要	损失
3,328,959.05	售货总值与成本比益	
4,896,817.26	棉花作价比益	
	杂项损失	288,064.34
	空袭被炸损失	3,429,771.98
	本期摊销拆迁费	2,158,970.80
	折旧	624,189.49
	本期盈益	1,727,779.70
8,225,776.31	合计	8,225,776.31

廿九年度盈余分配表

本期盈益		1,724,779.70
公积金	172,477.97	
所得税	155,230.17	
福利基金	550,000.00	
中行酬金	78,477.48	
主任酬金	40,000.00	
职工奖金	337,854.00	
净益	390,740.08	
合计	1,724,779.70	1,724,779.70

卅年度决算资产负债平衡表

借方科目	金额	贷方科目	金额
现金	194,296.93	应付花价	159,778.50
存放银行号	5,540,280.29	应付料款	140,062.74
应收票据	2,927,433.00	应付利息	4,810,756.93
应收利息	6,601.25	应付款项	6,315,350.09
暂记欠款	10,708,921.00	应付成品	1,120,685.00
办事处往来	5,114.02	暂时存款	8,520,781.26
棉花	28,258,836.85	抵押借款	44,478,490.04
建筑材料	249,901.71	定期信用借款	972,896.06
棉纱	6,369,710.53	厂机押款	6,600,000.00
在制品	3,873,220.31	代销押金	4,000.00
废花布脚	591,368.78	预收款项	3,686,953.16
厂地	885,807.68	期付花款	1,103,104.20
建筑物	5,572,535.94	清偿欠款准备	873,102.00
机器	6,255,094.57	备抵呆账	40,000.00
生财器具	1,121,116.45	折旧准备	3,983,566.63
预付款项	4,954,156.68	公积金	390,116.58
押租	20,596.11	股本总额	4,200,000.00
物料	16,211,668.81	上年度分配后盈余	390,740.08
期收棉花	1,103,104.20	本期盈益	10,648,928.50

续表

借方科目	金额	贷方科目	金额
廿八年以前亏损	3,589,506.66		
合计	98,439,311.77	合计	98,439,311.77

三十年度损益计算书

收益	摘要	损失
7,329,054.21	售货总值与成本比益	
13,900,697.11	棉花作价比益	
114,301.80	杂项收益	
	轰炸损失	1,330,461.29
	迁机损失	1,057,510.22
	摊销开办费	200,000.00
	折旧	891,458.76
	迁川机器运费	7,215,964.35
	本期盈益	10,648,928.50
21,344,323.12	合计	21,344,323.12

三十年度盈余分配表

本期盈益		10,648,928.50
公积金	1,064,892.85	
战时损失准备	958,403.56	
特别准备	1,255,173.75	
所得税	958,403.56	
利得税	3,483,316.04	
中行酬金	310,360.44	
主任酬金	40,000.00	
净益	2,578,378.30	
合计	10,648,928.50	10,648,928.50

[经济部档案]

8. 上海龙章造纸股份有限公司迁川经过及重庆工厂建厂略历①
（1940年5月）

甲　战前情形

本厂创始于民国纪元前七年，原系商办性质，由张静江先生任总经理兼董事长，庞赞臣任副总经理。厂址设上海龙华路之日晖港，自备3,300方呎热面积之拔柏葛（Balcock and wiliot eng）水管锅炉3座（Metop olitan Viehey），1,000启罗瓦透平发电机1座，造纸部分计有柏洛铁工厂（Belloit won wosks W、S、A）造100寸宽长网式造纸车2座，1,500磅制浆机12座，14呎径1.8万磅煮料球2座，及弹布、筛灰、剪车、轧光机、超度轧光机、切纸机等统属齐全，并附有规模极大之金工场。所出成品种类，如道林纸、连史纸、白报纸、书面纸等，年产5,000吨以上，销行全国，薄负声誉。全厂职工，计男为240人，女530人，共800人弱。资产方面，除原有资本120万元外，另有公积金100万元，至机件、厂房已经按折掉年限折尽后之剩余价值尚不在内。

乙　内迁经过

八一三倭寇侵沪，本厂厂址，适当战地要冲，在两星期内被炸3次，幸弹落空地，损毁不多，但因此被迫停工。查本厂全部机件约计2,000吨左右，大都笨重异常，拆迁至感困难。董事会中因有表示观望之义，嗣经工矿迁移监督委员会林委员继庸竭力劝导，复经经理人之再四疏通，方始着手迁移，其时已在九月间矣。开始拆迁后，每日在敌机控制之下，经45日之抢救工作，计装出机件1,300吨（原动力及纸车全部），及道林纸百余吨，五金材料约20万元。雇用民船46艘，编成10组，第一、二、三、四组安全到达镇江后，转由太古公司轮运汉口，第五、六两组因轮船已无舱位，即以原船直驶汉口。至七、八、九、十组，则以上海失陷，镇江封锁，即于中途失散。在汉检视机件，仅到896吨，约计损失机件400余吨，道林纸百余吨，及五金材料约20万元。

上列到汉之机件896吨于二十七年一月装至宜昌，到宜后即由工矿调整处指派柏木船运渝，其间一部分笨重机件则由民生公司轮运。全部机件因吨位过巨，辗转载运，船舶过少，起卸搁置，历经困难，至二十七年十一月间方陆

---
① 此系原标题。

续运毕。复以川江滩险水急,木船在中途碰沉3艘,计又损失机件约100吨。至运费一项,先后共耗20余万元。

丙　复工计划

机件运渝后,鉴于后方纸荒问题甚形严重,为充实抗战力量,并应社会需要起见,决在工矿调整处督促指导之下,在川建厂复工。张静江先生,因远处海外,委由张剑鸣代理总经理职务,重庆工厂厂经理即由副总经理庞赞臣兼任,并聘尤巽照为总工程师。于二十七年冬开始筹备,在重庆化龙桥对岸猫儿石地方购得基地40余亩,建筑厂屋,计动力室、制浆楼、造纸间、原料间、纸栈、材料栈、全木工厂、办公室、职工宿舍等,除制浆楼已完成十之七八外,余均先后完工。所到机器,因缺件甚多,属于动力方面者,拟就运到机件,凑装锅炉2座,透平发电机全座,属于造纸方面者,暂先凑装1座,所有应行添配之机件,已分向国内及外洋订购。但因交货误期,生铁缺乏,而所购德制机件,又因欧战发生,迟迟未能内运,致原可于本年夏初完成者,不得不延至秋末,方可正式出纸。截至目前,动力设备业已准备就绪,预计五月间可以先行发电,将来全部完成后,先造白报纸、道林纸两种,以应需要(每日产量约为7吨至8吨)。所需原料,除破布一项已着手收集外,同时拟用蔗杆及嫩竹作原料,亦已聘由专家试验,颇有成绩。至全部复工经费,以现在市价估计,约共需200万元之谱,统承经济部工矿调整处拨款协助,故能顺利进行也。

[经济部档案]

9. 天厨味精厂资料(1941年3月—1944年)

(1)天厨四川工厂填报有关设备生产等情况表(1941年3月28日)

工　厂　名　称:天厨味精厂四川工厂

地　　　　址:重庆化龙桥猫儿石

创　办　日　期:二十九年七月一日

开　工　日　期:二十九年十二月一日

填　表　日　期:三十年三月二十八日

续表

主持人	董事长姓名		籍贯		简单履历			
	吴蕴备		江苏丹徒		金成银行常务董事			
	总经理姓名		籍贯		简单履历			
	吴蕴初		江苏嘉定					
	总工程师姓名		籍贯		简单履历			

资本及员工	资本总额国币（本厂系上海总公司分厂，由总公司转来基金国币20万元）							
	职员		技师		管理或工头		工人	
	人数	薪资	人数	薪资	人数	薪资	人数	薪资
			男 女 共		最高		男 女 共	最高1.20
	8	1,210.00	1 1		2.40		20 8 28	最低0.70

主要产品	名称	品级或性质	单位名	单位长度重量或容量	折合市尺折合市斤	出厂单位价格	每天最大产量	平均每月产量	用途	主要销地
	味精		磅			50.00	500	15,000	调味品	川省

原料及材料	名称	品质	单位名	单位长度重量或容量	折合市尺折合市斤	购进单位价格	每天需用量	来源地	运输方法	代替品
	盐酸		箱			108.00	6箱	天原电化厂		
	面筋		市斤			1.80	1,000斤	重庆		
	液碱		箱				1	天原电化厂		
	酒精		加仑			23.00	50	重庆		

厂址	第一厂			第二厂			其他	
	面积 2,096英尺			面积				
	建筑物面积 130英尺			建筑物面积				
	价值 50,000.00			价值				

原动力	设备					外来电源		
	名称	式样	能力	制造者		种类	供给处所	厂内电压	每单位价格
				国名	厂名	年份			
							A、C	电力公司	280V	36

续表

	名称	式样	尺寸	制造者			数量	用途
				国名	厂名	年份		
主要机器	烘箱	真空式	8′×6′×6′	美国			1	烘干用
	离心力机						2	过滤用
	Baee miee	碎粉机		自制			1	磨粉用
	滤缸			美国			2	过滤用
	油灶			自制				水解用

	名称	数量	式样	尺寸	用途	制造者
补助机						

制造方法详细说明	面筋 → 水解 → 变化哥罗登酸 → 中和 ← 烧碱 → 哥罗登酸钠 → 结晶 ← 火酒 → 味精 → 烘干、磨碎、包装 → 成品；盐酸

现在困难情形	目下原料缺乏,产量仅计划中之1/10,以备作大规模制造之机件设置,制微量之产品损耗极巨

工作计划	日产味精30磅,将来视需要逐步补充至250磅

备注	本厂系上海公司之分厂,故无资本金额

[天厨味精厂档案]

(2)天厨味精厂简介①(1942年2月)

本厂于民国十二年在上海设立,出品有佛手老牌味精,鼎牌味宗,酱油精,淀粉,糊精,酱色饴糖,及各种钲基酸等。味精之制法于民国十五年间先

---

① 摘自1942年2月《迁川工厂出品展览会纪念册》。

后获得美、法、英等国之特许专利,至国内外赛会所得之奖状尤不胜搂[屡]计。二十一年味精之生产量,凡30倍于十二年,味精销行于国外者2倍于国内。味精所用之主要原料面筋为本厂自制,盐酸为本厂主办之天原电化厂所制。二十二年二月,本厂独捐全金属战斗及教练飞机各一架与中国航空协会,定名曰"天厨"号。二十三年一月,创办天利淡气制品厂,二十四年八月,改组为股份有限公司。二十七年沪滨沦陷,于九龙设立香港工厂,出品有味精、漂白粉、盐酸、烧碱、淀粉等,并将一部机材迁汉。二十九年于重庆设立四川工厂,除味精已出品外,尚有淀粉、酱油,均在逐步进行中。三十年七月,总公司因在沪不堪敌伪利诱威迫,乃由沪迁渝。

[迁川工厂出品展览会纪念册]

(3) 天厨味精厂四川厂1944年1月至5月18日产销状况(1944年)[②]

天厨味精厂四川工厂民国三十三年一月至五月十八日产销状况

资本:总公司注册资本132万元,现正在办理增资至660万元(经济部登记股份有限公司新字第442号执照,该照业已交社会局缴销)。

主持人:总经理　吴蕴初　　厂长　吴志超

职员:30人

工人:80人

主要产品:

一、味精——每月产量按照机器能力为9,000磅,目下以原料问题不能尽量生产,本年度自一月至五月十八日止共产22,444市斤。

二、淀粉——视所用之面粉或小麦量而定,自本年一月至五月十八日止,共产淀粉16.56万市斤。

三、葡萄糖——自本年一月起因淀粉不敷用,暂停制造。

四、代酱油——自本年一月至五月十八日止,共产22.19万市斤。

主要原料用量(三十三年一月至五月十八日)

面粉——17万市斤(自三月份起不用面粉)。

---

② 根据内容估计为1944年。

小麦——6,128市担（每市担135市斤）。

盐酸——70吨。

液碱——30吨。

干酒——33.666,0万斤。

最近原料进价：

小麦——每市担4,400元，由粮商运来本厂码头交货。

盐酸——每公斤846元，向天原电化厂购买（工矿调整处批准）。

液【碱】——每公斤80元，同上。

干酒——每市斤54元，由酒坊送来。

进货：小麦——7,427.61市担（三十三年一月至五月十八日止）。

其他原料未曾计算。

销货：自本年一月至五月十八日共售出：

10两包400箱——8,000磅

4两包448箱——5,184磅

5两瓶564箱——4,512磅

2两瓶678箱——2,712磅

1两瓶716箱——1,432磅

指瓶48箱——120磅

共计21,960磅　合19,764市斤

存货：五月十八日存：小麦约1,300市担

味精——10两包2箱——80磅

　　　　4两包79箱——632磅

　　　　5两包21箱——168磅

　　　　2两瓶6箱——24磅

　　　　1两瓶41箱——82磅

　　　　指瓶32箱——80磅

　　　　共计1,066磅　合960市斤

散装——1,720市斤

副产品——未曾统计

最近成本计算：（以平均一个月5,000市斤计算）

原料——小麦2,250担，＄4,400元，＄9,900,000.00；

盐酸14,000公斤，＄46元，＄644,000.00；

液碱2,500公斤，＄80元，＄200,000.00；

干酒7,500市斤，＄54元，＄405,000.00；

煤炭100吨，＄2,000元，＄200,000.00；

＄11,349,000.00

厂务费　包括一切水电、工资、折旧等等＄1,200,000.00

业务费　包括一切业务开支

＄600,000.00

＄13,149.00

每市斤成本＄2,629.80。

附注：其他杂料（如活性炭、硫化钠等）因视原料及天气等之不同而异，故未计入。

最近味精售价：

10两包2打——＄60,000元（净重40磅）

4两包2打——＄24,000元（净重8磅）

5两瓶2打——＄25,000元（净重8磅）

2两瓶2打——＄12,800元（净重4磅）

1两瓶2打——＄6,700元（净重2磅）

指瓶18盒——＄10,000元（约净重2.5磅）（每盒12瓶）

[渝天厨味精厂档案]

10. 中国标准国货铅笔厂填报有关设备业务状况表(1941年4月2日)

三十年四月二日

厂名		中国标准国货铅笔厂股份有限公司				
厂址	原有厂址	上海斜徐路1176号				
	现在厂址	重庆菜园坝正街15号				
	分厂地址	重庆南温泉海泉路186号				
负责人	姓名	年龄	籍贯	学历		职务
	吴羹梅	37	江苏武进	日本横滨高等工业学校卒业		总经理兼厂长
创立及迁川经过	创立年月	二十四年四月		创立经过	本厂于二十二年冬由吴羹梅、章伟士等计划筹备,集资8万元,设厂于上海斜徐路,出品用飞机牌及鼎牌两种商标,自二十四年十月正式营业	
	入会年月	二十七年六月加入迁川工厂联合会		迁川经过	本厂于二十六年八月奉令由沪迁汉,因时局关系复于二十七年一月再迁宜昌继续生产,嗣以武汉弃守,又于二十七年底三迁重庆,设厂于菜园坝正街	
	迁川年月	二十八年一月				
资本	原厂(总额)	国币8万元		川厂(原额)	国币12万元	
	加资或增价	28年份增资4万元		现有资产总值	约计100万元整	
组织概况	系统	总公司设秘书室、营业科、会计科、事务科、保全科、研究室,在工务科以下又分设制芯、制板、制杆、成品各部工场,南泉分厂设厂务主任,主任下分设制芯、制板、制杆、成品各部工场				
设备	原动力	种类	煤气引擎1座			交流发电机1部
		产地	国内			国内
		价值	50,000元			25,000元
		马力	25匹			10kVA
		已用年龄	新制			3年
	机器及主要工具	种类	制芯机器	制板机器	制杆机器	油漆机器	电动机
		产地	国内	国内	国内	国内	德国、瑞典及本国
		件数	17部	8部	12部	13部	10具
		价值	155,800元	16,700元	60,400元	47,900元	42,000元
		能力	每日生产量300笋	同上	同上	同上	60匹马力
		已用年龄	6年	同上	同上	同上	1至6年

续表

制品	种类	飞机牌铅笔	鼎牌铅笔
	每年产量	56,000箩	24,000箩
	价值	840,000元	720,000元

业务	销售区域	全部出品由本厂营业科发行,在外省设昆明发行所及贵阳发行所各一处,其销售区域为川、陕、甘、湘、鄂、赣、桂、粤、滇、黔、康等大后方各省
原料	种类	笔铅、黏土、柏木、白果木、油类、溶剂类、漆片、颜料、牛胶、蜡类等

职工人数	职员32人	男工114人	女工20人

厂址面积及价值	厂址	面积	建筑物面积	厂房	价值
	重庆总厂	622.95方丈	415方丈	20间	222,700元(内房产12万元,地产10万元)
	南泉分厂	240方丈(租地)	80方丈	约20间	23,000元(房产)

栈房	九龙坡栈	房屋5间			3,000元
	万家石栈	房屋10间			7,000元

工作计划	本厂于去年6月底被敌机投弹烧后即积极办理疏建工作,去年8月建设南泉分厂以增生产,加建九龙坡分栈疏存原料,复于本年2月开凿15立方市丈容积之机器防空洞,以便将制芯、制杆、成品等工场迁入洞中工作,又定制25匹煤气引擎1部及10kVA交流发电机1部,以资应用,万一电力发生问题对于工作效能不致遭受阻滞与影响,又以舶来品原料来源困难,拟自行添备机器,精制木材笔铅并自制油漆原料

[四联总处档案]

11. 中国标准国货铅笔厂一九四一年度营业报告书(1942年)①

一、营业情形　本年度全年营业额,共计182.8万余元,较去年增加117.4万余元,约3倍弱。发行网亦见增加,二十九年度往来户不及百数,三十年已达190余家。以生产方面,困难重重,故出品仍属供不应求。鼎牌铅笔之销路,尤呈与日俱增之势。

二、生产情形　为维持非常时期之生产计,费尽艰苦,完成下列二种工作。

(一)完成南泉分厂疏建工作　南泉分厂所设制芯制杆成品三部工场已完全开工,动力设备亦于五月中完成。

(二)完成防空洞工场迁建工作　本公司总厂制芯制杆成品三部工场,均已于五月起陆续迁入下南区马路94号之自凿防空洞工场中,如遇空袭,可告

---
① 此为编者估计之时间。

无虞。并已购置动力设备,正在装置之中。

本年度以疏建及迁建工作之完成,故虽遭轰炸火灾及停电等灾难,生产工作,幸尚未中断,仍克勉力供应大后方之需求。

三、经济情形 本年度本公司资本自12万元增至45万元,银行往来抵押透支亦及60万元,营业情形,又见好转,故流动资金,未感拮据,惟因物价暴涨,开支加大,战时损失,为数亦巨。本年度之盈利,仍深愧未能厌股东诸公之期望也。

……

[四联总处档案]

12. 杨靖宇撰拟关于大新面粉公司过去及现在事实(1941年5月21日)

1.从事工作人员及场所时间

本公司于民国二十三年在河南郾城县成立,经理杨靖宇、副经理翟鸿飞、技师张文华,全体职工160余人,每日产粉1,000袋至1,200袋。二十七年,豫中战局紧张,奉河南省政府令保存抗战生产力量,限期3日迁陕,由经理杨靖宇赴陕筹划,在陕西宝鸡斗鸡台车站勘定地点,商承陕西省政府意旨办理,一面由副理翟鸿飞督饬将全部机器拆卸运陕,另行筹建厂所,统意进行。于二十八年七月正式复工,除技师改聘钱菊宝外,迄今无所变更。

2.原料

本公司所在地出产原料(小麦)不敷应用,在附近之扶风、绛帐、蔡家坡、凤翔、虢镇、汧阳、陇县等处设庄收买,除绛帐、虢镇、蔡家坡等处可以火车运输外,其余则由旱道以兽力车运输。

3.器材设备

本公司需要器材、燃料以煤为大宗,每月需要300余吨,除自行派员就矿购买待车运厂外,并向西安各大工厂煤炭购运处及同官矿理事会分别定购运厂备用,恒有缓不济急之虞。近由经济部工矿调整处筹办燃料管理处,嗣后或可源源济用。其他器材如机件配备,本公司有小型修械所可资应用,大的配备则须由其他铁工厂制备。至所需之五金筛绢、机油、汽油等物资,则随时遇合购买,价值超过战前数百倍以上,不敢计也。

4.试验情形

本公司为原有工厂,对于产量曾经设计增加,每日可产粉1,500袋,但以机器负担太重,轮轴、皮带、汽缸等力有不胜,现在每日最高量可产粉1,200袋至1,300袋。

5.改进经过

由经、副理督同技师详细计划,随时改进,限于条件,只以保持原状为原则。

6.最近制造状况

本公司复工之始,即与前军粮局现粮秣处订立合同,承制军粉,十八日军麦运厂,即行制磨,随运随制,其余时间则制民粉供给后方人民需要。每月除洗刷锅炉三四日外,制造民粉时间不及十日。自二十九年民粉粉价统制,不能与再生产成本配合设计、历有赔累。值此抗建严重时期,惟有忍痛经营,以待胜利来临,希望政府救济,以图生存。

大新面粉公司经理杨靖宇呈
五月二十一日
[经济部档案]

13. 胡厥文等设立新民机器厂湘厂陈报进展情形请拨付借款呈(1941年5—12月)

(1)胡厥文呈(5月)

呈为设立分厂,恳请拨借设备费用事:窃维我国值此抗战与建国并进时期,工作重心咸集中于生产事业,而其生产力量又端赖于机力之如何,属厂民十创设于沪上,从事母机及水陆应用发动机等之制造,垂二十年,蚊负蚁驮,冀尽国民天职于万一。乃抗战军兴,奉令内移,仓皇迁徙,对于择地及交通运输各项,初未遑计及尽善,大部机器且皆沦于敌手,故设备布置诸多草率,材料技工亦感缺乏,生活物价尤觉难支。四载以还,不避艰难,努力奋斗,幸蒙钧处领导庇荫之下,得以继续工作。方今最后胜利在望,回顾我国之机器制造业,较之欧美先进国家瞠乎后矣,凡属国民,亟应群策群力,急起直追,奋力迈进,促成抗建大业。属厂爰不揣力量之微,决本诸二十年之制造经验,罄其所有余资,益以各方筹贷,设立分厂于湖南祁阳。兹已租定祁阳城外天马湾地基,派员前往积极筹备,俾于最近期内开始制造,期于四个月全部完工开工。原预计资本金额为国币60万元,可敷应用,不意抵湘后物价飞涨,虽经极力紧缩,仍非89万余元不办,除尽其所有及各方所筹得者外,尚不敷国币30万元,实已无从筹措。缘属厂为求增进国家生产,不惜一切图设分厂,初非一般商店之牟厚利者可比,况目下工料暨交通运输各情形无不困难万分,第求其聊尽天职,利于抗建大业,他非所计。伏以钧处职在扶助工商,领导指示,贷以资金,不遗余力,凡百民营事业,无不泽被,福国利民,早已有口皆碑。不获已,为特备文恳请钧处赐准拨借建设设备费用国币30万元,俾利进行,毋任感戴。开工后准在三年内分期清还,第一年5万元,第二年10万元,第三年15万元,息随本减,谨造送概算书全份,敬祈鉴赐核准,批令祗遵,至为德便。谨呈

经济部工矿调整处

  附呈概算书全份[略]

上海新民机器厂总经理胡厥文
中华民国三十年五月 日

(2)姚文林呈(12月16日)

经济部工矿调整处广西办事处呈 桂总字第3824号 民国三十年十二月十六日发

  案据上海新民机器厂湘厂厂长胡厥文本年十二月十一日湘祁字卅第100号呈称:窃属厂设湘分厂于祁阳,经钧处批准协助拨借国币30万元,藉以努力迈进,从事生产。属厂秉承钧意竭力进行,目下厂房建筑完成,机器选购齐备,各类应用材料亦将根据预算分途购足,其第一、二期借款各10万元已蒙钧处拨付应用,实深感戴。刻以物价高涨,需款孔殷,特再具呈请求,敬乞即为转呈重庆钧总处将余数10万元早赐拨付饬领,以济燃眉而利工作,实为德便。等情。查该厂呈请借款30万元一案,前奉钧处本年六月二十日矿整(30)财字第1735号令饬核议,遵于七月二十日以桂总字第2940号文呈复在案。最近职曾亲往

祁阳该厂视察,该厂机器已有20余部业经开动,工作亦颇紧张,成品以各种工作机为主。兹据呈称,已蒙将借款第一、二两期各10万元拨付,刻以物价高涨,需款孔殷,拟请转呈将余数之10万元早赐拨付,以利工作一节,可否准予拨付之处,理合据情转呈,伏乞核夺施行。并候指遵。谨呈

处长 张
　　　翁

广西办事处主任姚文林
［经济部工矿调整处档案］

14. 新民机器厂湘厂一九四三年度扩充计划书①（1943年2月13日）

一、新民机器厂湘厂三十二年度扩充计划书

湘桂工业随抗建而日新月异,公私工厂达数百家之多,惟专制工作机之大型工厂尚感缺乏,普通轻式车、钻床造者甚多,而对于较轻式之机器不多见。现代炼钢进步,机械之加重本身,增加速率,提高精度,为欧美工程家研究改进机器之唯一标的。是以本厂自添设湘厂以来,未及两载,第一批所出之立铣12部,精度以千分之一英寸为标准,颇蒙各购用厂所赞许。继续造者为4呎横臂钻床,重约3吨,牙齿变速24种,最大径能镗7寸半内径,为各大厂必备之工作机。第一批10部早经售出,即将出厂,第二批已开始翻铸。此种横臂钻床不独湘、桂各厂无造售者,即陪都亦尚未有制造之厂。现除上述两种机器外,正造者为一号万能铣床、重式8呎10呎车床、6呎8呎龙门刨床,每机重量约在二三吨上下。盖鉴于最后胜利即在目前,而重工业之基础,莫不赖重式而有较高效率精制机器为之建立,是以不惜重资,加以研讨,力图扩充,抱自我牺牲之决心,做迎头赶上之工作,而谋生产以建国也。

二、兹将现状与拟扩充情形分述于后

（一）翻砂部大加扩充,行车、烘模炉、壁炉、回火炉均已齐备,熔炉每次出铁水两三吨,铸铁产量每月可达30余吨,并兼能铸造特种生铁,如轧钢用之

---
① 此系1943年2月13日新民机器厂湘厂总经理胡厥文致工矿调整处呈的附件。

冷铸滚动滚筒与强力生铁等。

（二）为配合上项铸品产量起见，故现造者均为重式机器，如上述之横臂钻床、万能铣床、重式大车床等。

（三）现在动力赖湖南机械厂之供电，以该厂铸钢常感电力之不足，屡有停电之虞，使生产减低，工作困难，为欲照计划猛进，势非自设动力不为功。

三、本年度产量之预计

双杠6呎重式车床30部；

双杠8呎重式车床50部；

双杠10呎重式车床20部；

单杠6呎轻式车床50部；

8呎龙门刨床20部；

1号万能铣床20部；

立铣20部；

4呎横臂钻床16部；

1.5寸钻床30部。

四、训练艺徒

现感技术工人之缺乏，且过去知识高尚潜心进取之技工更不多观。故训练工徒未敢稍遗余力，考选体格强健，明廉耻有远志之青年，现已约40人，本年度增训30人。嗣后每年递增，不求其多，而务精审。

五、拟添置之机器于下

名称	数量	单价	总计	备注
6呎重式车床	4部	82,000.00	328,000.00	自制
8呎重式车床	3部	96,000.00	388,000.00	自制
10呎重式车床	3部	110,000.00	330,000.00	自制
滚齿床	1部	360,000.00	360,000.00	自制
横臂钻床	2部	220,000.00	440,000.00	自制
龙门刨床	2部	160,000.00	320,000.00	自制
万能铣床	2部	150,000.00	300,000.00	中华1部 自制1部

续表

名称	数量	单价	总计	备注
共　　计			2,366,000.00	已付66.6万元,增资60万元,及收借款50万元,请求拨借60万元

六、拟添之动力设备如下

| 发动引擎 | 1具 | 200,000.00 | 200,000.00 | 已付 |
| 40kVA发电机 | 1具 | 400,000.00 | 400,000.00 | 请求拨借 |

总上所述,共须添资近300万元,已经筹付者80余万元,拟再增资100万元,尚需100余万元,拟请政府拨借100万元,以资建设而便努力迈进也。

[经济部工矿调整处档案]

15. 中中交农四联总处关于永新化学工业公司资本生产情况调查报告(1941年9月9日)

永新化学工业公司调查报告

卅年九月九日稽核科查编

一、创立经过:查永新化学工业公司系由"八一三"前江苏南通之永新薄荷精炼厂改组而成,当时实收资本20万元。南通沦陷后,另在上海租界内购地设厂,嗣奉经济部工矿调整处内迁之命,遂改组为永新化学工业公司,增资为国币50万元,于二十八年春迁川,在重庆西郊桂花园设厂。二十九年在建造期中,至三十年三月三日开始开工制造,主要出品为甘油、肥皂、化学用品及卫生材料等,另有药厂一,资本独立,以内地购运原料困难,故仍留沪未迁。

二、资本与股东:该厂资本总额50万元,一次收足,主要股东有杜月笙、赵春咏、龚永毅、唐承宗诸人。

三、组织概况:该厂为一股份有限公司,设有董事会,由杜月笙任董事长,赵春咏任经理,谢杰任厂长,下设营业、制造、事务三部,其中制造部分制药、制皂、机械三股。

四、厂基厂房:据称厂地系自购,约1,000亩,价格30万元以上,又厂房10

余座,均系自建,共值53万余元(见附表)。

五、机器设备:据称该厂机器设备共值40万元以上,至其种类与件数经点验,尚与后表列数相符(见附表)。

六、现存原料与成品:查该厂前已向本总处商准押透50万元,截至本年七月六日止,尚欠本金42万元,经点验旧有押品,数量相符,据称共值64.8万余元(见附表)。此次请求增借50万元,系另提现存原料、成品、半成品各一部作押,据称共值24.9万余元,至其种类与数量,经详加点验,尚与后表列数相符(见附表)。

七、原料来源:据称牛油、皮油、木油、松香等,系购自本市及四郊,工业盐购自自流井,洋钉购自上海,修酸、白玫瑰香精系分别购自德、英二国。

八、出品种类及其数量:据称每日可制成洗衣皂2.5吨,药水皂80公斤,粗甘油100公斤,其他化学用品,尚有筹备制造中。

九、制造程序:……

十、货品销路:据称大部送由平价购销处发售,小部批售各商店,自开工以来所推销之数量及其价值,另列附表于后。

十一、资负情形及损益状况:据称该厂所有账簿悉存于城内营业部,故其资负情形及损益状况究竟如何,一时无从查悉,兹据事后补送资负表及损益书各一份,特附后。

附件一:

厂　　房

名称	幢数	总值(按市价)	备注
石造大厂房	1	150,000元	
石造办公室	1	120,000元	
石造栈房	5	155,000元	
石造机器房	1	20,000元	
工人宿舍	1	21,000元	
职工饭厅	1	12,000元	
防空洞	2	40,000元	
石造水池	1	15,000元	
合计	13	533,000元	

附件二：

机器设备

名称	件数	总值	备注
80HP水管式锅炉	1	100,000元	
40HP水汀引擎	1	40,000元	
制皂铁缸	5	75,000元	
打印车	4	40,000元	
晒皂架	700	7,000元	
冷皂桶	100	10,000元	
全部水管	110	60,000元	
化验设备		30,000元	
修理工具全部		40,000元	
合计		402,000元	

附件三：

现存原料与成品（旧借款押品）

名称	数量	单价	总值	备注
牛油	223担	250元	30,750元	据称以下原料均系购进价格
皮油	1,749担	160元	279,840元	
木油	211担	155元	32,705元	
修酸	500公斤	20元	10,000元	
白玫瑰香精	30磅	1,000元	30,000元	
工业盐	436担	135元	58,860元	
洋钉	22桶	600元	13,200元	据称系按买价加运费而估计
松香	74箱	180元	13,320元	
大号肥皂	1,320箱	85元	112,200元	据称以下成品系按原料购价加成本而估计
小号肥皂	132箱	75元	9,900元	
药水肥皂	294箱	195元	57,330元	
合计			648,105元	

附件四：

现存原料成品与半成品（新借款押品）

名称	数量	单价	总值	备注
300联大号肥皂	133大箱	425元	56,525元	已装箱
大号肥皂	438小箱	85元	37,330元	同右
药水肥皂	10小箱	195元	1,950元	同右
大号肥皂	530小箱	85元	45,010元	尚未装箱
药水肥皂	30小箱	195元	5,850元	同右
烧碱	5吨	2,500元	12,500元	原料
粗制甘油	5吨	10,000元	50,000元	半制品
肥皂	10吨	4,000元	40,000元	同右
合计			249,065元	

附件五：

已往成品销售数量及其价值

年月	品名	数量	单价	总值
卅年三月份	60联洗衣皂	241箱	85元	20,485元
	80联洗衣皂	160箱	72元	11,590元
四月份	60联洗衣皂	675箱	85元	57,375元
	80联洗衣皂	286箱	75元	21,450元
	100块药水皂	6箱	190元	1,140元
五月份	60联洗衣皂	683箱	85元	58,055元
	80联洗衣皂	345箱	75元	25,875元
	100块药水皂	383箱	190元	72,770元
六月份	60联洗衣皂	786箱	85元	66,810元
	80联洗衣皂	448箱	75元	33,600元
	100块药水皂	689箱	190元	130,910元
七月份	60联洗衣皂	1,337箱	85元	113,645元
	80联洗衣皂	769箱	75元	57,675元
	100块药水皂	501箱	190元	95,190元
合计		7,309箱		766,570元

附件六：

资产负债表（民国三十年八月三十一日调制）

借方金额									要目	_贷方金额_								
百万	十万	万	千	百	十	元	角	分		百万	十万	万	千	百	十	元	角	分
									（负债部分）									
									资本	5	0	0	0	0	0	0	0	0
									（代表行）交通银行押款		4	3	2	6	5	2	3	8
									久大号贷款			6	7	2	4	0	1	6
									佃户押租				2	8	1	4	0	0
									利益			1	2	9	8	4	8	6
									（资产部分）									
		3	7	9	8	1	0	0	地产									
	2	3	4	9	8	4	6	4	建筑									
		8	6	4	5	2	4	3	机械									
		4	8	3	2	5	6	4	器具									
			2	5	6	2	4	1	家具									
			6	6	0	0	0	0	五金									
	2	8	0	7	8	5	0	0	原料									
	2	9	1	1	9	6	5	0	成品									
		1	2	8	0	9	1	6	客户欠款									
		1	0	9	4	0	0	0	公债									
			3	0	5	4	6	2	现钞									
1	0	1	5	6	9	1	4	0		1	0	1	5	6	9	1	4	0

附件七：

损益计算表（民国三十年八月三十一日调制）

科目	支出金额								收入金额									备注
	十万	万	千	百	十	元	角	分	十万	万	千	百	十	元	角	分	
现销货款									5	3	8	7	1	0	8	4	
赊销货款										1	2	8	0	9	1	6	
未销成品										2	9	1	1	9	6	5	0	此系制造成本，售时价格可增高30%
原料	5	5	8	5	6	2	5	1									
燃料		2	9	4	8	6	2	1									
包装		3	5	6	2	4	7	3									
运输			5	8	5	4	6	2									
广告			2	2	0	4	5	2									
保险		3	9	2	2	4	0	0									
利息		2	1	0	4	3	8	2									
捐税			6	3	2	8	8	2									
修缮			3	0	6	2	7	3									
薪工		2	0	2	1	1	6	7									
伙食		2	9	4	9	4	7	9									
川资			3	4	2	5	7	2									
应酬			1	6	0	0	1	0									
杂支	1	0	5	6	5	0	5										

续表

科目	支出金额								收入金额							备注
	十万	万	千	百	十	元	角	分	十万	万	千	百	十	元	角	分	
开办费		6	3	0	4	2	3	5									即二十八年及二十九年两年损失额
利益额		1	2	9	8	4	8	6									
合计	8	4	2	7	1	6	5	0	8	4	2	7	1	6	5	0	

[四联总处渝分处档案]

16. 工矿调整处关于后方纱厂生产及营业情形致经济部农本局公函稿（1941年9月25日）①

公函

　　案准贵局卅年八月廿一日晨研字第2024号函，嘱将关于后方各纱厂生产营业状况之统计或报告资料检寄资考，见复等由。准此。查本处管理之后方纱厂，分布川、陕、湘、滇、桂等地，共约22万余锭。兹就函询各节，另行列表答复，相应随函附送之，希查照为荷。

此致

经济部农本局

　　附表一份

---

① 此为发文时间。

后方纱厂生产营业状况一览表

厂名	厂址	原有锭数	现开锭数	产量	营业状况	备注
裕华纱厂	四川重庆	40,000	23,000	（年约）13,800件	由平价购销处平价销售	出纱由平价购销处限价商人向该处申请购买登记后再提货
申新第四纱厂	四川重庆	10,000	10,000	6,424	由平价购销处平价销售	
豫丰纱厂	四川重庆	40,000	25,000	16,060	由平价购销处平价销售	
豫丰合川分厂	四川合川	15,000	13,000	9,630	由平价购销处平价销售	
沙市纱厂	四川重庆	20,000	6,400	4,100	由平价购销处平价销售	
大华纱厂	陕西西安	25,000	18,000	12,848	军需署统制，限价收购	
大华广元纱厂	四川广元	17,000	13,000	12,800	自由营业	
申新陕厂	陕西宝鸡	20,000	16,000	14,715	军需署统制，限价收购	
咸阳纱厂	陕西宝鸡	10,000	5,000	6,400	军需署统制	
蔡家坡分厂	陕西蔡家坡	5,000	未开工	尚未开工	未开工	
广西纺织机械工厂	广西桂林	1,800	1,800	1,470	自由营业	
昆明纱厂	云南昆明	5,000	5,000	3,000	自由营业	
裕滇纱厂	昆南昆明	5,000	5,000	3,100	自由营业	
湖南第一纱厂	湖南辰溪	10,000	10,000	6,000	自由营业	
维昌纺织厂	四川江北	672	504	395	自由营业	
振齐第三工厂	四川江北	168	168	98	自由营业	
裕民农村纺织社	湖南沅陵	168	168	150	自由营业	
仁昌纺织厂	云南宾川	336	336	300	自由营业	
理治纺织染厂	四川重庆	168	168	100	自由营业	

［工矿调整处档案］

17. 沙市纺织公司资料(1941年11月—1942年2月)

(1)商务日报有关沙市纺织公司重庆分厂业务情形的报道①(1941年11月30日)

……

沙市纱厂原设沙市,有纱锭2万枚,以内迁较迟,先将机器拆成□□,在去年春季才择定李家沱为厂址,建筑厂房,本年五月正式开工。现在已开纱锭6,400枚,产20支棉纱300余件,其余机件,正在陆续迁移筹划配装中。该厂制造棉纱程序如下:和花机——松花机——直立式开棉机——自调给棉机——豪猪式开棉机——除尘机——排气式开棉机——二道清花机——三道清花机——梳棉机——头道并条机——初纺机——□纺机——前纺机——精纺机——摇纱机——小包机——大包机——棉纱。(据肖经理伦豫谓记者:顾得以七分经济,巩固国防建设之国策,从事于后方生产事业者,亦深感匹夫之兴有责,是感敝厂规模虽小,也算为后方军服民衣之一助。现开细纱锭6,400枚,前后部机器,每昼夜产20支及10支棉纱十数件。员工共七百数十人,盖熟练工少而养童工多也。员工膳宿由厂供给,宿舍设备皆尚称完备,其家属亦定居厂中,俨然一大家庭。福利事业,如医院、职工子弟学校、合作社等业经与各邻厂合力完成,他如工人补习班、娱乐室、书报室、运动场等亦正逐渐筹设。现该厂为增加生产计,正着手设法扩充纱锭数千枚,可于短期内实现。但局势推移,前途不免困难,此非仅该厂一厂为然,抑非纺织业之业为然,举其著者,均有数端:

一、近年物价续涨增高,尤以农产品为甚,故工业产品成本大加,土地资本压倒工业资本,势已形成。

二、交通不畅,致使货运之障碍。

三、渝地各纱厂使用之棉花,大都仰赖于陕西,而产地花价及陕渝间运费频涨不已,购运到渝需时半年以上,途中损失甚大,搁滞资金极巨,非资力较厚之厂无法购运。则原料方面,能否源源接济已成问题,令人深切隐忧。

四、内迁各厂,搬迁时沉没之机器,及原厂址房屋设备等之损失,均甚重

---

① 此件节录自1941年11月30日重庆《商务日报》载《八大工厂参观记》。

大。迁川后以种种原因,获得固已甚难,纵使能稍获盈利,物价既如此高昂,则将来欲以现在若干货币利益弥补此项复济之损失,而恢复旧日规模,诚戛戛其难也。

五、因物价高涨,设备费用与流动资金须较以前增至十几倍之多,方克周转。但筹措既难,折息又高,影响其生产事业经营与发展至深且巨也。凡兹荦荦大者,为后方工厂目前所遭遇之困难,贤明政府当局固正设法解除。

……

[重庆《商务日报》1941年11月30日]

(2)四联总处秘书处编:沙市纺织公司(1942年4月2日)

一、沿革

沙市纺织公司于民国二十年由湖北李玉山发起与沪上人士集资100万元,组织股份有限公司于沙市建厂开业,选沪方杜少如任董事长,高价人、杨冠常、金宗诚、杨渔笙、孙学源、尤菊荪、李玉山等任董事,李玉山任沪总公司总经理,杨冠常任沙市厂方经理。当时以频受外洋纱厂打击,业务无何起色,乃于民国廿四年局部改组,推杜月笙任董事长,高价人任沪总公司总经理,聘湘人萧伦豫任厂方经理,高价人之弟高鹏几任厂方副理。该厂于二十七年迁奉节,二十九年迁重庆。

二、组织及人事

该公司董事会及总经理部分,历在上海未动,其人选诸如原述。重庆厂方经副理以下分工务、会计、庶务、物料、花纱、稽查、惠工诸科,共有职员42人,工人900余名。经理薪俸500元,副理400元,以下各部主管人员由150元至340元,以工务为最高,其余职员由100元至130元,均另支津贴300元,膳宿由厂方供给。男工工资平均月160元,女工工资平均月120元至130元,无津贴,膳宿由厂方供给。员工眷属并由厂方供给住室及津贴伙食。工人工作时间,每日12小时,日班由早6时至晚6时,晚班由晚6时至早6时,每月逢一休息。

三、地址及设备

厂址位于重庆上游李家沱,离城约40余里,系经济部指定工业区域。由重庆望龙门有小火轮直达,离川贵公路土桥站约3里,该地至土桥正在准备修路通达。该厂地基系向经济部租用。

该厂房屋建筑费共用去80余万元,三十年二月间完成,正在添建原有细纱机16部,并条机3部,头道粗纱机3部,二道粗纱机5部,三道粗纱机10部,清花机3部,钢丝机24部,摇纱机48部,锭子2万,均英造,原价30余万元。其生产力每日可产10支纱及20支纱40余件,每月可产纱千余件。

四、业务状况

该厂以移渝之锭子6,400枚于卅年五月起开工,平均每日可产20支纱八九件,10支纱六七件,每月除逢一例假3天外,约产20支纱240余件,10支纱120余件,每月共400余件。

棉花大部来源由农本局供给,不足则自行采购补充。每包铁夹花重约400市斤,按官价每市石600元,次者每市石自560元至580元,每次以货价交农本局后,即由农本局掣给栈单,自行提货。其自行采购者每石较农本局官价约高出百余元。每件纱需花500市斤,以月产400件纱,计该厂月需花2,000市石,120余万元。

棉纱每4并成1包,每千包成1件,每件重420磅,约340市斤左右(约按8折合)。所有成品俱由农本局统购,并由物资局派员3名驻厂监视,每10天或半月交货一次,由农本局交款后,即由厂开具栈单交农本局自向厂栈提货。20支纱每件由农本局付价6,898元,10支纱每件由农本局付价5,600元。按每日产20支纱9件,月产243件计,每月20支纱约得价167万余元;按每日产10支纱6件,每月产160余件,计每月10支纱约得价90余万元,两共得价257万余元。

该公司每件20支纱及10支纱平均成本除机件折旧、各项摊提、股利、利息、警报停工损失等尚未结算外,其初步成本约如下:

(1)每件纱需花500市斤,合3,125元;

(2)电力费每件摊200元;

(3)员工伙食每件摊807元余;

(4)炊炭费每件摊120元;

(5)薪工每件摊125元；

(6)各项间接材料消耗、修理、添置、杂支等每件摊500元。

以上共计初步成本4,870元余,每件毛益1,500余元;月共60余万元。

该公司现正添设锭子4,200枚,每日可增产20支纱及10支纱共10余件,月可增产270余件,月可共达毛益百余万元。

该公司之原料供给及成品销路,均由政府统制,利润亦属确定,本身只须努力生产,即可稳扩利润,业务方面极属有望。

五、财务状况

该公司于去岁三月间向本处贷款100万元,自去岁五月开工起迄年底,获利甚巨,本处贷款业已还清,对外亦无债务,其原有机件按照当日原价现已超出若干倍,房屋生财,亦已溢出原价,其固定资力可云雄厚。再就其资力言之,该公司每10天向农本局交货1次,每次可取现85万余元,其周转甚为灵活。

[经济部档案]

18. 江西光大瓷业公司临时股东会议记录暨印发迁厂报告书(1941年12月10日)

(1)临时股东会议记录

时间　三十年十二月十日下午四时

地点　重庆交通银行二楼

出席股东　108人　代表股份11,895股,计6,397权

主席　张董事长

报告事项

一、主席报告

本日出席股东108人,代表股权6,397权,业经超过半数,宣告开会。

二、主席报告

(1)本公司自九江迁出时,虽损失极大,但幸赖存有备购机器用途之美汇4万余元,依照现在法定兑换率计升国币60余万元,差足抵补。至关于迁厂

经过详情,除请检阅现在分送之书面报告外,另由杨经理予以补充。

(2)本公司内迁后筹设之分厂,计有曲靖、泸县两处,其中曲厂业经开工,泸厂尚未完成。近以资金不敷,建厂工作不绝如缕,爰召集临时股东会,筹商增资办法。又本公司第一届董、监任期早应届满,应否在本次股东会时予以改选,并请讨论。

三、杨经理报告

本日因时间关系,所以口头报告方面尽量缩短,各股东如有未明了处,请参阅印发之迁厂报告书,或随时赐询,当另从详答复。

(1)迁厂经过　本公司于二十六年底奉政府令由浔内迁,时值船舶、夫役俱感缺乏,爰仅将厂内较轻便之器材及物料等雇用民船尽量搬运,计前后运出120吨左右,其余笨重之机器及砖瓦、木料等未能搬出。至于觅地设厂事,最初于二十七年七月曾择定在湖南湘潭县之易家湾设厂,嗣以战局扩大,该处临近前方,殊非所宜。乃于二十七年冬决定迁至滇省,经于二十八年春间在各地勘查结果,认为曲靖一处尚称适宜,且有当地绅耆李印泉先生极力赞助,进行甚利。旋于二十八年十月购妥厂基,兴工建筑,迄本年四月间已开始出货。此为本公司内迁后成立之第一分厂。

去岁春间,董事长以电气工程方面所需之电瓷甚感缺乏,嘱觅适当地点设厂制造以为供应,历选数处,最后在泸县和丰乡四渡溪购妥厂址,于本年三月起鸠工督造,迄现在止,已完成9/10,约明春二月可以出货。此为本公司内迁后成立之第二分厂。

(2)浔厂损失情形　详见迁厂报告书,兹从略。

(3)历年收支报告　详见迁厂报告书,兹从略。

(4)曲泸两厂近况

a.曲厂建设资金预算为50万元,加流动资金预算30万元,合共80万元。现在连续窑9座,业经筑成,每年预计出货90万件,可获纯益30万元。现在已制之出品,计有电瓷9种,普通日用品23种,除电器碍于销路稍滞外,其余出品因成本低,售价低,销路甚旺,供不应求。

b.泸厂筹备较迟,需用资金较多,预定建设资金为130万元,流动资金30

万元，合共160万元。如资金筹措不生问题，约明年春可以出货。

（5）历年资金调拨情形　自九江迁出以迄在曲靖最初设厂之时，已无资金可供运用，乃先后以美汇及曲、泸两厂机器及不动产等分向富滇新银行、工矿调整处、南洋企业公司及曲靖、泸县两地中行借款155万元，惟较设厂预算240万元尚缺90余万元。除两厂所需流动资金60万元暂时尚可缓拨外，其余30余万元悉为预订机器、物料等款，早经到期，立待拨付，否则深恐影响建厂工程。在此工料步涨时期，原定预算将益感不敷支配。

（6）前途希望　查本厂出品因限于当地原料品质较差，故成品不若赣瓷之洁白。惟本公司现在新设两分厂之业务宗旨应与赣厂不同。查赣瓷多侧重于装饰品及艺术品，成本较高，产量有限，对于一般日用必需品反鲜注意，以致近年来外瓷竟能侵入景德镇推销，实足发人深省。本厂有鉴于此，故在九江设厂之际，即决定以大量制造廉价必需用品为主，现在仍本以前宗旨，务期减低成本，抑低售价，不仅抗战时期外来瓷器莫能与竞，战事终止以后仍可继续存在。且因西南需要，已设两厂不敷供应，战后尚可再加扩充。

讨论事项

一、本公司为适应业务需要，拟增加资本200万元，分配于曲、泸两厂，备作设厂资金案。

决议

(1)增资案一致通过，授权董事会办理。

(2)拓募新股，应先尽老股东认缴。

(3)将来九江收复，浔厂财产仍归老股东享受，新股东不得要求权利。

二、本公司第一届董、监任期早经届满，应否改选案。

决议　暂缓改选。

三、本公司董事胡笔江、张啸林2君先后故世，应否改推，补足原额案。

董事长推举由霍亚民、蔡承新两君继任，当经全体通过。

散会　下午六时。

主席　张嘉璈

(2)迁厂经过报告书

本公司自九江迁出瞬届4载,关于迁移经过及筹设分厂计划,前曾于二十七年十月印制报告书分送各股东在案,嗣因战区扩大,湘、桂设厂亦非所宜,乃于二十八年春决定在滇筹设。正进行间,适总经理杜重远君赴新疆,对于公司业务势难兼顾,爰由经理杨之屏君在秉承张董事长意旨之下负责办理。比年以来,诸如原料之调查,厂屋之兴建,以及一切金融上、人事上之调配接洽等等,虽在人力、物力艰难之下,无不次第进行。现在曲靖分厂业已开始出品,泸县分厂亦将于最近期内筹备完成,瞻望前途,差堪告慰。兹谨将迁移经过及设立分厂情形报告如下:

(一)迁移经过情形

A.迁移经过　公司于二十六年底奉令迁往内地,当时一面派员负责留守厂屋,一面雇用民船两艘,装运轻便器材约重160吨(内有震旦铁工厂承包电气、自来水、卫生、暖气各项工程材料,其已完工者大部拆卸运出,约计40吨,由双方共同保管)运往汉口。迨至安庆陷落,马当告急,又继续抢运火砖器材等约40吨赴汉,留守人员于六月底九江失陷前始行随守军退出。

关于设立分厂地点,最初拟定者有广西桂县、宾阳及湖南湘潭县属之易家湾等地,其中尤以后者为比较适宜,当经赴湘购到江边地皮27亩余,正拟建筑间,南浔情势又趋紧张,不得已乃中止进行。嗣以粤、汉相继失陷,易家湾业已接近战区,不合设厂条件,乃决定放弃湘省设厂计划,改移在滇省筹设。只以湘、滇间交通不便,至二十八年二月间各员工始辗转到昆。嗣复经数月之奔走勘查,始同年十月决定在滇东曲靖设厂,遂即购妥厂基,积极兴建,迄本年春间,业经大部落成,开始出品。此为内迁后成立之第一分厂。

国内电气建设与年俱进,所需电磁供不应求,爰拟另在川省境内选择适宜地址,再设分厂一处,大量制造电磁,以为供应。同时扩充余力,改良技术,兼制日用品,当即着手进行。嗣经在泸县和丰乡四渡溪购妥厂址,鸠工建设,迄今年余,约于明年春季可以完成。此为内迁后成立之第二分厂。

B.损失情形　九江失陷总公司不动产及存料等无法移出者,其损失情形如下:

1.不动产共计国币278,627.71元,细数如左:

a.地产　购地筑路及开凿自流井等费,计国币41,972.80元;

b.房屋　建筑厂房等20余幢,以及水塔、围墙等计国币190,042.48元;

c.窑及烟窗　本烧、素烧等窑大小12座,烟窗5座,建筑费计国币46,612.43元。

2.原料　制瓷原料如长石、白土等10种,计国币16,075.04元。

3.燃料　烟煤、白煤、焦炭3种结存103.9吨,计国币2,149.45元(存煤最初多由江防司令部购用,并嘱余煤勿售,嗣以撤退之际,时间匆促,未及运出)。

4.杂项机械中之笨重不易起运者,如滚筒机等,又建筑材料之砖瓦石灰与未剖制之木柴等(此项木柴于湖口失陷前,守军曾取一部分以之建筑防御工事),约值8.6万余元。又湘江沉船损失约5,000元(详见器材运出概况)。

以上四项,总计国币38.7万余元,于迁出以前均摄有照片留存备查。

(二)器材运出概况

A.运出经过　由浔运出器材,均经造具清册,分别保管,约重160吨,计装民船2艘,于二十七年二月间抵汉。嗣因湘江水浅,改装内河民船3双,于四月间向长沙进发。内有船户刘荫南之船,满载公司器材及震旦铁工厂承包工程材料,各占半数,约重60吨,行经临湘县属之渔矶,因风大水急,触礁沉没,押船人毋耀贵(公司职员)、朱志祥(震旦所派)险遭灭顶,仅以身免。此五月七日之事也。当经雇工打捞,仅得2/3,乃另行分装2小船,连同在汉同时开出之2只,又于九江陷落前抢运之器材2船,合共6只,于七月间开抵长沙。继因易家湾停止筹备,乃在长沙售出一部分材料,其机体笨重或缺少零件者暂存于长沙猴子石宝华玻璃厂内,余均运至衡阳,赁屋存储。嗣以粤境战局紧张,于二十八年二月改运桂林郊外暂存,原拟择其轻便易运足资曲厂利用者,运滇应用,旋以桂南战事发生,交通工具征调,无法运出。至于寄存长沙猴子石者,则于湘北大战之前业经设法抢运至衡,迨在川设厂之计划确定后,又将存桂器材运回衡阳,于二十九年三月初全部委托民生公司负责由水路运渝转泸。彼时正当宜、沙吃紧之际,幸能于五月间安然运到,诚属幸事。

B.让售部分 （一）机器。在桂让出3匹马达2部，5匹马达1部，得价1,280元；又在衡售出钻床、旋床各1部，得价3,500元。（二）物料。二十七年九月，在长沙让与民生公司等铁轨、五金材料，得价19,254.26元，在衡售出少数火砖、火泥，得价105.75元；又二十八年，陆续在桂林售出建筑材料等物，得价6,606.84元。

C.震旦存料 在桂售出半数，计净得价款22,260.63元，连同余料，由双方平均分劈，除扣该厂结欠1,667.71元外，本公司名下计得现款9,462.6元，材料分得管类及炉子等，计装箱与散放共130件，当时约值国币2万余元。

D.现存数量 除让售及少数零件沉江者外，连同由震旦分得材料共计60余吨，分别造具清册，点交泸厂负责整理，以备应用。

（三）会计报告事项

A.迁移费用 器材迁出，前后共装民船9只，由九江运汉至湘转衡，以抵于桂，运杂各费共计支出8,762.98元，嗣于二十九年二月底，由桂林运回衡阳运费等项支出1,811.15元，到衡后委托民生公司负责运渝转泸，计兵险保费4,620元，由衡至渝运囤各费38,509.19元，由渝至泸运囤各费6,210.52元，又由滇迁渝运费782.53元，总计支出国币60,696.37元。

B.兑换损益 本公司为准备向国外购置制瓷用之机器起见，曾于二十七、八两年间陆续兑入一部分外汇，以备应用，照现在兑换行市相差甚巨，计升国币646,458.52元。

C.款项调拨 年来因物价高涨，影响设厂计划甚巨，由厂建设完成，计需资金国币50万元，泸厂则需130万元，而两厂之营运资金各需30万元，共计需资金240万元。查二十八年筹设曲厂之际，本公司流动资金无多，曾于二十九年五月以美金1万余元作抵，向昆明富滇新银行透支20万元，同年十二月又以美金2万余元向泸县中国银行透支45万元，本年九月间又以泸厂不动产及新购机器向经济部工矿调整处借款40万元（现仅领用半数），又陆续向南洋企业公司借入35万元，最近又以曲厂不动产向曲靖中国银行透支15万元，共计借入国币155万元。又当封存外汇之际，提出美金押品5,000元在昆明按26元售得13万元，总计已筹到国币168万元，核与设厂资金总额240万元尚不敷72万元。又借入款项内不久即须偿还者,计国币135万元,两共需款200余万元,亟待筹措以资周转。

D.收支报告 (一)利息。自去岁大量借款后,付出透支银行利息甚巨,截至本年八月,支出51,931.65元,又员工存款息1,837.75元,共计53,769.40元,除自二十七年起至现在止,收入之存放银行利息23,516.35元外,实支国币30,253.05元。(二)杂损益。二十七年初,在浔让出煤炭67,735吨,收益1,844.66元,售出汽车收益4,854.28元,售出器材收益17,848.95元,震旦器材售出分得利益9,462.6元,共计34,010.49元,除汇费等项杂支5,650.44元外,实收国币28,360.05元。(三)迁移费细数详前,共支出国币60,696.37元。(四)事务开支。自二十七年一月份起,一切开支力求撙节,员工在二十七年全年内及二十八年上半年内均支半薪,计二十七年份支出20,738.88元,二十八年份支出18,926.99元,二十九年份支出19,351.48元,又三十年一至十月份支出27,061.87元,共计支出国币86,079.22元,总计自二十七年份起至现在止,所有支出迁移各项开支及透支利息等共计177,028.64元,除杂损益收入28,360.05元外,实损148,668.59元。

(四)设厂进行现状

A.曲靖分厂

1.营利计划

a.资本总额 由总公司筹拨国币80万元

购地费(预计购地40亩) 15,000元

建筑费(厂房、办公室、宿舍等) 100,000元

建窑费(9间,连续窑1座,烟窗1座) 110,000元

机械费 200,000元

工具费 10,000元

设备费 15,000元

开办费 40,000元

杂费 10,000元

流动资金 300,000元

总计 800,000元

b. 制品利益预算

一、全年收入总额 每年制造各种低压碍子及日用品,共计90万只,平均每只以1.5元计算,全年营业收入总额1,350,000元。

二、全年支出总额 1,014,000元

原料费(全年需用各种粘土800吨,每吨以300元计算) 240,000元

补助原料费(石膏、氯化钴等) 50,000元

燃料费(全年需松柴240万斤,每担以10元合) 240,000元

工资费(用工人120人,每年工作330日,每人每日以8元计算) 356,000元

职员薪给(经、襄理2人,工程师1人,主任4人,办事员8人) 80,000元

杂费 45,000元

各项设备折旧 30,000元

收支两抵每年可获纯益 308,600元

2. 选购厂基经过 滇省磁土矿区散布颇广,内中以永胜、曲靖、腾冲、龙陵等处为最佳。惟其中数处或因缺乏匪本原料,或因交通不便,于设厂条件上尚有缺点,只有曲靖附近原料既丰,燃料蕴藏亦富,且地点适中,交通便利,将来叙昆路成,更可日趋繁荣。当本公司于二十八年四月前往调查之际,适曲靖有某磁厂略具规模,曾来商请本公司投资与之合作,爱即派员前往该厂调查,同时对于改组手续亦均拟定,原期于接收后即可开始工作,不意最后终因条件相距太远,事遂中寝。嗣曲靖士绅以公司前来曲厂开发当地资源,均颇欢迎,尤以滇中耆老李印泉先生赞助最力,并出名代表公司报领曲靖、沾益各地磁土矿,以备公司采用。同时厂址亦得县府从事协助,于二十八年十月间购妥曲靖南门外钱局旧址地皮一块计29亩,北临南门河,西界公路,水陆交通颇为便利。

3. 筹备概况 当地建筑材料原不充裕,而附近因国防建设需料浩繁,率多取给于此,以致一般建筑商均以购料困难,不敢承做,若包工备料,又感难于供应,结果遂采督做点工办法。五金、水泥等悉由昆明采运,木料等则在数

十里外购山伐树,或每逢集市之日,零星收买。一面在厂自造砖窑2座,烧制青砖,一面在距曲70里之潦浒镇烧制修窑用之耐火砖,就地取材,成本因以低廉。惟以物力既缺,人工亦少,每当农忙或征调兵役之时,于工程之进展颇受影响。幸于艰苦过程中,终于克服一切困难,迄至本年四月,全部重要工程渐次落成,并已开始出品。兹再将筹备经过详述如下:

a. 建筑工程已完成者,计原料厂1幢计9间,附粉碎厂2间;成坯厂1幢计9间,附匣钵厂2间;绘釉厂1幢计9间;窑厂1幢计9间;干燥室2幢,暗室1间;仓库1幢计5间;又原料、成坯、绘釉等厂,厂内各附监督室1间。各厂距离中间共筑走廊9道。所有各部应用坯架、工作台等,均经装置竣事。又工人检查室、接待室、警卫室、传达室等共2幢计7间,连围墙174丈,附碉堡2座,皆已竣工。此外尚有原料棚1幢、燃料棚1幢,工人宿舍楼房1幢,上下共10间,另附耳房2间,办公室楼房1幢,连地窖上下共15间,现经完成大半。所有建筑材料悉以简单坚实经济为上,就地取材,并未使用水泥、五金等。又本厂所筑磁窑,系采半连续式,计本烧窑1幢共9仓,附方形烟窗1座,以3仓为1组,连续燃烧,利用余热,对于使用燃料颇为经济。另筑试验室1幢,附小型方烟窗1座,以作试烧磁釉之用。

b. 机械设备　曲靖当地并无电力厂,而本厂亦无动力设备,所有出品多系手工制造。现在本厂所用之工具,计有粉碎原料石碾1组(用水牛拉动),木制榨泥机4部,足蹬滚筒球磨机2部,手辘撸(俗名搅盘)2部,蹴辘撸(俗名踢盘)7部,并建有洗泥槽、储泥池等。兹为利用机器增加产量起见,曾于昆添购雪佛兰汽车引擎1部,配合木炭炉1套,业经运抵厂内,同时并有螺丝压榨机4部,原料粉碎机1部,亦已订妥,即可交货。一面并由泸厂拨运机械辘撸16部,正在配制零件中,如无意外障碍,大约数月之后即可利用机器生产。

c. 原料燃料　曲厂所有瓷土、釉料,其主要产地均在附近,为期来源充畅,免受矿主操纵起见,曾由李印泉先生以本公司代表人名义,呈请政府报领矿权,计已呈报者有周官营、吴官坡、白泥塘、蚂蝗冲、底子沟等大小瓷土矿区6处,业经领到矿照,今后原料来源问题已获解决。至于燃料方面,向以松柴为主,产地在曲靖城南20里以外,运输方法专赖马驮、人担,将来采伐愈远,则来源益艰,就本年用量论,已缓不济急。本厂为久远计,刻正着手设计改筑煤窑1幢,试烧宣威、平彝两处煤炭,如能合用,则拟兼用煤柴,藉以调剂。

　　d.出品情形　　远在建厂之初,即将各地之原料搜集化验,配合试烧,历时年余,对于坯土、釉料及匣钵之制造始获得一适当之配合量,目前曲厂出品用料之成分,即以此为准。惟成坯偶有裂底及变形,然为数尚不及10%,而出品音如金石,质地坚强,甚合日常需要,仅釉色原料因含铁质较多,稍带青白色,是其缺点。至匣钵原料虽未达正式耐火材料之标准,亦尚相去不远。现在曲厂除一面出品之外,一面并就各种着色原料分作种种色釉试验,近已配成仿柴窑雨过天晴釉一种,尚堪使用,另有紫金釉及龙泉仿古釉2种,亦获得相当成功。嗣后出品之逐渐改善,自可期待。至现在已行销于市场者,计有电瓷类7种,日用品类32种,因价格低廉,销路逐增,各种批发及定货者纷至沓来,应接不暇。此外如川滇东路运输局及消费供应社所用各种瓷器,亦均系向曲厂订制;又滇缅路战时服务团委托冠生园承办食宿站12处,所用瓷器亦均系由曲厂供给,异日倘能引起侨胞注意,行销缅境自有可能。

　　e.工作现况　　曲厂自本年四月一日正式开工。现在计用职工14人,学徒40人,女工38人,分配各厂工作。其中电瓷用品部分每日计成坯700件,日用品部分每日计成坯800件,每月烧窑最高率16窑,最低5窑,明岁机器装就,工作效率当可增加至3至4倍。

　　4.收支报告　　本厂资金追加为国币80万元,由总公司陆续拨来,已达国币367,563.10元,又以已完成之建筑物11幢,窑及烟窗10座,及机器设备作抵,向曲靖中国银行押借国币15万元,现已支用72,837.88元,两共440,400.98元。预计所订机器尾款付清及安装各费,以及结束未完工程在内,尚须7万余元,实无丝毫流动资金可供运用,现在仅赖售品所得维持现况。

　　B.泸县分厂

　　1.营业计划

　　a.资本总额　　由总公司筹拨国币160万元。

　　购地费(预计购地60亩)　　45,000元

　　建筑费(厂房、事务室、仓库、员工住宅等约200间)　　450,000元

筑窑费(连续窑1座计8仓,简易窑1座,烟窗2座)　　400,000元

机械费(除总公司运来资利用者外,尚须添置压电瓷机及球磨机等等)　245,000元

工具费　　60,000元

设备费　　40,000元

开办费　　60,000元

流动资金　300,000元

总计　　1,600,000元

b.制品利益预算

一、全年收入总额　每年制造各种低压碍子及日用品共120万只,平均每只以1.8元计算,全年营业收入总额2,160,000元

二、全年支出总额　1,779,000元

原料费(全年需用各种粘土1,200吨,每吨以500元计算)　600,000元

补助材料(石膏、氧化钴、稻草等)　75,000元

燃料费(烧窑用煤1,000吨,每吨以250元计)　250,000元

工资费(有工人150名,每年工作330日,每人每日以12元计算)　584,000元

职员薪给(经、襄理2人,工程师1人,主任4人,办事员约10人)　100,000元

杂费(工务与事务之各项开支等)　80,000元

各项折旧　80,000元

收支两抵每年可获纯益　381,000元

2.选购厂基经过　查选购厂址,以临江近山,一面便于采购原料,一面便于运输为主要条件。原以重庆、泸县、宜宾三处为目标,并首由重庆方面着手查勘,只以战后迁渝工厂数达百家以上,自李家沱至唐家沱,延及上游大渡口沿江上下两岸,适于设厂之地早为他人购用,至本公司所看地址虽不下数十处,但非因动力无着,即系距江太远,均非所宜。此外如宜宾一带,则以主要原料仍多取给于下游江安、叙永等处,殊不经济。爱经数度研讨,遂决定在泸

筹设,查勘洽购历经数月之久,始于二十九年十二月初购妥距泸15里之和丰乡四渡溪李姓地皮1块,面积共52.29市亩,地势颇高,可防水患,前临长江,后毗公路,川江涨落,无碍停船,水陆交通两称便利。且界内已发现制瓷原料,尚可应用,而资委会已经决定在上游筹设电力厂,将来落成时,于本公司应用动力方面裨益非浅。

3. 筹备概况　厂基购妥后,因原有佃户问题未决,迟至本年三月间开始开工建筑,同时派员分往宜宾、江安、叙永一带,一面调查原料,一面采购建筑用料,并自行烧制大型土砖及耐火砖,以供应用。迄今九阅月,厂房大部落成,惟工程进行中间曾以资金不足之故,颇受影响。兹再将筹备现况详述于下:

a. 建筑工程　厂房方面已竣工者,计原料厂1幢,成坯厂1幢,绘釉厂1幢,各计9间;试验室1幢计4间;事务室1幢计12间;工人宿舍1幢计11间;工人盥洗室1幢计3间;厨房1幢计2间;守卫室2幢计2间;职员住宅3幢计14间;厕所3幢,工作棚1幢计3间;碾棚1幢计5间;引擎室1幢计2间;竹笆墙长850尺。此外瓷窑厂1幢计11间;仓库1幢计16间,已完成者9/10;尚有疗养室1幢及职员食堂、厨房、浴室均在建设中。预计本年底全部完成。至于筑窑方面,除简易窑、试验室各1座及方烟窗1座早经完成外,尚有本烧窑1幢计8仓,以每2仓为1组,现已筑好2仓,俟烟窗砌就即可开始制瓷,余俟各仓陆续完成,陆续烧制。

b. 添置机器　总公司由浔迁来机器,除动力有关者无法安装,余则尽量利用。此外又向重庆中国植物油料厂铁工厂订制100及200加仑球磨机各1部,螺丝压榨机4座,2寸光地轴30呎,1.3寸光地轴72呎,又汽车引擎1部,又订5呎径石碾2个,约于本年底可望运泸安装。

c. 原料燃料　川省所产瓷料,除做釉用之长石矿产量颇少外,其余均丰富,经数月之试验,对于配合方面,已有相当成效。内中主要原料系采用叙永之白滑石、大洲驿之砂石、江安方解石等等,取其路近价廉。至于燃料方面,悉用煤炭,已向宜宾宜民煤矿公司购存500吨,并以向经济部嘉阳煤矿营运处大量购用,正洽订中。

d.开工准备　本厂现有职工10名,学徒40名,先由烧制火砖做起,俟砖数制齐,在压电瓶未到以前,先做日用品,一面配合试验,一面购储用料,至迟明年三月间,瓷窑筑成,设装装妥,即可正式开工,大量生产。

4.收支报告　本厂资金追加为国币160万元,已由总公司陆续拨来国币462,261.07元,又以美金票据向泸县中国银行抵押透支,亟度为45万元,已支用449,853.49元,两共912,114.56元,核与所定资金160万元尚不敷68万余元,现正设法筹措中。

查本公司昔年在浔设厂,原期对于吾国瓷器用品之供应首能达到自给自足之境地,嗣在进而谋推销国外,不意甫经创立,即遭国难,以致原定计划未克实现。抗战以还,携其仅余之物料、器材,历迁湘、桂、川、滇各省,虽在流徙之中,对于另行觅地设厂计划,未敢时忽于怀。幸经年来努力,结果曲靖分厂业经开始出品,泸县分厂亦可于最近筹备完成,东隅虽失,尚有桑榆之收,差引为慰。至现在所有出品,暂时悉以日常普通用具为主,期能以大量生产之廉价品供应社会,今后初基已奠,发展有资,将来如有余力,再于技术及设备方面加以改进,则最短期内最小限度亦可使川、滇两省日用所需无假外求。惟是本厂前途虽极乐观,只以年来工料器械价格逐涨,一般新建设,其实际所需较原来估计每每相差甚巨,以致进行之际常感拮据,尤以本公司频年迁徙之余,资金早已不敷,兹复在曲、泸两地先后成立分厂,愿宏力微,深虞弗胜。倘蒙积极奖掖,惠予扶植,使本厂内迁结果对于后方物资开发及未来经济建设卒能有所贡献,实深盼幸!

江西光大瓷业公司董事会
三十年十一日

江西光大瓷业股份有限公司资产负债表(三十年十一月二十五日)

资产之部	金额	合计	负债之部	金额	合计
流动资产			流动负债		
现　金	4,078.89		透支银行	698,831.53	
存放银行	846,303.91		未付股息	1,106.64	

续表

资产之部	金额	合计	负债之部	金额	合计
预付款项	254,538.23		借入款项	55,000.00	
内部往来	45,330.15		各户存款	8,364.13	
未收款项	3,012.70		暂时存款	26,329.08	
暂记欠款	374.49		应付款项	53,782.29	
兑　换	137,074.89		定　洋	9,360.00	
押　租	750.00	1,291,463.26	兑　换	783,533.41	2,131,307.08
盘存资产			递延负债		
原　料	77,690.31		前期损益	26,622.99	26,622.99
燃　料	8,796.90		股本及基金		
备置用品	593,226.39		股本总额	1,000,000	
成　品	30,524.02	710,237.62	未收股款	146,300.00	853,700.00
递延资产			特别基金		
工务开支	209,150.89				
动力费	7,784.37				
开办费	59,676.54	276,611.80			
固定资产					
不动产	291,080.54				
筑窑占款	47,092.63				
未完工程	12,797.75				
机器设备	203,857.45				
工　具	13,085.39				
事务用器具	10,978.99				
牲　畜	2,575.00	581,467.75			
损益之部			损益之部		
事务开支	170,460.55		杂损益	28,661.57	
样品费	176.00		销货收入	21,421.65	50,083.22
试验费	4,240.14				
迁移费	60,696.37				
利　息	30,274.18	265,847.24			
合　计	3,125,627.67	3,125,627.67	合　计	3,125,627.67	3,125,627.67

本表系总公司与各厂处之合并表,因未到决算时期,仅将损益各科目余额附录表内,以资平衡。

江西光大瓷业股份有限公司财产目录[略]

[经济部档案]

19. 建华电器厂资料(1941—1942年)

(1)中中交农四联总处有关建华电器厂的调查报告(1941年)

一、创立沿革

建华电器厂之前身系永川电器厂,永川原设于上海,资本50万元,由永川实业公司投资。电器厂之主持人有刘鸿生、陶桂林及乐颂云等。战后迁川,于廿八年在南岸弹子石设厂,开工迄至本年二月共出灯泡80余万只。惟以资金周转不裕,乃于卅年二月与重庆建华实业公司合作,永川公司除保持股份10万元外,其余40万元改由建华公司投资,厂名随亦改为建华。

二、组织

该厂组织系股份有限公司,各层基[机]构及主持人如左表:

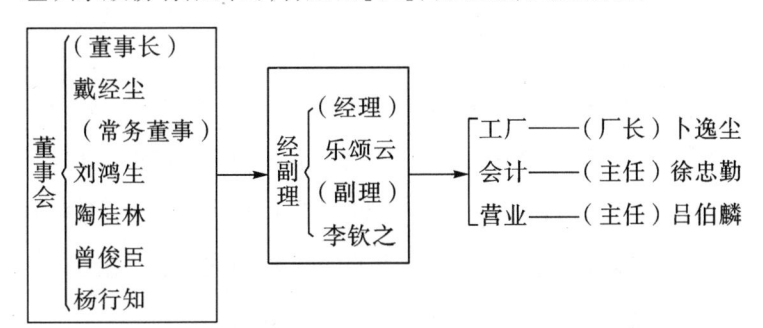

董事会
- (董事长)戴经尘
- (常务董事)刘鸿生、陶桂林、曾俊臣、杨行知

经副理
- (经理)乐颂云
- (副理)李钦之

- 工厂——(厂长)卜逸尘
- 会计——(主任)徐忠勤
- 营业——(主任)吕伯麟

工厂内厂长以下之组织则如左表:

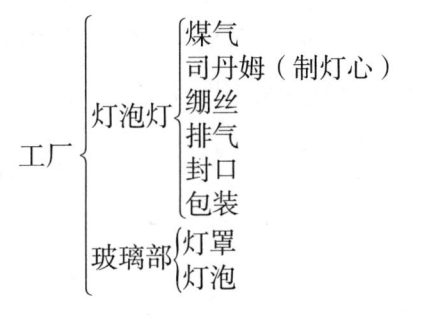

工厂
- 灯泡灯
  - 煤气
  - 司丹姆(制灯心)
  - 绷丝
  - 排气
  - 封口
  - 包装
- 玻璃部
  - 灯罩
  - 灯泡

三、产销情况

该厂制造情形及详细步骤,乐经理曾撰有说明,兹另附陈阅。全厂现雇用工人约数十人,大半随厂由沪迁来,每日工作10小时,平均日产灯泡2,300余只。依照该厂会计部分计算,每日成本约合3元,现在荛售单价3.8元,日可获利1,800余元。目前运输困难,玻璃物品极不易运,舶来灯泡价格殊昂,故该厂出品销售颇速,滇、黔、桂等处常有顾客订货,而以航空运往,空运每只运费1元,以4.8元在滇、黔出售,其价格仍较舶来品为低。

四、财务概况

据该厂陈送截至本年三月底为止之资负状况:

资产科目	金额	负债科目	金额
现金	2,522.16	透支借款	99,972.00
成品、存料	460,898.49	应付未付预收及保管各款	312,868.89
机器	255,515.00	机器折旧准备	2,171.88
应收及预付各款	76,292.94	房屋、工具等折旧准备	1,288.12
房地产、生财、工具	145,234.70	资本	500,000.00
		二月十六日至三月底止纯益	24,222.40
合计	940,463.29	合计	940,463.29

右表系截至三月底为止,情形据该厂所编四月二十日财产目录(见附件)[①],原料物料共值51.808,399万元,分存弹子石、溉澜溪、洋坝滩、老君洞各库房。原料如灯丝、钩丝、铜丝、白磷等,以前尚可由沪订购,现则须由美国购办。该厂此次借款据称系作为向美订购两年材料之用,以免接济不及影响工作,惟所需款项为数甚巨,近100余万元云。

至于各项机器设备多系由沪内迁项目甚多(详见附件)[②],账面价值扣除折旧后共为25.334,312万元,各项机器均系轻便小型,现以原料不足,尚未完全使用,如制造灯泡之斯丹姆车、封口车、排气车均空闲一部,藏置防空洞内。

[四联渝分处档案]

---

① 附件尚未查得。

② 附件尚未查得。

(2)建华电器厂股份有限公司1942年1至9月出品产销报告表(1942年9月)

三十一年一月至九月份

科目及摘要	细目	小计	合计
1. 出品产量			
1月份灯泡产量	33,393只		
2月份灯泡产量	24,727只		
3月份灯泡产量	23,599只		
4月份灯泡产量	36,800只		
5月份灯泡产量	37,510只		
6月份灯泡产量	25,470只		
7月份灯泡产量	23,511只		
8月份灯泡产量	23,127只		
9月份灯泡产量	26,440只	254,577只	
30年12月止结存数量		46,722只	
共　　计			301,299只
2. 销货数量			
1月份单价每只11.80及定货1部	18,048只	149,151.20	
2月份单价每只14.80及定货1部	16,208只	166,868.45	
3月份单价每只14.80及定货1部	96,386只	802,717.09	
4月份单价每只24.00及定货1部	14,449只	318,431.00	
5月份单价每只24.00及定货1部	31,313只	607,068.60	
6月份单价每只28.00及定货1部	15,474只	454,010.00	
7月份单价每只30.00及定货1部	8,669只	247,962.00	
8月份单价每只30.00及定货1部	9,531只	263,777.00	
9月份单价每只30.00及定货1部	13,501只	390,800.00	
销货收入及数量共计	223,579只	3,400,785.34	
3. 结存数量			

续表

科目及摘要	细目	小计	合计
30年12月份止结存数量		46,722只	
31年9月份止出产数量		254,577只	
减31年9月份止销售数量			223,579只
9月份止结存数量			77,720只

附注：

1. 本厂单位成本在本年1月至3月份每只成本单价约10元至15元,4月至6月成本单价约15元至20元,7月至9月份成本单价约20元至25元。

2. 本表所列数字兹经本厂表明与本厂账表内记载数字完全相符。

[四联总处重庆分处档案]

20. 中国植物油料厂关于江南皂烛厂的业务报告(1942年1月12日)

江南肥皂厂初步调查报告

一、厂名

汉口江南协记皂烛厂

二、厂址

(一)总厂:汉口浦东一路152号(汉口失陷停业)

(二)分厂:重庆林森路163号

(三)分厂:北碚东阳镇第43号

三、开办年月

民国十三年

四、负责人:经理艾树诚、厂长吴振新(代)

五、资本总额

实足100万元

六、工人数及待遇

(一)重庆分厂10名　北碚8名

(二)最高工资100.00元,最低60.00元,膳宿厂供。

七、设备概况

(一)皂锅

皂锅共2只,分置北碚、重庆二地。皂锅为圆形,用铁板掉成,铁板厚1/4',径为6'8",长为8',平底,上有木盖。

(二)溶油锅

圆形共2只,分设北碚、重庆二地,用铁板制成,铁板1/4',径4'9",长为5',平底,上有木盖。

(三)化碱锅

化碱锅用汽油铁桶制成,共2只,分设北碚、重庆二地。

(四)脚踏冲床

脚踏冲床(即打印机)共计4部,分设北碚、重庆各2部。

(五)肥皂模子

黄铜制成,重庆10副,北碚8副。

(六)冷皂桶

此皂桶用洋铁皮制成,共计400只,用以制皂时冷却之用。

(七)冷皂桶

冷皂桶四面用木板1'厚,有底无盖,以备制方皂之用。

(八)凉皂架

凉皂架系四面木板据 $2\frac{1}{2}$ ' 宽条,顶成方框,中用竹条夹在其中,比较简单。

(九)其他一切零星用具难以细述。

(十)鱼烛模子。

共计40副。

八、出品种类

大王皂、凤凰圆皂、凤凰连皂、兰花皂、条皂、醒狮鱼烛。

九、装箱数量及价值

(一)大王牌皂每箱100块,每箱价222.00元。

(二)凤凰圆皂每箱100块,每箱价190.00元。

(三)凤凰连皂每箱60连,每箱价140.00元。

(四)兰花牌皂每箱90连,每箱价150.00元。

(五)条皂(不装箱)每条价10.00元。

(六)醒狮牌鱼烛每包(每包6支)价5.40元。

(七)各种肥皂批发价。

1.大王牌皂每箱198.00元;

2.凤凰圆皂每箱171.00元;

3.凤凰连皂每箱126.00元;

4.兰花牌皂每箱135.00元;

5.条皂每条9.00元;

6.醒狮鱼烛每包4.80元。

十、每月产量(见下表)

北碚重庆每月肥皂鱼烛产量表

月份	大王皂	凤凰圆皂	凤凰连皂	兰花皂	条皂	鱼烛	备注
1	500	700	700	400	500	100	
2	600	800	800	450	400	100	
3	700	800	800	500	400	100	
4	700	800	800	600	400	100	
5	800	800	800	600	400	100	
6	900	800	800	600	400	100	
7	1,000	900	900	700	400	100	
8	1,000	900	900	700	400	100	
9	900	800	900	600	300	50	
10	800	700	800	500	200	50	
11	700	600	700	500	200	50	
12	500	500	500	400	200	50	
合计	9,100箱	9,100箱	9,400箱	6,550箱	4,200条	1,000包	

附注:上列产量以重庆产量占2/3,余为北碚产量。

十一、销路

三十年销售数量如下表:

三十年度销售数量表

月份	大王皂	凤凰圆皂	凤凰连皂	兰花皂	条皂	鱼烛	备注
1	400	500	500	200	400	50	
2	500	600	600	400	300	60	
3	600	700	700	500	400	80	
4	700	800	800	600	400	100	
5	800	800	800	600	400	100	
6	900	800	800	600	400	100	
7	900	800	800	700	300	100	
8	900	800	900	700	300	100	
9	800	700	800	700	200	80	
10	700	500	700	600	200	60	
11	500	400	600	500	200	50	
12	400	300	500	400	200	50	
合计	8,100箱	7,700箱	8,500箱	6,500箱	3,700条	930包	

附注：上列销量以重庆占2/3，余为北碚销量。

十二、结论

该厂设备简单，资本雄厚，业务尚称发展。以三十年度计算，各种肥皂统计，共产3.415万箱，条皂产4,200条，鱼烛1,000包。各种肥皂共计销售3.08万箱，条皂3,700条，鱼烛930包。现存各种肥皂3,350箱，条皂500条，鱼烛70包。白烧碱统制后，该厂可领，计每月领购烧碱50箱，每箱60公斤（天原电气厂固体烧碱），每月以碱计算可产500箱皂。该厂原存烧碱尚多，故每月仍可大量生产。现仍加工赶造，业务正进展中，市面各零售商店均有该厂出品，用户以其价廉，品质尚佳，故销量不弱，亦重庆肥皂帮最发达之第三位，同帮中亦以该厂业务进展，品质优良，均皆赞许，亦后方元发展厂商也。

职曾剑秋呈

一月十二日

[中国植物油料厂档案]

21. 南方印书馆迁建经过与业务简介(1942年1月)

民国二十五年叶波澄集资5万元,于上海法租界创办进化书局,并设印刷厂于沪西,聘冠松如为经理,施复亮为总编辑,经出版社会科学书籍数种。抗战军兴,缘编印有关抗战书刊,敌伪衔恨,多方破坏;上海沦为孤岛后,凡百事业,益被摧残,势难立足,遂由叶波澄间道走渝,谋内迁之计,陶子钦力赞其举,并力主增资为50万元,改为股份有限公司,卒易今名。计本馆于二十八年将全部机器、材料运到海防,二十九年大部安抵重庆,虽一部分机器、纸张、铜模、印胶等滞于交通及人事,未能及早运输,以致海防沦陷时,落于敌手,然犹一面补充,一面在重庆南岸马鞍山东麓海棠溪敦厚下段觅地10余亩,自建厂房,年底竣工。同时在重庆城内民权路37号设办事处,并开始筹划出书及承接印件,十月正式开工及开始营业。顾以设备简陋,资金短绌,又以机构欠善,波折横生;中经两度之改组,董事长由叶波澄而陈望道而陶子钦,总经理由施复亮而叶波澄而董舜琴,组织渐得以调整,管理亦渐加强,始树立今兹微弱之基础。兹将本馆概况略陈如后:

一、厂务营业部门

(一)现有铅印机40余部,并拟陆续添置;

(二)中西文字铜模大体完备;

(三)中西文铅字10万磅;

(四)所存中外纸张材料目前尚能自给;

(五)每月出版书籍刊物约30万册;

(六)每月承印表册200余万张;

(七)全馆职员30余人,职工约200人;

(八)员工待遇较一般稍优,工作情绪尚佳。

二、编辑出版部门

编辑部亦屡经改组,本年五月敦聘陶希圣为总编辑,约国内外威权著作家编撰左列各种丛书:

(一)文史哲丛书

网罗名家编著有关文学史学哲学之书籍,适于大学讲授及自修之用,如

陶希圣之中国政治思想史,曾资生之中国政治制度史,嵇文甫之中国社会思想史等,或已出版,或在印刷之中;

(二)国际问题丛书

此为研究国际问题之作品,已出版者四种;

(三)现代经济思想丛书

此为国内经济学专家共编之丛书,介绍近30年之世界经济思潮;

(四)文艺丛书

此为文艺创作、文艺批评、文艺理论之丛书;

(五)禹贡文库食货文库

此为中国地理沿革史料、中国经济史料之集刊,分别由顾颉刚、陶希圣主编;

(六)期刊

现在筹划自出学术性月刊一种。

此外各种图书亦网罗印行。综计本馆以现在之规模,每月自出之书籍,由50万字至100万字,将来可扩充至200万字左右,期于我国战时及战后文化运动与文化建设有所贡献。本馆生产能力与资本虽未足与各大书局比拟,然各大书局在战争中往往受敌人之损害,印刷能力,时减时增,本馆则于敌机轰炸之下,力谋工作之继续,能力之增强,不使稍有停顿,今后出书亦尽力期其不至中辍,而编辑与印刷取材皆必慎必精,此为同人诚挚之微忱,期有以求其实现也。

三、发行门市部门

书籍发行现已成立简单之机构,当随出书之增多,逐渐推广至全国各地,并拟于后方各大都市,如成都、西安、桂林、昆明等处设立分馆或办事处所。

重庆门市部亦在积极筹设中。

[迁川工厂出品展览会纪念册1942年2月]

22. 中国亚浦耳电器厂简史(1942年2月1日)

本厂民国十四年四月由胡西园先生,独资接盘德人之亚浦耳电泡厂,改称今名,为中国自制电灯炮之创始。当时厂址在上海杨树浦培开尔路,范围甚小。经胡先生经营擘划,营业逐渐发达,规模亦随时扩张。民十六【年】改为股份有限公司,资本为50万元。增设二分厂,总厂设上海辽阳路,第一分厂设杨树浦,第二分厂设康脑脱路。除电灯泡外,并制电扇、电钟、小马达等。继设玻璃厂、铜头厂等,以求自给。至民国十九年,出品推及国内各地及南洋群岛,澳印各国,南京、汉口、长沙、杭州、广州、桂林、宁波、天津、济南、常州、无锡,均自设发行所。抗战前资产已达300万元。战时第一分厂被毁,总厂又被敌占据,而第二分厂遂成为维持在沪职工生活之唯一生产机构。三十年十二月八日太平洋战起,第二厂又蹂躏于敌蹄之下。损失之巨,共以千万计。幸抗战初期,蒙政府领导协助运出大部重要机件,溯江内迁,得以保全复兴资源,现正设法力谋规复中。

[迁川工厂出品展览会纪念册1942年2月]

23. 大华电器厂迁川设厂经过(1942年2月)

查本厂系由上海大华电器公司来渝同人与前洽生工业公司电器厂职工联合组成,定今名为大华电器厂,推沈佩巽为经理,建厂于南岸石溪路以上,在去秋正式复工。蒙经济部发给工字第568号工厂登记证。专造各种电器,所有工作机械及试验仪器等均系数年前,由大华同人自申辗转运渝者,略加调整,勉堪应用。惟尚有大宗器材,一失于安南之海防,更失之于香港,故尔来出品,如发机机、电动机、变压器等,均不克大量生产以应各界之需为憾事耳。尚望吾迁川各大厂家时锡南碱,以匡助不逮,幸甚感甚。

[迁川工厂出品展览会纪念册1942年2月]

24. 华生电器厂资料(1942年2月)

(1)华生电器厂的建立及迁川概况(1942年2月)

我国电气器械,昔均仰赖外洋巨款,输出岁以亿万计。同人等有鉴于斯,爰集同志,潜心研究,乃于民国五年丙辰正月在沪北四川路横浜桥畔赁屋创办,定名为华生电器制造厂,专门制造电器,如限制表、电流表,以及各式电气开关等类物品,并对各种电器之装配改良日夕黾勉研究,以期于成,嗣以出品销售,渐形发达。因增加机器与员工,原有厂房不敷应用,遂移厂于兆丰路,范围稍大,规模粗具,乃制造发电机、变压器等各种电器,当时颇受社会之欢迎。至民国八年,于周家咀路购地30余亩,自建厂房,复向国外购置制造母机多件,而营业欣欣向荣,日臻发展。未久又于广西复购地10余亩,以备不时之需,迨至民国十四年,工友增加已达300余人,母机添置亦有100余部,原有厂房又感不敷,乃于预购之地,建筑新式厂房40余间,内部设施力求完善。各种出品日臻精良,并于是年制造各式电气风扇,如4叶吊风扇,6叶打气风扇,台式摇头风扇,行销以来,颇得社会专家之赞许,各界人士之乐用,销运之广,遍及全球……民国十八年为适应潮流,增进工作能率起见,采用科学管理,不惟出品精益求精,且系统整齐,有条不紊。民国二十年,又于真如购地百余亩,预为建筑总制造厂,并拟辟华生新村,建筑职员工友住所、公共礼堂、俱乐部、消费合作社等。民国二十二年又创电气厂、马达厂、螺丝厂、铸铁厂于南翔镇,新建厂房100余栋,占地40余亩,工友500余人。民国二十三年秋,总管理处迁移于福建路,内部组织分部办公,各司其事,各尽其职,后以鉴于国内铁路日渐扩展,乃仿制火车上应用发电机风扇及其他电器材料,颇获各路局之赞许,纷纷订购,藉挽漏卮于万一。迨至民国二十六年秋,国难起后,海滨工厂奉令内迁,是时淞沪血战方酣,南翔镇接近前方,岌岌不可终日,本厂日夜冒险抢运器材,由内河经镇江运汉,俾在抗战后方,以尽绵薄。而虹口周家咀路工人所有资产虽于事前迁出一部,然事变仓卒,损失大半,抵汉后,尚有器材1,000余吨,拟为内地电器事业树立基础谋久计,于武昌一面暂设工厂在汉皋,仍出各种变压器,及军用手摇脚踏发电机,以应急需。不图二十七年秋,汉皋转危,乃又辗转溯江而上,至二十八年春始在重庆市区镇江寺街立厂,开始工作,而中途颇受挫折,当囤货万县待运时,曾遭敌机轰炸,器材颇受损失,而长途迁移,所费亦不复赀矣,在渝地市区立足甫稳,其时空袭转剧,为避免无谓牺牲,保持后方物资计,乃有迁乡之议,于二十八年秋在本市南岸猫背沱觅定地基,自建厂房,阅四月乃成,其时出品,除原有变压器手摇发电机等外,兼造各种兵工器材,如甲雷枪、榴弹、掷榴弹等。至此喘息始定,而得勉尽后方生产之责矣,二十九年秋渝地空袭未减,南岸厂址又遭敌机两度猛炸,所有厂房尽付一炬,除母机外其他器材亦受相当损失,本厂念生产救国意义之重大,故不顾一切,仍刻苦擘划,乃在原址重建厂房,而地基亦添购扩大,苦心经营,将往昔所有出品尽量恢复制造。……

[迁川工厂出品展览会纪念册1942年2月]

(2)立信会计师事务所编制华生电器厂股份有限公司资产负债表①(1941年12月31日)

资产类			
流动资金			
现金		$63,965.15	
银行存款(附表一)		32,194.61	
应收客账(附表二)		188,891.26	
各项盘存			
原料	$619,597.52		
物料	37,821.56		
工具	9,126.84		
半制品	454,512.64		
制成品	517,867.85	1,638,935.41	
有价证券(附表三)		52,097.35	
预付款项(附表四)		448,300.00	
暂付款项(附表五)		431,635.24	
流动资产总额			$2,856,019.02
固定资产			
房产	$226,625.64		
减:折旧准备	75,541.88	$151,083.76	
装修	$102,296.69		
减:折旧准备	34,098.90	68,197.79	
机器	$2,100,471.25		
减:折旧准备	210,047.13	1,890,424.12	

① 此件内附表略。

续表

器具	$16,090.00		
减:折旧准备	5,363.33	10,726.67	
防空设备	$26,039.52		
减:折旧准备	13,837.46	12,202.06	
投资(附表六)		64,900.00	
存出保证金(附表七)		5,190.00	
固定资产总额			$2,202,724.40
合　计			$5,058,743.42
负债及资本类			
流动负债			
预收款项(附表八)	$1,152,155.65		
暂收款项(附表九)	417,587.94		
未付费用	64,506.40		
流动负债总额	$1,634,249.99		
固定负债			
定期借款——工矿调整处	200,000.00		
负债总额			$1,834,249.99
资本			
总厂往来		$2,508,909.37	
前期损益		74,675.25	
本期纯益		640,908.81	
资本总额			$3,224,493.43
合　计			5,058,743.42

[立信会计师事务所档案]

25.瑞华玻璃厂资料(1942年2月—1943年)

(1)瑞华玻璃厂概况(1942年2月)

四年半前之七月七日,倭寇藉端肇事卢沟桥畔,全国民众无不发愤振兴!本厂是时正值草创未久,于是决定全厂内迁,以加强后方之生产。协理蒋相臣同工程师姜惠周到渝寻觅厂址,化炼川产原料(鹅卵石瑛),并觅妥大溪沟厂址。川产原料试验成绩亦异常良好，时本厂总务主任徐逸鹤，便实行撤运沪厂机器，并通知各股技师准备迁川工作，机器尚未撤完毕，大多数之专门技师已经到达重庆，惟机器模型等远道运输异常困难，直至廿六年年底始由海防运到重要机器廿八箱，惟全部模型尚在途中。

时敌机到处轰炸，又以大溪沟厂较小，不敷应用，故向市郊另觅地址，廿七年春始决定现有厂址（化龙桥18号），定名为瑞华玻璃制造厂，呈准重庆市政府立案，改成四川商标，从事经营设置，惟以旧式烟囱不适空防环境，必须善法改善，复以一部分化学原料无从购买，须取给于港沪两地，又由工程师姜惠周亲至港汉等地分别采买，及前总务主任徐逸鹤在沪搜集，设法寄渝，经理陈松泉与前任总经理李文彬及前任协理蒋相臣诸君之擘尽监督创建，并经全体同人努力奋斗，始于廿七年八月廿九日□观厥成，开工出货。

本厂出品以化学仪器，医药用具，电气材料等为主要生产。但以初创设备未周，生产品量皆甚有限，乃蒙各机关学校医院工厂之奖饰赞许，本厂惭感之余，愈当奋勉！乃复延聘沪湘各地专门制造化学仪器优良技师来渝，竭诚服务，先后研造成化学仪器、疗药用品、电气材料、安瓶、针管、汽车灯片等项，出品计千余种，用以供应非常时期之需要，又制造各式日用器皿数百种，以备社会民众日常生活之需。

本厂先决问题，是为原料、燃料、铁冶（本厂自力制造各种模型必需精铁）、五金（扩大生产必须增置机器）等项须自给自足，乃于廿九年冬季联合瑞泰机制砖瓦厂，合并改组为瑞华企业公司，计有玻璃制造部（即本厂），矿冶部（以谋自给煤、铁），五金电器部（以谋自给五金、机件），进出口贸易部（以谋自行采购国内外各地所产原料），机器制碱部（自制精良纯碱以代替英产卜内门碱），机制砖瓦部（即与本厂合作改并之瑞泰机制砖瓦厂）等部门之设立，已于卅年元旦成立公司，呈请经济部立案，领得营业执照，正式营业，是皆本厂力图增加后方抗建生产，发展西南工商业之区区诚意表现也。

本厂于卅年八月十二日遭受敌机狂炸，炉灶间及吹工压机两工房全部被毁，机器模型亦被波及，曾一度因之停工。惟赖全厂职工勇敢，负责在空袭频仍之际漏夜工作，以求迅速恢复继续服务，历三月之期间，一切恢复旧观，至卅年十一月一日全部复工。

[迁川工厂出品展览会纪念册1942年2月]

(2)瑞华玻璃厂填报工厂调查表(1943年)①

厂　　　名	瑞华玻璃制造厂
厂　　　址	重庆化龙桥18号
负　责　人	姓名：总经理　李文彬 协　理　蒋相成 籍贯：四川　成都 　　　　　江北人
资本总额	16万元
组织概况	本厂组织为股份有限公司,内设总务、工务、营业、会计四部
设备概况	本厂建有厂房5栋,熔料大炉2座,退热熔炉7座,烘口小炉3座,坩埚小炉3座,烘口机2部,爆口机1部,捣泥机1部,车花机7部,压机2部,冷气机2部,倒口机1部,喷花机1部
工人数目及待遇	本厂有技师32人,月薪最高180元,最低70元；学生90人,月薪高者20元,低者8元；小工50人,每月工资最高36元,最低18元(伙食在外)
生产能力	每日工作若干小时：8小时　星期有无例假：无 每日生产数额及价值：大炉一座,开工每日产品约值2,000元,两座同时开工每日产品约值4,000元,生产额不定
营业情形	大炉1座,开工每日产品约值2,000元,月可售出货品5万元；两座开工每月可售出货品10万元

[重庆市工业同业公会档案]

26. 久大盐业公司沿革简述(1942年2月)

本公司创始于民国三年,当时善后借款,以盐税作抵,允许聘请英人丁恩为中国改良盐务,丁恩氏有"就场征税,税后任人民贩卖自由"之主张,因引岸专商之阻碍,未获实行。本公司发起人范旭东、景本白诸氏凤愿改良盐务,同情丁恩氏之主张,集合同志,组织久大精盐公司,以改良盐质,就场征税,贩运

---

① 据考证,此件时间为1943年。

全国各大商埠为宗旨。当时资本仅5万元,建工厂于天津附近之塘沽,成品优良,颇受社会之欢迎,需要日见增加,事业即随之扩大,资本由5万元逐渐增至210万元,塘沽工厂,则由第一厂增至第六厂,并因时势所趋,二十六年度增设分厂于江苏淮盐产区之大浦。制盐技术方面,则由改变盐滩起,再由工人煎盐,进而为机器制造。同时提取副产,均获相当成功。回忆20余年之经营,在工业方面,固然成功;在商业方面,仍然失败,因旧制引岸专商,始终受政府爱护,不肯废除,处处予新事业以莫大之阻挠,不能如意发展。直至七七事变,各盐场先后沦陷,公司事业被暴力攫去,同时所谓引岸专商也者,亦被暴力代为肃清,殊令人感愤万端。二十七年春间,纠合一部分原有职工,带同抢救出来的些许器材,开始迁川,在自流井威远河干一个静寂的村落张家坝,为公司几乎垂绝的事业,再奠复兴的基石。惟内地建厂,困难万端,比之沿海盐区,显然天壤,幸赖盐务当局之领导,朝野贤达之赞助,以300人之血汗,经过6个月之光阴,又建设一近代式之模范食盐工厂,同年九一八正式开工。原冀于抗战期间,对民食军需稍尽绵薄,当公司创造之始,既与同业相约,愿本以往经验,技术公开,同业间有改良制造者,当尽量协助之。乃事与愿违,未蒙采纳,反视为防碍其利益,而凿枘难容。故工人虽拥有制盐平锅9口,每月可产盐3,000儎,但因卤、煤来源不足,未能充分发挥煎制之效能,裨善增产大计,不胜慊然。所制之盐,计有洁盐、砖盐两种,每月产量,综合不过10儎,与原定计划相差2/3;而政府则赐予新法制盐成本就低之美名,其核价必较旧式煎制者每担少给数元,同时且有不能与川盐同地贩卖之限制。新旧之争,随大时代而变本加厉。惟公司一向本埋头苦干之精神,而向如何改良,如何适应战时环境之大道迈进,如利用枝条架晒卤,增其浓度,减省燃料,和发明推卤机代替牛力,最近更改用电力推动,藉省消费等等,皆有显著之成功。此外对于副产品如氯化钾、碳酸镁、硫酸镁、溴素、硼酸等之提取,现虽小量制造,如其应备之条件不缺,相信将来可供应一般之需求。……

[迁川工厂出品展览会纪念册1942年2月]

27. 冠生园食品公司迁川经过(1942年2月)

本公司始创于民国七年,从事食品制造之研究与改良。在上海漕河泾曾购地40余亩,设立较大规模工厂及农场一所,经三年之经营,耗资20万,装有日产6,000磅饼干之新式机器及制罐头糖果等机器,并于天津、汉口、武昌、牯岭、杭州、南京等地,遍设支店,二十七年筹设重庆、昆明、贵阳等分店。"八一三"事变前夕,本公司总经理冼冠生在南京与军需当局商定,承制军用食品,大量制造一磅听装黄豆牛肉(订价每听2角),并奉令迁厂武昌。沪战发生,星夜拆卸机器,将全部罐头机器迁达武昌。至饼干机器因拆卸需时,经内河转运,迨抵安徽和县。而芜湖告急,为免资敌计,全数沉于江底,计机器及原料数十吨,为精华损失最大之一页。其武昌罐头厂,于二十六年十二月开始制造军用罐头,黄豆牛肉一百数十万听。至二十七年秋,战争迫近,奉令迁厂湘西桃源,二十八年六月,以制罐白铁来源断绝停工。随即西迁来渝,在李子坝自建厂屋,继续制造罐头食品。

[迁川工厂出品展览会纪念册1942年2月]

28. 四联总处秘书处编中国毛纺织厂(1942年3月14日)

一、沿革

中国毛织厂之前身为上海章华织呢厂,厂初设于浦东,后迁至上海海格路。章华原为刘鸿生独资经营,自抗战发生后,刘既来渝,乃筹组中国毛织厂股份有限公司,由公司购买章华原有机器,现均已陆续运到南岸李家沱新厂,计先后运到机器约有300余吨,尚有向英国定购之精纺机1部已运抵腊戍。

新厂系民国廿八年秋发起,廿九年初开始筹备购运机器,并在南岸李家沱新工业区,向经济部租定基地104亩建筑厂房,现已完成9/10。

股本400万元,均已收足。除宋子良、刘鸿生等重要股东外,经济部参加股份50万元,交通银行30万元,中国农民银行20万元,香港中央信托局20万元。

就筹备情形论,现已将竣事,据称三个月后即可开工。

二、组织及人事

董事长宋子良、董事翁文灏等,总经理刘鸿生、副经理程年彭,原章华厂经理现尚在沪,厂长徐谟君,原章华厂长,其他主要职员及技工等亦大都为章华厂旧人。现时公司与厂方共有职员约30人,技工及小工约百余人。兹将其组织系统表列如下:[略]

三、设备情形

厂址在南岸李家沱,公司大部分尚设于重庆城内国货银行3楼。全厂基地104亩,房屋建筑均为西式平房,计已完成者13幢,未完成者8幢,尚有地下建筑,有防空洞多所,备置贵重机器及重要器材等。

关于机器设备计分5部分:(1)烘洗部分,洗毛及脱水机各1部,烘房1所;(2)梳纺部分,钢丝梳毛机3套,走锭纺机4台(1,960锭);(3)精纺部分,钢丝梳毛机3套,圆针梳机2台,环锭纺机5台(2,000锭),义锭纺机3台(600锭);(4)织造部分,织呢机120台;(5)整染部分,洗、染、缩、烘、蒸、剪、烫、压机器全部。

此外关于用水方面,毛织厂已与新工业区之上川实业公司、沙市纱厂、庆华颜料厂、中国化学工业社合组李家沱给水公司,股本30万元,毛织厂占股本16.7万,经济部股本10万元。故给水公司经理亦由毛织厂长徐谟君担任,其输水量每小时约可抽清水160公吨。

四、业务筹划

毛织厂因在筹备时期,尚无业务足记。至其筹划中生产量约年产呢绒40万码,哔叽35万码。所用原料最大部分为羊毛,取向川、康、甘、宁等省,每年约需2.6万担,棉纱约三百五十件。

其制造程序较棉纺稍为复杂有如下表:[略]

五、财务情形

中国毛纺织厂尚在筹备时期,其原收股本400万元曾以建筑房屋、运输机器超出预算,而先后向四行借款2次,第一次借款于廿九年十月经总处核准抵借200万元,第二次借款系卅年十二月经总处核准增借200万元。兹将该公司卅年底资产负债表列下:

中国毛纺织厂资产负债表

三十年十二月三十一日

资产		负债	
固定资产		固定负债	
房屋建筑	1,578,658.31	定期抵押借款	2,000,000.00
机器设备	3,224,002.71	长期信用借款	
仪器及工具	44,494.43	经济部	1,870,000.00
生财装修	125,984.18	财政部	247,544.76
运输投资及其他	941,633.46	流动负债	
长期投资		银行透支	1,637,860.54
李家沱给水公司	167,500.00	应付账款	375,076.74
西北洗毛厂	250,000.00	暂收各款	636,067.14
流动资金		预收各款	452,831.92
现金及银行存款	311,398.86	股本	4,000,000.00
各办事处往来	365,390.77		
应收账款	85,921.61		
存入保证金	2,800.00		
垫付各款	298,617.05		
暂付各款	67,224.78		
预付各款	1,434,465.50		
存货	1,203,011.73		
递延资金			
开办费	1,118,277.71		
资产总额	11,219,381.10	负债及股本总额	11,219,381.10

［经济部档案］

29. 工矿调整处编制内地民营棉毛纺织及染织工厂调查表（1942年4—5月）

内地民营棉毛纺织工厂调查表

调查日期三十一年四月

经济部工矿调整处

厂名	资本额	工人数 三十年年底	工人数 最近	纺锤数(锭) 已开工	纺锤数(锭) 未开工	织机数(台) 已开工	织机数(台) 未开工	原动力 千瓦特	原动力 马力	三十年全年消棉量	纺产量(包) 三十年全年产额	纺产量(包) 卅一年可能产量	布产量(匹) 三十年全年产额	布产量(匹) 卅一年可能产量	纱厂所在地点
大华纺织厂	6,000,000			25,000		400		1,250 kVA							西安
大华广元分厂				8,000	12,000			250、460、60 kVA							广元
申新重庆分厂	1,000,000			10,000		70					5,974				重庆
申新宝鸡分厂	7,000,000			16,000	5,000	450		3,000 kVA							宝鸡
沙市纱厂	1,000,000			6,400	13,600						2,072				重庆
裕华重庆分厂	6,000,000			27,000		500			1,740		16,004.5				重庆
豫丰重庆分厂	4,200,000			25,000		234					10,878				重庆
豫丰合川分厂				15,000	5,000 又在途中 15,000										合川
湖南第一纺织厂	2,332,584			10,000	10,000	248									安江
云南纱厂	1,200,000			5,000											昆明
广西纺织机械厂	1,150,000			2,300		47									桂林
咸阳工厂	6,000,000			5,000	5,000										咸阳
云南经济委员会纺织厂	5,000,000			10,000		60									昆明
蔡家坡纺织厂	5,000,000			1,500	15,000										歧山
裕泰纺织厂				机件在抢运中 6,400											厂址未定
民康毛棉厂				334	666										宝鸡
仁昌纺织厂	500,000			336											云南宾川
民治纺织染厂	4,000,000			168	672										重庆沙坪坝
振济第三工厂	170,000			168											江北
新民纺织公司	700,000			336											重庆沙坪坝

续表

厂名	资本额	工人数		纺锤数(锭)		织机数(台)		原动力		三十年全年消棉量	纺产量(包)		布产量(匹)		纱厂所在地点
		三十年年底	最近	已开工	未开工	已开工	未开工	千瓦特	马力		三十年全年产额	卅一年可能产量	三十年全年产额	卅一年可能产量	
西北实业公司	1,100,000			1,680											陕西泾阳
同袍手纺织染厂	30,000			七七40台											贵州
利民纺织染厂	40,000			60台											湖南南县
衡裕纺织公司	30,000			三一60台											湖南湘乡
湖北建设厅手纺厂	52,000			七七101台											湖南恩施
裕民农林纺织社	150,000			168											湖南沅陵
遂宁纺纱厂	1,000,000			业精44台											四川遂宁
敬业纺织厂	90,000			120台											成都
三一棉麻纺织社	50,000			30台											南川
川亚纺织厂	60,000			20台											成都
宁都难民工厂	5,494			40台											江西宁都
南城难民工厂	6,500			3台											江西南城
维昌纺织公司				672											重庆化龙桥

备注：铁木织布机及未明各栏均不填列。

内地民营染织工厂调查表

三十一年五月

经济部工矿调整处

厂名	资本额	工人数	已开工织机数(台)		未开工织机数(台)		布产额(匹)		三十年全年消纱量	工厂所在地点
			铁织机	水织机	铁织机	木织机	三十年全年	卅一年可能产量		
七七救济难民工厂		85	20				2,600			四川重庆
力生染织纺织工厂	30,000	39	10				1,300			湖南

续表

厂名	资本额	工人数	已开工织机数(台)		未开工织机数(台)		布产额(匹)		三十年全年消纱量	工厂所在地点
			铁织机	水织机	铁织机	木织机	三十年全年	卅一年可能产量		
大明染织厂	1,000,000	464	200					120,000		四川北碚
大中国棉织厂	500,000	123		12				1,560		重庆
大同义民工厂	200,000	49		12				1,560		湖南
上海冠成织造厂渝厂	100,000	56		7				130		四川江北
中和纺织厂	40,000	110		50				6,500		四川岳池
允利自沙纺织厂	100,000	60		20				2,600		四川江津
天生麻织军用品号附设棉织厂	60,000	69		34				4,420		四川江北
正义织染工厂	10,000	28		10				1,300		西康
四川简易手工业振济工厂	150,000	354		130				16,900		四川江津
玉泉纺织厂	15,000	11		2				260		甘肃天水
德生染织工厂	30,000	158		65				8,450		湖南益阳
中心工厂	30,000	47		10				1,300		陕西西安
民兴实业工厂	50,000	40		17				2,210		四川江北
民生棉织实业社	5,000,000	250		20				2,600		浙江
民生工厂	45,000			30				3,900		湖南茶陵
民治纺织染厂	4,000,000	260		30				3,900		重庆
民众染织厂	40,000	31		12				1,560		四川垫江
江苏难民纺织工厂	100,000	273		80				10,400		湖南
江西省赈济会南城县难民工厂	6,500	700		50				6,500		江西
江西省赈济会宁都难民工厂	5,500	123						1,400		江西
江西省民生手工纺织社唐江染织厂	30,000	100		42				5,460		江西唐江
合川纺织厂	400,000	270						12,000		四川合川
合记同兴织布厂		55		20				2,600		四川江北

续表

厂名	资本额	工人数	已开工织机数(台)		未开工织机数(台)		布产额(匹)		三十年全年消纱量	工厂所在地点
			铁织机	水织机	铁织机	木织机	三十年全年	卅一年可能产量		
同袍手纺染织工厂	30,000	82		20				2,600		贵州正安
利生工厂	40,000	130		30				3,900		陕西西安
江津纺织厂	35,000							38,000		四川江津
利用染织股份公司	65,000	144		210				27,300		浙江丽水
利亚工厂	50,000	80						7,200		陕西西安
利民纺织漂染工厂	40,000	150		25				3,250		湖南南县
和平丝棉染织厂				46				5,980		
林裕丰等五家布厂				25				3,250		湖南
沅江琼湖工业社	8,000	78		15				1,950		湖南沅江
长沙女青年会难民妇女纺织厂	4,000	28		13				1,690		湖南长沙
长武县民生工厂	5,000,000	82		15				1,950		陕西长武
昆明染织厂	65,000	35		18				2,340		云南昆明
来阳县民生工厂	8,000	40		15				1,950		湖南来阳
河北省立第一灾民纺织工厂	150,000	58		20				2,600		陕西
邵阳县第一精棉合作社	60,000	68		35				4,550		湖南邵阳
潜阳县社会服务处民生工厂	15,000	19		8				1,080		湖南潜阳
亚东祥记织造厂	60,000	72	14	30				4,200 3,900		重庆
贵州福民工厂	40,000	178						6,000		贵州
贵溪县简易工厂	50,000	223		11				1,430		贵溪
逐日染织厂	500,000	300		54				7,020		四川宜宾
益华染织股份有限公司	300,000	95		160				20,800		四川成都

续表

厂　名	资本额	工人数	已开工织机数(台)		未开工织机数(台)		布产额(匹)		三十年全年消纱量	工厂所在地点
			铁织机	水织机	铁织机	木织机	三十年全年	卅一年可能产量		
周华仁记等二十三家布厂	13,000	200						1,100		湖南
国华布厂	70,000	130		100				13,000		湖南祁阳
协兴染织厂	20,000							10,000		贵州贵阳
振昌织布厂	65,500	125		40				5,200		云南昆明
裕华染织厂	600,000	998		305				39,650		重庆
裕川布厂	60,000	85		34				2,120		四川资中
裕顺布厂	120,000	110		40				5,200		四川璧山
强华染织工厂	10,000	107		23				2,990		四川江北
敬业纺织厂	90,000	282		42				5,460		四川成都
晋春织染工厂	10,000	28		10				1,300		甘肃天水
普明染织厂	8,000	86		80				10,400		浙江
祥和织布厂	7,200	73		18				2,340		陕西西安
蜀华布厂	10,000	90		70				9,100		四川江北
蜀渝布厂										四川重庆
荑江工厂	20,000	48		60				7,800		湖南
麻阳县正兴织布工厂	10,000	24		15				1,950		四川麻江
贺氏族办出征军九家属救济工厂	10,000	35		32				4,160		湖南益阳
楚胜联合公司	100,000	721		350				45,500		湖南衡阳
楚华织染工厂	10,000	30		23				2,990		湖南
楚兴染织厂	200,000	96i		210				27,300		湖南沅陵
建生工厂	20,000	24		3				390		重庆
庸民染织厂	40,000	160								云南昆明
奉化县赈济会平民织造厂	15,000	124		40				5,200		浙江奉化
湖南衡格纺织股份有限公司纺织厂	30,000	128		25				3,250		湖南湘乡

续表

厂名	资本额	工人数	已开工织机数(台)		未开工织机数(台)		布产额(匹)		三十年全年消纱量	工厂所在地点
			铁织机	水织机	铁织机	木织机	三十年全年	卅一年可能产量		
湖南省第一纺织厂	2,332,600	706						148,800		湖南安江
湖南新化县救济院孤儿实习工厂	9,000	120		26				3,380		湖南新化
湖北省建设厅手工纺织工厂	52,000	98						3,000		湖北
新记西实业公司纺织厂	1,100,000	416		62				8,060		陕西泾阳
新淦县立征属简易工厂	30,000	135		10				1,300		江西
新生活染织厂	10,000	20		17				2,210		四川垫江
意达染织厂	21,000	37		20				2,600		四川蓬溪
万县西溪埠纺织合作社	11,750	56		16				2,080		四川万县
万县陆家街染织缝纫合作社	11,200	30		11				1,430		四川万县
万县白岩书院军服布匹合作社	13,800	75		39				5,030		四川万县
万县西溪埠染织合作社	18,000	25						2,000		四川万县
万县大八乡染织合作社	12,600	48		24				3,120		四川万县
万县西溪埠布匹染织合作社	11,000	48		15				1,950		四川万县
万县青年宫织染合作社	16,000	45		30				3,900		四川万县
万县新城填染织合作社	25,000	38		21				2,730		四川万县
万县民生工厂	11,700	35		34				4,420		四川万县
业精纺织厂	165,500	125		40				5,200		陕西宝鸡
德昂祥布厂	10,000	30		30				3,900		四川璧山
德记公俊美军服厂	20,000	50		35				4,550		贵州遵义
德奥织布厂	10,000	43		12				1,560		四川内江
嘉陵布厂	3,000	33		46				5,980		四川江北

续表

厂名	资本额	工人数	已开工织机数(台)		未开工织机数(台)		布产额(匹)		三十年全年消纱量	工厂所在地点
			铁织机	水织机	铁织机	木织机	三十年全年	卅一年全年可能产量		
洁利棉织厂	5,000	66						1,200		四川遂宁
鲁丰翰记布厂	40,000	38		11				1,430		贵州贵阳
务东手工纺织实习社	10,000			15				1,950		安徽
兴华实业工[公司]染织印花厂	150,000	75		48				6,240		四川汀县
绵兴织染厂	9,000	52		12				1,560		四川江北
复兴染织厂	10,000	24		10				1,300		云南昆明
复兴染丝工厂	5,000	31		10				1,300		四川
衡阳县民生工厂	55,000	240		95				12,350		湖南衡阳
广西省营第一民生工厂	60,000	30		37				4,810		广西贺县
广西染织厂	409,000	523		148				19,240		广西柳江
皋兰第一织布生产合作社	50,000	35		14				1,820		甘肃皋兰
皋兰第二织布生产合作社	60,000	33		29				3,770		甘肃皋兰
群众染织厂	30,000	41		20				2,600		贵州
华兴军工厂	26,000	76		36				4,680		湖南祁阳
华中染织厂	150,000	73		70				9,100		湖南衡阳
翕华织布厂	20,000							1,500		四川成都
腾丰织布厂		47		20				2,600		重庆
襄城县合作供销处纺织厂	10,000	37		30				3,900		湖北
宝星第二染织厂	200,000							8,000		四川江北
蓬溪县官商合营新生染织工厂	25,000	32		9				1,170		四川蓬溪
遂宁纱厂	1,000,000	109		32				2,600		四川遂宁
苏州实业社	100,000	78		30				3,900		重庆
竟成棉织工厂	50,000	60		14				1,820		西安

续表

厂名	资本额	工人数	已开工织机数(台)		未开工织机数(台)		布产额(匹)		三十年全年消纱量	工厂所在地点
			铁织机	水织机	铁织机	木织机	三十年全年	卅一年可能产量		
蓬溪县民生工厂	14,000	42		14				1,820		四川蓬溪
庆萃织造厂	70,000	82		44				5,720		四川遂宁
鸿章布厂	200,000	91		20				12,000		重庆
际昌隆布厂	17,000	21						2,000		璧山
济民手工纺织厂	100,000	186		55				7,150		万县

[工矿调整处档案]

30. 四联总处秘书处编民治纺织染厂(1942年6月20日)

一、沿革

民治现有机器原属上海大新纺织厂，大新因受时局影响，于民国廿七年即告停歇。廿八年荣宗敬兄弟等即拟将该厂机件迁渝，嗣以资金及运输问题均待策划，复经1年酝酿，至廿九年底决由福民面粉公司负责筹备所需资金，亦由福民尽先认股，如有不足，再酌收外股。卅年春开始办理迁运工作，以环境关系，有将机器运往新加坡再转口经缅运渝，历时八月，至十一月间方有一部机件抵渝，时有物价飞涨，设厂预算固已不敷甚巨，而地基建筑种种问题亦煞费周章。嗣与理治纺织厂订约合作，理治以印度式纺织机5套连同原有房地产一并估价作为加入资本，遂定名为(福)民(理)治纺织染厂。迨本年一月间资本全部收足，公司亦告成立。

二、资本组织及人事

民治现有资本400万元，其分配系理治140万元，福民75万元，另招新股185万元。实际该项新股中尚有一部股东即系福民股东，因福民现时股本500万元，依公司法规定不能再由公司出名增投资本，故改用股东个人名义投资。此外重要股东中尚有和成银行、美趣时行等。

该公司系股份有限公司，董监会以下设有总、协理总揽公司一切业务，总、协理以下分设办事处及工厂两部。所有公司总务、会计、出纳、营业等事务,概由办事处负责办理;至工厂方面则专司生产制造。工厂厂长以下设副厂长及技士各3人,分别负棉毛纺织织造工务。目前该公司共有职员40余人,技工12人,粗工160人。兹将其组织系统及重要职员分别列表于次:

(一)组织系统表[略]

(二)重要职员简历表

职别	姓名	略历
常务董事	吴晋航	和成银行总经理
常务董事	戴经尘	建业实业公司董事长
常务董事	浦心雅	汉口交通银行经理
常务董事	戴矩初	义丰钱庄经理
常务董事	高志敏	美趣时行总经理
监察	曾俊臣	蜀益烟草公司董事长
监察	邓子文	重庆银行经理
监察	周介眉	崇德公司经理
监察	沈笑春	重庆交通银行副理
监察	蔡鹤年	永生钱庄经理
监察	刘仲衡	光裕钱庄经理
厂长	高士愚	英国理治大学毛纺织学士
副厂长	徐笃行	上海恒丰纱厂技士、理治纺织染厂副厂长
	刘振周	桂林纺织厂技师
染织技师	史以恕	南通大学染化系毕业,理治纺织染厂漂染部主任

三、设备

该公司办事处设于重庆林森路50号,工厂设于沙坪坝九石岗理治纺织厂原址,共占地基230余亩,系属公司所有。厂房有纺毛、毛织、棉纺、棉织、染色、晒晾房及工人宿舍、餐厅等共8所。动力设备有马达10余部,毛纺织部有纺织机10余部,棉纺织部有印度式纺织机5部,染色整理部锅炉1座,脱水机1部,打包机2台。兹将其主要设备表列于后:

机器名称	数量	制造者
鸡爪式和花机	1部	美国
50″径辊筒大型梳毛机	1部	美国
走锭式纺毛机	2部	美国
分段式经线机	1部	美国
毛织纤线机	1部	美国
重式宽幅动力织呢机	10部	美国
印度式纺织机	5部	本国
4′×8′立式锅炉	1座	
大型离心力脱水机	1部	
全铁打包机	2台	

四、业务

民治现有毛纺机计720锭,因梳毛部分所用钢丝布国内无有制造,今春向英伦洽购尚未运渝,犹未开始工作,倘七月间此项钢丝布仍未到渝,即拟以棉纺织部钢丝布代替,开始制造,以应冬市。至于棉纺部分共已购妥印度式纺机5套,其中2套尚在运渝途中;复以房屋建筑尚未就绪,在渝3套纺机亦只开工1套,故现在所纺棉纱尚不敷自用。

织布部分现有人工织机30台,每日开工织制翻布,并已与平价购销处约定供应1,000匹。除该厂所纺棉纱外,尚需于农本局价领纱支,其所出翻布较细者,系经纬均廿支纱,较粗者则经纬所用纱支不同。去年平价购销处亦曾由理治订制翻布供销,该项翻布即与民治现在所织者相同。

五、财务

民治资本400万元,现已用600余万元,其中用于购置固定资产者达330余万元,用于购物料者90余万元,用于预付订购机器、原料及机器配件者达140余万元。公司足资周转之资金甚少,最近以购储原料需款,向四行申请贷款,业经总处第128次理事会核准,以原押借150万元藉资协助。兹将该公司本年四月底资负概况摄列简表于后:

民治纺织染厂资产负债表

三十一年四月三十日

资产类		负债类	
项目	金额（$）	项目	金额（$）
现金	70,877.96	股本	4,000,000.00
原料及物料	1,280,797.24	抵押借款	1,896,000.00
半制品	135,394.40	借入款	560,000.00
房地产	796,468.20	银行往来	84,116.93
机器工具	2,535,837.20	职工存款	10,674.00
预付款项	1,513,295.90	应付预收各款	239,495.00
各项费用	219,310.92		
开办费	231,429.16		
职员福利	3,884.15		
各厂往来	2,990.80		
合计	$6,790,285.93	合计	$6,790,285.93

[经济部档案]

31. 裕华纺织公司资料（1942年）

（1）裕华纺织公司渝厂1941年度各月份产纱统计表（1942年）

月份＼种类（单位）	包 数				
	10支特马	10支新马	20支绿马	20支蓝马	合 计
一	361		754.5	300.5	1,416
二	256.5		918.5	139.5	1,314.5
三	219.5		1,145.5	63.5	1,428.5
四	332.5		498.5	613.5	1,444.5
五	327.5		162	925	1,414.5
六	286		261.5	607	1,154.5
七	270.5		329.5	414.5	1,014.5
八	19	214	100.5	490	823.5
九		347.5		854	1,210.5
十		394.5		1,122	1,516.5

续表

月份\单位种类	包数				合计
	10支特马	10支新马	20支绿马	20支蓝马	
十一		478.5		1,246.5	1,725
十二		397.5		1,363	1,760.5
总计	2,082.5	1,832	4,170.5	8,139	16,214
平均	172.708	152.667	347.542	678.25	1,135.167

[裕华纱厂重庆分厂档案]

(2) 裕华纱厂1941年度各月份售纱统计表（1942年）

月份\单位种类	包数					合计
	10支特马	10支新马	20支绿马	20支蓝马	20支军马	
一	268		680		200	1,148
二	360		1,315		270	1,945
三	202		1,196		150	1,548
四	336		541	376	295	1,548
五	306		122	438	512	1,378
六	286		295	180	321	1,082
七	274		356		321	951
八	28	151	126	33	321	659
九		367		513	160	1,040
十		408		853	482	1,743
十一		470		977	321	1,768
十二		413		972	321	1,706
总计	2,060	1,809	4,631	4,342	3,674	16,516
平均	171.666	150.75	385.917	361.833	306.167	1,376.333

[裕华纺织公司渝厂档案]

(3)汉口裕华纺织公司渝厂述要(1944年11月)

汉口裕华纺织公司渝厂述要

三十三年元月编述

一、鄂厂沿革：本厂于民国十年，集资120万两，筑厂屋于武昌省城外下新河，购纱锭3万枚，布机500台，筹备一载，乃于翌年三月，正式开工，纱布两项同时出货，用天坛、赛马、万年青、双鸡等商标之制品问世，专纺42支、32支、20支、16支、14支、10支棉纱，织造16磅、14磅、13磅、12磅、10磅棉布；以川、鄂、湘为销纱市场，秦、豫、津、沪为销布市场。旋以供不应求，扩充业务，将纱锭增至4.3万枚，日夜可产棉纱百包有奇，棉布1,200匹上下，资本总额亦由120万两，增为156万两，后因币制变更，扩充为300万元，今已增为1,200万元。

二、拆迁经过：民国二十七年一月，政府当局以武汉形势紧张，令饬各工厂速迁内地，藉保安全。本厂遵于是年二月，一面拆迁一部分运渝，一面择渝南今厂地址，迨至八月，武汉愈紧，遂将所有机件器材3,000余吨，漏夜工作，于旬日间，全部装箱，首途起运。斯时局势严重，拆机装箱，工料高昂，所费颇巨，而汉宜运输，复万分困难，幸赖政府及各运输机关尽量协助，得以完全运宜。复以船少货多，运渝殊多艰难，而水路运费，尤属腾贵，经与轮船公司竭力洽商，并雇用木船多艘，以资协助，历时半载，始将机器货物离宜，经万达渝。当时水涸滩多，其由木船装运者，时有沉没，且堆存宜昌机件原料，屡被敌机轰炸，以致毁损非轻，其中以机器损失为最重。

三、渝厂建设：本厂基地，共计280余亩，因系山地，坡度甚大，非经开山凿石，不适于建筑纱布厂之用，鸠工建筑，历时一载有余，于二十八年夏，公事房及堆栈，先后落成。因棉纱为军需之一，而需求孔亟，即于堆栈内，排列机器，是年六月下旬，正式开工，七月初已将制品销诸市场，一面赶造厂房，将全部机器装置，务使生产增加。不意厂屋建筑未竣，于二十九年八月两度被炸，当时因水管炸断，建筑垂成之纱厂，除已成之清花间，及未竣工之摇纱间外，完全焚毁，工人宿舍、饭厅医院等，亦遭投弹，遂成断壁颓垣，经半载之修葺，得复旧观。是年十二月已出纱1,500余件。

至于动力与锅炉全部，因机身笨重，迁运困难，改用电力，一面向重庆电厂订约馈电，一面筹设发电厂，自行供给，当时空袭频仍，电厂当占重要地位，于是开山凿洞，将发电机、锅炉等，装于洞中，以保安全。惜电力不够，仅供2.5万锭之用而已。

三十年八月，在敌人所谓疲劳轰炸期中，本厂第三次被炸，行将开工之第三工场，悉遭震毁，当时工房亦仅存赭垣数面而已，损失虽为綦重，而努力不容稍懈，越时未及3月，又恢复二十九年旧观。是年十二月份，生产棉纱达1,700余件。

四、机件概数：

（一）发电机：在武昌时原有1,700匹蒸汽发动机与锅炉全部，以使用年久，效能低减，迁渝后改用透平冲动式1座、发电1,000启罗。

（二）纺织机：原有机器已如第一项所述，惟以在宜昌被炸，沿途失吉，加以迁渝开工后三次被炸，现已开工2.7万锭，被炸整理后能用者约5,000锭。布机尚未开工，未受损失，而能运转者约370台。

（三）工具机：车床自6呎至20呎，刨床自1呎至6呎，此外钻床、铣床、磨床、电焊机、打水机等一应俱全。

（四）马达自0.5匹至50匹，共计592座，国货、英国俱有，共计2,800匹，用于纺纱机者十之八，用于织布及其他机械者十之二。

五、制造程序：……

六、职工人数：职员共计85名，主任以上大学及专门学校毕业者占十之九，管理员以技专、高级职业学校出身居多。工人共计2,600余名，内机械、电气技工104名，普通男工410余名，女工二千另数十名，童工20余名；以教育程度言初中占5%，高小36%，初小45%，不识字者14%；以年龄论，77%为16岁至20岁；籍贯以四川、湖北为最多数。

七、福利事业：

（一）职工子弟学校：开办迄今，已逾三载，为一完全小学，有教职员14人，学生240余人，毕业者两班升入中学者居多，制服、书籍文具等，悉由厂方供给。

(二)医疗所:于民国三十年建筑,聘医师3人,司药2人,护士4人,设有普通床位40,隔离床位16,诊断室2间,药室1间,病人浴室4间,药物费用月需7万余元,每月诊治内外科病人约7,500余号,此外有特约医院如玄坛庙之仁济,鸭儿凼之市民,每月付治疗费约2万余元,并有国医2名。

(三)员工消费合作社:分营业部、织造部、洗衣部。营业部分食物、燃料、杂货、文具四类,俱以日常用品为主体,洗衣部之设立……

(四)托儿所:

……

[裕华纺织厂档案]

32. 申新第四纺织公司资料(1943年)

(1)四联总处秘书处编:申新第四纺织公司成都分厂(1943年1月13日)

(一)沿革及设备

申新第四纺织公司资本2,000万元,系无限公司组织,分厂资金由公司拨给,并无定额。

申新蓉厂设于成都外东15里之三瓦窑,于三十一年七月开始筹备,八月起建筑厂房,至年底已部分完竣,机器亦陆续运到,现开始工作,训练女工。

厂基60亩,系卅一年七月以538,710元购得。厂房(208方)系锯齿屋顶平房,建筑费250万元,栈房(44方)系平房,所费45万元,职工宿舍(184方)、女工宿舍、机房、其余平房费128万元,办公厅(22方)系楼房,费25万元,均于年底竣工。

动力系用成都启明公司之电,每日用电约7,200度。厂有大小马达20只。

机器设备于下:

清花机　2套　美国Saco-Lowell(1925年出品)

梳棉机　11部　原亦美国出品,自配零件

并条机　2部　自配造

粗纱机　4台　美国Piott(1934年出品)

细纱机　12台　合计4,800锭，系自配造

摇纱机　36台　自配造

织布机　100台　自配造

(二)组织及人事

申新蓉厂组织系统如下：

经理(李国伟)

副经理(章剑慧)

厂长(李冀曜)

副厂长(何致中)

运输　物料　机务　庶务　文书　会计　工务　营业

(工程师李致一)

职员20人，技工25人，粗工120人，夫役10人。

主要职员履历如下表：

李国伟(无锡)，年50，唐山大学工科毕业，历任申新四厂副经理、福新第五面粉厂经理。

李冀曜(无锡)，年39，美国密苏里大学机械工程科学士、硕士，曾任南浔铁路机务处长、申新第七厂长。

何致中(无锡)，年38，历任申新四厂营业员、汉口万安洋行华经理、建成面粉厂副经理兼厂长。

李致一(萍乡)，年45，日本东京工大纺织科毕业，历任恒丰纱厂、申新七厂工程师，武昌复兴第一纱厂厂务长。

(三)业务及财务

分厂所用棉花取供自陕西，现有1,000余锭开纺，日需棉15担，若5,000纱锭同时开工，日需棉45担。

现时每日产纱约3件，全部开工后日可产纱9件，布机开织后日可产布200匹。蓉市尚无统制，拟以自纺之纱织布，批发蓉市及外县。

运输尚便，分厂距蓉市15里，每年8个月可由岷江船运，余月终用板车输送。

财务情形参阅31年12月6日科目余额表：

申新蓉厂科目余额表

31年12月6日

资产之部（$）		负债之部（$）	
现金	45,836.70	公司各厂往来	10,473,784.16
原料	4,291,845.90	应付账款	254,308.40
物料	1,238,527.00		
器具	60,215.21		
房屋	4,480,000.00		
地基	538,700.00		
预付款	672,987.75		
资产总额	11,328,112.56	负债总额	11,328,112.56

（蓉厂所有机器，系由宝鸡及重庆两厂所拨来，均不计价，故资产项下未有机器款项）

[经济部档案]

（2）申新第四纺织公司重庆分厂营业概况表（1943年）①

公司厂号	名称	申新第四纺织公司重庆分厂			
地址		重庆市南岸猫背沱			
组织		合伙无限公司			
开业时间		二十八年一月　日			
登记	机关	经济部	同业公会	加入公会	
	登记证	工字86号三十年五月二十八日		公会证号	
资产	现金	72,216.75	负债	应付票据	6,986.16
	应收票据			应付账款	5,838,888.86
	应收账款	79,950.00		资□	6,000,000.00
	存货	54,202,282.00		公积	360,000,00
	□□□□	1,040,000.00		营运借款	12,847,324.51
	□□□□	4,307,859.05		长期借款	120,000.00
	□□□□	4,307,859.05		其他负债	46,636,462.45

① 原件无时间，据考证当为1943年。

续表

	有价证券	702,319.60			
	其他资产	11,405,034.58			
	合计	71,809,661.98		合计	71,809,661.98

任负责人员	职务	姓名	住址
	经理	李国伟	重庆南岸猫背沱
	副理	章剑慧	重庆南岸猫背沱
	襄理		
	厂长	黄亦清	重庆南岸猫背沱
	副厂长	厉无咎	重庆南岸猫背沱

机器设备	名称	数量	购入总价	折旧率	购置年月
	清棉机	9,000锭	1,040,000.00	按所得税折旧法	
	钢丝粗纱机				
	细纱机				
	摇纱机				

房屋	厂房	79座	地基	厂基	76,810方公尺
	营业所	2座		营业所地基	0.72市亩

存货	品名	数量	单位	进价	口价	来源
	陕西花	14,128.46	市担	3,000元		
	机面花纱	502.31	市担	4,000元		
	20支绿忠孝纱	238.00	件		15,599元	
	运送途中花纱	2,037.54	市担	3,000元		
	10支红忠孝纱	100	件		12,480元	

工厂之产品	主产品	10支20支棉纱	商店经营商品	大宗	
	副产品	废花纱头		副营	

营业总额	前年	26,815,000.00	盈余数额	前年	5,592,650.88
	去年	40,203,619.88		去年	7,492,628.16

保险与银钱业往来情形	存货机器房屋向中信局投保兵险30,000,000元,又向中国宝丰保险公司各保大险15,000,000元		
	行庄名称	借款金额	
		抵押	信用

续表

支店	上海银行	9,535,55.27元	
	汉口中国银行	3,311,769.24元	
	名称		
	地址		
	负责人		
	资本		
	经营之商品		
本年内应需营资金数额	11,250,000元	本年内自备资金数额	
本年内拟向银行借款总额			

[申新纱厂档案]

(3) 申新第四纺织公司重庆分厂机器名称数量表（1943年2月18日）

三十二年二月十八日

机器名称	数量	现开部数	制造厂名	制造年份	备注
卧旋式松花机	2台	全开	公益机器厂	1939	
拆包机	1台	全开	大隆铁厂	1938	
豪猪式开棉机	1台	全开	Platt	1925	
和花缸	2台	全开	公益机器厂、Saco Lowell	1921	
排气式开棉机	2台	全开	Platt	1925	
萧理式除尘笼	1台	全开	Platt	1933	
自调给棉机	1台	全开	Platt	1933	
双连给棉机	1台	全开	Saco Lowell	1929	
引棉机	2台	全开	Platt	1933	
分棉机	1台	全开	Platt	1933	
平斩式弹花机	2台	全开	Saco Lowell	1929	
钉斩式弹花机	1台	全开	Saco Lowell	1921	
梳棉机	35台	全开	Saco Lowell	1921—1929	
三节六尾并条机	4台	全开	Saco Lowell	1921	
118锭式头道粗纱机	2台	全开	Saco Lowell	1925	
114锭式头道粗纱机	1台	全开	Saco Lowell	1929	
102锭式头道粗纱机	2台	全开	Saco Lowell	1925—1929	

续表

机器名称	数量	现开部数	制造厂名	制造年份	备注
78锭式头道粗纱机	1台	全开	Saco Lowell	1929	
58锭式头道粗纱机	1台	全开	Saco Lowell	1929	
168锭式三道粗纱机	5台	全开	Saco Lowell	1921—1929	
152锭式三道粗纱机	6台	全开	Saco Lowell	1925—1929	
288锭式细纱机	7台	全开	Saco Lowell	1921	
384锭式细纱机	19台	全开	Saco Lowell	1921	
单型摇纱机	20台	全开	新业机器厂	1933	
双型摇纱机	42台	全开	本厂	1939	
小包机	4台	全开	新业机器厂	1933	
大包机	1台	全开	G. Keighley	1921	
纱头机	1台	全开	本厂	1933	
垃圾机	1台	全开	Saco Lowell	1920	
丰田式力织机	76台	20台	公益机器厂	1927	余在装置中
圆筒干燥上浆机	1台		英国怡和公司		在装置中
整经机	1台		英国怡和公司		在装置中
络经机	1台		英国怡和公司		在装置中
卷纬机	3台	1台	新业机器厂		余在装置中

[申新纺织厂重庆分厂档案]

33. 工矿处中南办事处等为华成电器厂扩充产量筹设分厂征购土地转辗往来文件(1943年3—7月)

(1)中南办事处致翁文灏等呈(3月3日)

经济部工矿调整处中南区办事处呈　中南桂字第2031号

民国三十二年三月三日发

窃查前据华成电器厂呈,拟在长沙以上40华里地方购买地皮500余亩,以备建厂设校,请转呈咨行湖南省政府饬县勘查平价售卖,并予协助一案,经呈奉钧处三十一年十月二十九日工矿(31)业字第5674号指令开:呈悉。该厂拟购地皮500余亩,数量甚大,兹检发征地应注意事项1份,饬仍先行洽购,倘不成交,再检呈建厂详细计划及需地图说前来,听候核示,仰即知照,并转饬知照为要! 等因。附检发民营厂矿请求代办征地手续应注意事项一份。

奉此,并奉钧处三十一年十一月(25.17)电令,转饬该厂将用地草图及业主姓名表呈处,以便核转等因,均经先后转饬遵照办理在案。兹据驻衡阳专员办公处三十二年元月八日中衡(卅二)字第0019号及二月二十四日中衡(卅二)字第165号呈,将该厂所送草图及业主姓名表先后呈送前来,并据该处转据华成电器厂呈略称:窃属厂为谋扩充产量,筹设分厂,于年前夏季勘定长沙市新德乡荷家湾一带地基500余市亩,测绘竣事,曾经呈请惠予协助,荷蒙颁发土地征用规则,当遵循施行。乃当时已历3阅月,往返商洽不下5次之多,迄无具体办法。关于该乡地主与敝厂代表之商洽,本可顺利进行,无如其中有一部分业主表面上愿将地面让售,但内中有种种条件,过分要挟,且高抬地价,故意留难,显系毫无诚意。是以时近数月,未获成就,长此不能解决,未免有碍敝厂新计划之见诸实施。惟有遵循征用土地规则,兼予平价收购,请为转呈钧总处咨第九战区长官司令部,饬县府代为征购,敝厂亦同时派员驻在该地,与各地主代表继续进行接洽,俾资促成早设分厂,而利工业等情。转请核办等情。据此。查此案该厂既接洽无效,可否按照该厂所请,准予由钧处转咨第九战工区长官司令部饬县征购,一面仍饬依照征地手续应注意事项第十条,由该厂尽力与所有权人续商成交之处,理合检同草图及需征土地表、地主姓名表,备文呈送,仰祈鉴核祗遵。谨呈

处　长　翁
　　　　张

附呈草图及需征土地表、业主姓名表各一份[略]

中南区办事处主任姚文林

(2)工矿处致湖南省政府等公函稿(5月27日)

公函

案据本处中南区办事处卅二年三月三日中南桂字第2031号呈称:查前据华成电器厂……云云,抄至……仰祈鉴核祗遵。等情。附呈征地草图及业主姓名表。据此,查本处前为厂矿购地困难,经呈奉经济部转奉国民政府廿九年二月廿二日渝文字第208号训令核定,在抗战时期建筑厂矿,征收土地,

于勘定界址后,一面由主管机关绘具界址图,呈请履行法定手续,一面依土地法第365条□书之规定,得入界线内施工,但应由主管机关切实核明需要办理,饬遵照等因在案。复查该厂属于各种重要电器生产事业,对于其他国防军需工矿业之发展关系极大,据呈前情,相应检同原图表各1分,函请查照,转饬长沙县政府协助征购,以利生产,并希见复为荷。此致
湖南省政府
第九战区司令长官部
  附原呈征地草图及业主姓名表各1份［缺］

(3)湖南省政府致工矿处公函(7月24日)

湖南省政府公函　末府民地三字第1184号　中华民国卅二年七月廿四日发

  案准贵处三十二年五月廿七日工矿(32)业字第3245号公函,以贵处中南区办事处呈,为关于华成电器厂拟在长沙迤北征购土地500余亩建厂设校,检同草图及业主姓名表转请鉴核赐转征购一案,嘱查照转饬长沙县政府协助征购,以利生产,并希见复。等由。准此。查本案照国民政府三十二年五月二十九日渝文字第384号训令,嗣后各机关征收土地,应切实依照法定手续办理之训示,仍应由该厂依土地法第354条、第357条及土地法施行法第81、第82等条之规定,拟具详细计划,并附具征收土地图、工程计划图,先行呈转,声请国民政府行政院核准征收,令知本府,再饬长沙县政府依法办理,方符法令。准函前由,相应复请查照转饬办理为荷！此致
经济部工矿调整处

主席　薛岳

［经济部工矿调整处档案］

34. 天原电化厂资料(1941—1943年)

(1)天原电化厂填报有关工矿事业调查表(1943年8月2日)

一、沿革组织资本及人事

厂矿名称		天原电化厂股份有限公司		
地址		重庆市猫儿石镇		
电报挂号		3225	电话号码	41096 城内办事处 95012 化龙桥厂内
类别		化学工业		
成立时期		民国十八年		
□		公司		
筹设情形	发起时间	民国十六年		
	主要发起人	吴蕴初及天厨味精厂股份有限公司等		
	发起章则	请将各种章则检附		
	筹备时期	民国十六年至民国十八年		
	主要负责筹备人	吴蕴初		
	筹备经过	当民国十六年时,本公司创办人员蕴初先生鉴于盐酸、烧碱、漂白粉等工业原料之用途日增,而本国该项工业尚付缺如,各国竞相倾销,敌货尤充塞市场,爰于民国十七年集资创办本公司,用电解食盐方法专制烧碱、漂白粉、盐酸及其他氯化制品等重要工业原料,创办人并亲赴国外订购机材运沪装置。十八年十月向前工商部注册,旋即正式开工出货。厂设沪西白利南路2247号,当时资本20万元		
资本及股东	额定资本	300万元		
	实收股本	300万元		
	重要股东	吴蕴初、吴仪、吴豹文、天厨味精厂及资源委员会等		
常务董事及监察	常 务 董 事			
	姓名	籍贯	略历	
	戴自牧		金城重庆管辖行经理	
	吴蕴初		天利淡气制品厂总经理	
	吴仪		天厨味精公司厂务副经理	
	徐国懋		金城渝行经理	
	李祖芬		金城渝行信托部经理	
	王毅灵		金城天津分行经理	
	吴豹文		天厨味精厂川厂出品	

续表

组织系统	略				
重要职员	职员	姓名	籍贯	年龄	略历
	总经理	吴蕴初	江苏嘉定	53	天利淡气制品厂总经理
	副理	吴戴仪	江苏嘉定	54	香港天厨味精厂厂长
	协理	黄佑川	江西九江	54	汉阳钢铁厂工程师

职员及员工	职员		32人加5人	备 考
	夫役		15人加7人	
	工人	技工	27人	
		粗工	61人加17人	

成立后业务述要	本公司于十八年在沪设厂，货品应市，深获社会之赞许，不久即以供不应求乃陆续增资扩充。迄民国二十六年抗战起，时虽电机槽已自1列增至6列，产量亦已6倍于创办之时，而供不应求之现象未常□减也
成立后重要事项述要	本公司于民国十八年十月向前工商部注册后，以业务日增陆续增资，计民国二十年增资20万元，民国二十二年增资20万元，民国二十五年增资40万元，民国二十六年又增资35万元，故抗战兴起时本公司资本已达105万元矣。沪战起后，本厂以出品有关国防，奉命内迁，敌人亦知此为吾国工业命脉之一，时肆轰炸，备极蹂躏，同仁等虽漏夜工作，惟以位处战区仍未能全部迁出，所幸重要机件于本公司沪厂完全炸毁之日业已西迁，未尝资敌，□堪自慰。沪市沦陷之后，厂址亦为敌人中山钢业厂□为占用，本公司顾洒智君且以严行坚拒，身殉厥职。二十七年迁川之后，筹备复兴费用浩繁，本公司乃于三十年增资为国币300万元

二、厂矿建筑及设备

厂基或矿区	厂矿或厂别	所在地	面积	自有厂地			租赁厂地		备考
				购置年月	原购价	时价	租期	租金	
	化学工业工厂	重庆市猫儿石镇	14,306英方	民国27年	47,343.16	未详	无		

建筑概况	类别	建筑情形		方数	建筑费	完成时期	备考
		形式	材料				
	漂白塔	10层网	骨水泥塔	150公方	289,217.80	1940及1942	2座
	水池	长方	钢骨水泥	80公方	66,682.41	1940	
	宿舍	长方	方脚砖墙瓦屋	1,200公方	671,155.28	1940及1942	分期
	厂房及其他	长方	竹笆墙瓦屋	240公方	115,196.57	1942	

续表

厂内设备		种类及名称	式样	能力	制造者		购进年月	价值		已用年龄	备考
					国别	厂名	年份	原购价	时价		
原动力		无									
	外电供给	供电者		厂内电压(伏)			每月用电 kWh	电价		备考	
		重庆电力公司		进厂 13,800V, 变为 6,600V, 用时 380V, 132 及 220V			约170,000度	$ 2.90		本厂无发电□	

	名称及种类	式样	尺寸	数量	工作能力及用途	制造者		购进年月	价值		已用年限
						国别	厂名	年份	原购价	时价	
主要机器设备	变流器 Convertor	同期变流器		2座	300kW 由AC DC变	法			注:内迁来渝总账在沪,进渝价未详		
	电槽	Allen-Moore Type		50只	共计日产固碱2吨	本国	自制	1938			
	三效蒸发器 Triple Effeet					美	Za-rembe Co				
	锅炉 Boiler	水管式		2只	每座热面积 1,600 sqft	英	Babcock Wilcox				
	盐酸炉 HCl Burner			2全套	每套日产盐酸2吨	英	Thermat Syndicote				
	漂粉塔 B、P、Tower			2座	每座可产漂粉 2 1/2 吨	本国	自制	1938 1941			

续表

补助机器设备	冷气车		1套					
	供水马达及邦浦		5套			·		
	车床、刨床、钻床及电焊机		各1具					

三、生产推销财务及其他

燃料	种类	单位价格	来源地	运输方法	每月消耗量	备考
	锅炉煤	每吨1,076.00	天府	木船	200吨	

原料及材料	种类	单位价格	来源地	运输方法	每月需要量	优用品	备考
	盐	每吨5,350元	自流井	木船	60吨	无	
	石灰	每吨1,500元	渝市附近	木船	50吨	无	

主要产品	种类	样式或牌号	单位	每单位时间产量		出厂单位售价	备考
				单位时间	生产数量		
	45°Be′液碱	太极商标	吨	24小时	5吨	每吨1,900.00	
	20°Be′盐酸	太极商标	吨	24小时	2吨	每54公斤900.00	
	漂白粉	太极商标	吨	24小时	2 1/2吨	每磅9.00	

副产品	无

成本计算方法	应用分步成本制,根据制造程序划为电解、精盐、漂粉及液碱4步。直接费用直接分摊于各生产部,所有间接费用均划入电解部(例如粗盐为精盐部直接部分原料,石灰为漂粉部直接原料),再加减期初期末在制品(即粗盐精盐),再以精盐部成本转入电解部,结出电解部总成本,按照各生产部耗用氢氯气碱液百分率摊入各生产部,结出各生产部总成本,以产量总额除之,即得单位成本

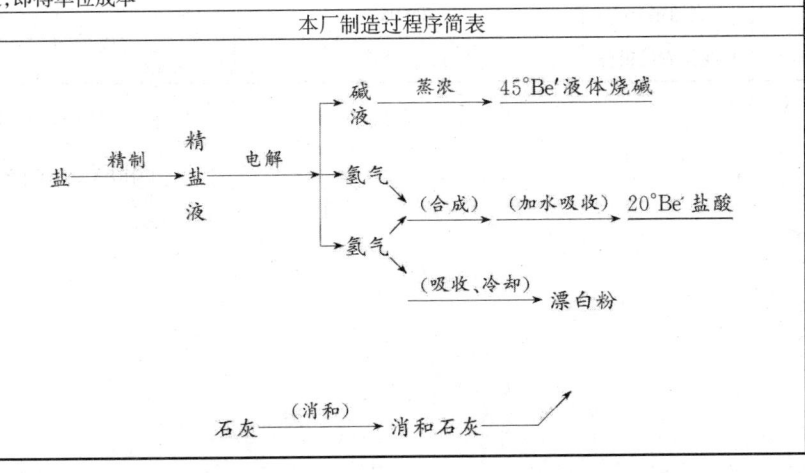

制造程序或采冶方法	本厂制造过程序简表
	盐 →精制→ 精盐液 →电解→ 碱液 →蒸浓→ 45°Be′液体烧碱 氢气 ┐ 　　　├→(合成)→(加水吸收)→ 20°Be′盐酸 氯气 ┘ 　　　└→(吸收、冷却)→ 漂白粉 石灰 →(消和)→ 消和石灰

续表

工作时间								
主要产品推销情形	种类	样式或牌号	单位	产地每单位售价		主要购主	每月平均销货数量	
				零售价	批发价		零售量	批发量
	45°Be′液碱	太极	吨	每箱60公斤售1,280.00	每吨19,000.00	造纸厂、炼油厂及肥皂厂等	共约140万元	
	20°Be′盐酸	太极	吨	每箱54公斤售900.00	各化学工业厂	共约50万元		
	漂白粉	太极	吨	每罐50磅售510.00	每磅9.00	造纸业、漂染业	共约80万元	
推销之制度及方法	现由经济部工矿调整处统筹分配							
运输情形及运费	概由客户自理							
财务表报	下列各种表报兹随调查表一并检附 （1）　　年　　月　　日资产负债表（　）附各科明细表（　） （2）三十二年四月　至　　年　　月损益计算书（　） （3）三十一年九月科目余额表（√）附各科明细表（　） 请将检附各表在（　）内作√记号							
主要行庄往来	主要行庄名称		九月三十日止存金额			备考		
	重庆中国银行		178,690.44					
	浙江兴业银行		332,304.72					
	金城银行		1,644.85					
	交通银行		709.05					
	化龙桥农民银行		62,317.54					

三十二年八月二日

［四联总处档案］

(2)天原电化厂1940年7月至1941年7月止出品产量统计表(1941年8月)①

年	月	出品名称	产量	单位	备考
二十九	七	液碱	43,000	公斤	
二十九	七	漂粉	53,200	磅	
二十九	七	盐酸	18,630	公斤	
二十九	八	液碱	4,950	公斤	
二十九	八	漂粉	41,800	磅	
二十九	八	盐酸	29,646	公斤	
二十九	九	液碱	7,050	公斤	
二十九	十	液碱	9,900	公斤	
二十九	十	漂粉	10,500	磅	
二十九	十	盐酸	5,778	公斤	
二十九	十一	液碱	24,020	公斤	
二十九	十一	漂粉	6,2400	磅	
二十九	十一	盐酸	42,012	公斤	
二十九	十二	液碱	54,100	公斤	
二十九	十二	漂粉	62,400	磅	
二十九	十二	盐酸	41,202	公斤	
三十	一	液碱	27,540	公斤	
三十	一	漂粉	50,000	磅	
三十	一	盐酸	22,302	公斤	
三十	二	液碱	69,070	公斤	
三十	二	漂粉	32,400	磅	
三十	二	盐酸	6,372	公斤	
三十	三	液碱	45°:11,400、50°:50,490	公斤	
三十	三	漂粉	64,800	磅	
三十	三	盐酸	24,628	公斤	
三十	四	液碱	41,350	公斤	
三十	四	漂粉	132,000	磅	

① 根据内容估计,当为1941年8月。

续表

年	月	出品名称	产量	单位	备考
三十	四	盐酸	30,456	公斤	
三十	五	液碱	32,800	公斤	
三十	五	漂粉	28,000	磅	
三十	五	盐酸	810	公斤	
三十	六	液碱	29,100	公斤	
三十	六	漂粉	75,800	磅	
三十	七	盐酸	7,614	公斤	
三十	七	液碱	49,720	公斤	
三十	七	漂粉	91,400	磅	
三十	七	盐酸	27,216	公斤	

[天原电化厂四川厂档案]

35. 永利化学工业公司资料(1943—1944年)

(1)范旭东报告永利化学工业公司成立经过致各股东函(1943年12月1日)

敬启者：溯自"七七"抗战军兴，随军事转移，本公司总管理处与各股东之间辄失联系，且当战时后方新创之局，事务拉杂繁复，无善足陈，不欲多烦视听，音问久疏，歉仄奚似，幸赐谅察。

查本公司事业，具20余年历史，当初创办，重在为中国建立一门新工业，以福国利民，任务至艰，必须集多数人经长年之努力，动用大量资金，尤非有稳定之环境，保养扶植，不易完成。同人能薄材谫，刻苦磨练，始获略窥途径；方期公诸社会，以待世之有力者，发扬而光大之；不幸为暴敌所劫持，南北总分厂店，先后悉遭侵占。同人秉国存与□存之大义，不屑苟全；相信在悲壮坚决情绪之下，世间断无不可克复之困难，有中国斯有民族工业，永利绝对不可磨灭。迄今5年，坚持弥笃，此应首先为股东诸位奉告者。

"九一八"事变后，华北岌岌可危，"七七"之事，不过暴敌更进一步侵略之起点，决非意外。公司塘沽碱厂，创建于民国六年，其时承庚子乱后，京奉沿线早有敌兵驻守；但范围较严，从不相扰。及塘沽协定成立，国军撤防，狞猛面目不复掩藏,需索乃日多;"八一三"淞沪抗战,敌竟派兵在厂周围监视,员工出入,须受干涉,甚至借口某人与南京有关,指名妄加逮捕,威逼之外,继以利诱,无非欲借合作之烟幕,以济其攘夺之奸谋;隐忍周旋,一再而三,延至二十六年十二月三日,彼见欺骗终不得售,遂公然通告没收。大势至此,死守无益,全厂员工先后撤退,无一人与彼合作者。器材笨重,无法迁移,惟择要暗加毁坏,图样模型为本厂技术所凭依,则早已南迁,未为敌用。先是公司鉴于华北情形险恶,原有在南方筹设碱厂之计划,并承实业部呈准行政院有案,其办法如塘沽碱厂沦陷,政府允拨款300万元,协助在南方另立新厂之用;其旧厂免税各案,仍准继续有效。当津沽告急之时,正在长江下游勘测厂址,孰意噩耗传来,首都忽濒危境,凡此企图,尽归泡影。不仅此也,即公司惨淡经营之硫酸铔厂,完成出货,不到半年,且正在敌机狂炸之下,遂行战时任务,竟于十二月中随国军西撤亦陷敌手。当时雨雪凄其[凄],北风凛洌,天公亦若不胜其同情者! 津、沽、京、沪之资产,至是荡然无存,南北同事一时且失去联络,吉凶莫卜,蓄20余年来本公司最黑暗之时期也。

二十七年为公司事业继绝续亡之一年,殊堪纪念。春间各埠同事,间道齐集汉口,当时先决问题,即为事业前途之进止。讨论之余,金谓吾人必当首先打破"逃难"心理,善用此时机,为中国在华西创立一化工中心,即节衣缩食,亦在所不辞。方针既定,当即派员分赴湖南、四川,经数月实地调查,认定制碱工业,应在四川设厂,以就所需之大量食盐。湖南化工原料比较丰富,可设硫酸铔厂,一切仿卸甲甸之成规,无需从[重]新设计绘图,以节省金钱时日。炼焦虽极重要,决从缓办,两厂资本,另行募集,当经商得各有关方面之赞许,惟待提出具体方案。湘省之硫酸铔厂,厂基勘购,先告就绪,地名白石港,距全国铁路中心之株洲东站,不过数里,前临湘江,水极深湛,工业条件无不具备,允称上运。川厂地基,亦经勘定数处,尚待斟酌,正在多方督促,争取时间,乃下游战局越形险恶,湘汉谣言,一日几变,湖南设厂之举,因是势须暂缓,决集中力量,先办四川碱厂。是年四月,政府补助碱厂之建造费,承拨下第一批40万元,得此鼓励,同人忽加兴奋。制碱技术,在本公司原积有相当经验,驾轻就熟,无待外求,只以四川盐价殊高,碱品销场,暂未必甚大,为顾虑日后之成本及销场，只得另行设计；况战时交通梗阻，器材内运艰难，其大小轻重，亦当于事前有所规划，非可贸然从事者，故特商请总工程师负责出国办理，以求切实。十一月国民参政会议决复兴基本化工一案，旋经国防最高会议核准，由政府担保本公司向国家银行借款2,000万元，在四川兴办硫酸铔及炼焦两厂，出货以前，并由政府保息，所需向国外购置器材之外汇，包括在2,000万借款之内，政府准予按当时法价卖与，俾克维持预算，维护周至，在全国工业界，殆无出其右者。自是华西基本化工中心之创建，始粗具轮廓，惟待逐渐实现矣。碱厂厂址，早经决定在四川犍为县属之新塘沽，且已兴工多日，因硫酸铔、炼焦两厂与碱厂有相需为用之处，故续办之两厂，亦并设于此，庶物无偏废，出品成本可望减低，在世界化工界颇堪以后来居上自矜也。工业资金之筹集，原极不易，况在当战时之内地，举办如此繁重之工业，在在使人迟疑，诚属无可如何，惟有以最大忍耐，谨慎将事，以待日后之事实证明。所可惜者，时间机会无形浪费，愈加重经营上之困难耳。借款案承政府核准后，随即遵令与四行商洽，因有外汇及运输种种综错问题，辗转讨论，延至二十八年十二月三十一日，始签订合同，其动用之款项之第一张支票发出，又已事隔半年，图始之难，有如是者。惟事业之命脉，经此年余之曲折迂回，幸告更生。

　　实施办法与从前兴办各厂无异，仍分国内与国外并进，国外担任设计、绘图、采购、运输等。由总工程师驻美主持，国内则从事营造厂屋，制造各种钢铁设备，开采各项主要原料，如盐、煤、灰石、硫磺诸矿，以图自给，各派专员负责次第兴工，毫无阻滞。

　　创建中途，难免不受挫折，自在意中，其间最令人扼腕者，无若越缅之巨变，兹亦当略为申述，以纪经过。二十九年春初，公司在美国所购碱厂器材，陆续运抵海防，起初虽受滇越铁路之限制，尚可勉强应付，其后全国各机关之器材汹涌而来，公司以商办性质之故，恒被积压，有时历数十日匀不得1吨空位，及法国崩溃，暴敌乘势压迫安南，间接攫取器材，公司当时未运出之机件约500吨，全被封锁，后经匀得开往菲律宾轮船之吨位，拟载运转口，不意甫驳上船，卒为敌兵拦截以去，言之慨然。政府笃念国防化工必须完成，特准补助运费50万元,俾使改道内运,惟以后运道更长且阻,困难万端,绝非寻常办法所能奏效,不得已于是年九月特亲赴美国,增购车辆、油料、车胎、配件,切实加强运输力量,一面斟酌器材之重量体积,以求适合公路长途行驶,布绪[署]初告就绪,旋即回国,转赴仰光,从事准备,及新车运到,随装随运,以求敏捷,乃开行不过数趟,而太平洋风云继起,其时刚到香港数日,竟被周困至数月之久。三十一年三月,间道回抵重庆,时仰光已先此失守,即经滇缅前往腊戍,料理残局。当时相持于瓦城附近之敌,竟假道泰国抄袭而至。腊戍动摇,大局遂不可收拾。幸本公司器材经同人数月躬冒万险,从事抢运,余存缅境者,为数已极有限,据当时数量估计,设畹町可再撑持两星期,大可圆满结束;而竟出人意外,敌军乘虚而入,直逼惠通,旬日之间,滇缅西段沿途之车辆器材,丧落不堪收拾。畹町巨量存油,匆促之间,奉令燃毁,言念"一滴油一滴血"之警语,诚令人感慨无量。全线各站员工,踉跄东撤,创痍满目,相对唏吁,为争取民族生存,代价亦云巨矣。

总计在国际路第二次被封以前,本公司经由越缅两线内运之器材,约共1,200余吨;此在一流浪之商办公司,已极难能而可贵之成绩矣。其中有极笨重之钢件多车,特编队同行,俾互相照料,蜿蜒于滇缅崇山峻岭之间,见者辄为惊叹;设非战时,决无如此壮举亦足自豪。当畹町危急之时,特将抢运情形及善后办法,电呈军事委员会,恳予协助,当荷批准由四行拨垫500万元;获此加惠,乃一鼓作气,将滇境所存之器材,悉数装运到厂,现正极力从事清理。其未起运现存美国者,尚有略3,000吨之多。太平洋战起,由中途改运印度者,尚有若干吨,亦经派员往查,均非俟国际路线再开,暂时无法内运。至于工作上应办而可办之事,现仍照常进行,未稍松懈,任何波折,不过延缓完成之期日,加重困难而已,于根本大计固无碍也。

截至三十一年十二月,内外设施之动态,有可为报告者,其属于资金之调度,支用银行借款及政府各次之补助,共约法币1,600万元,包括国内工程及一切费用,在美国动用外汇约200万余元,乘专供国外购置器材之用,未计在内。五年以来,物价高涨,恒在数十倍以上,员工生活之艰难,与挹注困难,拮据至极,不待缕陈。工程设施,大致均极顺畅,已完成之工程,如自办之鼎锅山煤矿,现在每日产量约80吨,正在力求扩张,不久可达200吨一天。采卤之新法凿井,在国内极少成功;公司之深井,于本年九月凿达三千数百尺,获得浓厚之盐卤与猛烈之煤气,成绩颇佳,加强吾人对创造事业之信心至大,裨益后方资源之开拓,尤非浅鲜。其他各营造工程,未尝间断,山洞厂房之开凿建筑,悉照预定计划着着实施。最近为应各方急需,试用芒硝制造纯碱,及桐油提炼汽油,均已出品。在公司因有更重之任务在身,故此类设备均力求简略,产量亦暂不求甚大。

五年来之经过,略如上述,前途茫茫,世辄有怀疑此项企图,究竟能否成功者? 目下战事结束无期,而人事拘牵,物价飞腾,无不影响吾人之动作;居今日而欲保证其必成功,实不敢萌此妄念,即吾人决不至因顿挫而自馁,置公众赋赐之责任而不顾;即万一终不成功,将来实受厥累者,仅为我辈少数负责人之当事人,对公众或股东与债权人,应不至有任何不便,此则差堪自信者。绠短汲深,夙夜警惕,但望终不负各方之期待耳。草率具报,附白私衷,诸希公鉴。此上

股东

          永利化学工业公司总经理范旭东

          三十二年十二月一日于重庆沙坪坝

            [四联总处重庆分处档案]

(2)四联总处重庆分处关于永利化学工业公司的稽核报告(1944年7月)

永利化学工业公司稽核报告

三十三年七月

……近一年中国际路线阻塞,运输停滞,但公司在各方面仍积极推动国外设计采购迄未间断,陆续运抵印度境内之器材已达300余吨,派有专员驻印负责处理内运;国内工程凡能实施者均按原订计划进行,并尽力之所能从事生产,撙支开源,对后方工业原料略效绵薄。兹将年来各部情况分述如左:

一、工程部分

碱厂——国际运输中断,原计划之大碱厂一时难望促成,为应后方之需

要,暂以勤布郎式法提制纯碱,于三十一年开工出货。最初产量每日2吨,卅二年十月增至每日4吨以上。现正扩充设备,大量采办原料,拟增产至每日七八吨,出品质量均超过90%,且成分标准甚合工业原料之需,各厂乐于采用,惜限于环境无法尽量供给,且原料之采运周折重重,去年九月特向四联总处申请,向中交两行借款1,200万元为运储原料之需,在洪雅添设硝井,提取芒硝,又在彭山加派专员,负责选购,以补洪雅硝井之不及并加强该地内河之运输,求原料畅达,工厂实施以来颇具成效,预计增产至每日出纯碱七八吨可无问题。惟数月来米价变动甚剧,一切成本随之迭涨,而售价系遵政府事后核定无法追踪,成本不敷,资金尤感不足。

鼎锅山煤矿——该矿于廿九年二月间开始钻探,廿九年七月根据钻探结果计划开采,八月正式开凿,卅年一月出煤,最初产量每日仅50吨。迭经添置设备,改良工程,产量逐渐增加,每日可产三层炭及老底炭共约100吨,计每月可达3,000吨。半数供给本厂各部自用,其余供给附近工厂及盐灶之需。卅三年二月进行独层之开采,现每日可出独层子煤50吨,煤质甚佳,颇合制碱之用,日后供给铔焦应用尤为适宜。为使产量更增及防洪水计,现已加掘新凿,半年后可望完成,则产量可达每日250吨。关于运煤设备,除已备起重机外,并修筑运道、铺设轻轨、直达江边,颇称便利。

动力厂——动力厂原计划共有大小发电机6座,因交通梗阻,仅运到600启罗华特发电机1座,且各项配件欠全,经公司铁工厂加工设制始行配齐,本年四月安装完竣,五月上旬正式开车。发电除供本厂自用外,余电转售岷江电厂,配给附近各厂,聊为后方生产之助。

深井部——为供应铔焦厂之原料,开凿深井,工程进行甚为艰巨,加以交通困难,工具材料之补充颇费时日,工作不时停顿,于卅一年凿至3,300余尺发现黑卤,信心倍增,决定继续下凿,拟达5,000呎以求更□卤水,并藉供犍为盐区地质之佐证。原备钢丝绳长度不足,特向美国购运5,000呎钢绳,费尽无穷之力于卅二年三月间经印度转昆达厂。不料开工使用不及数日,该钢绳下端即被折断,维屡经修接,而断折终于不免,以致工作无法进行。已向美国追查此绳质料问题,同时另购钢绳补充,赶运印度,业于本年五月运昆,刻已达厂,即将继续开工,下凿务使完成。

炼油厂——该厂之创设原以国际路线中断,汽油无法补充,我厂运输建厂器材自备卡车数十辆将无法利用,势必影响全厂工程之进行,不得已陈准经济部贷款100万元,经以最大之努力创设炼油厂,以桐油提炼代汽油以供应用。工程于卅一年七月开始,是年七月正式出货,质量颇合标准,前后共出代汽油12,395加仑,全部分配本公司运输部自用,使用成绩优良。又代柴油18公吨经民生公司采用,结果亦殊满足。此外副产品以炼油试制油墨亦有成效,正期努力进行大量生产,惜桐油之购运日益困难,未能源源供给,以致不克连续开工,人人坐食损失不赀,不得已于本年三月全部停工。所借经济部100万元之本息并于本年四月设法筹还。此厂设备大部分材料原系由各部暂时移用,现仍撤退原处,损废不多。

二、财务部分

战时币值日落,各工商业资金时感不敷,公司财务当亦不能例外。惟该公司尚能审慎应付,勉强撑持,以至于今。查公司资金来源不一,各项支出不得不采精密之会计制度,各部分列,以求明显。铔焦厂用款悉赖廿八年所订四行借款2,000万元,该两厂原期一气呵成,不意国际运输一再遭受打击致国外器材未能全部运入,各项工程暂就可能而实施费用巨大,其动用借款仍按原预算支付。最近一年中因该两厂无巨额需要借款续支,其实支金额仍为上年三月之数字,计国币885.883,278万元。依据合约规定,本年七月份起应开始还本。卅一年为抢运存缅器材附加借款500万元,该款于卅二年六月开始还本,业已陆续履行,截至本年六月止已全部还清。卅一年七月,为设炼油厂向经济部借款100万元,至本年四月已将本息如数偿清。卅一年为设勒布郎氏碱厂向工矿调整处贷款200万元备置材料之需,至本年八月可开始摊还。卅二年九月,又为运输制碱原料向四联总处申请,由中交两行借款1,200万元,已于本年六月起开始摊还。总计各项负债截至最近止约2,500万元。公司全部资产根据会计记录计1.3亿元,附列卅二年十二月底资产负债表一份,藉供参阅。按公司此处物价【上】涨,支出日增之环境中,既须建厂增产以求最后之有成,又须履行债务以维信用于勿坠,调度之难,自在意中。值今决战期近,胜利在望,希能以最后之努力渡过难关,此则非仅公司之福,抑亦后方工业之幸也。

主任稽核　沈镇南
稽　　核　舒自观

[四联总处渝分处档案]

36. 汉中制革厂股份有限公司填报关于设备生产能力调查表(1943年)①

厂名	汉中制革厂股份有限公司
厂址	江北香国寺上首
负责人	(姓名)魏雅平 (籍贯)湖南湘乡 (学历)北平燕京大学毕业
资本总额	30万元
组织概况	本公司分3,000股,每股100元,董事会下设经理1人主持一切厂务,全厂共分四组:(一)工务组;(二)业务组;(三)会计组;(四)事务组
设备概况	全厂设备分轻革、重革两部 属于轻革——(一)刨皮机;(二)匀皮机;(三)打光机;(四)压花机;(五)大小转鼓;(六)喷色机等 属于重革——丹宁箱;底皮打光机;压水机等 其他干燥室、油皮室、化验室
工人数目及待遇	技工21名,平均每人每月54元(膳宿由厂供给);小工49名,平均每人每月12元(同);学徒26名,平均每人每月9元(同)
生产能力	(每日工作若干小时)9小时 (星期有无例假)星期日下午例假 (每日生产额数及价值)底片30张,每张约值100元,纹皮20张,每张约值60元
营业情形	本厂出品大部销售于本埠,底皮及京羊皮间亦销售于成都、泸州、叙府、长寿等地,底皮产量供不应求,尤以轮带皮一项不敷,各厂需要纹皮销亦畅
备考	

[重庆市工业同业公会档案]

---

① 系估计时间。

37. 福新第五面粉公司重庆分厂概况表(1943年)

厂址	重庆南岸猫背沱		创立日期:二十七年九月		开工日期:二十八年五月			
沿革	本厂原设汉口桥口宗关,廿七年七月奉政府令内迁,一部迁陕西宝鸡,一部迁渝,在渝南岸猫背沱勘址建厂,于廿八年五月复工							
组织	经副理——厂长 副厂长 { 总务课 / 会计课 / 外口课 / 建筑课 / 营业课 / 制粉工场 } 申新第四纺织公司重庆分厂兼理							
重要职员	姓名		职务		籍贯	资历		备注
	申新纺织公司重庆分厂经理厂长兼任		经理					
			副经理					
			厂长					
			副厂长					
	荣鹤林		工务主任		江苏无锡	本厂训练班毕业,已在本厂工务部服务		
主要作业机	名称	数量	制造者		名称		数量	制造者
	清麦机	2	本厂		清粉机		1	本厂
	钢磨机	3	本厂		刷麸机		1	本厂
	松粉机	2	本厂		升运管		14	本厂
	平筛	1	本厂		辅助机		5	本厂
	圆筛	4	本厂					
建筑	厂基面积	400方公尺						
原料	来源	由陪都民食供应处交来小麦,本厂加工,代制面粉						
	运输	由陪都民食供应处负责运输						
	成本							
	困难情形							
产品	种类	规格			每日实际产量	每日最高产		备注
	特粉 统粉	/			250包	500包		
资本	本公司总额	5,000,000.00元						
	本厂资本额	1,500,000.00元						

续表

政府贷款	未向政府机关借款。惟于前年粮食部成立时,曾由陪都民食供应处普贷各厂购麦资金300万元,本厂依照产量比例借到36万元,旋即由粉款中扣清,因全部产粉均由民供处配销也。自三十一年以后,粉厂仅为民供处加工制造,并无贷款,亦并未向其他政府机关借款				
营业盈亏	三十一年度	净益国币109,939.00元			
	三十二年度	本厂会计年度为自一月一日起至十二月三十一日止,故本年度盈亏须至明年方能结算			
职工	人数			待遇	
	职员		工人	职员每月薪津总额	工人每月工资总额
	男	女	男	女	
	工务员3人 事务人员由申新纱厂兼任		20 事务工由申新纱厂兼任		7,390.94元	27,306.93元
薪金补助办法	职员	除薪金外另按生活指数给予津贴			
	工人	除遵照政府规定给予工资外,并直系家属人口多寡补助生活津贴			
目前困难	一、电力不足影响产量:其情形与纱厂相同,本厂每月原可生产面粉1.2万余袋,今因时受停电影响,每月产量减至五六千袋,以是成本合重,吃亏极大; 二、加工费过低难于维持:自去年七月以后,粉厂由粮食部陪都民食供应处完全统制,其方法由处供给原料小麦,派员驻厂,监制成粉,即全部交由民供处配销,厂方仅负责加工责任。加工费用由处按产量核给厂方,去年七月至年底每袋加工费为20元,今年元月至六月底为27.6元,今年七月以后厂方与处方加工合同尚未订妥,处方仅允每袋加工费40元上下,按目前各物高涨,厂方工价伙食以及一切物料等莫不较前剧增数倍,即小麦与面粉价格亦已迭经调整,独加工费未能随外向一般物价适度提增,且未能与麦价、粉价平衡调整,再加厂方时受停电影响,产量减少,每月所得加工费不敷开支,维持大感困难; 三、小麦品质鉴定困难,厂方所受暗亏过大:原料小麦由民供处拨给,依小麦品质高下分成四等八级,按等级规定制粉成份。倘小麦品质恶劣,评定等级稍失准确,则出粉减少,而厂方对民供处须按等级包交,以此所受暗亏极大。今年下半年新合同订立时,厂方要求处方监制监收,即处方拨厂之小麦实在磨得面粉若干即交若干,废止包交办法,但未蒙处方同意				
将来计划	重庆面粉实消数量如无米粮高涨影响,每月不过3,000余包。但目前民营五粉厂按其机能每日可出粉5,000袋,实际供过于求,故本厂不拟扩充,拟致力于品质之精益求精				

[申新纱厂档案]

38. 商务日报有关华业和记火柴公司的介绍(1944年2月2日)

华业和记火柴公司是一个商营的股份有限公司,原属上海大中华火柴公司的九江裕生火柴制造厂。"八一三"沪战猝起,长江情势紧急,军委会鉴于火柴为日用必需品,直接关系国计民生,为实行坚壁清野计,曾派高惜冰先生主持该厂内迁事宜。首都沦陷,倭寇渡江北犯,展开徐州会战,沿江形势稍定,长江封锁线完成。东南火柴运输困难,皖、赣、鄂、湘诸省所需,悉由该公司供应,当局为调剂火柴产销起见,乃罢西移之议。二十七年夏,马当失守,时局突告紧张,该公司乃配合国军战略,机动后撤。初迁常德,正计划在德山地方觅址复工,不料武汉、广州弃守,继而长沙大火,经济部工矿调整处指示该公司移往沅陵,无如当时沅江水【浅】,运输不便,兼以德山地滨湖庭,密迩前线,精神颇受威胁,遂弃西迁之线,冒险东进,取水道入长江,西上沙宜,费时3月,经三峡而达重庆。惨淡经营,卒于二十八年四月复工,同年六月开始生产,并更为今名。

取湘川水道西上者,闻以该公司运输为处女航,其后资源委员会及工矿调整处得该公司之迁移报告,循此水道抢救物资巨甚,也可以说是该公司的一点意外贡献。

该公司设总经理1人,厂长、副厂长各1人,下设总务、会计、工务三科,各设主任1人,助理员数人。设备方面:动力有10匹马达□□□及锅炉各1座,工作机有排板机5部,拆机3部,梗片机2部,划路机2部,切梗机1部,齐梗机1部。员工安全卫生设备,则有防空洞及医务室等,皆颇称完善,年产火柴2,000余箱,产销尚称平衡。总经理刘鸿【生】先生,提起他的名字几乎无人不晓,他是浙江镇海人,上海圣约翰大学毕业,曾任国营招商局总经理及大中华火柴公司总经理,今年56岁,人家给他一个绰号,叫做"火柴大王"。看吧,中国火柴工业,将在这位大王的领导之下,发出万丈的光芒!

[重庆《商务日报》1944年2月2日]

39. 中元造纸厂填报工厂调查表(1944年12月24日)

厂名		中元造纸厂		厂址		四川宜宾马鞍石朱尊石、林岳	
主持人	经理	钱子宁	厂长		朱宝筠	工程师	郭开始
主要产品	名称		规格	单位	产量		主要销地主要用户及各该户需要量
					每月可能最大产量	目前每月产量	

续表

	名称	规格	单位				
	1.钞纸	$28\frac{1}{2}$ m/m × $32\frac{1}{2}$ m/m	吨	每月产量可达 150 吨，随需要而增减	82吨		政府各机关、银行、商号、烟厂
	2.卷烟纸	盘、令	吨				
	3.邮票印花纸	31″×43″	吨				
	4.牛皮纸	31″×43″	吨				
	5.绘图纸	31″×43″	吨				
	6.绝缘纸		磅				
	7.打字纸	31″×22″	吨				
	8.化学分析滤纸	12cm					
	9.印书纸	31″×43″					
	10.电报条纸	$9\frac{1}{2}$ m/m×300m					
	11.蚕种纸	9″×14″					

	名称	规格	单位	需要量（照每月最大产量计算）	来源地	存量	代替品	生产最高时用电量
主要原料	木料	松枋	吨	170吨	本省			
	棉花	陕棉	吨	60吨	本国			每月最多用电30万度
	麻	各地青麻	吨	26吨	本省			
	烧碱	国产	吨	42吨	本省			
	漂粉	国产	吨	30吨	本省			
	白矾	国产	吨	24吨	本省			

	名称	式样	生产能力	数量	用途
主要机器	中元式造纸机	中元式	2.5吨至5吨	4架	
	漂洗机	中元式		4架	
	打浆机	中元工		15只	
	蒸球	圆球形 圆筒形		2只 1只	
	切木机	德国式		1架	

制造方法	将各种纸浆原料蒸煮后，经过漂白打浆等工作后即至造纸机制成各种纸张

生产上一切困难及其改善意见	注意:供求是否合度 各机关银行商号烟厂需要纸张数量甚多,本厂尽力供应,以原料搜购之不易,运输交通之困难,致影响产量不能达到预期

[中元造纸厂档案]

40. 四联总处关于利华橡胶厂概况调查①(1947年2月2日)

△筹备经过　本厂脱胎于上海工商橡胶厂,因"八一三"战起内迁,由前工商厂厂长阮觉施、工程师萧伯修等发起组织,于二十九年四月在桂林成立。当时资本仅1万元,其后逐渐增加700万元,加达房屋机件,扩充生产。湘桂之战撤退来渝后,于三十四年六月在江北头塘正式开工后,业务甚为发达,于三十五年四月经董监会议决增资2亿元,于三十五年七月收足,呈经济部颁发股份有限公司设字第1946号执照及工字第5979号登记证。

△成立后业务述要　初成立时,因原料不易采购,仅营翻修汽车胎业务,幸能顾全信誉,并力求技术上之改进,业务日有起色。三十年增加资本,从事扩充,至三十一年业务更形发展,逐加招工,予以训练,购储原料,增加资本,添置机件,于三十二年从事大量生产,以应各方之需要,行销遍及全国,各省市翻汽车外胎达万余只,对于湘桂疏散时期裨益匪浅。自湘桂战争爆发后,于三十四年迁渝,在江北头塘复工,制造胶底、胶鞋、机械配件、电器配件、教育用品及其他日常橡胶用品,历荷蒙政府机关及各界好评。为扩充业务,并在上海金门街2号404室设立办事处采购原料,惟现水位低落,运输太慢,时有接济不上之虞。产品推销西南各省,惟现在原料均需国外供应日益高涨,即以现在情形,勉可维持,然周转资金,尚感不足。

△成立后重要事项述要　民国二十九年成立时,仅有股本1万元,三十年增为2万元,三十一年增为10万元,三十二年增为230万元,三十三年增为700万元。三十三年秋因战事影响,由桂迁徙一部分沿黔桂路撤退,一部则由

---

① 此件节录自1947年2月2日四联总处工矿事业调查表。

湘桂公路至湖南靖县,因战局日趋险恶,故损失颇大。幸抢救得力,重要器材未遭全部损失,员工则以转辗迁徙诸多困难,故在靖县及都匀均有一部分遣散及自动退职者,其未离职者均陆续到渝。抵渝后经3个月之筹备,三十四年六月一日在江北头塘复工,仍继续制造各种国防民生橡胶物品,荷蒙政府机关及各界好评,业务甚为发达。为扩充业务计,供应川陕黔滇需要,并经本厂第二届第三次董监联席会议决定,增加资本2亿元,于三十五年七月收足股本2亿元,外对于新进高级技术人员之引进积极进行,以为扩充业务之基干。经本厂同人等在渝两年来之努力,业使本厂资产已增为10余亿元。

[四联总处重庆分处档案]

41. 亚东祥记电机织造厂陈述历来情况呈(1947年2月3日)①

敬呈者:窃厂向设汉口,设备完善。自"七七"事变,奉政府命令,将生产机器拆迁后方增加生产,敝厂遵示于民国二十七年迁移重庆,至二十八年在重庆南岸上龙门浩桂花园地方置基建厂,恢复生产。所有出品精良,堪与各地工厂之出品有过之无不及,抗战期间替政府染织布匹成绩卓著,胜利以后自购自销,成品尚能合乎各界需要。兹因抗战期间替政府生产,其时资金短少,尚少感觉困难,胜利以后,自购自销,原有资金购买原料及生产周转殊嫌薄弱。

……

谨呈
中中交农四行联合办事处处长钧鉴

申请人亚东祥记电机织造厂

负责人　杨云樵

[四联总处渝分处档案]

---

① 此为收文时间。

42. 交通银行关于西南化学工业制造厂概况调查①（1947年3月31日）

△筹备经过　奉经济部命由香港迁川。

△成立后业务述要　廿八年迁川，廿九年三月一日开工。近年陆续制造肥皂，提炼甘油、硬脂酸，并自制纯碱、烧碱、氰化钾，又制鸭绒、蜡烛等日用品，又制苎麻纤维以补抗战之棉缺，苎麻纤维棉胎（雪衣春）等，逐年扩充，直至胜利前工作人数已达400余人。

△成立后重要事项述要　曾供应经济部日用必需品管理处各种日用品，为肥皂、香皂、药皂、棉胎、蜡烛、香蜜等；曾经供应各兵工厂、航空委员会、医院等用之甘油；大后方各化工厂所用硬脂酸原料及甘油仰赖本厂供应；曾经与花纱布管制局订约制造供应每月4,000担之苎麻纤维以补棉缺；曾经供应生产局6,000床之苎麻纤维棉胎，供军政机关之用；曾经供应军政部电信局所需氰化钾原料。

[四联总处重庆分处档案]

43. 陈祖光拟中国建设工程公司迁川经过与战时历程②（1948年11月8日）

本公司于民国二十四年在沪成立，系各种工程师的集团组织，以协助国家建设为主旨。除承办各种工程外，复从事两项主要业务：即设计装置发电厂设备与设厂制造各项电机，业务相当繁忙。讵民国二十六年初秋，日军骤然侵沪，政府决定长期抗战，以求最后胜利。全国人民对于抗建大计本应一致拥护协助，本公司尤属义不容辞，于是在奉令之下遂追随政府，逐步内迁。

本公司在开始内迁之时，当然感到交通工具的缺乏，幸各同事职工均能深明大义，不避艰苦，本公司暨制造厂原有设备——机器、工具及材料等等，终得拆运了一部分，虽沿途很多损失，但本公司在内迁后得以随时随地继续生产，完成任务，还是靠了这拆运剩余下来的机器、工具和材料。

---

① 此件系节录自1947年3月31日交通银行工矿事业调查表。
② 本文系陈祖光1948年11月8日致迁川工厂联合会函附件。

本公司的内迁由上海而武昌,而长沙,而宜昌,而最后到达抗战的首都重庆。在内迁途程中,我们的情绪虽不能安定,但都抱着最后胜利的信心,每到一地第一桩事便是向各处寻租房屋,待至房屋租到便努力工作,加紧生产,简直都已忘却了辗转迁徙的劳苦。当我们接到后退的命令时,便又须不顾一切,带着工具、器材就走,所以直至到达重庆以后,方得从容部署,安心生产,迄于抗战胜利为止。

在抗战期间,内地各项物质缺乏,重庆亦不能例外。尤其我们制造电机所需各种外国原料,进口不易,感到极度的困难。本公司在此困难情况之下,除获得战时生产局陆续供应原料外,复自行设法尽量利用当地可用的物料,勉力生产,以供应西南各地各厂矿需要。本公司原有大宗制造电机材料,已经分别由国外运到海防、香港两地,预备运来重庆应用,不意未及起运,珍珠港战争猝起,海防、香港同时被日军占领,上项大宗材料亦随之全部损失,实属可惜。

本公司在迁川期间除在渝设厂继续各种电机生产外,曾为后方各大纱厂及军事机关设计装置发电设备,成绩都很满意。当时本人鉴于后方电力低弱,影响生产,爰发起成立中国动力工程学会,集合许多研究动力工程学术人士,共同研讨改进方法备供参考。

本公司自迁至重庆以后,经过数年的惨淡经营,迄抗战胜利的前夕为止,因业务上的需要先后成立了两个厂,分别进行各项电机生产,两厂设备均已略具规模。在此胜利之后准备复员东下之日,对此两厂抚今追昔,不禁起依依惜别之感矣。

[重庆市工业同业公会档案]

44. 苏州实业社迁川述略(1948年11月)

本社在抗战以前,规模设备早著声誉,洎乎民国二十六年十一月日寇大轰炸之役中弹10余枚,屋毁人伤,始被迫停工。继以城垣沦陷,厂械荡然,仓卒间随军西撤,历苏、皖、鄂、湘各省,辗转而抵渝城。间关万里,历时半载,栉风沐雨,跋涉艰难,当时情景非身历其境者何能言其崖略,及今思之犹憷然在目。愕然有余悸焉。迁至陪都后,复工最早设厂于南岸石溪路,筚路蓝缕,益矢精勤。继至遂宁、合川两地设立分社,提倡土纱织布,浸浸乎有成效矣。不图又遭敌机轰炸,掘壕建屋,奔避不遑。然在人力物力极度艰困之下,供应军需民用工作未敢稍懈。荏苒流光,八年弹指,天旋地转,胜利欣逢,遂摒厂务、整行装、作东归复员计。历时一载,始得在苏州原址筹备复厂,建厂屋,置机械,又半年而始获开工复业。现在置有纱锭7,276枚,先办纺纱部分,差幸粗复旧观;将来再恢复织染部分,并利用赔偿工具机以充实机械生产,然世变日亟,前途多艰,益当淬励,奋发黾勉从事。讵敢喜贪天之功,或者兴齿增之叹耶!……

            苏州实业社经理徐冶谨识
            中华民国三十七年十一月

[重庆市工业同业公会档案]